Kohlhammer

Rainer Kessler/Dirk Sager (Hrsg.)

Von Gott reden in einer Welt der Gewalt

Biblische und heutige Perspektiven

Verlag W. Kohlhammer

1. Auflage 2024

Alle Rechte vorbehalten
© W. Kohlhammer GmbH, Stuttgart
Gesamtherstellung: W. Kohlhammer GmbH, Heßbrühlstr. 69, 70565 Stuttgart
produktsicherheit@kohlhammer.de

Print:
ISBN 978-3-17-044456-0

E-Book-Format:
pdf: 978-3-17-044457-7

Für den Inhalt abgedruckter oder verlinkter Websites ist ausschließlich der jeweilige Betreiber verantwortlich. Die W. Kohlhammer GmbH hat keinen Einfluss auf die verknüpften Seiten und übernimmt hierfür keinerlei Haftung.

Dieses Werk einschließlich aller seiner Teile ist urheberrechtlich geschützt. Jede Verwendung außerhalb der engen Grenzen des Urheberrechts ist ohne Zustimmung des Verlags unzulässig und strafbar. Das gilt insbesondere für Vervielfältigungen, Übersetzungen, Mikroverfilmungen und für die Einspeicherung und Verarbeitung in elektronischen Systemen.

Inhaltsverzeichnis

Vorwort 7

Rainer Kessler und Dirk Sager
Zur Einführung 9

Biblische Perspektiven 13

Frank Crüsemann
Gott als Hoffnung für Abel – Oder: An was für einen Gott ich heute
glauben kann 17

Rainer Kessler
Menschliche und göttliche Gewalt
in der Sprache der Hebräischen Bibel 35

Dirk Sager
Gott als „Agent" der Gewalt!? – Elaine Scarrys Interpretation von
Schmerz im Alten Testament 53

Lutz Bauer
Jona und die Gewalt des gnädigen Gottes 71

Ruth Poser
JHWH in den Strukturen des Todes – Psalm 88 und
Ezechiel 37,1–14 miteinander versprochen 91

Carsten Jochum-Bortfeld
Zwischen dem Sturz der Mächtigen und der Praktizierung
von Feindesliebe – Aushandlungen über (göttliche) Gewalt
im Lukasevangelium 125

Claudia Janssen
Gewalt und Mittäterschaft – Röm 1,28–32 als Spiegel
einer gewalttätigen Gesellschaft 145

Carsten Röhr
„Gewalt und Gegenmacht" – Überlegungen zum 1. Petrusbrief
als Gebrauchstext für christliche Gemeinden heute 167

Silke Niemeyer
„Sollen wir dreinschlagen?" – Betrachtungen zu Lukas 22,47–53 195

Heutige Perspektiven 205

Franz Segbers
Die Gewalt der Armut und das Recht der Armen 209

Axel Niemeyer
Eigentum und Menschenwürde 229

Jürgen Kegler
Missbrauch von Kindern und Jugendlichen durch
kirchliche Amtsträger – Gott wird missbraucht 251

Luise Metzler
Das Recht Gestorbener 267

Kristian Hungar
Nächstenliebe, Fremdenliebe, Feindesliebe und die Goldene Regel –
Der lange Weg vom Tötungsverbot zur Friedenspflicht 283

Sabine Plonz
Macht aneignen, Gewalt eindämmen, Frieden suchen – Im Gespräch
mit Hannah Arendt zu einem Schlüsselthema der evangelischen
Ethik des Politischen 309

Renate Wind (†)
Gedenkgottesdienst für Rosa Luxemburg,
Heiliggeistkirche Heidelberg am 10. März 2019 333

Sachregister 347

Autorinnen und Autoren 351

Vorwort

Dass wir in einer Welt der Gewalt leben, ist offensichtlich. Dass Gottes Antwort auf die Welt der Gewalt nach dem biblischen Zeugnis ihrerseits von Gewalt geprägt ist, ist unbestreitbar. Darüber, wie die biblischen Gottesbilder der Gewalt zu verstehen und wie die dunklen Seiten Gottes einzuordnen sind, ist vieles und Gutes geschrieben worden. Der Ansatz des vorliegenden Buches geht einen anderen Weg: Er beginnt bei den Gewalterfahrungen, die Menschen machen, und fragt, welche Folgen solche Widerfahrnisse für das Gottesbild haben. Die Grundfrage ist: Wie kann man angesichts erfahrener Gewalt von Gott reden?

Entstanden ist das Buch aus Vorträgen, die auf den Jahrestreffen des Heidelberger Arbeitskreises für sozialgeschichtliche Exegese zwischen 2020 und 2023 gehalten und diskutiert wurden. Dieser Arbeitskreis besteht aus einer losen Gruppe theologisch Arbeitender und Interessierter, die sich seit 1977 einmal jährlich trifft und aus deren Treffen bisher elf Buchveröffentlichungen hervorgegangen sind. Darüber kann man sich unter der folgenden Internetadresse leicht informieren: https://bibelkontextuell.de.

Das Buch hätte nicht ohne großzügige finanzielle Unterstützung herauskommen können. Dafür danken wir der Evangelischen Kirche in Hessen und Nassau, der Evangelischen Kirche von Kurhessen-Waldeck, dem Kirchenkreis Bielefeld, sowie dem Verein Bibel in gerechter Sprache e.V. Dazu kommt eine Einzelspende von Dr. theol. Stefan Stiegler sowie die eines weiteren Spenders, der namentlich nicht genannt werden möchte. Zu danken ist ferner dem Kohlhammer Verlag. Sein Lektor Dr. Sebastian Weigert hat das Buch ins Verlagsprogramm aufgenommen; über Konzeption, Titel, Preisgestaltung und Ähnliches konnte schnell Einigkeit mit ihm erzielt werden. Herr Florian Specker hat alle Fragen zur Manuskriptgestaltung umgehend und kompetent beantwortet.

Wir wünschen uns, dass der Band Anregungen auf einem drängenden Feld gibt, auf dem die theologische Sprachfähigkeit oft an ihre Grenzen gerät.

im April 2024, Rainer Kessler und Dirk Sager

Zur Einführung

Rainer Kessler / Dirk Sager

Auf die Frage, welche inneren Bilder als Erstes vor ihrem Auge auftauchten, wenn sie über Gewalt nachdenke, antwortete Carolin Emcke, Philosophin und Publizistin, in einem Fernsehgespräch zum Thema Gewalt und Leid und wie man sie darstellen kann: „[...] ich glaube, das innere Bild, das als Erstes aufscheint, [...] ist [...] ein Schlag." Als Grund nennt sie die Unvermitteltheit dieser Art von Gewalterfahrung. Dann fügt sie an: „Der andere Grund – das würde ich zumindest für mich sagen –, ist: Es hat etwas mit den biblischen Geschichten zu tun. Dass uns sozusagen Gewalt als schon von Anbeginn erzählte auftaucht."[1]

„Gewalt als schon von Anbeginn erzählte" – in dieser Aussage steckt ein Doppeltes. Das Erste ist: Die Bibel erzählt in der Tat *von Anbeginn an von Gewalt.* Beim körperlichen Schlag fällt einem der Mord Kains an seinem Bruder Abel ein. Auch strukturelle Gewalt ist ein Thema, gleich im ersten Kapitel: „macht euch die Erde untertan!" (Gen 1,28), dann die patriarchale Gewalt – „dein Mann wird über dich herrschen" (Gen 3,16). Es folgen Erzählungen über und Texte zu militärischer Gewalt, ökonomischer Gewalt, staatlicher Gewalt bis hin zur Hinrichtung am Kreuz. Auch die göttliche Gewalttätigkeit wird keineswegs ausgeblendet. Die Bibel erzählt *von Gewalt.*

Das Zweite ist: Die Bibel *erzählt* von Gewalt. Erzählen ist eine Form der Gewaltbearbeitung. Die Bibel ist das Buch, das wie wohl kein anderes sich der Erfahrung der Gewalt stellt und sie mit der Frage nach Gott verbindet und auf diese Weise bearbeitet.

Die Wahrnehmung von Gewalt bildet einen entscheidenden (erzählerischen, theologischen) Ausgangspunkt der hebräischen Bibel. Im Neuen Testament steht ein gewaltsam zu Tode gebrachter Mensch im Mittelpunkt. Die Wahrnehmung von Gewalt ist auch Ausgangspunkt der hier

---

1 SRF (Schweizer Radio und Fernsehen) Kultur Sternstunden, Barbara Bleisch im Gespräch mit Miriam Cahn und Carolin Emcke, Sternstunde Philosophie; ausgestrahlt im März 2024. Zugänglich unter: https://www.youtube.com/watch?v=oCcvLtuQNPQ (letzter Zugriff am 04.04.2024).

vorliegenden Studien. Gewalt ist gemäß der biblischen Großerzählung in der Autonomie der Schöpfung gegeben. Denn diese spult nicht deterministisch ein Programm ab, das durch ihren Schöpfer vorgegeben wäre, sondern ist in der Lage, sowohl Gutes als auch Böses/Schlechtes zu tun. Die menschliche Fähigkeit, Gut und Böse zu unterscheiden, führt gerade nicht zu einer generellen Vermeidung des Bösen. Menschen haben die Möglichkeit, Gewalt auszuüben, aber auch, ihr eigenes Handeln ethisch zu hinterfragen, auf Gewalt zu verzichten und Regeln und Gesetze aufzustellen. Die Bibel reflektiert diese höchst irritierenden Erfahrungen im Angesicht Gottes (*coram deo*). Auch Gottes eigenes Gewalthandeln (und sein Rettungshandeln) wird grundsätzlich vor dem Hintergrund des ambivalenten Verhaltens seiner Geschöpfe erzählt.

Ansatz dieses Bandes ist allerdings – wie im Vorwort erwähnt – nicht das oft diskutierte Problem eines mutmaßlich gewalttätigen Gottesbildes, sondern die Frage, wie man angesichts real erfahrener Gewalt angemessen von Gott sprechen kann. Der vorliegende Band beginnt bei den Gewalterfahrungen, die Menschen machen, und fragt, welche Folgen das für das Gottesbild hat: Wie kann man angesichts erfahrener Gewalt von Gott reden? Oder, um den Titel eines vor 99 Jahren (1925) gehaltenen Vortrags von Rudolf Bultmann aufzugreifen: „Welchen Sinn hat es, von Gott zu reden?"[2]

Auf diese Frage(n) wollen die folgenden Beiträge Antworten geben oder zumindest versuchen, Ansätze einer Antwort zu formulieren. Als im Heidelberger Arbeitskreis 2019 die Entscheidung fiel, sich auf den folgenden Treffen näher mit dem Problem der Gewalt auseinanderzusetzen, war für die Teilnehmenden nicht absehbar (wie für kaum jemanden), mit welchen (zusätzlichen) (Gewalt-)Herausforderungen die Welt es in Kürze zu tun bekommen würde. Genannt seien nur die Ende 2019 ausgebrochene SARS-Cov19-Pandemie sowie der russische Überfall auf die Ukraine im Februar 2022. Die Aktualität des Themas hat sich im Nachhinein also bestätigt.

Eine umfassende und alle Problemfelder bearbeitende Antwort auf die Erfahrungen der Gewalt kann allerdings auch hier nicht geleistet werden. Gerade den beiden zuletzt genannten Krisen mit ihrem ungeheuren Gewaltpotenzial – der Pandemie und dem russischen Krieg gegen

---

2   Bultmann, Rudolf: Welchen Sinn hat es, von Gott zu reden?, in: ders., Glauben und Verstehen. Gesammelte Aufsätze, Bd. 1, Tübingen ³1958, 26–37.

die Ukraine – sind keine eigenen Beiträge gewidmet. Das gilt auch für den seit 2011 tobenden Krieg in Syrien mit bisher etwa einer halben Million Toten und etwa 13 Millionen Geflohenen, den Bürgerkrieg im Sudan, der 2023 begann und bisher etwa 12.000 Tote gekostet und 7,6 Millionen Menschen in die Flucht getrieben hat, und den mit dem Terrorüberfall der Hamas auf Israel am 7.10.2023 mit über 1.200 Ermordeten wieder aufgeflammten Konflikt, der aufgrund der gewaltsamen Reaktion Israels die 2,5 Millionen Bewohner:innen des Gazastreifens in eine verzweifelte Lage gebracht hat. Auch einen eigenen Beitrag zum Langzeitthema der gewalttätigen Folgen der menschengemachten Klimakatastrophe wird man vergeblich suchen.

Der Titel des Buches hat zwei Elemente: „Von Gott reden" und „in einer Welt der Gewalt". Was das zweite Element betrifft, geht es in diesem Band nicht darum, möglichst alle Felder von Gewalt auszumachen und zu bearbeiten, sondern auf einzelnen exemplarisch zu nehmenden Gebieten und aus verschiedenen Blickwinkeln (biblisch-exegetisch, literaturwissenschaftlich, ethisch, sozial-theologisch, praktisch-theologisch, soziologisch usw.) die Rede von Gott im Licht der Gewalt zu reflektieren.

Damit sind wir beim ersten Element des Titels: „Von Gott reden". Auch hier besteht das Ziel der Zusammenstellung der folgenden Beiträge nicht darin, enzyklopädisch alle möglichen Formen des Redens von Gott zu erfassen. Ebenso wenig ist eine systematisch-theologische Abhandlung zur Rede von Gott intendiert. Vielmehr zeigt sich, dass sich gerade durch den Ausgang von biblischen Texten eine Fülle von unterschiedlichen Möglichkeiten erschließt, von Gott zu reden. Das beginnt bei der Sprache und Theologie der biblischen Texte selbst, bleibt da aber nicht stehen. Rede von Gott erscheint auch in transformierter Gestalt, wo es um philosophisches Vertragsdenken, politische Theorie, die Erklärung der Menschenrechte oder das Grundgesetz der Bundesrepublik Deutschland geht. Eines aber haben diese vielfältigen Formen gemeinsam: Die Rede von Gott bleibt nicht im Kontemplativen stehen, sondern drängt auf Handeln.

Um die Breite der Möglichkeiten auszuloten, könnte man den Titel des Buches zu einem vollständigen Satz ergänzen. Man könnte ihm ein Satzzeichen geben. Dann wäre er eine bloße Feststellung (mit Punkt). Oder man macht ihn zur Aufforderung mit unterschiedlich möglicher Betonung: „Von *Gott* reden in einer Welt der Gewalt!", oder: „Von Gott *reden* in einer Welt der Gewalt!" Oder er wäre eine Frage: „Kann/soll/darf man von Gott reden in einer Welt der Gewalt?" In diesem Fall könnte man den Fragesatz erweitern: „Wer kann/soll/darf von Gott reden in einer Welt der Gewalt?", oder: „Wann kann/soll/darf man von Gott reden in einer Welt der Gewalt?", oder: „Wie kann/soll/darf man von Gott reden in einer Welt der Gewalt?" Schon dieses Spiel mit keineswegs sämtlichen Möglichkeiten zeigt, mit wie vielfältigen Weisen des Redens von Gott in den folgenden Beiträgen zu rechnen ist.

Zum Schluss sei noch eine Anmerkung zur Pragmatik der Anordnung der folgenden Artikel gestattet. Die dem Untertitel des Buches folgende Zweiteilung in biblische und heutige Perspektiven markiert keine unterschiedlichen Zugänge, sondern nur unterschiedliche Schwerpunktsetzungen. Denn Ziel aller folgenden Beiträge ist es, Gewalterfahrungen in unterschiedlichen Bereichen biblisch-theologisch zu reflektieren.

Biblische Perspektiven

Die ersten drei Beiträge des Bandes sehen vordergründig so aus, als würden sie dem Ansatz des Buches, nicht von den Gottesbildern, sondern von der von Menschen real erfahrenen Gewalt auszugehen, nicht folgen. Denn sie tragen „Gott" an erster Stelle im Titel (Crüsemann, Sager) oder sprechen explizit von „göttlicher Gewalt" (Kessler). Doch dieser vordergründige Blick trügt.

Zwar befasst sich *Frank Crüsemann* ausdrücklich mit der Frage, an was für einen Gott er heute glauben kann. Aber als Ausgangspunkt der Fragestellung nimmt er nicht Zweifel an einem gewalttätigen Gottesbild, sondern die Erfahrung Abels: Ein Menschenleben wird ausgelöscht – unwiederbringbar. Die Rede von Gott muss sich an dieser Erfahrung bewähren. Es kann nicht die Rede von „Gott dem Allmächtigen" sein – dieser Gott ist tot. Es muss die Rede vom rettenden und befreienden Gott sein, in der Hoffnung für die Hoffnungslosen zur Sprache kommt – bis über den Tod hinaus.

Ausgehend von der allgegenwärtigen Erfahrung von Gewalt untersucht *Rainer Kessler* die Sprache, in der diese ausgedrückt wird. Auffällig ist, dass von der Fülle sprachlicher Möglichkeiten ein bestimmter Ausschnitt nie für Gott verwendet wird. Wenn Gott gewalttätiges Verhalten zugeschrieben wird, dann steht dies immer unter dem Ziel, einen Missstand menschlicher Gewalt zu beenden („terminatorische Gewalt"). Daneben gibt es Ausdrücke, die eine in sich ungerechte Gewalt bezeichnen, die „intrinsisch gewaltbehaftet" sind. Diese werden nur auf Menschen und nie auf Gott angewendet.

In kritischer Auseinandersetzung mit der US-amerikanischen Literaturwissenschaftlerin Elaine Scarry nähert sich *Dirk Sager* dem Phänomen des durch Gewalt bewirkten Schmerzes. Scarry zeigt, wie durch Folter und Krieg bewirkter Schmerz die Welt der Opfer zum Verschwinden bringt. Die Verarbeitung des Schmerzes in kulturellen Artefakten führe dann jedoch zu einer produktiven Überwindung des Schmerzes. Während Scarry solche Überwindung erst im Neuen Testament erkennt, zeigt Sager die Potenziale alttestamentlicher Texte als kulturelle Artefakte, die zur Bearbeitung und Überwindung von Schmerz beitragen können, auf.

Nach den Querschnittsthemen der ersten drei Beiträge folgen Artikel, die von umgrenzten biblischen Texten ausgehen. Zwei konzentrieren sich auf die Hebräische Bibel. *Lutz Bauer* liest das Buch Jona mit neueren Ansätzen als postkoloniale Trauma-Literatur. Sein Protagonist Jona steht für das Volk Israel, das nicht nur die traumatische Kolonisierung durch die Assyrer erlitten habe, sondern auch einem Gott ausgesetzt sei, der unberechenbar und willkürlich dem Kolonisierer (symbolisiert durch die Stadt Ninive) vergebe. Das Buch ermöglicht es der Leserschaft, sich aus dem Abstand der nachexilischen Zeit und im geschützten Raum der Literatur mit dem Trauma auseinanderzusetzen und Resilienz zu entwickeln.

Auch *Ruth Poser* versteht die von ihr untersuchten Texte (Ps 88 und Ez 37,1–14) als Trauma-Literatur, u. zw. als Reaktion auf die Zerstörung Jerusalems und die Exilierung 587 v. u. Z. Ps 88 wirft dabei die Frage auf, ob Gottes Macht in die Sphäre des Todes hineinreicht. In Ez 37 macht sich Gott diese Frage zu eigen und beantwortet sie in der Vision von der Auferweckung der Gebeine. Beide Texte sind Ausdruck des Widerstands gegen die Katastrophe und vereinen individuelle und kollektive Erfahrung.

Hintergrund der neutestamentlichen Texte, deren Besprechung mit dem Beitrag von *Carsten Jochum-Bortfeld* beginnt, ist die Gewalt, die die Christusgemeinden im römischen Imperium erlebt und erlitten haben. Für das Lukasevangelium stellt Jochum-Bortfeld fest, dass es einerseits die Hoffnung auf den Gott, der Machthierarchien zerstört, wachhält (z. B. im Magnifikat der Maria), andererseits ein friedliches messianisches Befreiungsprogramm vertritt, um sich von der Gewaltlogik des Imperiums zu distanzieren, dass beides aber eher unvermittelt nebeneinandersteht. Der „gefrorene Dialog" muss von den Rezipient:innen des Evangeliums in einem Aushandlungsprozess wieder verflüssigt werden.

Der missverständlich oft so genannte „Lasterkatalog" in Röm 1,28–32 ist für *Claudia Janssen* vielmehr ein Spiegel der in der römischen Gesellschaft herrschenden (Alltags-)Gewalt, in die auch die Messias-Gemeinden verstrickt sind. Die Hoffnung auf Gottes gerechtes Gericht stellt dabei keine Perpetuierung der Gewaltstrukturen, sondern deren Überwindung dar. Denn Gottes Weisung ist der Weg zur Überwindung der Gewalt. Das Gericht besteht darin, dass Gott diejenigen, die sich seiner Weisung verweigern, den todbringenden Konsequenzen ihres Tuns überlässt.

Auch *Carsten Röhr* blickt auf die Gewaltstrukturen der römischen Gesellschaft. Er tut das in Form einer Lektüre des 1. Petrusbriefes, in dem er eine Auseinandersetzung mit der herrschenden Gewalt aus der Perspektive von Sklav:innen sieht, die zur Entwicklung einer gewaltfreien Gegenmacht aufgerufen werden, weil sie durch den wie ein Sklave am Kreuz hingerichteten Christus dazu befreit und befähigt wurden. Aus der Lektüre dieses Briefes lässt sich dann eine Theologie entwickeln, die heutigen Gemeinden einen Weg zur Entwicklung einer gewaltfreien Gegenmacht gegen Gewaltsstrukturen ermöglicht.

Dem Text von Lk 22,47–53, der Erzählung von der Gefangennahme Jesu im Garten Gethsemane, nähert sich *Silke Niemeyer* in einer Predigtmeditation. Sie liest ihn auf dem Hintergrund der Spannung, dass Jesus noch beim Letzten Mahl seine Jünger ermuntert hat, Waffen zu kaufen (22,36), nun aber den, der sein Schwert einsetzen will, mit einem „Lasst es damit genug sein" (V. 51) bremst. Diese Spannung ist als Aufforderung zu verstehen, sich scheinbar einfachen Entscheidungen zu verweigern, Nichtwissen, Fehlbarkeit und Aporien zuzugeben und aus der Ja-Nein-Falle auszusteigen.

Gott als Hoffnung für Abel – Oder: An was für einen Gott ich heute glauben kann

Frank Crüsemann

1.

Die Bilder von Gräueltaten, vollbracht auf Befehl Putins von der russischen Armee und Söldnertruppen, zuerst in Butscha und dann an vielen anderen Stellen in der Ukraine, sind weltweit das Thema seit mehr als einem Jahr. Was können wir gegen ein solches Geschehen tun? Aktuell muss es um militärische Gegenwehr gehen und um Waffenhilfe dafür. Dazu kommt die Erinnerung an die Organisation des „Nie wieder!" für solche Kriege in der Zeit nach dem 2. Weltkrieg und die Forderung nach einer Erneuerung all dieser Verpflichtungen. Weiter geht es um die Möglichkeit, dass die Täter einst vor einem Gericht stehen, wie die Nazimörder in Nürnberg, und verurteilt werden. Und später werden Gedenktage, Denkmale, literarische Verarbeitungen sowie Erinnerungen aller Art dazu kommen. Das aber ist schon alles, was die Menschheit angesichts solcher Gräuel tun kann. Und es ist das Höchste, was überhaupt denkbar ist. Doch selbst dieses Menschenmögliche passiert nur „vielleicht" und bleibt eine vage Hoffnung. Aber sogar die eventuelle Realisierung all solcher Hoffnungen bringt den Toten keine Gerechtigkeit.

Und wie viele solche und noch schlimmere Gräuel durchziehen die menschliche Geschichte! Massenmorde, Massengräber, viel hundertfach, vergessen und überbaut, darunter Kinder, immer wieder Kinder. Wir leben immer mit Tätern, die die Opfer vergessen machen wollen, und mit Siegern, die sie verhöhnen. Wir leben mit vergessenen Schandtaten und vergessener Gerechtigkeit. Was heißt da Hoffnung? Kann sich Hoffnung je mit dem Menschenmöglichen zufriedengeben? Muss es nicht um eine Gerechtigkeit gehen, die weit über solches Menschenmögliche hinausreicht? Für nichts weniger als das brauchen wir, so meine persönliche These, so etwas wie „Gott". Und wir müssen darauf bestehen, dass es so jemanden gibt. In der Bibel ist diese Frage vom ersten ermordeten Menschen, von Abel an, der von Kain totgeschlagen wird, durchgängig mit im Spiel. Gibt es Hoffnung für Abel? Was ist das, was wäre das für ein Gott, der solche Gerechtigkeit bringt? Jedenfalls wäre das ein Gott, an den ich heute glauben kann.

2.

Um was für eine Hoffnung, und damit um was für einen Gott es in der Bibel geht, lässt also in Umrissen schon die Erzählung vom ersten Mord der Geschichte erkennen, die über Kain und Abel (Gen 4)[1]. In ihr deckt Gott bereits vor der Mordtat im Gespräch mit dem Täter dessen Motive auf und sagt ihm, was er tun soll und was nicht (V. 6f). Nach dem Mord erinnert Gott sich an den Ermordeten und sorgt dafür, dass mit dem Täter angemessen verfahren wird (V. 9ff). Und die Erzählung als solche ermöglicht es bis heute, dass der Vorgang in der Erinnerung bleibt und immer wieder zur Sprache kommt. Dazu gehört dann auch die Frage nach Hoffnung für den Erschlagenen, für Abel.

Zugleich gibt es in der Erzählung Züge, die das Gottesbild der Schrift im Ganzen bestimmen. Der Gott, von dem hier erzählt wird, handelt beispielsweise keineswegs allein. Er wirkt durch Menschen und zeigt sich nur so. Es geht beim Tun Gottes fast immer um das, was Menschen tun, was sie tun sollen und tun können. Gott erweist sich dabei durchgehend als rettender Gott, aber was er an Rettung und damit auch an Hoffnung auf weitere, zukünftige Rettungen bringt, geschieht durch Menschen. Ein Psalmwort wie das Folgende bringt genau das auf den Begriff:

20 Durchs Meer geht dein Weg,
und deine Pfade durch große Wasser –
doch deine Spuren sind nicht erkennbar.
21 Du hast dein Volk geführt wie eine Herde –
durch die Hand von Mose und Aaron[2].

---

1 Dazu Kessler: Ethik 2017, 112ff.
2 Bibeltexte hier und im Folgenden jeweils in eigener Übersetzung; oftmals in Anlehnung an die von Bail u. a.: „Bibel in gerechter Sprache" 2011.

Gott als Hoffnung für Abel

Nach der Aussage von Psalm 77,20 hat Gott also ausgerechnet bei *der* Befreiungstat, die ihn wie keine andere auszeichnet, bei der Herausführung seines Volkes aus Ägypten, dem Exodus, keine Spuren hinterlassen. Und man kann nicht nur, man muss diese Aussage ganz grundsätzlich nehmen: Denn schon die Fortsetzung in V. 21 macht solche Grundsätzlichkeit eindeutig: Wenn und weil Gott durch Mose und Aaron gehandelt hat, sind für menschliche Augen auch nur diese beiden als Handelnde erkennbar. Das Wirken Gottes in dieser Welt interlässt also keine Spuren. Dass hinter den agierenden Menschen eine andere Größe steht und Gott sich der handelnden Menschen bloß bedient, ist eine pure Behauptung.

Die radikale Unsichtbarkeit von Gott in all seinem Wirken ist also keine erst neuzeitliche Entdeckung. So sieht grundsätzlich der Glaube an einen einzigen und dazu gerecht wirkenden Gott in einer Welt voller Gewalt aus. Und man kann, ja man muss praktisch das ganze Alte Testament so lesen. Denn selbst die großen und bekannten Hoffnungsbilder für weltweiten Frieden, wie etwa Jes 2//Mi 4 („Schwerter zu Pflugscharen"), reden vom Tun Gottes, indem sie von einem veränderten Handeln von Menschen reden. Vor allem aber erzählt das Alte Testament von der Befreiungsgeschichte des Volkes Israel und von der Gabe der Tora an eben dieses Volk.

Dazu kommt, dass diese Hauptlinie des Tenach, also die Geschichte Gottes mit dem Volk Israel, zugleich voll von Hinweisen darauf ist, dass und was dies alles für die anderen Völker zu bedeuten hat. Damit ist in der Schrift bereits all das im Spiel, was bis heute das Menschenmögliche bezogen auf Kain und Abel und ihre vielen Nachfolger und Nachfolgerinnen ist. Denn man kann praktisch alles, was wir bis zum heutigen Tag für Abel und damit für all die vergessenen Ermordeten hätten tun können und so oft nicht getan haben, samt Anregungen dazu, dass und wie wir uns an sie dauerhaft erinnern können, bereits im ersten Teil der christlichen Bibel finden.

3.

Nun ist heute davon auszugehen, dass spätestens seit Friedrich Nietzsches Satz „Gott ist tot"[3] kaum noch jemand in Philosophie und Wissenschaft mit so etwas wie Gott rechnet. Fast alles ernsthafte Denken sieht sich „Nach Gott", wie ein Buchtitel von Peter Sloterdijk lautet. Und das ist nicht nur in Philosophie und Wissenschaft so – die ganze westliche Gesellschaft ist durch und durch a-theistisch. Erstaunlich ist insbesondere die Selbstverständlichkeit, mit der eine „Arbeitshypothese Gott", um eine Formulierung von Dietrich Bonhoeffer aufzunehmen[4], gar nicht erst in Betracht kommt. Das gilt selbst und gerade für die Kirche, und nicht nur, wenn es z. B. um Geld geht. Bestenfalls in dem Sonderbereich Religion ist das anders. Ob das aber Sinn macht, darum wird heftig gestritten. Dazu gehört u. a. die Frage, ob das, worum es religiöser Rede geht, ernsthaft Gott genannt werden kann[5].

Nun kann man den neuzeitlichen Atheismus m. E. nicht als ernsthafte Auseinandersetzung mit der biblischen Gottesvorstellung ansehen, sondern lediglich mit einer Karikatur von ihr. Denn sie zielt im Kern nicht auf die Verbindung von Befreiung und (der dazu nötigen) Macht, um die es in der Bibel durchgängig geht, sondern auf die Macht pur. Sofern Gott Macht ist, gibt es danach Gott nicht. Eben wenn – und soweit – Gott als Macht erscheint, resp. wahrgenommen wird, gibt es ihn nicht.

Besonders klar – und einfach! – habe ich diesen Zusammenhang in einem Interview mit dem russischen Regisseur Kirill Serebrennikow formuliert gefunden: „Früher war an der Spitze aller Ordnungen", sagt er darin, „als oberster Maßstab, ein einzelner Mensch, ein Mann. Ein König, ein Zar. Aber nach dem Zweiten Weltkrieg und der postindustriellen Revolution ist dieser König von seinem Thron gestoßen worden. Da oben ist jetzt niemand mehr. Gott ist tot, niemand ist *in charge*. Die Menschheit hat sich aus der Vertikalen in die horizontalen Systeme entwickelt."[6]

Dieser unmittelbare Zusammenhang von menschlicher und göttlicher Herrschaft – so unmittelbar, dass man sich fragt, ob es überhaupt um Gott und nicht eigentlich nur um Putin geht – ist ja sehr lange auch

---

3 Nietzsche: Wissenschaft 1966, 126ff (Nr. 125).
4 Bonhoeffer: Widerstand 1998, 534.
5 Dazu etwa Crüsemann: Gott 2022, 34ff.
6 Serebrennikow: Gespräch 2022, 55.

für die christliche Theologie prägend gewesen, gerade auch im Protestantismus. Kein anderer Text hält die Tatsache, dass es bei Gott um Macht geht, so prominent und bestimmend bis heute fest, wie das in jedem Gottesdienst gesprochene Apostolikum. Es beginnt bekanntlich mit dem Satz „Ich glaube an Gott, den Allmächtigen". Neben der Entfernung Israels aus dem christlichen Credo[7] ist das die stärkste und wirksamste Änderung gegenüber der Bibel. Denn so viel Macht auch Gott in der Bibel zugeschrieben wird, allmächtig ist er nicht. Das ist ein unbiblischer und zwar ein eindeutig nachbiblischer Begriff.

Ich möchte die These vertreten, dass der Gott der christlichen Normal-Theologie ein Götze ist. Und dass dieser Götze den Zugang zum biblischen Gott verstellt. Wenn sich die eben genannten Züge des Credo noch mit der christlichen Aufhebung des Bilderverbots verbinden, dann kommt es dazu, dass die europäische Malerei Gott als alten Mann mit Bart im Himmel darstellt. Gegen einen solchen Götzen kann man nur Widerstand leisten. Und es ist kein Zufall, dass diese europäische Geschichte auf Auschwitz und Hiroshima zuläuft, was beides unsere Situation bis heute prägt. Einen allmächtigen oder gar allesbestimmenden Gott kann es nicht geben und, wichtiger noch, es darf ihn nicht geben.

Nun gibt es insbesondere seit dem Holocaust theologische Neuansätze, in denen das Judentum und damit die Bibel neu entdeckt worden sind und damit auch der Gott der Bibel. Und sie haben selbst die sonst überaus kritischen Nachbarwissenschaften beeinflusst, man denke nur an Jan Assmanns Entdeckung des Exodus und seiner Folgen[8]. Dennoch bleibt das Problem der übergroßen Macht Gottes. Sie verhindert m. E. gewichtige Neuansätze und stoppt jeden neuen Denkweg im Ansatz. Das zeigt sich besonders deutlich bei Jürgen Habermas. In seinem zweibändigen Werk „Auch eine Geschichte der Philosophie" geht es im 1. Band um „die okzidentale Konstellation von Glauben und Wissen"[9]. Sein Ausgangspunkt dafür ist die sogenannte „Achsenzeit" (175ff) und der Vergleich der „Weltbilder" in ihr (307ff). Dazu gehört – man muss sagen endlich – das Kapitel „Die Abkehr des jüdischen Monotheismus vom Heidentum" (327–360). Die abendländische Denkgeschichte, um die es ihm in dieser neuar-

---

7 Dazu bes. Skarsaune: Christologie 1999.
8 Assmann: Exodus 2015.
9 So der Untertitel von Bd. 1.

tigen Philosophiegeschichte geht, hat damit endlich zwei Ausgangspunkte gewonnen, neben dem griechischen bei den Vorsokratikern auch einen beim hebräischen Monotheismus. Doch Habermas' Sicht bleibt zwiespältig. Auf der einen Seite sieht er in erstaunlicher Klarheit – und nur partiell gedeckt durch Assmanns Buch über den Exodus[10], auf das er sich mehrfach ausdrücklich bezieht – nicht nur die Bedeutung der Verbote von Bildern und Nennung des göttlichem Namens (332), sondern die Bedeutung von Gottes „befreiender Gerechtigkeit" (337) für die mosaischen Gesetze mit ihrem verfassungsgebenden Charakter (338). Deswegen konnte Spinoza „der erste Verteidiger einer säkularen Demokratie" werden, der für die „vernunftrechtliche Begründung einer modernen Republik auf das Beispiel des alten Israel und der mosaischen Gesetze zurückgreifen konnte" (338).

Damit ist Habermas doch eigentlich schon da, wo er sich heute sieht. Gäbe es da nicht noch die andere Seite. Nach der ist bereits in alttestamentlicher Zeit die politische Herrschaft zwar prophetisch kritisiert, gleichzeitig damit aber ihr Modell auf Gott übertragen und eben dadurch ins Riesenhafte gesteigert worden (330). Beim biblischen Gott gehe es um die „ins Unendliche gesteigerte Macht einer der Anschauung entzogenen Person" (331). Es geht bei Gott, so Habermas, angeblich immer um die „Sphäre einer welttranszendenten Macht" (331)[11].

4.

Der biblische Gott ist nun aber primär nicht durch Macht, sondern durch Befreiung gekennzeichnet. Und deren Kern sehe ich in folgenden drei Inhalten: Exodus / Befreiung; Tora / Gebot und Recht; Eschatologie / endgültige Rettung. Paulus meint nichts anderes, wenn er von den drei Größen Glaube, Liebe und Hoffnung spricht (1 Kor 13,13).

---

10 Assmann: Exodus 2015.
11 Das wird dann mit wirklichen Fehlinterpretationen von Hiob und Gen 22 unterstrichen.

Exodus / Befreiung

Die wichtigste Definition Gottes in der Bibel ist eine Selbstdefinition, und sie steht am Beginn des Dekalogs, und damit am Moment des Übergangs von der Exoduserzählung zur Gabe der Tora. Gott beginnt am Sinai so zu reden:

> Ich bin Adonaj, bin dein Gott, weil ich dich aus dem Land Ägypten, aus dem Haus der Sklavenarbeit herausgeholt habe (Ex 20,2).[12]

Gott stellt sich also hier mit seinem Namen vor und mit dem Verweis auf die von ihm vollbrachte Befreiungstat. Diese ist es, auf der die Beziehung zu den Angeredeten, also zum Volk Israel, gründet. Es ist dieses „dein Gott". Es ist damit die Befreiung aus Ägypten, die alle folgenden Ansprüche Gottes begründet. Sie trägt offenkundig Gottes Autorität und macht damit Gottes Gottsein aus. Es ist nur die Befreiung, auf die hier verwiesen wird, und es ist nicht die Macht, nicht die Stärke, nicht die Herrschaft, und schon gar nicht so etwas wie Allmacht. Wenn man aus dem Namen Gottes, mit dem er sich hier vorstellt, den „Herrn" macht, wie es in den meisten deutschen Bibelübersetzungen bis heute geschieht, wird alles falsch. Natürlich spielt die Macht eine Rolle. Gott hat sich als stärker als die Großmacht Ägypten und ihr Militär erwiesen. Und daher spielt z. B. die Furcht vor dieser Gottheit durchaus immer wieder eine Rolle. Aber Gott selbst bezieht sich gerade nicht darauf. Gott gründet alles, was er / sie dem Volk Israel als den von ihm / ihr Befreiten zu sagen hat, nicht auf die Macht, sondern allein auf die Freiheit.

Daraus folgt für mich theologisch: Wo Gott ist und wirkt, geschieht Befreiung, damit ereignet sich Freiheit. Nur wo Befreiung geschieht, ist Gott, und überall wo Freiheit ist, ist Gott. Das durchzieht und bestimmt die ganze Bibel[13]. Der Prophet Amos sagt, dass genau das für alle Völker gilt, wenn er in Am 9,7 formuliert: „Habe ich nicht Israel aus Ägypten heraufgeführt und die Philister aus Kaftor und Aram aus Kir?" Der Gott Israels ist zugleich Gott aller Völker, und ist überall durch sein befreiendes Tun bestimmt und erkennbar. Noch einmal deutlich gefragt: Wenn und wo Gott statt durch Befreiung durch Macht bestimmt ist, wo das Glau-

---

12 Übersetzung für den Deutschen Evangelischen Kirchentag 1995.
13 Dazu z. B. Crüsemann: Exodus 2014, 205–221.

bensbekenntnis in jedem Gottesdienst mit dem Glauben an Gottes Allmacht beginnt, geht es da nicht eher um einen Götzen, dem man nur widerstehen kann?

Tora / Gebot und Recht

Mit dem zitierten Vers aus dem Anfang des Zehnworts beginnt die Gabe der Tora (Ex 20,2). Und nach dem Dekalog kommt dann als erstes das sogenannte Bundesbuch (Ex 20,22–23,33), auf dessen Grundlage der Bundesschluss in Ex 24 erfolgt. Man kann in ihm drei Gruppen von Geboten unterscheiden, die gemeinsam den Willen des befreienden Gottes ausmachen.

- Da sind einmal die theologischen und religiösen Kernsätze. Dazu gehört vor allem das Verbot der Verehrung anderer Gottheiten, das die gesamte Komposition prägt: Anderen Gottheiten soll man nicht opfern (22,19), ihre Namen nicht in den Mund nehmen (23,13), sich nicht vor ihnen verbeugen (23,24), sie nicht anbeten (23,32f). Bleiben bei der geschenkten Freiheit, sie durch nichts Anderes zu verstellen, ist der inhaltliche Sinn. Diesen Kern ergänzt dann u. a. eine religiöse Zeitstruktur, also die großen Jahresfeste (23,14ff) und die Ruhe an jedem siebten Tag, also der Sabbat, aber auch das Sabbatjahr (23,10f).
- Das zweite sind Schutzbestimmungen für die sozial schwächsten Glieder der Gesellschaft. Dabei spielt das Fremdenrecht eine besondere Rolle. Es rahmt in Ex 22,20 und 23,9 den Teil, in dem es auch um Witwen und Waisen (22,21–23) sowie um Arme (22,24ff; 23,3.6), aber auch um den Schutz von Tieren (23,4f) geht. Rechtlich sollen diese Sätze offenkundig als steuernde Prinzipien für das gesamte positive Recht fungieren. Sie entsprechen damit sowohl inhaltlich wie rechtstheoretisch dem, was in der Neuzeit in den Menschenrechten Gestalt gewonnen hat. Zu ihrer Begründung wird nachdrücklich an den Exodus erinnert (22,20; 23,9).
- Mit diesen Geboten verbindet sich als Drittes eine Sammlung von eigentlichen Rechtssätzen, die in Form und Inhalt dem entsprechen, was wir aus den altorientalischen Rechtskorpora, wie etwa dem Kodex Hammurabi, kennen. Es geht um wirkliches Recht, das in Rechtsverfahren angewendet werden soll und also unserem positiven Recht

entspricht. Hierzu gehören neben Todes- und Sklavenrecht besonders Regelungen für Körperverletzungen und Eigentumsdelikte. Es liegt auf der Hand, dass ein derart konkretes Recht auf das engste mit den damaligen Lebens- und Sozialverhältnissen verbunden ist; es soll ja die dort auftretenden alltäglichen Konflikte lösen helfen. Diese Gesetze heute wörtlich anzuwenden, würde bedeuten, sich wie die Taliban zu verhalten und z. B. Sklaverei für göttlich geboten zu halten. Die Notwendigkeit einer sozialgeschichtlichen Interpretation, die die Differenz der Lebenswelten durchgängig in den Blick nimmt, zeigt sich hier besonders deutlich. Ein Beispiel ist Ex 21,18ff mit der Bestimmung einer finanziellen Entschädigung bei einer schweren Körperverletzung. Diese Regel lässt das durchgängig zugrundeliegende Prinzip des biblischen Strafrechts erkennen: Die Geschädigten sollen vom Täter entschädigt werden, damit durch diesen Ausgleich Versöhnung und ein zukünftiges friedliches Miteinander ermöglicht wird. Dass die Strafe nicht wie etwa im römischen Recht an den Staat zu zahlen ist (oder gar wie dann in der Neuzeit in Freiheitsentzug besteht), sondern dass die Strafe als Wiedergutmachung an das Opfer ergeht, ist für das Verständnis der „Strafen" Gottes in der Bibel von großer Bedeutung, ebenso wie für heutige Überlegungen zu einer humanen Weiterentwicklung des Strafrechts.

Entscheidend ist nun, dass diese drei unterschiedlichen thematischen Gruppen als gemeinsame Forderung Gottes auftreten. Die Einheit Gottes bewirkt also, dass die Gottesbeziehung nicht nur am religiösen Verhalten hängt, sondern mit gleichem Gewicht in der Praktizierung von Recht und Gerechtigkeit in allen ihren Aspekten. Von Gott trennt nicht nur religiöses Fehlverhalten, etwa die Verehrung anderer Gottheiten oder die Verletzung traditioneller religiöser Pflichten wie der Einhaltung von Festterminen oder der Ablieferung von Abgaben, sondern ebenso die Beeinträchtigung des Rechts von Fremden und Armen. Und das nicht nur grundsätzlich und als ethisches Ziel, sondern in der Realität des Alltags und im konkreten Recht.

Aus der weiteren innerbiblischen Geschichte der Tora[14] nenne ich hier als einziges Beispiel die Bestimmungen zu Politik und Wirtschaft des Deuteronomiums. Neben dem Königsgesetz in Dtn 17,14ff, das Regeln zur Einsetzung und zu den Grenzen der Macht des Königs enthält und so den

---

14 Dazu Crüsemann: Tora 2005, 235ff.

damaligen Staat dem Recht unterwirft, finden sich Bestimmungen zu allen wichtigen gesellschaftlichen Institutionen, wie dem Rechtswesen (16,18ff; 17,8ff), zu Priestern und Propheten (18) und zu Krieg und Militär (20). Diese politischen Gesetze bilden eine Art Verfassung und haben wirkliche Parallelen eigentlich erst in neuzeitlichen Verfassungen mit ihrem Versuch, Freiheit politisch und rechtlich zu organisieren und festzuschreiben. Hinzu kommt eine massive Ausweitung des Armenrechts zu einer Art umfassendem sozialem Netz. Dazu gehört ein regelmäßiger Schuldenerlass (15,1ff), das Zinsverbot (23,20f), die Umwandlung des traditionellen Zehnten in eine Sozialsteuer für den Unterhalt der Randgruppen in Israel (14,22ff; 26,12ff). Alle diese Sozialgesetze binden mit der stets wiederholten Formel „damit dich Jhwh, dein Gott, segne in allem Tun deiner Hand, das du verrichtest" (14,29; vgl. 15,18; 16,15; 23,21; 24,19) den Segen Gottes an die Partizipation der Ärmeren und Landlosen am Reichtum des Landes. Es geht um einen Kreislauf des Segens, der die rechtlich gesicherte Teilnahme aller am Reichtum des Landes mit zukünftigem Segen Gottes verbindet.

Eschatologie / endgültige Rettung

Spätestens durch das babylonische Exil waren alle politischen Gestalten der Freiheit, wie sie bis dahin mit der Chiffre des Exodus verbunden waren, hinfällig. Am Ende des 2. Königsbuchs steht die Aufhebung des Exodus (2 Kön 25,26), und die im Exil gebeteten Klagelieder enden mit der Frage. „Hast du uns völlig verworfen?" (Klgl 5,22). Wenn Israel trotzdem an seinem befreienden Gott festhält, so war das nur möglich, weil ganz neue Gestalten des Exodus entstanden, in der die Freiheit zur Hoffnung wurde. Ein Beispiel steht in Jes 43,16-19:

16 So spricht Gott, erschaffend im Meer einen Weg und in starken Wassern eine Straße:
17 Ausziehen lässt Gott Wagen und Pferd, Macht und Stärke:
Sie werden sich zusammen hinlegen und nicht mehr aufstehen,
sie verlöschen, wie ein Docht erlöscht.
18 Denkt nicht an das Frühere, und auf die Vorzeit achtet nicht!
19 Siehe, ich mache Neues, jetzt sprießt es auf, erkennt ihr es nicht?
Ja, ich mache in der Wüste einen Weg, in der Einöde Wasserströme.

Dieser neue, Erde und Natur völlig umgestaltende Exodus ist eine von vielen Gestalten des Versprechens eines kommenden Heilshandeln Gottes. Alles was in der Gegenwart Probleme bringt und nicht funktioniert, wird neu. Das neue Herz und der neue Geist, ein neuer gerechter messianischer König, neues Leben aus den Gräbern, eine neue Erde und ein neuer Himmel, das Reich Gottes. Nur mit dieser Hoffnung auf die endgültige Befreiung kann es den Glauben an eine einzige und gerechte Gottheit mitten in dieser Welt voll Ungerechtigkeit geben.

Denn diese Hoffnung verändert schon die Gegenwart. Alles was heute schon und oft als Widerspruch zu anderen Erfahrungen als glückhafte Rettung erlebt wird, wird damit zur Vorausnahme des endgültigen Glücks. Jede Wundergeschichte kann und will das zeigen. Es ist dieses Vertrauen auf das Ausstehende, auf den künftigen Advent, der bereits die Gegenwart verändert und prägt.

Zwei Folgerungen

Aus diesen Kernpunkten ergeben sich für mich zwei Folgerungen. Die eine betrifft das Verhältnis zur Macht. Meine Kernthese dazu lautet: Gottes Macht kommt bei allem, was über Gottes Handeln erzählt wird, nur jeweils so weit in Sicht, als es für den jeweiligen Zweck nötig ist. Also niemals als Selbstzweck und schon gar nicht als Allmacht. In allen Aussagen und Erzählungen tritt sie nie allein in den Blick. Es gibt wichtige Texte, die sie ganz reduzieren, und zurücknehmen auf das Wort oder sogar auf das Schweigen (so in 1 Kön 19,12).[15]

Die damit eng verbundene zweite Folgerung betrifft die Aussagen über Gewalt, die von Gott ausgeht. Zum Verständnis ist eine starke Differenzierung nötig und zentral. Ich nehme jetzt nur das Thema auf, das sowohl bei Habermas wie auch sonst eine besonders große Rolle spielt: Gott als Richter, der in dieser Rolle auch massiv straft. Kann man, wenn das so ist, Gott auf das positive Tun der Befreiung wie im Exodus reduzieren? Ich behaupte: ja. Denn da, wo Gott als Richter erscheint, geht es einmal immer um Rettung derer, die Unrecht erleiden. Es geht nie zuerst um Bestrafung der Schuldigen. Die Bibel denkt immer von den Opfern her und

---

15 Wo aus der „Stimme des Schweigens" (*qol dᵉmama*) nicht – wie weithin üblich! – ein „Säuseln" o.ä. werden sollte.

nicht von den Tätern (anders als Kirche und Theologie bis heute, man denke etwa an die sogenannte Rechtfertigungslehre[16]).

Und was die Bestrafung der Täter angeht, so muss man zum anderen zum Verständnis vom biblischen Strafrecht ausgehen. Da geht es immer um so etwas wie einen Täter-Opfer-Ausgleich[17]. Dazu kommt, dass ein Endgericht mit ewigen Höllenstrafen ganz unbiblisch ist. Was etwa bei Dante über dem Eingang zur Hölle steht, das berühmte „Lasst alle Hoffnung fahren"[18], widerspricht massiv der Lehre des Paulus, nach dem die Hoffnung zu dem gehört, was bleibt (*ménei*, so in 1 Kor 13,13), also gerade kein Ende findet.

5.

„Die Stimme des Blutes deines Bruders schreit zu mir vom Acker her", mit diesen Worten reagiert Gott auf die erste Bluttat, die an Abel (Gen 4,10). Selbst wenn rechtlich damals mehr möglich gewesen wäre als in einem solchen Fall (bei Mord zwischen zwei Brüdern ist offenbar, wie sich in 2Sam 14,13 zeigt, allein Verbannung üblich) – wäre damit dieser Schrei erledigt? Sind durch das Urteil von Nürnberg oder durch entsprechend andere Verurteilungen von Tätern die Schreie der im Holocaust oder sonst Ermordeten erledigt?

„Gott forscht nach, wessen Blut gewalttätig vergossen wurde, erinnert sich an sie, vergisst den Schrei der Gequälten nicht" (Ps 9,13). Das ist die Hoffnung, die sich auf den Gott Israels in diesem Bereich richtet. Und das, was hier von Gott erwartet wird, ist neben der Schöpfung das einzige, was er allein tut und allein tun muss. Die Macht über den Tod, die dazu nötig ist, die Macht, die Gestorbenen und Getöteten zu erwecken und ihnen endlich Gerechtigkeit zu bringen, wird ihm zugeschrieben, seit Israel etwa in der Zeit Elias gelernt hat, dass es nur mit dem Gott Israels als einem und dem einzigem überhaupt zu tun hat.

---

16 Vor allem Jürgen Moltmann hat immer wieder darauf hingewiesen, dass „die Rechtfertigungslehre ... opfervergessen" und damit „täterorientiert" ist (so z. B. in Moltmann: Interview 2017, 505).
17 Dazu o. S. 19 und Crüsemann: Tora 2005, 198f.
18 Dante: Göttliche Komödie I,3,9.

Gott als Hoffnung für Abel

Um Gottes Macht über den Tod zu verstehen, ist die Erkenntnis entscheidend, dass diese Hoffnung ein Abkömmling von der Erfahrung des Exodus ist. Es geht dabei durchgängig um Befreiungstheologie. Denn in den vielfältigen Bildern eschatologischer Hoffnung auf Überwindung des Todes, die es im Alten Testament und dann erst recht in den zwischentestamentlichen Schriften gibt, ist das Bild von besonderem Gewicht, in dem der Exodus in veränderter Gestalt zu einer neuen Hoffnung wird, die dann gerade auch den christlichen Glauben entscheidend bestimmt:

> Siehe, ich öffne eure Gräber und führe euch heraus aus euren Gräbern als mein Volk und bringe euch ins Land Israel. Und ihr werdet erkennen, dass ich Jhwh bin, wenn ich eure Gräber öffne und wenn ich euch aus euren Gräbern heraufführe... (Ez 37,12f)

Der neue Auszug des Volkes aus dem Exil wird hier mit eindeutiger Exodusterminologie beschrieben, aber zugleich als Herausführung aus den Gräbern bezeichnet. Es geht in diesen Worten um die Hoffnung des Volkes. Wenn es unmittelbar vorher heißt: „Vertrocknet sind unsere Gebeine, zunichte ist unsere Hoffnung, wir sind abgeschnitten" (V. 11), so ist das typische Psalmensprache. Die vertrockneten Gebeine kommen in vielen Klagen vor (z. B. Ps 22,16; 102,12 u. a.). Aber der Prophet wendet dieses Bild um in eine der größten Visionen der Bibel. Geführt auf ein Feld voller Totengebeine, was eben das im Exil hoffnungslose Volk ausmacht, wird der Prophet genötigt, über diesen Totengebeinen zu prophezeien. Und dann rücken sie zusammen, ein Knochen zum anderen, Fleisch wächst und Haut zieht sich über sie, und dann kommt der Geistwind von allen vier Himmelsrichtungen und sie bekommen Leben und stellen sich auf die Füße.

Es ist das Bild einer Totenerweckung. Aus den Gräbern heraus vollzieht sich ein völlig neuer Exodus. Und dieses Bild wird für die jüdische wie dann für die christliche Eschatologie das Grundbild der Auferstehung der Toten. Es gibt ja viele Bilder von der Überwindung des Todesgeschicks, man denke an die Entrückung in den Himmel, an die Hand Gottes, die mich festhält, an das Weiterleben der „Seele", an die Wiederbelebung kürzlich Gestorbener wie in den Wundererzählungen von Elia oder Jesus. Das Bild der Totenerweckung stammt in seiner Drastik und unrealistischen Realistik aus dieser ezechielischen Vision und reicht bis in die große abendländische Malerei. Es ist eine Version des Exodus, die – nicht nur für das Christentum – zur Grundchiffre des neuen Lebens im alten, des Herausgeführt-Werdens in die Freiheit mitten in allen Unfreiheiten geworden ist. Und auch hier gilt: Die Erkenntnis Gottes, die diese zukünftige Tat nach Ezechiel bewirken wird, wird eben schon jetzt mit dieser schriftgewordenen Vision und der von ihr ausgelösten Hoffnung real wirksam.

6.

Bisher ging es fast durchgängig um Aussagen des sogenannten Alten Testaments. Doch was hat es damit auf sich? Was geht uns als Christen dieses jüdische Buch an? Dass gerade auch unsere Hoffnung als Christenheit von dort stammt, sagte das Neue Testament immer wieder. Und genau das hat Dietrich Bonhoeffer wohl als Erster wieder entdeckt, als er mitten in der bisher schlimmsten Gräuelzeit der Geschichte nach Kraft zum Widerstand suchte[19].

So heißt es beispielshaft beim Apostel Paulus im Brief an die Gemeinde in Rom:

> Was zuvor geschrieben wurde, ist zu unserer Belehrung geschrieben, damit wir durch die Widerstandskraft und durch den Trost der Schriften die Hoffnung gewinnen (Röm 15,4).

Doppelt wird es gesagt, so dass unübersehbar wird: die Hoffnung kommt aus den Schriften, also aus der jüdischen Bibel, unserem Alten Testament. Aber das geschieht nicht direkt, sondern so, dass diese Schriften Standhaftigkeit, Widerstandkraft, Resilienz (*hypomoné*) und Trost (*paráklesis*) bewirken. Und daraus erwächst dann die Hoffnung. Beides aber, *hypomoné* und *paráklesis*, sind zugleich, wie es der direkt anschließende Satz in V. 5 sagt, Eigenschaften Gottes. Denn es ist der Gott der Widerstandskraft und des Trostes, der die Menschen der Gemeinde miteinander nach dem Maßstab des Messias leben lässt, der also das bewirkt, was Paulus in der ganzen Passage vorher vor allem in Kap. 14 mahnend erläutert hat. Es zeigt sich hier eine Übereinstimmung, die grundsätzlich gilt: Was wir über Gott wissen, alles, was unseren Glauben und unsere Hoffnung ausmacht, steht in der Schrift, also im Alten Testament.

---

19 Dazu Crüsemann: Bonhoeffer.

Gott als Hoffnung für Abel

Nun hat Paulus direkt vor diesem Satz in Röm 15,3 die Schrift zitiert. Aber die bei ihm selten so grundsätzlich formulierte Lehre über die Bedeutung der Schrift in V. 4 dürfte sich nicht nur auf dieses eine Beispiel beziehen. Denn wenn es die Schrift ist, aus der unsere Hoffnung kommt, so geht es dabei ja um alles, wovon Paulus gerade in diesem Brief zu reden hat. So formuliert er zusammenfassend am Ende des ersten Teils (Röm 1–8): „durch die Hoffnung sind wir gerettet" (8,24). Was die Rettung der Menschheit durch den Messias Jesus betrifft, so ist sie nur und allein in Gestalt von Hoffnung wirksam. Das gilt erst recht für die Rettung Israels, um die es in Kap. 9–11 geht. Und ganz offenkundig gilt es auch für den 3. Teil ab Kap. 12. Alles kommt aus der Hoffnung, und diese kommt, eben das sagt Röm 15,4, aus der Schrift. Paulus zitiert sie ja andauernd und durchgängig, und zwar für alles, was er zu sagen hat. Seine Briefe und seine gesamte Lehre sind Schriftauslegung.

Von dieser Hoffnung geht das Neue Testament, geht gerade auch Paulus in seinen Briefen durchgängig aus. Doch was im Alten Testament eher so etwas wie eine Nebenlinie ist, nämlich dass Gott allein handelt, ist in Teilen der Christentumsgeschichte so ins Zentrum gerückt worden, dass das Menschenmögliche samt Gottes Hilfe und Geboten dazu vielfach für weitgehend überflüssig erklärt wurde. Nicht selten wurde es sogar verteufelt und Gott dabei immer sogar zu einem Folterer gemacht. Denn da, wo das kommende Weltgericht und die damit verbundenen Höllenstrafen ins Zentrum rücken, ist das Christentum durch die dabei grundlegende Abwertung der Schrift samt der Gebote und die damit unausweichliche antijüdische, wachsend sogar antisemitische Grundhaltung zu einer inhumanen Religion geworden – und das in Teilen bis heute. Doch beides ist wichtig und beides bedingt sich gegenseitig: Nur, wenn das Menschenmögliche geschieht, das also, was Gott in der Tora geboten und wozu Gott so oft geholfen hat und weiter helfen will, nur dann gibt es auch Hoffnung für Abel.

Natürlich ist in vielen Fällen auch bereits das Menschenmögliche allein auf Hoffnung gegründet. Man denke an Kriegsverbrechen, wie sie derzeit in der Ukraine geschehen. Hilfreich und angemessen ist hier eine Differenzierung. „Eine Hoffnung, die wir sehen, ist keine Hoffnung" sagt Paulus (Röm 8,24). Folgt man dieser Definition von Hoffnung, so stimmt es zwar, dass wir gerade auch das Menschenmögliche vielfach nicht sich ereignen sehen, also nur darauf hoffen können, dass Menschen das Mögliche tun. Aber wir kennen doch auch Beispiele dafür, dass es in der Geschichte bereits hin und wieder geschehen ist und also wieder geschehen kann. Solche Beispiele können wir durchaus „sehen". Das aber, was wir für die seit Abel vergessenen Toten erhoffen, können wir nicht „sehen". Vielleicht entspricht das dem Befund im Buch Kohelet. Es stellt bekanntlich das Ganze der Welt unter das Motto *hăbäl habalim*, „alles ist eitel, alles ein Windhauch, alles ein Nichts" (Koh 1,2). *Hăbal* aber ist dasselbe hebräische Wort wie Abel. „Alles ist Abel", „die ganze Welt ist eine Welt voller Abels". So kann, so muss man das Motto von Kohelet auch verstehen. Und es zeigt sich an dem, was an vielen Stellen, gerade auch heute, in der Welt unübersehbar geschieht, dass das einfach stimmt. Doch selbst wenn das so ist, gibt es offenbar auch in der Sicht des Buches Kohelet Hoffnung. In Koh 3,15 jedenfalls heißt es überraschend: „Gott sucht das Verfolgte". Und was immer dieses *nirdaf* hier genau heißen mag[20], der Satz bestätigt in jedem Falle die bekannte Wendung von Walter Benjamin „Nur um der Hoffnungslosen willen ist uns die Hoffnung gegeben"[21]. Die Hoffnung für „uns", also auch die Hoffnung für mich persönlich, hängt nach dieser Aussage an denen, für die es nach verbreiteter Ansicht keine Hoffnung gibt, also an der Hoffnung für Abel.

Ich stelle an den Schluss eine Passage aus einem Buch von Navid Kermani, das von Gott handelt und damit auch von dieser Hoffnung: „Mal angenommen, jemand wäre an Opas Bett getreten mit dem endgültigen Beweis in der Hand, dass mit dem Tod alles vorbei sei, Schluss aus Ende. So beseelt, wie Opa geworden war, hätte es für ihn gar keinen Unterschied mehr gemacht... Er hätte dann wissen wollen, wie sich das Nichts anfühlt, was es ist. ... Dann wäre Gott für ihn dieses Nichts gewesen."[22]

Selbst in einem solchen Fall, ja gerade dann, stellt sich für mich immer noch die Frage, was das denn für die Hoffnungslosen, für die Abels dieser Welt bedeutet.

---

20   Dazu z. B. Michel: Qohelet 1989, 74f.
21   Benjamin: Wahlverwandtschaften 1991, 201.
22   Kermani: Gott 2022, 120f.

Literatur

Assmann, Jan: Exodus. Die Revolution der Alten Welt, München 2015.
Bail, Ulrike; Crüsemann, Frank u. a. Hrsg.: „Bibel in gerechter Sprache" (2006), 4. Aufl. Gütersloh 2011.
Benjamin, Walter: Goethes Wahlverwandtschaften, Gesammelte Schriften Bd. I.1 (stw 931), Frankfurt / M. 1991, 123–201.
Bonhoeffer, Dietrich: Widerstand und Ergebung (DBW 8), Gütersloh 1998.
Crüsemann, Frank: Die Tora. Theologie und Sozialgeschichte des alttestamentlichen Gesetzes (1992), München ³2005.
- Die Bedeutung des Exodus für die christliche Theologie, in: R. Achenbach u. a. Hrsg., Wege der Freiheit. Zur Entstehung und Theologie des Exodusbuches (AThANT 104), Zürich 2014, 205–221.
- „... zu direkt neutestamentlich"!? Bonhoeffer, das Alte Testament und die Frage einer biblischen Christologie, in: EvTh 81 (2021) 4–24.
- Was eigentlich (und wer) ist das, was wir Gott nennen?, in: Klara Butting / Gerard Minnaard (Hrsg.), Heilsgeschichte in der Krise. Bibelkongress 2021, Uelzen 2022, 23–41.
Dante Alighieri: Die Göttliche Komödie, deutsche Übersetzung von Hermann Gmelin, Stuttgart 1955.
Habermas, Jürgen: Auch eine Geschichte der Philosophie. Band 1: Die okzidentale Konstellation von Glauben und Wissen, Berlin 2019.
Kermani, Navid: Jeder soll von da, wo er ist, einen Schritt näher kommen. Fragen nach Gott, München 2022.
Kessler, Rainer: Der Weg zum Leben. Ethk des Alten Testaments, Gütersloh 2017.
Michel, Diethelm: Untersuchungen zur Eigenart des Buches Qohelet (BZAW 183), Berlin / New York 1989.
Moltmann, Jürgen: Wir sind friedlich geworden. Interview, in: Christ in der Gegenwart 45, 2017, 505–506.
Nietzsche, Friedrich: Die fröhliche Wissenschaft (1882), in: ders., Werke in drei Bänden hrsg. v. Kurt Schlechta, Bd. 2, München 1966, 7–274.
Serebrenikkow, Kirill: „Da oben ist jetzt niemand mehr". ... Gespräch mit einem, der die Macht nicht fürchtet, Die Zeit Nr. 3, vom 13. Januar 2022, 55.
Skarsaune, Oskar: Altkirchliche Christologie – jüdisch / unjüdisch?, in: EvTh 59 (1999), 267–285.
Sloterdijk, Peter: Nach Gott (stb 4892), Berlin 2018.

Menschliche und göttliche Gewalt in der Sprache der Hebräischen Bibel[1]

Rainer Kessler

1. Annäherung an das Phänomen und den Begriff der Gewalt

In einem Band, der der Frage nachgeht, wie man in einer Welt der Gewalt von Gott reden kann, ist es nötig, sich einen ungefähren Begriff von dem zu machen, was man unter Gewalt versteht. Nach den grundlegenden Arbeiten von Johan Galtung pflegt man heute zwischen personaler und struktureller Gewalt zu unterscheiden,[2] wobei man statt von personaler vielleicht besser von manifester Gewalt sprechen sollte, um eine individualistische Engführung zu vermeiden; denn etwa auch Kriegshandlungen und nicht nur individuelle Überfälle sind Formen dieser Art von Gewalt.[3] So wichtig die Ausweitung des Gewaltbegriffs auf strukturelle Phänomene ist – für die Zeit des Alten Testaments denke man etwa an patriarchale Familienstrukturen, die Existenz von Sklaverei oder Vasallitätsverhältnisse kleiner Staaten zu großen Imperien –, wird sie in der folgenden semantischen Untersuchung keine Rolle spielen.

Bekanntlich umfasst das deutsche Wort „Gewalt" Phänomene, die in anderen, vor allem auf das Lateinische zurückgehenden Sprachen getrennt werden. Gemeint ist die Unterscheidung zwischen legitimer Gewalt = *potestas* und als illegitim eingeschätzter Gewalt = *violentia*. So

---

1 Der folgende Beitrag wurde in leicht veränderter Form veröffentlicht in der brasilianischen Zeitschrift: Caminhos 18 (2020) 888–901. Er ist elektronisch zugänglich unter der Adresse: https://doi.org/10.18224/cam.v18.n3.2020. In Caminhos ist er gefolgt von dem Respons von Mercedes García Bachmann: García Bachmann: Ezequiel 22:23–31 2020. Die anregenden Rückfragen der Respondentin sind in der vorliegenden Fassung aufgenommen.
2 Galtung: Gewalt 1982, 9–31.
3 Vgl. Baumann: Gottesbilder 2006, 13.

spricht das Grundgesetz der Bundesrepublik Deutschland einerseits von „verfassungsgebender Gewalt" (Präambel), von gesetzgebender (Art. 122), vollziehender (Art. 1 u. ö.) sowie rechtsprechender Gewalt (Art. 92), also Formen legitimer *potestas*, aber daneben auch von „Bestrebungen ..., die durch Anwendung von Gewalt ... auswärtige Belange der Bundesrepublik Deutschland gefährden" (Art. 73 und 87) sowie von „Opfern des Krieges und Opfern von Gewaltherrschaft" (Art. 74), wo Gewalt im Sinne der *violentia* gemeint ist.

Man mag die fehlende Differenzierung im Deutschen bedauern. Gelegentlich ist es sinnvoll, auf anderssprachige Terminologie zurückzugreifen, um Eindeutigkeit herzustellen. Auch deutsche Vokabeln wie „Macht" für die legitime und „Gewalttätigkeit" für die als illegitim erachtete Form von Gewalt können hilfreich sein.[4] Unter dem Aspekt jedoch, dass auch jede legitime Gewalt Repression und Zwang anwendet, kann man es durchaus auch begrüßen, dass im Deutschen „Gewalt als Gesamtphänomen in *einen* Begriff gefaßt" wird.[5]

Die folgende Untersuchung des Phänomens der Gewalt in der *Sprache* der Hebräischen Bibel wird sich auf den semantischen Aspekt der Vorstellung von göttlicher und menschlicher Gewalt konzentrieren. Dabei wird sich zeigen, dass im Sprachgebrauch eine Differenzierung zu beobachten ist, die jedoch mit der lateinischen zwischen *potestas* und *violentia* nicht identisch ist.

2. Gewalthandeln in der Hebräischen Bibel

Die Hebräische Bibel zeichnet in weiten Teilen ein Bild von Gott, der gewalttätig handelt. Gewalttätiges Handeln kann sich gegen Gottes eigenes Volk richten oder diesem angedroht werden. So heißt es in Dtn 28,63, Gott werde, wenn Israel die Tora nicht hält, „seine Freude daran haben, euch zu vernichten (*hæ'æbîd*) und zu vertilgen (*hišmîd*)". Auch fremde Völker können zum Ziel göttlicher Gewalt werden. So droht Gott: „Ich werde die Kreter ausrotten (*hikrît*) und den Rest an der Meeresküste vernichten

---

4 Vgl. Baumann: Gottesbilder 2006, 26.
5 Baumann: Gottesbilder 2006, 25.

(*hæ'æbîd*)" (Ez 25,16). Nicht nur gegen kollektive Größen, auch gegen Einzelne geht Gott gewalttätig vor. Menschen, die bestimmte kultisch-moralische Normen nicht beachten, droht Gott an, sie auszurotten (*hikrît*) (Lev 17,10; 20,3.5f) oder zu vernichten (*hæ'æbîd*) (Lev 23,30). Hiob schildert in Kap. 16 Gott als einen Aggressor gegen sich selbst, „wobei die Begriffe, die Hiob in 16,7–14 benutzt, auf körperliche Gewalt schließen lassen".[6] Bekanntestes Beispiel für göttliche Gewalt, die sich gegen die Schöpfung als Ganze richtet, ist die Sintfluterzählung. Gott lässt Noah wissen: „Das Ende allen Fleisches ist gekommen – in meinen Augen. ... Blick her, ich bin dabei, es zusammen mit der Erde zu verderben (*šiḥēt*)" (Gen 6,13).

Für derartiges Tun Gottes steht eine ganze Fülle von Verben bereit, von denen einige im Folgenden näher in den Blick genommen werden sollen. Zunächst aber ist eine auffällige Tatsache festzuhalten, die am Anfang der hier vorzustellenden Beobachtungen steht. Es gibt nämlich eine ganze Reihe von Vokabeln der Gewalt oder Gewalttätigkeit, die nie für göttliches, sondern immer nur für menschliches Verhalten verwendet werden. Das nötigt zu der Frage, worin sich die eine Form von Gewalt von der andern unterscheidet, und zwingt uns klarzustellen, was wir eigentlich meinen, wenn wir heute von göttlicher Gewalt reden. Dass Gott – und insbesondere der Gott der monotheistischen Religionen – gewalttätig sei oder zumindest eine Neigung dazu habe, steht spätestens seit den Interventionen von Jan Assmann im Raum und wird heftig diskutiert. Ich nenne dazu als Titel den von Rolf Schieder herausgegebenen Sammelband „Die Gewalt des einen Gottes. Die Monotheismus-Debatte zwischen Jan Assmann, Micha Brumlik, Rolf Schieder, Peter Sloterdijk und anderen"[7]. Auch die fachexegetische Diskussion ist für die Frage sensibel geworden. Erwähnt seien nur die bereits zitierte Gerlinde Baumann („Gottesbilder der Gewalt im Alten Testament verstehen")[8] und Johannes Schnocks („Das Alte Testament und die Gewalt. Studien zu göttlicher und menschlicher Gewalt in alttestamentlichen Texten und ihren Rezeptionen")[9].

Ich beginne mit den zuerst genannten Vokabeln für göttliches Gewalthandeln.

---

6 Randriambola-Rathsimihah: Jenseitshoffnung 2019, 213.
7 Schieder: Gewalt 2014.
8 Baumann: Gottesbilder 2006.
9 Schnocks: Gewalt 2014.

2.1 Göttliches Gewalthandeln

Schon die anfänglich gegebene Aufzählung von Fällen göttlichen Gewalthandelns hat gezeigt, dass es eine ganze Reihe von Verben gibt, die dafür zum Einsatz kommen.[10] Ihre Übersetzung schwankt je nach dem Kontext. Ich lege hier eher willkürlich für jedes hebräische Wort ein deutsches fest, um den Sachverhalt besser verfolgen zu können. Die wichtigsten dieser Worte sind: von der Wurzel 'ābad das Hifil hæ'æbîd = „vernichten" und das Piel 'ibbad = „zugrunde richten"; hikrît = „ausrotten", šābar = „zerbrechen", hišbît = „ein Ende machen", šādad = „verwüsten", šiḥēt = „verderben" und hišmîd = „vertilgen".

Gelegentlich stehen diese Worte im Parallelismus oder bilden eine dreigliedrige Reihe. Das bedeutet zum einen, dass sie sinnähnlich sind, zum andern aber, dass jedes Wort noch einmal eine eigene Nuance einbringt, sodass erst durch das Nebeneinander oder Miteinander mehrerer Vokabeln das Sinnganze zum Ausdruck kommt. Eine Dreierreihe finden wir in dem Gotteswort, das Ezechiel der Bewohnerschaft Ammons zuruft: „Ich rotte dich aus (hikrît) aus den Völkern und vernichte dich (hæ'æbîd) aus den Ländern; ich will dich vertilgen (hišmîd) …" (Ez 25,7). Doppelausdrücke liegen an folgenden Stellen vor: „Jhwh richtet Babel zugrunde ('ibbad) und verwüstet (šādad) das große Lärmen aus ihr" (Jer 51,55); „Ich rotte die Kreter aus (hikrît) und vernichte (hæ'æbîd) den Rest an der Küste des Meeres" (Ez 25,16); „Ich vernichte (hæ'æbîd) die Truggottheiten und mache ein Ende (hišbît) mit den Götzen von Memphis" (Ez 30,13), „Ich rotte deine Pferde aus deiner Mitte aus (hikrît) und vernichte (hæ'æbîd) deine Streitwagen" (Mi 5,9).

Sucht man einen gemeinsamen Nenner dieses reichen Vokabulars, dann ist er am ehesten darin zu finden, dass einer Sache ein Ende gemacht wird. Am offenkundigsten ist das bei hišbît, heißt doch die zugrunde liegende Wurzel šābat einfach „aufhören, ein Ende haben". So ist häufiges Objekt von hišbît eine Sache: Gott „macht ein Ende" mit der Überheblichkeit (Jes 13,11; Ez 7,24), dem Jauchzen (Jes 16,10), dem Jubel und Frohlocken (Jer 7,34; 16,9). Auch wo Menschen Objekt sind (Jer 48,35; Ez 16,41;

---

10 Michel: Gott 2003, 74–106 hat eine umfangreiche Übersicht über die von ihm so genannten „Gott-und-Gewalt-Verben" vorgelegt. In ihr sind sämtliche Vorkommen aufgeführt. Meine hier folgende Untersuchung konzentriert sich auf einige häufig vorkommenden und besonders aussagekräftige Verben.

Ps 8,3; 119,119), liegt das Gewicht auf dem Endemachen und nicht auf den möglicherweise gewalttätigen Umständen. Dasselbe gilt für das nur selten im prägnanten Sinn mit Gott als Subjekt gebrauchte *killāh* (Jer 14,12), das am besten mit „ein Ende bereiten" wiederzugeben ist. Bei anderen Vokabeln liegt die Assoziation an gewalttätige Vorgänge näher. Nehmen wir das häufige *hikrît* = „ausrotten". Die zugrunde liegende Wurzel *kārat* heißt „schneiden". Etwas herauszuschneiden ist an sich ein Akt von Gewalt. Damit ist aber noch nichts über das Ziel dieses gewalttätigen Eingriffs gesagt. Schneidet ein Operateur einen Tumor erfolgreich aus dem Körper, gibt es dafür höchstes Lob. Das ist gewiss in der Hebräischen Bibel auch die Idee, wenn davon die Rede ist, Jhwh „rotte oder schneide" ein Individuum aus der Gemeinschaft aus, das durch sein Fehlverhalten die Gemeinschaft als Ganze gefährdet (Lev 17,10; 20,3.5f; Ez 14,8), oder er tue dies mit militärischen und kultischen Gegenständen, die dem reinen Gotteskontakt entgegenstehen (Mi 5,9–12).

Das Hifil *hæ'æbîd* = „vernichten" und das Piel *'ibbad* = „zugrunde richten" sind von der Wurzel *'ābad* = „zugrunde gehen" abgeleitet. Auch hier steht im Zentrum der Gedanke, dass etwas zu einem Ende kommt, auch wenn „zugrunde gehen" kein angenehmer Vorgang ist. Bezeichnend ist, wie die Zürcher Bibel den Satz aus Ez 30,13 wiedergibt, den ich oben so übersetzt habe: „Ich vernichte (*hæ'æbîd*) die Truggottheiten und mache ein Ende (*hišbît*) mit den Götzen von Memphis." Die Zürcher Bibel schreibt: „Ich lasse verschwinden ..., und ich bereite ein Ende ..." Dass dabei Gewalt im Spiel sein könnte, liegt nahe, aber es schlägt sich semantisch nicht direkt nieder.

Ähnlich steht es mit *hišmîd* = „vertilgen". Nimmt man die Kontexte hinzu, handelt es sich um ein gewalttätiges Handeln. Das geht vom Vertilgen der amoritischen Vorbewohnerschaft des Landes (Am 2,9) bis zur Israel angedrohten Vertilgung, wenn es Gott den Gehorsam verweigert (Dtn 6,5; 7,4; 28,48 u. ö.). Aber auch hier liegt der Fokus nicht auf der Gewalt als solcher, sondern dem Herbeiführen des Endes.

Direkter mit Gewalt assoziiert sind Vokabeln wie *šābar* = „zerbrechen", *šādad* = „verwüsten" oder *šiḥēt* = „verderben". Das liegt zum Teil an ihrem noch erkennbaren metaphorischen Hintergrund. Zerbrechen tut man Gefäße; entsprechend heißt es von Gott, er wolle „dieses Volk und diese Stadt zerbrechen, wie man das Gefäß des Töpfers zerbricht" (Jer 19,11), und an anderer Stelle, er habe „Moab zerbrochen wie ein Gefäß, an dem man kein Gefallen hat" (Jer 48,38). Auch bei dem Verb *māḥāh* =

„wegwischen" liegt die Herkunft aus einem konkreten Vorgang noch auf der Hand, so wenn Jhwh androht, er werde „Jerusalem wegwischen, wie man eine Schüssel auswischt" (2 Kön 21,13). Es sind nur wenige Vokabeln, an denen die Gewalttätigkeit des Handelns über das Ziel, einer Sache ein Ende zu machen, überwiegt. An erster Stelle zu nennen sind Aussagen, dass Gott „schlägt" (hikkāh), „sterben lässt" (hēmît, Gen 38,7.10; Hos 2,5 u. ö.) oder „tötet" (hārag, Ex 4,23; 13,15; 22,23 u. ö.). Zwar wird auch hier einem Menschen oder Volk ein Ende bereitet, aber semantisch steht die Gewalt im Vordergrund.

Generell also ist festzuhalten, dass der überwiegende Teil des Vokabulars, das ein gewalttätiges Handeln Gottes assoziieren lässt, das Gewicht darauf legt, dass einer Sache ein Ende bereitet wird. Man könnte also von *terminatorischer Gewalt* sprechen. Dass dies an sich nicht negativ zu werten ist, zeigt das erwähnte Beispiel der Tumoroperation. Auch die Ausrottung der Pocken wird als Erfolg gefeiert, obwohl den Pockenviren damit Gewalt angetan wird. In Bezug auf Gott zeigt sich die Relativierung des Gewaltbegriffs, die hier zu finden ist, wenn wir bestimmte Objekte seines Vernichtungshandelns betrachten. Gott kann in der Sintflut die Menschen und alles Bestehende, das er gemacht hat, „wegwischen" (māḥāh); aber er wischt auch Vergehen und Schuld weg (Jes 43,25; 44,22; Ps 51,3.11). Gott „rottet" Einzelne (Lev 17,10; 20,3.5 u. ö.), Königshäuser (1 Kön 14,10; 21,21; 2 Kön 9,8; 2Chr 22,7) und ganze Völker (Dtn 12,29; 1 Kön 9,7; Jer 44,11 u. ö.) „aus" (hikrît); aber er ist es auch, der Streitwagen, Pferde und Kriegsbogen „ausrottet" (Mi 5,9; Sach 9,10). Gott „macht ein Ende" (hišbît) mit Menschen, die in Moab Opfer darbringen (Jer 48,35), er droht es Jerusalem an (Ez 16,41) und macht ein Ende mit den Feinden und Rachsüchtigen (Ps 8,3) sowie allen Gewalttätigen des Landes (Ps 119,119); derselbe Gott aber macht auch „ein Ende mit den Kriegen" (Ps 46,10). Die Austauschbarkeit der Objekte zeigt, dass alles Gewicht auf dem Beenden liegt. Das Gewalttätige des Vorgangs ist demgegenüber in den meisten Fällen sekundär und wird in bestimmten Fällen sogar relativiert, wenn auf solche Weise Vergehen und Schuld, Kriegswaffen und Kriege weggewischt, ausgerottet und beendet werden.

Im Blick auf das Folgende ist festzuhalten, dass alles gewalttätige Tun, das Gott zum Subjekt hat, auch von Menschen ausgesagt wird. Auch Menschen vernichten, vertilgen, rotten aus usw. Ob dies mit oder ohne Gewalt geschieht und ob die Gewalt strukturell oder manifest daherkommt, zeigt wie beim Handeln Gottes jeweils der Kontext. So adressiert Am 8,4 die reichen Kreditgeber mit den Worten: „Hört dies, die ihr den Armen tretet und mit den Elenden des Landes ein Ende machen wollt!" Wie bei Gott hat *hišbît* zwar terminatorische Bedeutung. Aber wie die Fortsetzung zeigt, geht es nicht etwa um die Ausrottung der Elenden, sondern „nur" um ihre Versklavung. Sie würde ihrer Existenz als freie Angehörige des Volkes ein Ende machen. Ein markantes Beispiel für mörderisch-terminatorisches Handeln von Menschen ist das Dekret, mit dem Haman ein Judenpogrom im persischen Reich lostreten will. In den entsprechenden Schreiben wird befohlen, „alle Juden vom Jüngsten bis zum Ältesten, Kinder und Frauen" „zu vertilgen, zu töten und zugrunde zu richten" (*lᵉhašmîd lahᵃrōg ûlᵉ'abbēd*) (Est 3,13; 7,4). Durch die Vokabel „töten" in der Mitte der Reihe ist klar, dass beenden hier auch physisch auslöschen heißt.

Setzt man göttliches und menschliches Tun in Beziehung, ist es faktisch so, dass Gottes gewalttätiges Handeln in den meisten Fällen von Menschen ausgeführt wird, es sei denn, Katastrophen wie Erdbeben oder Heuschreckeneinfälle werden auf Gott als Verursacher zurückgeführt. Ez 14,21 listet auf, wie man sich Gottes Handeln vorzustellen hat. Er hat vor, Mensch und Tier in Jerusalem „auszurotten" (*hikrît*); dazu schickt er seine „vier schrecklichen Strafen", nämlich „Schwert und Hunger, reißende Tiere und Pest".

Deutlich unterschieden von diesem semantischen Feld, auf dem es vor allem um ein – zumeist gewalttätiges – Beenden geht, ist eine Gruppe von Begriffen, die ich als *intrinsisch gewaltbehaftet* bezeichnen möchte. Sie sind nicht mit dem Beenden einer Sache verknüpft, sondern mit dem Unrecht, das solchem Tun eignet. All diese Begriffe werden nie für Gott, sondern immer nur für menschliches Tun verwendet.

2.2 Gewaltförmiges menschliches Unrecht

Die Zahl der Vokabeln, die den genannten Kriterien entsprechen – *intrinsich gewaltbehaftet*, mit der Vorstellung von Unrecht verbunden und nur für menschliches Tun gebraucht – ist erstaunlich groß. Ich zähle die wichtigsten auf: die Wurzel *ḥāmas* als Verb „Gewalt antun" sowie als Nomen *ḥāmās* = „Gewalt", dazu das Nomen *šōd* = „Unterdrückung" und der Doppelausdruck *ḥāmās wāšōd*, „Gewalt und Unterdrückung"; sodann das Hifil *hônāh* = „bedrücken"; semantisch nahe bei ihm steht die Wurzel '*āšaq* = „unterdrücken"; die Verben *lāḥaṣ* = „drängen", sowie mit nur wenigen

Belegen *dāḥaq* = „(be)drängen", *šā'af* = „treten (nach)", *kābaš* = „unterwerfen" und *rāṣaṣ* = „zerbrechen". Eine scheinbare Ausnahme bildet das Piel *'innāh* = „erniedrigen", das auch mit Gott als Subjekt gebraucht wird; dazu gleich mehr. Wie bei der erstgenannten Gruppe sind die Übersetzungsfestlegungen willkürlich; manches ist austauschbar.

Alle diese Vokabeln erscheinen im Kontext sozialer Beziehungen, und zwar in den verschiedensten Literaturbereichen. Für die Wurzel *ḥāmas* ist aus der Tora der „Gewaltzeuge" zu nennen, der durch sein falsches Zeugnis Menschen gewaltsam ins Unglück bringt (Ex 21,1; Dtn 19,16). In der sozialkritischen Prophetie ist *ḥāmās* = „Gewalt" ein zentrales Stichwort. Nach Ezechiel ist die Stadt Jerusalem voller Gewalt (Ez 7,23), nach Am 6,3 sind die Mächtigen in Jerusalem und Samaria verantwortlich dafür, dass sich Gewalt im Land „niederlässt". An anderer Stelle wird beklagt, dass die Paläste der Reichen voller „Gewalt und Unterdrückung" sind, das heißt voller Güter, die den Armen durch strukturelle oder manifeste Gewalt geraubt wurden (Am 3,10).[11] *ḥāmās* kommt als umfassender Begriff für Gewalt zusammen mit Betrug (Jes 53,9; Zef 1,9), Lüge (Mi 6,12) und Blutvergießen (Ez 7,23; Hab 2,8) vor. Der Doppelausdruck *ḥāmās wašōd* erscheint wiederholt (z. B. Jer 6,7), um das Umfassende der gewalttätigen Unterdrückung zum Ausdruck zu bringen. Aus der subjektiven Perspektive der Psalmbeter und -beterinnen ist Gewalt kennzeichnend für das Tun der Frevler:innen und Feinde (Ps 7,17; 11,5; 18,49 u. ö.).

Die Verben *hônāh*, also das Hifil von *jānāh*, und *'āšaq* sind faktisch Synonyme, die deutsche Unterscheidung in „bedrücken" und „unterdrücken" ist eher hilflos. Opfer unterdrückerischen Tuns sind die *personae miserae*, die Fremden (Ex 22,20; Lev 19,33; Jer 22,3), Witwen und Waisen (Jer 22,3; Mal 3,5), dazu entlaufene Sklaven und Sklavinnen (Dtn 23,17) und Tagelöhner (Dtn 24,14; Mal 3,5). Einige Verwendungen der Wurzel *'āšaq* lassen vermuten, dass hier im engeren Sinn die Pfändung eines Schuldners bzw. die Beschlagnahme des Pfandes im Fall der Zahlungsunfähigkeit gemeint ist.[12] Eva Salm hat aufgrund einiger prophetischer Stellen wahrscheinlich gemacht, dass die Vokabel im präzisen Sinn an Enteignung mit legalen Mitteln denken lässt,[13] die aber von den Enteigneten

---

11 Vgl. Snyman: „Violence" 1995, 37.
12 Vgl. Lipiński: Art. *'āraḇ* I 1989, Sp. 353.
13 Salm: *'āšaq* 1998.

als gewalttätig erfahren bzw. von Kritikern wie den Propheten als Gewalt denunziert wird.

An einigen Stellen steht *āšaq* in Parallele mit *rāṣaṣ* = „zerbrechen" (Dtn 28,33; 1 Sam 12,3-4; Hos 5,11; Am 4,1). Die Vokabel meint wörtlich das Zerbrechen eines Rohrstabs (2 Kön 18,21 = Jes 36,6; Jes 42,3-4) oder im Piel das Zerschmettern des Schädels eines Untiers (des Leviatan) (Ps 74,14). Im Kontext sozialer Unterdrückung stellt sie deren intrinsich gewalttätigen und zerstörerischen Charakter heraus.

Das Verb *lāḥaṣ* bezeichnet wörtlich ein Beiseitedrängen oder -drücken. So drückt die Eselin den Fuß ihres Reiters Bileam gegen die Mauer (Num 22,25), oder man drängt einen unerwünschten Besucher mit der Tür aus dem Haus (2 Kön 6,32). Übertragen bezeichnet die Vokabel die Bedrängnis eines ganzen Volkes, insbesondere des Volkes Israel durch die Ägypter (Ex 3,9) und viele andere fremde Völker (Ri 2,18; 10,12; 1 Sam 10,18 u. ö.). Im Bundesbuch steht das Wort für die Bedrängung des Fremden (Ex 22,20; 23,9), in Ex 22,20 als Doppelausdruck mit *hônāh* = „bedrücken". Worin die Bedrängnis im Einzelnen besteht, wird selten ausgeführt. Von Fronarbeit über Tributpflicht bis zu Besatzungsterror ist vieles denkbar.

Einmal steht *dāḥaq* = „(be)drängen" zusammen mit *lāḥaṣ* = „drängen" für das Tun der Feinde Israels (Ri 2,18). *šā'af* = „treten (nach)" kommt in Am 2,7; 8,4 für ein aggressives Verhalten gegen Arme vor. Was der Prophet im Namen Jhwhs kritisiert – „sie treten ... nach dem Kopf der Geringen" (Am 2,7) –, beklagen die Beterinnen und Beter als ihre eigene Erfahrung: „Sei mir gnädig, Gott, denn Menschen treten nach mir, den ganzen Tag bekriegen und drängen sie mich (für „drängen steht *lāḥaṣ*), meine Widersacher treten nach mir den ganzen Tag" (Ps 56,2-3). Bei dem Verb *kābaš* passt die Übersetzung mit „unterwerfen" für die wenigen, aber aussagekräftigen Belege. In einem prägnanten Sinn kann damit die Vergewaltigung einer Frau bezeichnet werden (Est 7,8). Häufiger wird das Wort aber für die Versklavung von Menschen gebraucht (Jer 34,11.16; Neh 5,5).

Wie schon erwähnt, wird keine dieser Vokabeln je für ein Tun Gottes verwendet.[14] Wenn das grammatisch dann doch einmal geschieht, dann

---

14 In Jer 25,38 beziehen manche das feminine Partizip *haj-jônāh* = „die Unterdrückende" sachlich auf Gott; das ist sprachlich aber ganz unsicher; vgl. die Diskussion bei Fischer: Jeremia 2005, 731. In Klgl 2,6 wird einmal das Verb *ḥāmas* = „Gewalt antun" mit Gott als Subjekt verwendet: „Er hat wie in einem Garten seiner Hütte Gewalt angetan." Zwar wird mit der „Hütte" auf den Jerusalemer

gerade da, wo ein solches Tun für Gott in Frage gestellt wird. Selbst Hiob, der Gott extreme Gewalt gegen ihn selbst vorwirft, fragt ungläubig: „Ist es gut, dass du mich unterdrückst (ʿāšaq)?" (Hi 10,3). Und wo einmal kābaš = „unterwerfen" mit Gott als Subjekt vorkommt, da ist von dem Gott die Rede, der „unsere Verschuldigungen" „unterwirft" oder besser „niedertritt", der also gerade nicht zerstört, sondern aufbaut (Mi 7,19).

Die einzige echte Ausnahme in diesem semantischen Spektrum ist das Piel ʿinnāh = „erniedrigen", von der Wurzel ʿānāh$_2$ = „niedergedrückt sein". Die Wurzel hat semantisch zwei Entwicklungen genommen, die zwar nicht voneinander zu trennen sind, aber doch in fast schon gegensätzlichen Bedeutungen münden. Auf der einen Seite steht der Gebrauch in sozialen Beziehungen, der nahe bei den anderen Verben der gewalttätigen Unterdrückung angesiedelt ist. In Ex 20,20–22 finden wir eine ganze Gruppe von Vokabeln für die Bedrückung der *personae miserae*, darunter auch ʿinnāh = „erniedrigen": „Einen Fremden sollst du nicht bedrücken (hônāh), du sollst ihn nicht drängen (lāḥaṣ) ... Keine Witwe und Waise sollst du erniedrigen (ʿinnāh). Wenn du ihn jedoch erniedrigst (ʿinnāh), ..." In sexuellen Zusammenhängen nimmt die Vokabel oft die Bedeutung „vergewaltigen" an, besonders markant als Leitwort in der Erzählung von der Vergewaltigung Tamars durch ihren Halbbruder Amnon (2 Sam 13,12.14.22.32). Sind Menschen Subjekt des Verbs, geht es immer um diese Art intrinsisch gewalttätiger Unterdrückung, nicht nur gegen Einzelne (Hagar, Gen 16,6; Simson, Ri 16,5f.19; David, Ps 89,23 u. a.), sondern auch gegen ganze Völker (Gen 15,13; Ex 1,11f; Num 24,24 u. ö.).

Davon zu unterscheiden ist ein Gebrauch, der Gott zum Subjekt hat. Auch hier finden sich kollektive wie individuelle Objekte. So erscheint ʿinnāh mit Israel als Objekt im Rückblick, den Mose auf die Wüstenwanderung gibt (Dtn 8,2–3.16). Bezeichnend ist schon die Wortwahl deutscher Übersetzungen: Sie geben hier ʿinnāh mit „demütigen" wieder (Zürcher Bibel, Luther). Das ist berechtigt, weil der Kontext die pädagogische Absicht unterstreicht. Sie besteht darin, Israel zu erproben. Dtn 8,16 fasst den Zweck des göttlichen Handelns so zusammen: „... um dich demütig

---

Tempel Bezug genommen. Aber von Gottes Tun ist nur in einem Vergleich aus dem menschlichen Alltag die Rede: „Jahwe hat seiner Hütte Gewalt angetan wie einer Hütte in einem Garten, einer Gartenlaube" (Koenen: Klagelieder 2015, 136). Noch weiter geht Emerton: Meaning 1989, 23–27, der für Jer 13,22; Hi 15,33; Klgl 2,6 eine Wortbedeutung „entblößen, abstoßen, abwerfen" annimmt: "and he stripped ..." (Klgl 2,6).

zu machen und zu erproben, um dir schließlich Gutes zu tun." Der Beter von Ps 119,75 bekennt: „Ich habe erkannt, dass ... du mich in Treue gedemütigt hast." Am deutlichsten zeigt sich diese semantische Entwicklung in der nominalen Ableitung von der Wurzel 'ānāh₂, dem Adjektiv bzw. Substantiv „erniedrigt, elend" oder „demütig". 'ānî, so die Ableitung, ist ein fester Terminus für verarmte, verelendete und unterdrückte Personen (Dtn 24,14; Jes 3,14–15; 10,2 u. ö.) und kann zusammen oder im Parallelismus mit den Begriffen für „arm", „gering", „elend" usw. stehen. Vor allem in der sogenannten Armenfrömmigkeit der Psalmen wird „arm und niedrig" aber zur frommen Selbstbezeichnung der Beterinnen und Beter, und nicht immer, aber an manchen Stellen geht der Zusammenhang mit materieller Armut darüber weitgehend verloren.[15] Im doppelten Plural des Wortes, nämlich 'anijjîm und 'anāwîm, spiegelt sich zumindest partiell die semantische Aufspaltung der Wurzel. Die Singularbildung 'ānāw heißt dann, auf Mose bezogen, eindeutig „demütig": „Der Mann Mose war sehr demütig" (Num 12,3).

Die Verwendung der Wurzel 'ānāh₂ für ein Tun Jhwhs ist also nicht insofern eine Ausnahme, als Gott hier doch als ungerechter Gewalttäter gezeichnet würde, sondern insofern dies die einzige Wurzel des Wortfelds von Erniedrigung und Unterdrückung ist, die zugleich eine positive Entwicklung genommen hat.

Wir können also festhalten, dass der moderne Begriff der Gewalt, wie er zum Beispiel in einem Titel wie „Die Gewalt des einen Gottes" gebraucht wird,[16] zwei im Hebräischen klar unterschiedene Bereiche vermischt. Das eine ist eine Gewalt, die eingesetzt wird, um eine als falsch, unrecht, gefährlich oder ähnlich verstandene Sache oder einen solchen Zustand zu beenden. Ich habe sie *terminatorische Gewalt* genannt. Solche Gewalt geht nach der Hebräischen Bibel von Menschen, aber auch von Gott aus. Davon unterschieden wird eine vor allem soziale Gewalt, die in sich ungerecht oder *intrinsich gewaltbehaftet* ist. Von ihr ist nur bei Menschen, nie bei Gott die Rede. Ein Beispiel für diese Differenzierung ist etwa bei den Worten für „sterben lassen, töten" festzustellen. Wir haben gese-

---

15 Vgl. Bremer: Gott 2016, 317–471, der den Zusammenhang zwischen metaphorischer und materieller Armut berücksichtigt, während Ro: „Armenfrömmigkeit" 2002 ihn ganz zurückzudrängen sucht.
16 Schieder: Gewalt 2014.

hen, dass von Gott gesagt werden kann, er lasse Menschen oder Menschengruppen sterben (*hēmît*, Gen 38,7.10; Hos 2,5 u. ö.) oder töte sie (*hārag*, Ex 4,23; 13,15; 22,23 u. ö.). Daneben aber findet sich das Verb *rāṣaḥ*, das ebenfalls „töten" heißt (prominent im Tötungsverbot des Dekalogs, Ex 20,13; Dtn 5,17). Von ihm ist zu sagen: „Stets haftet ihm das Moment des Gewaltsamen an," und es werde „nie ... mit Gott als Subjekt gebraucht".[17]

3. Zwei Textbeispiele

Ein kurzer Blick auf zwei Texte soll zeigen, wie sich dieser differenzierte Gewaltbegriff in konkreten Formulierungen niederschlägt.

3.1 Gen 6,5–13

Das erste Beispiel ist der Anfang der Sintfluterzählung:

> [5] Da sah Jhwh, dass die Bosheit der Menschen auf der Erde groß war. Jede Verwirklichung der Planungen des menschlichen Herzens war durch und durch böse Tag für Tag. [6] Da tat es Jhwh leid, die Menschen auf der Erde gemacht zu haben, es schmerzte mitten im Herzen. [7] So sagte Jhwh: „Ich will die Menschen, die ich geschaffen habe, wegwischen (*māḥāh*) vom Angesicht des Ackerbodens ..." [8] Noah aber fand Anerkennung in den Augen Jhwhs. ... [11] Und die Erde verdarb (Wurzel *šḥt* im Nifal = *nišḥat*) vor dem Angesicht Gottes, indem Gewalt (*ḥāmās*) die Erde erfüllte. [12] Da sah Gott die Erde an: Sieh hin, sie ist verdorben (Wurzel *šḥt* im Nifal = *nišḥat*). Alles Fleisch hat seinen Lebensweg verdorben (Wurzel *šḥt* im Hifil = *hišḥît*) auf der Erde. [13] Da sprach Gott zu Noah: „Das Ende allen Fleisches ist gekommen – in meinen Augen. Denn die Erde ist seinetwegen voll von Gewalt (*ḥāmās*). Blick her, ich bin dabei, es zusammen mit der Erde zu verderben (*šiḥēt*).

In V. 7 haben wir zunächst den terminatorischen Ausdruck *māḥāh* = „wegwischen". Er zielt auf eine Beendigung der menschlichen Existenz auf der Erde. Der Vorgang wird als Reinigung metaphorisiert, wie man eine Schrift von einem Blatt wegwischt (Num 5,23), Tränen aus dem Gesicht (Jes 25,8) oder sich selbst den Mund abwischt (Spr 30,20) oder eine

---

17 Köckert: Auslegung 2004, 278.

Schüssel auswischt (2 Kön 21,13). Begründet wird das göttliche Vorhaben mit der Bosheit der Menschen. Nachdem dann Noah eingeführt ist, tritt als Leitwort die Wurzel šḥt in den drei Stämmen Nifal, Piel und Hifil in den Vordergrund. Der Zusammenhang ist offenkundig; es genügt, Jürgen Ebach zu zitieren: „Gott verdirbt, was schon verdorben ist."[18] Insofern reagiert Gott symmetrisch auf den Zustand der Erde: Sie ist verdorben, also verdirbt sie Gott.

Zweimal aber wird diese Symmetrie durchbrochen. Da heißt es, dass „Gewalt die Erde erfüllte" bzw. die Erde des Menschen wegen „voll von Gewalt" war (V. 11). Das hier gebrauchte ḥāmās steht ausschließlich für Gewalt, die von Menschen ausgeht und die diese einander antun. Versteht man, dass Ez 7-8 einer der prophetischen Texte ist, an denen sich die Einleitung zur Sintfluterzählung sprachlich bedient, wird der Zusammenhang noch deutlicher.[19] Wenn Gott zu Noah sagt: „Das Ende allen Fleisches ist gekommen" (Gen 6,13), dann ist das nicht von Am 8,2 („das Ende ist gekommen zu meinem Volk Israel") und besonders Ez 7 zu trennen. Da erscheint der Satz „Das Ende ist gekommen" dreimal geradezu als Leitwort (V. 2.6 bis). Vor allem aber die Aussage von der Gewalt, die die Erde erfüllt, lehnt sich an Ezechiel an. Dort steht: „die Stadt war voll von Gewalt" (7,23) bzw. „sie haben das Land mit Gewalt erfüllt" (8,17). Dazu heißt es im Parallelismus in 7,23: „das Land war voll mit Blutjustiz". Immer steht wie in Gen 6,11.13 dieselbe Wurzel für „voll sein, erfüllen"; und was man in Ezechiel mit „Land" übersetzt, ist dieselbe Vokabel 'æræṣ, die man in der Genesis mit „Erde" wiedergeben muss. Der Zusammenhang ist im Hebräischen also noch deutlicher hör- und sichtbar. Die Worte, mit denen Gott die Sintflut begründet, verdichten Gewalterfahrungen Israels, wie sie in der prophetischen Sozialkritik zur Sprache gebracht werden.

Bei aller zerstörerischen Gewalt, mit der Gott auf die Verderbnis reagiert, sowohl bei den Propheten als auch in der Sintfluterzählung, muss man doch festhalten, dass dabei nie Formen der intrinsisch gewalttätigen und ungerechten Gewaltanwendung vorkommen, die Menschen ausüben.

---

18 Ebach: Noah 2001, 57.
19 Vgl. Kessler: Gewaltverarbeitung 2006, 43-47.

3.2   Ez 22,23–31

In Ez 22,23–31 haben wir einen Text vor uns, der im Rückblick erklärt, warum Jhwh Juda vernichtet hat.[20] Er zählt dazu die politisch, religiös und gesellschaftlich Verantwortlichen auf.

> [23] Und es erging das Wort Jhwhs an mich: [24] Mensch, sage zu ihm: Du bist ein Land, das nicht beregnet, nicht benetzt wurde am Tag des Zorns. [25] Die Verschwörung seiner ‚Fürsten'[21] in seiner Mitte: wie ein brüllender Löwe, Raub reißend; Menschenleben haben sie gefressen, Schätze und Kostbarkeiten genommen; seine Witwen haben sie zahlreich gemacht in seiner Mitte. [26] Seine Priester haben meiner Weisung Gewalt angetan (*ḥāmas*) und meine heiligen Gaben entweiht. … [27] Seine Beamten in seiner Mitte waren wie Wölfe, Raub reißend, um Blut zu vergießen, Menschenleben zugrunde zu richten (*'ibbad*), damit sie ihren Schnitt machten. [28] Seine Propheten aber strichen ihnen Tünche darüber, indem sie Trug schauten und ihnen Lüge weissagten … [29] Der Landadel beging Unterdrückung (figura etymologica *'āšaq 'ōšæq*) und trieb Raub, und den Elenden und Armen bedrückten sie (*hônāh*), und den Fremden unterdrückten sie (*'āšaq*) mit Widerrecht. [30] Und ich suchte unter ihnen einen, der die Mauer baute und in die Bresche träte vor mir für das Land, dass ich es nicht verderben müsste (*šiḥēt*). Aber ich fand keinen. [31] Da schüttete ich meinen Zorn über ihnen aus, im Feuer meines Grimmes bereitete ich ihnen ein Ende (*killāh*). Ihren Wandel brachte ich über ihr Haupt – Spruch des Herrn Jhwh.

Der Text versteht sich weitgehend von selbst. Die Gewalttätigkeit der Fürsten und Priester, Beamten, Propheten und des Landadels wird in starken Bildern, aber auch in präzisen Termini wie *ḥāmas* – hier übertragen als Gewalt gegen die Tora –, *'āšaq* und *hônāh* benannt. Gottes Tun wird eindeutig als Reaktion darauf eingeführt. Gott sucht ja sogar jemand, der hätte zugunsten Judas intervenieren können, findet nur keinen. Aber alle intrinsisch gewalttätigen Vokabeln werden für Gott vermieden. Stattdessen stehen die beiden terminatorischen Gewaltbegriffe *šiḥēt* „verderben" und *killāh* „ein Ende bereiten". Gott handelt zwar gewalttätig in Reaktion auf das Tun von Menschen, aber nicht mit derselben ungerechten Gewalt wie diese.

---

20 Zu diesem Text vgl. García Bachmann: Ezequiel 22:23–31 2020.
21 Korrektur nach der Septuaginta. Die hier im masoretischen Text stehenden Propheten kommen erst in V. 28 vor. Im Hebräischen unterscheiden sich die Worte „Fürsten" und „Propheten" nur in einem Buchstaben.

4. Kurzes theologisches Fazit

Der Blick in die Hebräische Bibel zeigt, dass es eine differenzierte Sprache der Gewalt gibt. Eine Reihe von Wörtern ist intrinsisch gewaltbelastet, und diese Art von Gewalt wird als unrecht empfunden. Vokabeln dieser Art werden nie für Gott gebraucht. Daneben stehen Ausdrücke für eine terminatorische Gewalt, bei denen es nicht um die Gewalt als solche, sondern um das Ziel der Beendigung eines als negativ empfundenen Zustands geht. Diese Vokabeln aus dem Wörterbuch der Gewalt werden für menschliches wie für göttliches Tun verwendet.

Darauf, dass die Rede von einer göttlichen Gewalt, die zwar als gerechtfertigt erscheint und nur das Ziel verfolgt, einen negativen Zustand zu beenden, gleichwohl hoch problematisch ist, hat die jüngere Gewaltdebatte zu Recht aufmerksam gemacht.[22] Mary Mills hat darauf verwiesen, wie gefährlich alle Versuche sind, göttliche Gewalt zu rechtfertigen, etwa als notwendige Maßnahme, menschliche Gewalt zu disziplinieren, denn faktisch wird solche göttliche Gewalt dann immer wieder zur Rechtfertigung menschlicher Gewalttätigkeit herangezogen, die sich auf die Notwendigkeit der Disziplinierung beruft.[23] Trotzdem ist es nötig, in der biblischen Sprache zu differenzieren. Ich halte es für unterbestimmt, wenn Mills göttliche Gewalt einfach auf eine Stufe mit menschlicher Gewalt stellt, indem sie von einer „corresponding violent action on the part of the deity" oder „equivalent violence on part of the deity" spricht oder im Blick auf die Völkersprüche in Am 1–2 ohne Differenzierung sagt: „In these oracles, the topics of human and divine violence are woven together."[24]

Deshalb sei zum Schluss nur erwähnt, wenn auch nicht ausgeführt, dass schon die biblischen Texte selbst mit dem Problem göttlicher Gewalttätigkeit ringen und von einer Überwindung der Gewalt in Gott sprechen. Als erstes Beispiel nenne ich die Sintfluterzählung. Wir hatten gesehen, wie an ihrem Beginn göttliches Gewalthandeln mit der Vokabel šiḥēt als symmetrische Reaktion auf die Verderbnis der Erde dargestellt

---

22 Auch der eingangs erwähnte Respons von García Bachmann: Ezequiel 22:23–31 2020 unterstreicht die Tatsache, dass auch „terminatorische Gewalt" eben Gewalt ist.
23 Vgl. Mills: Violence 2010, 157–158.
24 Mills: Violence 2010, 155–156.160.

wird. Wir wissen aber auch, dass Gott seine zerstörerische Reaktion nicht bis zum Ende durchführt, sondern mit der Berufung Noahs und seiner Familie von Anfang an das Überleben organisiert. Am Ende kommt er dann zu der Aussage: „Nicht noch einmal soll alles Fleisch von den Wassern der Himmelsflut ausgerottet werden (kārat Nifal), nicht noch einmal soll eine Flut kommen, die Erde zu verderben (šiḥēt)" (Gen 9,11), und weiter: „Die Wasser werden nicht noch einmal zur Flut werden, um alles Fleisch zu verderben (šiḥēt)" (Gen 9,15). Gottes terminatorisches Handeln wird ausdrücklich negiert.

Der zweite Text, der in diesen Diskussionsbereich gehört, ist Hos 11. Hier ist vom Herzensumsturz in Gott selbst die Rede. Obwohl er alles Recht hätte, Efraim zu vernichten, bringt er es nicht fertig, sondern überwindet in sich selbst die Gewalt. „Nicht vollstrecke ich die Glut meines Zornes, will Efraim nicht weiter verderben (šiḥēt)", lässt der Prophet Gott sagen (Hos 11,9). Auch hier wird eine an sich gerechtfertigte Reaktion Gottes von diesem selbst negiert.

Es ist nötig und sinnvoll, sich theologisch an den biblischen Bildern der göttlichen Gewalt abzuarbeiten. Meine Ausführungen sollen einen Beitrag zu notwendigen Differenzierungen leisten. Mit Andreas Michel ist festzuhalten, dass „bei aller Härte der Charakterisierung YHWHs durch sein Handeln" die in der Hebräischen Bibel unterschiedlich gebrauchten Verben „ihn bzw. seine Präsentation nicht der Beliebigkeit preisgeben".[25]

Literatur

Baumann, Gerlinde: Gottesbilder der Gewalt im Alten Testament verstehen, Darmstadt 2006.
Bremer, Johannes: Wo Gott sich auf die Armen einlässt. Der sozio-ökonomische Hintergrund der achämenidischen Provinz Yəhūd und seine Implikationen für die Armentheologie des Psalters (BBB 174), Göttingen 2016.
Ebach, Jürgen: Noah. Die Geschichte eines Überlebenden (BG 3), Leipzig 2001.

---

25 Michel: Gott 2003, 108 in der Auswertung der von ihm untersuchten „Gott-und-Gewalt-Verben" im Anschluss an die Feststellung, dass es daneben „mit YHWH/Gott *nicht* kombinierte Wurzeln bzw. Bedeutungsfelder" gibt (Hervorhebung R. K.).

Emerton, J.A.: The Meaning of the Verb ḥāmas in Jeremiah 13,22, in: Fritz, Volkmar u. a. (Hrsg.): Prophet und Prophetenbuch, FS O. Kaiser (BZAW 185), Berlin / New York 1989, 19–28.

Fischer, Georg: Jeremia 1–25 (HThKAT), Freiburg u. a. 2005.

Galtung, Johan: Strukturelle Gewalt. Beiträge zur Friedens- und Konfliktforschung, Reinbek bei Hamburg, 27.–30. Tausend 1982.

García Bachmann, Mercedes L.: Ezequiel 22:23–31 y la interrelación de las violencias humana y divina: Una conversación con Die Sprache der Gewalt, in: Caminhos 18 (2020) 902–917 https://doi.org/10.18224/cam.v18.n3.2020.

Kessler, Rainer: „Die Erde war voller Gewalt" (Genesis 6,11.13). Paradigmatische Gewaltverarbeitung in der biblischen Urgeschichte, in: Kessler, Rainer: Gotteserdung. Beiträge zur Hermeneutik und Exegese der Hebräischen Bibel (BWANT 170), Stuttgart 2006, 41–54.

Köckert, Matthias: Luthers Auslegung des Dekalogs in seinen Katechismen, in: ders., Leben in Gottes Gegenwart. Studien zum Verständnis des Gesetzes im Alten Testament (FAT 43), Tübingen 2004, 247–290.

Koenen, Klaus: Klagelieder (Threni) (BK XX [Neubearbeitung]), Neukirchen-Vluyn 2015.

Lipiński, E.: Art. ʿārab I, in: Theologisches Wörterbuch zum Alten Testament, Band VI, Stuttgart u. a. 1989, Sp. 349–355.

Michel, Andreas: Gott und Gewalt gegen Kinder im Alten Testament (FAT 37), Tübingen 2003.

Mills, Mary: Divine Violence in the Book of Amos, in: O'Brien, J.M. / Franke, Ch. (Hrsg.): The Aesthetics of Violence in the Prophets (LHB/OTS 517), New York / London 2010, 153–179.

Randriambola-Ratsimihah, Hoby: „Wenn ein Mensch stirbt, lebt er dann wieder auf?" (Hi 14,14). Zur Frage der Jenseitshoffnung im hebräischen und im griechischen Hiobbuch (WMANT 153), Göttingen 2019.

Ro, Johannes Un-Sok: Die sogenannte „Armenfrömmigkeit" im nachexilischen Israel (BZAW 322), Berlin / New York 2002.

Salm, Eva: ʿāšaq = „unterdrücken"? Überlegungen zur Bedeutung der Wurzel ʿšq anhand der vorexilischen Prophetentexte Am 3,9; 4,1; Hos 5,11; 12,8; Mi 2,2, in: Diedrich, F. / Willmes, B. (Hrsg.): Ich bewirke das Heil und erschaffe das Unheil (Jesaja 45,7). Studien zur Botschaft der Propheten, FS L. Ruppert (fzb 88), Würzburg 1998, 335–353.

Schieder, Rolf: Die Gewalt des einen Gottes. Die Monotheismus-Debatte zwischen Jan Assmann, Micha Brumlik, Rolf Schieder, Peter Sloterdijk und anderen, Berlin 2014.

Schnocks, Johannes, Das Alte Testament und die Gewalt. Studien zu göttlicher und menschlicher Gewalt in alttestamentlichen Texten und ihren Rezeptionen (WMANT 136), Neukirchen-Vluyn 2014.

Snyman, S.D.: „Violence" in Amos 3,10 and 6,3, in: EThL 71 (1995) 30–47.

Gott als Agent der Gewalt!? – Elaine Scarrys Interpretation von Schmerz im Alten Testament

Dirk Sager

Die Welt verändert sich immer rasanter und befindet sich im permanenten Krisenmodus (Klimawandel, Kriege, Pandemien, Hungerkatastrophen). Das ist mehr als das subjektive Gefühl, dem sich viele einzelne Menschen ausgesetzt, besser gesagt ausgeliefert fühlen. Für einen Großteil der Weltbevölkerung, insbesondere jenen in der südlichen Hemisphäre wohnenden, bedeuten diese geopolitischen und ökologischen Verwerfungen einen alltäglichen Kampf ums Überleben. Für den überwiegenden anderen, auf der nördlichen Halbkugel lebenden Teil der Menschheit liegt darin im Mindesten ein moralisch-ethisches Dilemma: Wie lassen sich Konflikte befrieden, wie lebensnotwendige Ökosysteme erhalten, das Klima „retten", wenn die wirtschaftlichen Interessenverflechtungen so komplex und fragil geworden sind, dass sich einfache und schnell wirksame Lösungswege kaum finden lassen? Im Gefühl dieser Ohnmacht schwingt bereits die Gefahr des Zynismus und der inneren Taubheit mit, nach dem Motto: Man kann ja eh nichts mehr machen (vgl. Jes 22,13: „Lasst uns essen und trinken, denn morgen sind wir tot!").

Wie kann man angesichts dieser Lage weiterhin sinnvoll und verantwortlich von Gott sprechen? Unter dieser Leitfrage versammeln sich die Beiträge dieses Buches. Ein Antwortversuch, den ich nachfolgend vorstelle und diskutiere, sucht die genannte Spannung in ein kohärentes Konzept zu übersetzen: Die Vorstellung „Gott" als literarische Projektion realer Schmerzerfahrungen und zugleich als Ausdruck der Überwindung von Gewalt! Diese These, in der (physische) Gewalt und der biblische Gott mit innerer Notwendigkeit zusammen gedacht werden, hat die US-amerikanische Literaturwissenschaftlerin *Elaine Scarry* vor knapp vierzig Jahren in ihrem Buch The Body in Pain (dt. *Der Körper im Schmerz*)[1] aufgestellt.

---

1 Scarry: Pain, 1985 (dt.: Körper, 1992). Bei den folgenden Zitaten beziehe ich mich weitgehend auf die deutsche Ausgabe.

Es handelt sich um „die bis heute am nachhaltigsten rezipierte Studie zum Verhältnis zwischen Gewalt, Schmerz und Macht"[2]. Da die Autorin, soweit ich sehe, bisher kaum im deutschsprachigen theologischen Fachpublikum wahrgenommen wird, zunächst einige biographische Hinweise: Elaine Scarry (geb. 1946) bekleidet seit 1997 die Walter M. Cabot Professor of Aesthetics and General Theory of Value im English-Department der Harvard University (Cambridge, Massachusetts, USA). Nachdem sie ihr bekanntestes Buch *The Body in Pain* (1985) veröffentlichte, war sie zunächst William T. Fitts, Jr. Professor of English an der Universität von Pennsylvania (1986–1989). Nachdem sie daraufhin Professorin für englische und amerikanische Literatur in Harvard wurde (1989–1997), erfolgte die Übersetzung des genannten Werkes ins Italienische (1990) und Deutsche (1992). Das Buch kam zudem in einer koreanischen (2001), japanischen (2012) und polnischen (2018) Übersetzung heraus. Als Audiobuch wurde *The Body in Pain* schließlich 2021 publiziert[3]. An der zeitlichen Erstreckung der Übersetzungen und Neuauflagen (inkl. einiger Exzerpte bestimmter Kapitel des Buches) wird bereits die nachhaltige Wirkungsgeschichte von Scarrys Studie zum Schmerz deutlich.

Scarry bezieht mit ihren Arbeiten stets politisch Stellung, das gilt nicht nur für ihre Untersuchung zum Schmerz, sondern zeigt sich ebenfalls an den Themen, mit denen sie sich seit den 80er Jahren bis heute befasst, z. B. dem Zusammenhang von Schönheit und Gerechtigkeit oder dem Problem einer latenten nuklearen Bedrohung durch schwach legitimierte Regierungen.[4] Ihr Werk (wobei ich mich nachfolgend allein auf *The Body in Pain* beziehe) erfährt eine breite und lebhafte Rezeption, über die Literaturwissenschaft hinaus in der Philosophie[5] und den Kunst-[6] und

---

2   Niedermeier: Schmerz, 2013, 228.
3   Audiobook. Read by Joyce Bean. Tantor Books, January 2021.
4   Scarry: Beauty 1999; dies.: Monarchy 2014.
5   Besonders ausführlich geht Christian Grüny: Erfahrung, 2004, auf Scarry ein. Er konzentriert sich allerdings ausdrücklich nur auf den ersten Teil von Scarrys Entwurf, „ihrem hochspekulativen kulturtheoretischen Versuch ist nur sehr schwer zu folgen", findet Grüny (ebd., 23). Gerade auf diesen zweiten Teil kommt es mir aber an, da in ihm die Thesen zur Sicht des Schmerzes im Alten Testament entfaltet werden. Ein weiterer philosophischer Beitrag stammt von Fabian Bernhardt: Schmerz.
6   Meyer: Kunst, 2005.

Theaterwissenschaften[7] – allerdings, soweit ich sehe, bisher kaum in der Theologie, außer im englischsprachigen Raum[8]. Bevor ich die Zielsetzung des Buches näher erläutere, kurz zum Aufbau: Es gliedert sich in zwei Hauptteile. Scarry zeigt im ersten Teil („Auflösung") die Rolle des Schmerzes in den Strukturen von Folter und Krieg auf. Die kulturtheoretischen Konsequenzen dieser Struktur entfaltet sie dann im zweiten Teil („Erzeugung"). Dieser zweite Teil ist besonders aus theologischer Perspektive interessant, denn die Hauptreferenzpunkte, an denen ihre Konstruktion haftet, sind die *Bibel*[9] und *Das Kapital* von Karl Marx. Beide Textkomplexe – so unterschiedlich sie in ihrem Entstehungskontext und ihrer literarischen Beschaffenheit sein mögen – sind für Scarry ein Beleg für die „Ersetzung von Schmerz durch materielle Schöpfung"[10]. Die beiden Teile von Scarrys Entwurf verhalten sich zueinander wie die beiden Seiten einer Medaille, womit schon bei distanzierter Betrachtung eine zentrale Einsicht ihres Schmerzverständnisses zu erahnen ist: auch der Schmerz hat zwei Seiten, eine zerstörerische, die zur „Auflösung" führt, und eine schöpferische, die kulturelle Artefakte und Leitbilder „erzeugt". Wie entwickelt die Autorin nun ihre These in diesem Zusammenhang, und welche Rolle kommt der Figur des biblischen Gottes darin zu?

1. Schmerz und die Sprache der Agentenschaft

Für Elaine Scarry bedeutet Schmerz „die reine physische Erfahrung der Negation"[11], er wird erlebt als die „die tiefgreifende sinnliche Wahrnehmung eines ‚gegen'; zugleich ist er die Wahrnehmung jenes ‚etwas', das sich gegen uns stellt, eines Etwas, das zugleich in uns und außerhalb von uns ist"[12]. Dieser Widerspruch führe dazu, dass wir Schmerz letztlich

---

7   Bryg: Geschichte, 2007.
8   Pelham: Making, 2014.
9   Die Schriften der Bibel werden dabei freilich ausschließlich als Literaturprodukt gewürdigt, ohne sie aus der Perspektive eines verbindlichen, normgebenden Textes einer Glaubensgemeinschaft zu interpretieren.
10 Scarry: Körper, 1992, 377.
11 A. a. O.: 79.
12 A. a. O., 80.

sprachlich kaum in Worte fassen können, denn er werde nicht erfahren wie ein äußeres Objekt, das man benennen kann. Im Schmerz werde der Mensch ganz auf sich selbst zurückgeworfen. Schmerz, der mit derartiger Massivität auf einen Menschen trifft, bewirke, dass die Interaktion mit der Außenwelt auf ein Minimum reduziert werde. Schmerz zerstöre also die Sprache, mache einen Menschen letztlich stumm. Es liegt auf der Hand, dass Scarry dabei nicht an den akuten Schmerz denkt, dem als Symptom die Funktion einer sinnvollen (und mitunter geradezu überlebenswichtigen) Warnung angesichts einer bestimmten Gefahr für den menschlichen Körper zukommt. Vielmehr wird vom Schmerz im Erfahrungsraum der Gewalt, der Folter und des Krieges ausgegangen – Ursachen, die auf die Vernichtung von Menschen abzielen – und insofern darin die grundlegende Form des Schmerzes gesehen. Das bedeutet „Schmerz und das *Zufügen* von Schmerzen in einem Zusammenhang"[13] zu sehen. Schmerz unter der Folter „tilgt die Welt aus"[14] – und zwar nicht lediglich zeitlich punktuell. Die Folter „ist kein momenthaftes Verschwinden der Welt, das nur so lange dauert wie der Schmerz selbst, sondern sie zielt auf das Fundament der gelebten Welt, das auf eine Weise erschüttert werden kann, daß die Welt des Gefolterten eine, wenn nicht zerstörte, so doch dauerhaft versehrte bleibt"[15]. Scarry bringt es folgendermaßen auf den Punkt: „Die Abwesenheit von Schmerz bedeutet die Gegenwart von Welt; die Gegenwart von Schmerz bedeutet die Abwesenheit von Welt."[16] Die Frage stellt sich sodann, ob und wenn ja, wie diejenigen, die ihrer Welt und ihrer Sprache beraubt sind, ihre Stimme und ihren Weltbezug wiederfinden können. Aus eigener Kraft jedenfalls

---

13 Witte: Leiden. 2017, 10 [Hervorhebung DSa].
14 Scarry: Körper, 1992, 47.
15 So die Interpretation Scarrys durch Grüny: Erfahrung, 193. Zweifelsohne beschreibt Scarry hier ein fundamentales Phänomen, die buchstäbliche Überwältigung des Menschen in extremen, dauerhaften Schmerzen. Dass ein solcher Schmerz einen Menschen verändert, gilt dabei nicht lediglich für Gewalt-, sondern auch für bestimmte Krankheitserfahrungen, die jemanden „niederstrecken", „fertigmachen" und womöglich die Sprache rauben. Es verwundert nicht, dass für derartige extreme Leiderfahrungen Metaphern aus dem Sprachbereich des Krieges und der Folter verwendet werden. „Wenn wir unsere Seele über Leid sprechen lassen wollen", beobachtet Jan Philipp Reemtsma, „geben wir ihr einen Körper, über dessen Malträtiertsein sie klagen kann." (Reemtsma: Gewalt, 2018, 149).
16 Scarry: Körper, 1992, 57.

Gott als „Agent" der Gewalt!?

kaum. Der Ausweg besteht für Scarry darin, dass Einzelne oder Gruppen, die nicht unmittelbar vom Schmerz betroffen sind, sich aber mit den Leidtragenden identifizieren, stellvertretend für die Bedrängten ihre Stimme erheben[17], ein Gedanke, der auch für die Schmerzhermeneutik der Hebräischen Bibel zentral ist (vgl. z. B. Ex 22,20–22).

Weil Schmerz, der im Kontext von Krieg und Gewalt erfahren wird, in der Regel in Form einer Waffe auf den Menschen stößt, gehört zu diesem Vorgang logischerweise jemand, der die Waffe führt, in Scarrys Terminologie ein „Agent" oder eine „Agentin". Er oder sie dringt zum Zweck der Zufügung von Schmerz von außen in den Körper des Opfers ein. Weil sich ein solch brutaler Vorgang wiederum von außen beobachten lässt (sei es empathisch oder teilnahmslos), leuchtet es an diesem Beispiel unmittelbar ein, dass Schmerzen durch bestimmte Täter verursacht werden, die eine Waffe führen (und damit zu „Agenten" des Schmerzes werden). Aber auch in anderen Fällen, zum Beispiel bei einem Unfall, der starke Schmerzen hervorruft, empfinden Menschen diese Schmerzen, *als wären* sie von einer Waffe ausgegangen. Sie beschreiben ihn, *als ob* die Qual durch einen Schlag mit dem Hammer oder durch das Durchbohren mit Pfeilen verursacht würde. Offenbar, vermutet Scarry, haben wir es hierbei mit einem unlösbaren Zusammenhang zu tun: Schmerz, ganz egal, ob unter direkter Täterschaft oder indirekt hervorgerufen, wird empfunden, als werde er durch eine Waffe verursacht. Und weil wir in der menschlichen Kommunikation immer wieder auf genau dieses Metaphernreservoir von Waffen zurückgreifen, um die Qualität von Schmerz zu beschreiben, spricht Scarry von der „Sprache der Agentenschaft"[18] (engl. „language of agency"[19].)

Dass Scarry damit einen zwar berechtigten, aber einseitigen Schmerzaspekt (nämlich den des extremen, zerstörerischen Schmerzes) fürs Ganze nimmt, kann hier zunächst auf sich beruhen. Mich interessiert vornehmlich die Frage, welche Konsequenzen Scarry aus ihrer sicher

---

17 Diese Stellvertreter/ -innen können Individuen sein, oder auch Institutionen. Scarry denkt dabei z. B. an Menschenrechtsorganisationen wie Amnesty International (vgl., Körper, 19). Die Denkfigur der sprachlichen Stellvertreter für jene Opfer, „die nicht viel Sprache haben", spielt auch in der Philosophie von Richard Rorty eine wichtige Rolle (vgl. Rorty: Kontingenz, 1992, 160, Zitat ebd.).
18 Scarry: Körper, 1992, 28.
19 Scarry: Pain, 1985, 15.

auch politisch motivierten Grundthese zieht und ob ihre damit zusammenhängenden Beobachtungen am Alten Testament gerechtfertigt sind. Dazu muss ich kurz die These des zweiten Buchteils, also der anderen Seite der Schmerzmedaille beleuchten: Während nämlich Schmerz im Kontext von Folter und Krieg die Welt der Opfer zum Verschwinden (zur „Auflösung") bringe und auf der Täterseite die Fiktion von Macht bestärke, finde in kulturellen Prozessen das genaue Gegenteil statt: Kulturelle Artefakte – seien es Gegenstände oder Texte – sind laut Scarry das Produkt menschlicher Arbeit. „Arbeit bedeutet in diesem Sinne reduzierten Schmerz."[20] Durch Schmerz resp. Arbeit entstehe Kultur („Erzeugung"). Und solche kulturellen Ausdrucksformen wiederum dienen dazu, erlittenen Schmerz zu überwinden. Soweit in groben Umrissen die Theorie von Elaine Scarry. Welche Rolle spielt nun konkret das Alte Testament dabei?

2. Gott als körperloser Agent der Gewalt im Alten Testament

Da Schmerz, wie bereits gesagt, kein äußeres Objekt habe, auf das man verweisen kann, werden Menschen genötigt, die Ursache von Schmerzen im Bild der Waffe zu imaginieren. Und „[w]er seine Schmerzen mit einem Bild beschreibt, das Agentenschaft zum Ausdruck bringt, der projiziert sie auf ein Objekt, das zwar zunächst als etwas gesehen wird, das sich auf den Körper zubewegt, das aber, weil es vom Körper ablösbar ist, zu einem Bild wird, das gleichfalls losgelöst werden kann"[21]. Schmerz provoziere daher nicht allein die Vorstellung eines Objektes, das diesen verursacht; schmerzvolle Arbeit bringe gleichsam imaginierte Objekte hervor – z. B. in literarischen Texten – die genau jene Leiderfahrungen kompensieren und transformieren. Das Alte Testament stellt für die Autorin in diesem Zusammenhang ein ausgezeichnetes Anschauungsmaterial zur Verfügung: Weil häufig „das Verhältnis zwischen Gott und den Menschen im Zeichen der Waffe verdichtet"[22] werde, sei Gott genau jener „Agent",

---

20 Scarry: Körper, 1992, 256.
21 A. a. O.: 258.
22 A. a. O.: 273.

sprich jenes vom menschlichen Körper abstrahierte Bild, das auf die Körper der Israeliten einwirke und ihnen nachhaltige Schmerzen zufüge. Und indem die Gottheit den Israeliten immer wieder Schmerzen zufüge, *offenbare* sie sich ihnen auch. Dieser innere Zusammenhang habe zur Bildung des kulturellen Artefakts (d. h. konkret in diesem Fall des biblischen Textes) beigetragen. Jener göttliche Agent werde dabei als gleichsam unverwundbar vorgestellt, während das Volk Israel per definitionem das leidende Opfer verkörpere. In Scarrys Worten: „Der erfundene Gott und sein menschlicher Erfinder (oder in der Sprache der Schrift: der Schöpfer und sein Geschöpf) unterscheiden sich aufgrund der Immunität des einen und der Verwundbarkeit des anderen."[23]

Zur Logik dieses Mechanismus gehört laut Scarry folglich eine körperlose Gottheit.[24] Sie gleiche einem Folterer, der zwar Sprache bzw. absolute Macht habe, aber keinen Körper, während die Gefolterten zu sprachlosen Körpern degradiert seien. Der alttestamentliche Gott verursache Schmerzen und werde zugleich *im* Schmerz als dessen Urheber erkannt, leide aber selbst nicht. Seine „eigene Ausdehnung in die Welt hinein [ist] grenzenlos"[25]. Gott werde nur im Medium seiner Stimme vermittelt, zum Beispiel im Bild des Feuers oder eines überbordenden Wasserstroms.[26] Gott sei die körperlose Stimme „am anderen Ende einer Waffe"[27], er sei es, der die Waffe führe. „Durch das Schwert und durch die Plage wird – wie durch das Feuer am Horeb – die sprachliche Reinheit Gottes restituiert"[28]. Diesen Zusammenhang exemplifiziert Scarry anhand zahlreicher Bespiele der von ihr so bezeichneten Verwundungsszenen im Alten Testament (z. B. Ex 32,9; 33,3–5; Num 16,28–30; Jer 4,3). In ihnen agiere die Gottheit als bloße Stimme, während sich ihre Existenz in den geschlagenen, stimmlosen Körpern der Menschen manifestiere. Kurz gesagt: „Im gesamten Alten Testament sind Gottes Macht und Autorität zum Teil extreme und beständig erweiterte Explikationen der Tatsache, daß der Mensch einen Körper und Gott keinen hat."[29]

---

23 A. a. O.: 273.
24 Zur Kritik an dieser Logik Wagner: Körper, 2010; Stavrakopoulou: Gott 2022.
25 Scarry: Körper, 1992, 308.
26 A. a. O.: 309, mit Verweis auf Dtn 4,12–13.15–17.33; Jes 30,27–38.
27 Ebd.
28 A. a. O.: 310.
29 A. a. O.: 312.

Die Überwindung dieser einseitigen Vorstellung wird laut Scarry konsequent erst in den Schriften des Neuen Testaments vollzogen. Denn Gott werde im zweiten Teil der christlichen Bibel schlussendlich in der Person Jesu auch körperlich vorgestellt. „Wie in den Schriften des Alten Testaments, so substantiiert der menschliche Körper auch in den Texten des Neuen Testaments die Existenz Gottes, doch hier erfolgt die körperliche Verifizierung nicht mehr durch die körperliche Veränderung des Schmerzes, sondern durch die körperliche Veränderung der sinnlichen Wahrnehmung: nicht mehr die Hand einer Frau, die von Aussatz befallen ist, sondern die Hand einer Frau, die Jesus berührt; nicht mehr Tausende, die in der Wüste Horeb dahingeschlachtet werden, sondern Tausende, die ‚sehen und hören' und dann folgen, um dieses Privileg der Wahrnehmung weiterhin zu genießen."[30] Die Verifikation dieser Überwindung des überkommenen Schmerzverständnisses manifestiere sich im Neuen Testament also durch Heilungen, nicht mehr durch Verwundung. Heilungsszenen seien im Alten Testament im Gegensatz zum Neuen Testament zahlenmäßig und in ihrer Bedeutung marginal.[31] „Der intimste Kontakt Gottes mit der Menschheit, sein unmittelbarer Kontakt mit dem menschlichen Körper, ist im Alten Testament durch die Waffe vermittelt, im Neuen Testament durch Jesus."[32] Die Waffe verschwinde freilich nicht, sondern tauche im Kreuz von Golgatha wieder auf, d. h. „die Idee des Leidens"[33] sei immer noch zentraler Bestandteil der Beziehung zwischen Gott und Mensch, habe sich aber laut Scarry vom Altem zum Neuen Testament hin substantiell verschoben. „Die unerhörte Verwundbarkeit des Menschen ist nicht die unerhörte Verwundbarkeit Gottes. Die Verbindung zwischen beiden Momenten wird gelöst, so daß sie nun gemeinsam auftreten können: Gott ist sowohl der Allmächtige als auch der Leidende."[34] Das Kreuz Jesu entspreche dabei mehr einem Werkzeug (des Glaubens) als einer Waffe, da das Kreuz keinen Schmerz bei den Menschen auslöse, damit sich in den gemarterten Körpern als Gott zu erkennen gebe, sondern der Gekreuzigte (der mit Wundmalen gekennzeichnete Jesus) selbst zum Objekt des Sehens und Glaubens werde. Die Bedeutung der Körperlichkeit Jesu sei für diesen Umschwung essenziell. „[D]ie

---

30 A. a. O.: 315f.
31 A. a. O.: 316, Anm. 20 (der Anmerkungstext befindet sich auf S. 538).
32 A. a. O.: 316.
33 A. a. O.: 318.
34 Ebd.

menschliche Empfindung gewinnt [durch Jesus] eine tiefgründige Legitimation, weil sie nun zur göttlichen Empfindung geworden ist."[35] Der Pentateuch (das Alte Testament) dagegen beharre „auf der Kluft, die zwischen Gott und dem Zustand des Geschaffenseins und des Exils besteht; ein seinerseits geschaffener und heimatloser Gott wäre unmöglich"[36].

Zusammenfassend können wir zu Scarrys Theorie festhalten: Die Menschen in der Literatur des Alten Testaments (d. h. in den Bildern, welche die biblischen Schriften von Gott kreieren) bleiben in ihrem Schmerz meist stumm, denn Schmerz zerstöre die Sprache, wie Scarry im ersten Teil ihres Buches unterstreicht. D. h. „[i]m Alten Testament gehört der Körper allein dem Menschen, die Stimme in ihrer extremen und nicht weiter qualifizierten Form ausschließlich Gott"[37]. Wenngleich diese Argumentation Elaine Scarrys beim ersten Lesen durchaus bestechend erscheint, offenbart sie bei einer zweiten kritischen Durchsicht doch wesentliche Schwächen. Sie haben mit einem zu einseitigen, vor allem auch a-historischen und rein formalen Blick auf die Texte der Bibel zu tun. Diesem Problem und inwiefern ich ihrer These (noch) zustimmen kann, wende ich mich im Folgenden zu.

3. Kritische Würdigung

Was Scarry aus meiner Sicht zutreffend erkannt und einen Anhalt an den biblischen Texten und altorientalischen Vorstellungen hat, ist folgendes: Schmerz wird nicht einfach irgendwie *im* Körper erfahren und sprachlich vorgestellt (gegen ein solche Art der Behältermetapher im Sprachraum der Hebräischen Bibel hat dezidiert Andreas Wagner Stellung bezogen[38]). Es ist stattdessen die Erfahrung der gegen sich selbst gerichteten Einwirkung, die totale Vereinnahmung des Körpers durch den Schmerz. Und diese führt dazu, dass nicht der Schmerz im Körper, sondern vielmehr umgekehrt regelrecht der *Körper im Schmerz* erscheint.[39] Es wäre viel zu

---

35 A. a. O.: 323.
36 A. a. O.: 324f.
37 A. a. O.: 325.
38 Wagner: Schmerz, 2021, 22.
39 Diese im Titel des Buches von Scarry enthaltene Pointe hat treffend Grüny, Erfahrung, 2004, 123, erkannt.

platt, Scarrys Interpretation des biblischen Gottes in einen Topf zu werfen mit der Religionskritik eines Richard Dawkins, der von der Gewaltdarstellung des Alten Testaments her seinen scharfen Atheismus begründet[40]. Der göttliche Agent am „anderen Ende der Waffe" hat ja genau die Funktion, sich im leidenden menschlichen Körper zu manifestieren – theologisch gesagt zu offenbaren. Der tiefe Respekt vor den biblischen Texten ist Scarrys Buch abzuspüren.

Meines Erachtens muss man die Form der Manifestation allerdings viel genauer anhand der Texte differenzieren, und zwar sprachlich-semiotisch, als auch sozial- und religionsgeschichtlich. Es ist keineswegs ausgemacht, dass die „Sprache der Agentenschaft" kulturell bedingt ist[41], so als ob die Welt des alten Israels geradezu prädestiniert für diese Deutungsmuster sei. Zweifelllos findet man im Alten Testament zahlreiche Belege für die Metaphorik des Schmerzes als durch eine „Waffe" verursacht (vgl. z. B. Hi 30,17; 33,19; Spr 15,1), als ein Stöhnen der menschlichen Kehle/Seele (næfæš) gegen sich selbst (Ps 42,6), ja zuweilen als eine Art „Überfall" (hebr. hpk, vgl. 1 Sam 4,19), der einen Menschen zu Boden zwingt. Tatsächlich gibt es auch Texte, wie z. B. Spr 20,30, denen zufolge äußere Schläge das Innere des Menschen zum Besseren führen.[42] Allerdings kommt es darauf an, diese Bilder in ihrem kontextuellen, also sowohl im literarischen als auch sozialgeschichtlichen Verstehensraum wahrzunehmen. Wenn nämlich Schmerz mit den Metaphern im Alten Testament anzutreffen sind, bedeutet dies nicht zwangsläufig, dass Gott als Teil dieser Bilder ausschließlich gewalttätig und unmoralisch vorgestellt wird. Die Tradenten der hebräischen Schriften hadern vielmehr aufgrund tiefgreifender gesellschaftlicher Krisenerfahrungen eben mit dieser Annahme und suchen Wege, das Verhältnis von Gott, Mensch und Schmerz anders zu bestimmen, als es dem einfachen Muster von körperlosem Gott und leidendem Menschen entspricht. Das vermeintliche Muster wird gerade in solchen Momenten durchbrochen, in denen Schmerzerfahrungen Überhand nehmen. Dieser Umschwung fällt schon ganz grundsätzlich ins Auge, wenn man den Aufbau prophetischer Schriften

---

40 Dawkins: Gotteswahn, 2016.
41 Berechtigterweise wird dieser Einwand von Grüny: Erfahrung, 2004, 144, vorgebracht.
42 Zur Phänomenologie des Schmerzes im Alten Testament vgl. Sager: Leidtragenden, 2022; ders.: Schmerz, 2023.

betrachtet, z. B. den des Jesajabuches: Der markante, äußerlich unvermittelte Wechsel von Gerichts- zur Heilsprophetie ab Jes 40,1ff. („Tröstet, tröstet mein Volk", spricht eure Gottheit) lässt die enorme theologische Denkleistung erahnen, die schon innerhalb des Überlieferungsprozesses des hebräischen Kanons begann. Und die nicht erst im Neuen Testament durch eine quasi göttliche Metamorphose (vom körperlosen Gott des Alten Testaments zum vermenschlichten Gott im Körper von Jesus) stattfindet.

Die angebliche Körperlosigkeit Gottes ist auch aus religionsgeschichtlicher Perspektive eine schwer haltbare These, da das Gottesbild der Hebräischen Bibel vor dem Hintergrund der altorientalischen Darstellungen des Göttlichen profiliert wurde. Alle Götter der damaligen Zeit hatten Körper. Die Gottheit Israels ebenfalls. Inwiefern JHWH körperlich dar-/ und vorgestellt wird, hat sich zwar im Laufe religionsgeschichtlichen Entwicklung bzw. im Zuge der Traditionsgeschichte der biblischen Texte verändert[43] – eins ist dabei allerdings klar: Wenn der Gott des alten Israels einen Körper hat, leidet er bzw. sie (denn es gibt dezidiert weibliche Gottesbilder, s. u.) auch Schmerzen. Diese anthropomorphe Eigenschaft teilt JHWH mit sämtlichen Gottheiten des Vorderen Orients. Es handelt sich allesamt um Götter, die „in lautstarkes Wehklagen über die Zerstörung ihrer Städte und die Schändung ihrer Tempel aus[brechen], sie weinen, sie stöhnen, sie krümmen sich, sie haben Herzrasen vor Kummer und Zorn oder werden von der Last des Bedauerns niedergedrückt"[44]. Auch wenn der Anthropomorphismus im Alten Testament gegenüber der Götterwelt des Alten Orients und Griechenlands aufgrund des Bilderverbots unter einem grundsätzlichen theologischen Vorbehalt steht, finden wir ähnliche Phänomen des Weinens und Klagens auch beim Gott Israels, z. B. anhand von Jer 4,19f.[45] Freilich kommt auch Scarry an diesen bedeutsamen Aussagen nicht vorbei. Sie stellt sie in den Zusammenhang der Götzenbildproblematik: Indem die Israeliten immer wieder gegen das Bilderverbot verstießen, provozierten sie damit gleichsam JHWH dazu, sich

---

43 Dazu verweise ich noch einmal auf die beiden Studien von Wagner: Körper, 2004 und Stavrakopoulou: Gott, 2022.
44 Stavrakopoulou, 2022, 237.
45 Stavrakopoulou, 2022, 237, Anm. 6 geht hier mit anderen Auslegern davon aus, dass in Jer 4,19–22 JHWH und nicht der Prophet spricht. Anders sieht dies Maier: Klage 1998, 176–189. Nach Maiers Verständnis klagt an dieser Stelle weder Gott noch der Prophet, sondern die personifizierte Stadt Jerusalem (Zion).

ebenfalls von seiner emotionalen Seite her zu zeigen (da Götterbilder nun einmal keine echten Gefühle empfinden könnten[46]). Allerdings seien diese Denkformen noch „ein zerbrechliches, wiewohl beharrliches Thema, das für die geistigen Strukturen des Alten Testaments eine Herausforderung ist"[47]. Aus meiner Sicht wird hier die theologische Tiefenstruktur der biblischen Texte unterschätzt. Diese Struktur gründet in der Reflexion vieler leidvoller Erfahrungen der eigenen Geschichte. Und wenn man die Literatur- und Religions- / Sozialgeschichte ernst nimmt, ist sehr fraglich, ob man Scarrys These – die auf einer rein literaturwissenschaftlichen Sichtweise beruht – uneingeschränkt folgen kann. Meine Gegenthese lautet: Der jetzt vorliegende Text der Hebräischen Bibel impliziert bereits ein Bild, das „Gott" als Alleinverursacher von Schmerz zu überwinden sucht. Denn der den Israeliten zugefügte Schmerz wird gerade im Kanon der Schriften retrospektiv vorgestellt. Es ist der *erinnerte Schmerz*, der die Verfasser und Rezipienten davon abhalten soll, sich in Zukunft so zu verhalten, wie ihre Vorväter und -Mütter es taten (vgl. Dtn 29,21–24). Das aktuelle Medium der Offenbarung ist eben gerade nicht mehr der Schmerz, sondern die Sprache. Das Wort ist es nun, wie auch Scarry ganz richtig deutet, „das ‚in ihrem Munde' ist, im Körper der Menschen von Gott zeugt, seine Gegenwart aufzeichnet, die sonst noch tiefer in ihrem Körper aufgezeichnet würde: in Scheunen von Hunger, in Fieber und Schwindsucht, im Gift staubkriechender Tiere"[48]. Insofern trägt das Alte Testament selbst schon zur Überwindung eines einseitigen, auf Strafe als Mittel setzendes Gottesbildes bei.[49]

Diesen Zusammenhang erkennt also auch Scarry an. Jedoch spielt für sie dabei lediglich die sprachliche *Form* der Tora bzw. der Hebräischen Bibel eine wesentliche Rolle – „der Inhalt selbst und seine Einzelheiten zählen nicht"[50]. D. h. eine Ethik des Alten Testaments[51], die zeigen will, wie die Beachtung des Wortlauts selbst zur Befreiung von Gewalt beiträgt, könnte man auf dieser Basis gerade nicht bauen. Für Scarry geschieht die den Schmerz überwindende Offenbarung Gottes im Alten Tes-

---

46 Mit Bezug zu Jes 42,14f; 57,13; Jer 10,5; Hos 14,3f.8, vgl. Scarry: Körper, 1992, 341f.
47 Scarry: Körper, 1992, 343.
48 A. a. O., 353, mit Bezug auf Dtn 32,41f.
49 So bereits Schmid, Theologie, 2019, 204.
50 Scarry: Körper, 1992, 350.
51 Vgl. Kessler: Leben, 2017.

Gott als „Agent" der Gewalt!?

tament lediglich in Form einer sprachlichen Hülle. Erst im Neuen Testament werde die Materialisierung Gottes auch inhaltlich realisiert[52]. Wie sehr dagegen schon die Hebräische Bibel damit ringt, Gott und Schmerz zusammenzudenken, zeigt ein Blick in die unterschiedlichen Diskurse: In weisheitlichen Texten wie dem Hiobbuch z. B. – das ein reichhaltiges Reservoir an antiken Schmerzdeutungen beinhaltet – erscheint der Schmerz als Mittel der Offenbarung gerade zweifelhaft (Hi 7,14f.). In den Dialogen entwickelt das Buch eine Gegenposition zur herkömmlichen Vorstellung einer Erziehung des Menschen durch Leiden (z. B. im Kontrast zur Sicht Elihus, des vierten Freundes, in Hi 33,19–20). Auch im Ezechielbuch wirkt JHWH sehr verletzlich, scheint geradezu aus Schmerzen heraus (gewaltvoll) zu agieren.[53] Dem leidenden *eved* („Knecht") in Deuterojesaja (Jes 53) kommt die Aufgabe zu, stellvertretend die Schmerzen vieler Menschen zu ertragen, die nicht genuin zu Israel gehören. Von einer Gotteserkenntnis im Medium des je *eigenen* Schmerzes hat sich dieses Konzept bereits verabschiedet. Darüber hinaus ist zu fragen, ob das Alte Testament nicht doch auch andere Offenbarungsmedien als die des gefolterten Körpers kennt. Hier wäre z. B. der Gottesname (JHWH) selbst zu nennen. Denn er entwickelt sich ja im Laufe der Zeit zum wahren Erkennungszeichen und Unterscheidungskriterium gegenüber anderen Gottheiten.[54] Dieser Name ist aber eben keine bloße Form, sondern wird im Alten Testament inhaltlich sehr spezifisch gefüllt: Er steht für die Gottheit, die mitfühlend hinsieht und die Menschen aus allem Leid befreien will (Ex 3,7). Ferner kennen die Texte des Alten Testaments bereits das eigene Gewissen bzw. das Herz, das *wie* eine Schriftrolle beschrieben wird (Spr 3,3) und *wie* die männliche Vorhaut beschnitten werden kann (Dtn 10,16). Damit dient es als ebenfalls Ort der Offenbarung des göttlichen Willens.

Freilich erkennt Scarry gerade aus ihrer literaturwissenschaftlichen Perspektive, dass die biblischen Texte eine konstruktive Funktion erfüllen, weil sie kulturelle Artefakte sind: Sie wollen Schmerzerfahrung bearbeiten und soweit als möglich transformieren. Die Tora ist „ein Artefakt, das menschliches Leid abwenden soll"[55]. Im Akt des Schreibens der Texte,

---

52 A. a. O.: 355.
53 Auf diese biblische Deutung der Verhaltensweise Gottes geht Ruth Poser in ihrem Beitrag zu Ez 37 und Ps 88 in diesem Band ein.
54 Vgl. Bauks: Theologie, 2019, 35–48.
55 Scarry: Körper, 354.

die zu unserer Bibel geworden sind, erlangen die Menschen Israels ihre Stimme zurück – so könnte man Scarrys These positiv aufgreifen.[56] Es kommt immer darauf an, dass es Fürsprecher für die Verstummten gibt, um die Sprache und die sich unter dem Schmerz auflösende Welt wiederzufinden. Diese Erkenntnis lässt sich modifiziert auf die Hebräische Bibel anwenden: Die Schreiber / Tradenten der Bibel „erfinden"[57] bzw. entwickeln das Bild eines vornehmlich redenden Gottes (vgl. nur den Auftakt der Hebräischen Bibel im Buch Genesis: „Und Gott sprach: Es werde Licht!" (Gen 1,3). Dieses Bild zeigt, inwiefern Israels Gott mithilfe des Wortes schöpferisch tätig ist. Sehr häufig findet sich die Formel „So spricht JHWH", z. B. in Am 1,3.9; 3,11.12; u. ö.), der dadurch zwar einerseits zum Ankläger (und „Agenten" der Waffe), aber ebenso auch zum Fürsprecher der Menschen wird. Insofern ist der biblische Gott ein sich vom Leid der Menschen affizieren lassender Partner. Er bzw. sie (vgl. Gott im Bild einer Gebärenden: Dtn 32,18; Jes 42,14; Ps 90,2), setzt sich dem Schmerz bewusst aus, entwickelt Empathie, kann sein eigenes Herz gegen / über sich selbst „umstürzen" (הפך h-p-k Niphal, Hos 11,8[58]). Beachtenswert, dass „Gott auf so elementare Art und Weise mit seinem Volk verbunden ist, dass er angesichts von Israels Erfahrungen der Zerstörung und des Krieges sogar weinen kann – eine Aussage zu finden in Jer 14,17, wo JHWH in der Ich-Rede sagt, dass seine Augen vor Tränen überfließen, da ‚die Tochter seines Volkes' unheilbar verwundet ist."[59] Und gerade weil Gott ein für die Menschen empathisches Gegenüber ist, wird von seinen Partnern und Partnerinnen erwartet, ebenfalls mitfühlend zu sein und sich der Gewalt jedweder Form entgegenzustellen.

---

56 Einen ganz ähnlichen Ansatz verfolgen unterschiedliche traumatheologische Deutungen der Hebräischen Bibel, die in den letzten Jahren veröffentlicht worden sind. Darunter verdient die Studie von Ruth Poser, Trauma-Literatur, zum Buch Ezechiel besondere Beachtung.
57 Vgl. Römer: Erfindung, 2018, 9, der diesbezüglich betont, dass die Entstehung biblischer Gottesbilder „nicht mit der Annahme einer Ad-hoc-Erfindung erklärt werden" kann, sondern auf einer komplexen religionsgeschichtlichen Entwicklung beruht.
58 Vgl. Janowski: Schmerz 2021, 125–142, besonders 134–136.
59 Ego: Weinen, 2021, 35. Ist es tatsächlich so eindeutig, dass Jer 14,17 zur Gottesrede gehört? Wie in Jer 8/9 wird möglicherweise auch hier bewusst in der Schwebe gehalten, ob JHWH oder der Prophet Jeremia als Sprecher vorgestellt werden sollen.

So stellt der jüdische Tanach in Form *und* Inhalt als kulturelles Artefakt einen sprechenden Ausdruck für die wiedergewonnene Stimme der Menschen gegen den Schmerz dar. Man kann mit Scarry das Judentum aufgrund dieser seiner „Fähigkeit zu bewußter Selbstveränderung und Neuschöpfung"[60] bewundern. Wenn ihre Deutung zutrifft, kann auch das Christentum von diesem Transformationsprozess einiges lernen, um in gegenwärtigen Konfliktfeldern zu neuer Sprach- und Handlungsfähigkeit zu gelangen.

4. Ausblick

Was bedeutet also eine kritisch rezipierte Interpretation Elaine Scarrys für die eingangs gestellte Frage nach dem Umgang mit Gott angesichts der anhaltenden Erfahrungen von globaler Ungerechtigkeit und Gewalt? Dazu einige perspektivische Gedankenstöße: Das Gottesbild der Bibel muss m. E. in seiner Ambiguität ernst genommen werden. Die biblischen Schriften verschweigen den gewaltsam agierenden Gott nicht. Sie bezeugen damit für sich genommen, dass man sich schon zur Zeit der Entstehung dieses Schriftenkorpus mit dem Problem auseinandergesetzt hat, inwiefern man von Gott überhaupt (noch) sprechen kann in einer Welt voller Hass und Gewalt. Elaine Scarrys Interpretation dieser literaturgeschichtlichen Auseinandersetzung zielt auf den unlösbaren Zusammenhang eines scheinbaren Widerspruches: Das Verstummen der Sprache im Schmerz – insbesondere jenes durch Gewalt herbeigeführten Schmerzes – führt auf dem Weg der kulturellen Verarbeitung leidvoller Erfahrung auch zur Überwindung von Sprachlosigkeit. Das ist für mich bei aller Kritik im Einzelnen die nach wie vor überzeugende Seite von Scarrys These. Jene Anverwandlung eröffnet die Chance einer kulturellen Ermächtigung der von Gewalt gezeichneten Menschen, die mithilfe derer gelingt, die sich mit den Opfern identifizieren und für sie einstehen.

Gegenüber dem Gefühl der Machtlosigkeit angesichts überwältigender, globaler Leiderfahrungen kann die Rezeption der Schrift ihre befrei-

---

60 Scarry: Körper, 1992, 327.

ende Wirkung entfalten. Dazu ist es unumgänglich, sich mit den inhaltlichen Aspekten der Tora auseinanderzusetzen und nach ihrer Geltung für die heutige Zeit zu fragen.[61]

Literatur

Bauks, Michaela: Theologie des Alten Testaments. Religionsgeschichtliche und bibelhermeneutische Perspektiven, Göttingen 2019.

Bernhardt, Fabian: Der eigene Schmerz und der Schmerz der anderen. Versuch über die epistemische Dimension der Verletzlichkeit, in: Verwundbarkeit, Institut für Hermeneutik und Religionsphilosophie an der Theologischen Fakultät Zürich (Hrsg.), Hermeneutische Blätter 2017/1, 7–22.

Bryg, Diana: Eine Geschichte des Körpers im Schmerz. Theorien von Elaine Scarry und David B. Morris im Vergleich, München 2007.

Crüsemann, Frank: Maßstab: Tora. Israels Weisung für eine christliche Ethik, Gütersloh 2003.

Dawkins, Richard: Der Gotteswahn, Berlin, 6. Aufl., 2016.

Ego, Beate: Gottes Weinen angesichts der Not seines Volkes. Perspektiven aus der Hebräischen Bibel, der rabbinischen Literatur und der frühen jüdischen Mystik, in: K. Greschat / C. Jahnel (Hrsg.), Dem Schmerz begegnen. Theologische Deutungen, Bielefeld 2021, 35–47.

Füssel, Kuno / Segbers, Franz (Hrsg.): „...so lernen die Völker des Erdkreises Gerechtigkeit". Ein Arbeitsbuch zu Bibel und Ökonomie, Luzern / Salzburg 1995.

Grüny, Christian: Zerstörte Erfahrung. Eine Phänomenologie des Schmerzes, Würzburg 2004.

Janowski, Bernd: Der Schmerz Gottes. Zu einem wichtigen Zug im biblischen Gottesbild, in: M. Bauks / S. M. Olyan (Hrsg.): Pain in Biblical Texts and Other Materials of the Ancient Mediterranean, FAT II 130, Tübingen 2021.

Kessler, Rainer: Der Weg zum Leben. Ethik des Alten Testaments, Gütersloh 2017.

Maier, Christl: Die Klage der Tochter Zion. Ein Beitrag zur Weiblichkeitsmetaphorik im Jeremiabuch, Biblisch-Theologische Zeitschrift (BThZ) 15/2 (1998), 176–189.

Meyer, Helge: Die Kunst des Handelns und des Leidens. Schmerz als Bild in der Performance Art, IMAGE, Zeitschrift für interdisziplinäre Bildwissenschaft 1.2 (2005), 34–41.

Niedermeier, Silvan: Schmerz, in: C. Gudehus / M. Christ (Hrsg.), Gewalt. Ein interdisziplinäres Handbuch, Stuttgart / Weimar 2013, 227–231.

---

61 Vgl. Füssel / Segbers: Gerechtigkeit, 1995; Crüsemann: Maßstab, 2003.

Pelham, Abigail: Making and Unmaking the World in the Book of Job. Reading Job with help from Elaine Scarry, Kurt Vonnegut, and Don LaFontaine, in: A.K.M. Adam / S. Tongue (Hrsg.), Looking through a glass Bible. Postdisciplinary Biblical Interpretations from the Glasgow School, Bibl.-Interpr.S 125, Leiden 2014, 193–210.

Poser, Ruth: Das Ezechielbuch als Trauma-Literatur, VTS 154, Leiden / Boston 2012.

Reemtsma, Jan Philipp: Eine Phänomenologie körperlicher Gewalt, in: ders., Vertrauen und Gewalt. Versuch über eine besondere Konstellation der Moderne, zitiert nach Johannes Müller-Salo (Hrsg.), Gewalt. Texte von der Antike bis in die Gegenwart, Ditzingen / Stuttgart 2018, 149–160.

Römer, Thomas: Die Erfindung Gottes. Eine Reise zu den Quellen des Monotheismus, vom Autor selbst bearbeitete und aktualisierte deutsche Ausgabe, aus dem Französischen übersetzt von Annette Jucknat, Darmstadt 2018.

Rorty, Richard: Kontingenz, Ironie und Solidarität, Frankfurt a. M. 1992.

Sager, Dirk: Die Leidtragenden. Schmerz im Alten Testament, Stuttgarter Bibelstudien (SBS) 250, Stuttgart 2022.

- Schmerz in der Welt des Alten Testaments. Sprachliche Bilder, kulturelle Kontexte, literarische Konzeptionen [Pain in the world of the Old Testament: Linguistic images, cultural concepts, literary conceptions], in: Der Schmerz. Organ der Deutschen Schmerzgesellschaft, der Österreichischen Schmerzgesellschaft und der Swiss Pain Society, Band 37 Heft 2 (2023), 89–94.

Scarry, Elaine: The Body in Pain. The Making and Unmaking of the World, Oxford 1985; dt. Der Körper im Schmerz. Die Chiffren der Verletzlichkeit und die Erfindung der Kultur, autorisierte Übersetzung aus dem Amerikanischen von Michael Bischoff, Frankfurt a.M. 1992.

- On Beauty and Being Just. Princeton 1999.
- Thermonuclear Monarchy. Choosing between Democracy and Doom, W. W. Norton, February 2014.

Schmid, Konrad: Theologie des Alten Testaments, Tübingen 2019.

Stavrakopoulou, Francesca: Gott – Eine Anatomie. Der göttliche Körper im Wandel der Zeit, aus dem Englischen von Karin Schuler und Dr. Maria Zettner, München 2022 (engl. God – an Anatomy, London).

Wagner, Andreas: Gottes Körper. Zur alttestamentlichen Vorstellung von der Menschengestaltigkeit Gottes, Gütersloh 2010.

- Schmerz im Alten Testament, in: M. Bauks / S. M. Olyan (Hrsg.): Pain in Biblical Texts and Other Materials of the Ancient Mediterranean, Forschungen zum Alten Testament (FAT) II 130, Tübingen 2021, 13–27.

Witte, Wilfried: Unerhörte Leiden. Die Geschichte der Schmertherapie im 20. Jahrhundert, Frankfurt a.M. / New York 2017.

Jona und die Gewalt des gnädigen Gottes

Lutz Bauer

Ausgehend vom übergeordneten Thema Sicherheit[1] in Texten der Hebräischen Bibel untersuche ich im Folgenden das Buch Jona aus einer Perspektive, in der es nicht nur um die „technisch machbare Sicherheit", sondern auch vor allem um Resilienz, also um psychische Stabilität und Widerstandskraft von Individuen und Gesellschaften geht. Die Jonageschichte zeigt sich als Geschichte eines zutiefst verunsicherten „Propheten" und wirft Fragen auf, die ich versuche mit verschiedenen psychologischen Kategorien zu beantworten. Dabei werde ich anknüpfen an vorliegende Arbeiten, die das Buch aus post-kolonialer und traumapsychologischer Sicht lesen und damit das Verständnis dieser sehr oft missverstandenen Symbolfigur vertiefen.

Der Titel „Jona und die Gewalt des gnädigen Gottes" weist ein wenig überspitzt auf das in diesem literarischen Juwel vorliegende Haupt-Dilemma hin, das es zu entschlüsseln gilt. Es handelt sich um den Widerspruch zwischen der offenkundig übergriffigen Art und Weise, in der JHWH dem Jona seinen Willen aufzwingt, und der Aussage des dergestalt misshandelten Propheten, dass die Gottheit eine gnädige sei.

In einem ersten Teil geht es um eine kurze Einordnung des Jonabuches, im zweiten Teil schaue ich die literarischen Hauptpersonen JHWH und Jona auf der Erzählebene an und entwickle versuchsweise eine psychologische Deutung ihrer (gestörten) Beziehung, in einem dritten Teil werde ich über die möglichen kollektiven Funktionen dieser Dichtung und mögliche theologische Auswirkungen nachdenken.

---

1 Seit vielen Jahren bin ich als Lehrbeauftragter an der Hochschule Furtwangen im Fachbereich „Security & Safety Engineering" tätig. Das Thema Sicherheit ist dabei nicht zuletzt durch die Corona-Pandemie in besonderem Maße in den Blick gekommen.

1. Das Buch Jona als postkoloniale Traumaliteratur – eine kurze Einordnung

Das Buch Jona handelt von einer besonderen Flucht, einer Flucht mit spezieller Ursache. In diesem literarischen Meisterwerk[2] wird kunstvoll geschildert, welche Ursachen und welche Folgen die Flucht des Jona hat. Die Wurzel ברח (bāraḥ) (Jon 1,3; 4,2) bezeichnet an den meisten anderen Stellen in der Bibel eine Flucht aus Gründen, die auch heute noch gelten: zum Beispiel Krieg, Hunger und Naturkatastrophen. Jona aber hatte andere Gründe, Gründe, die mit seiner besonderen Gottesbeziehung zu tun haben.

Jona wird in der wissenschaftlichen Literatur als Kunstfigur[3] gesehen. Das Buch ist als „fiktionale Dichtung"[4] zu verstehen, in die spätnachexilische, frühhellenistische Zeit zu datieren[5] und vielleicht in Jerusalem[6] verfasst worden. Die Versuche einer historischen und geographischen Verortung widersprechen dem zeitlosen Charakter des Werkes und seiner paradigmatischen Zielsetzung: „Because Jonah is a story that is largely dehistoricized and decontextualized and even despatialized (at least in any ordinary sense of space), its potential for reuse in different times and places is amplified."[7] So Amy Erickson in ihrem 2021 erschienenen Kommentar, in dem sie nicht nur einen Überblick über die Phasen der neueren Forschung bietet, sondern auch die jüdische und patristische Auslegungsgeschichte darstellt.[8]

Die Hebräische Bibel kann als Krisenliteratur[9] gelesen werden, als Teil der Auseinandersetzung mit der traumatischen Erfahrung des babylonischen Exils. Die Konstruktion einer Exils-Identität („exilic identity"[10]) spiegelt sich in vielen biblischen Texten wider.

---

2   Weimar: Jona 2017, 39–44 und öfter.
3   Weimar: Jona 2017, 56.
4   Blum: Jona 1992, 9 und 20; Martinez/Scheffel: Erzähltheorie 2020.
5   Weimar: Jona 2017, 65 (unter Berufung auf Wolff: und Zenger); Antwi: Jonah 2013, 4–6.293 scheint das Buch eher in die frühnachexilische Zeit zu rücken.
6   Weimar: Jona 2017, 65.
7   Erickson: Jonah 2021, 79.
8   Erickson: Jonah 2021, 335–345 („9.4.2 Contemporary Approaches").
9   Römer: Crisis Literature 2012.
10 Römer: Crisis Literature 2012, 172–174.

Diese kollektive Erfahrung des Verlusts aller Halt und Sicherheit gebenden Strukturen kann durchaus als traumatische Erfahrung gedeutet werden. In unterschiedlicher Weise wird in der Hebräischen Bibel literarisch mit diesen Erfahrungen umgegangen. Das Buch Jona als Traumaliteratur zu sehen, ist ein verhältnismäßig neuer Gedanke. So lesen Elizabeth Boase und Sarah Agnew in ihrem von Simon & Garfunkels Song „Sound of Silence" inspirierten Aufsatz[11] das Buch Jona unter dem Aspekt der Traumaforschung. Sie deuten die erzählerischen Lücken und textuellen Schweigephasen („narrative gaps and textual silences"[12]) als Ausdruck von Traumatisierung. Dabei sei nicht nur die Erfahrung des babylonischen Exils, sondern auch die persische Kolonialherrschaft[13] traumatisch zu nennen. In als traumatisch erfahrenen Situationen fehlen wortwörtlich die Worte. Die Flucht Jonas selbst wirft unbeantwortete Fragen auf und auch in der Schlussinteraktion zwischen JHWH und Jona (Jon 4, 9–11) zeige sich große Sprachlosigkeit. Jona könne aufgrund seiner Traumatisierung gar nicht auf die Schlussfrage der Gottheit antworten.

Eine noch spätere Datierung des Buches voraussetzend betrachtet die Südafrikanerin Juliana Claassens Jona als „post-koloniale Trauma-Literatur"[14] Sie bezieht sich dabei auf einen Aufsatz des Südkoreaners Chesung Justin Ryu[15]. Obwohl die genaue Datierung schwerfällt, möchte ich mich Claassens Vorschlag anschließen, das Buch Jona als post-koloniale und symbolische[16] Trauma-Erzählung zu sehen.

Die Frage, ob Traumatisierungen kollektive Phänomene sind, die z. B. in Nachkriegssituationen begegnen, ist zu bejahen. Die Reduktion des Begriffes „Trauma" auf individuell zu verortende Vorgänge lediglich in der Psyche Einzelner ist abzulehnen. Traumaforschung ist als eine „hermeneutische Linse bzw. ein heuristischer Rahmen" und „Trauma" als psychologische, literaturwissenschaftliche, sozio-kulturelle, historische und ökologische Kategorie zu verstehen.[17]

---

11   Boase: Sound of Silence 2016.
12   Boase: Sound of Silence 2016, 4. Im Deutschen ist der Plural "silences" nicht leicht wiederzugeben.
13   Boase und Agnew datieren die Entstehung des Buches unter Berufung auf Ben Zvi 2003 in die Achämenidenzeit. Boase: Sound of Silence 2016, 7.
14   Claassens: Surfing with Jonah 2021.
15   Ryu: Silence as Resistance 2009.
16   Claassens: Facing the Colonizer 2023.
17   Erbele-Küster: Traumaforschung 2022, 38.

2. Jona und JHWH – eine gestörte Beziehung

Vor wem oder was flieht Jona und warum?
Fluchtursachen sind entscheidend. Was bringt einen Menschen dazu, die Flucht zu ergreifen? Die Flucht aus einer wie auch immer geordneten Welt in ein unbekanntes fremdes Leben bedeutet Verlust von Sicherheit in jeder Hinsicht. Fluchtursachen zu allen Zeiten sind Hunger, Armut, Krieg, Bürgerkrieg – insgesamt die Sehnsucht nach einer sicheren Zukunft für die Kinder.

Die Ursache für Jonas Flucht ist eine andere. Er flieht nicht vor Hunger und Krieg. Er flieht auf Grund eines göttlichen Auftrags an ihn. Er soll in eine Großstadt gehen. Dort soll er gegen die Stadt „ausrufen" – קרא (*qārāʾ*; Jon 1,2). Was er rufen soll, wird nicht entfaltet. Die Schlechtigkeit der Stadt ist der Grund für den göttlichen Auftrag. Das ganze Setting des Buches ist anachronistisch. Sowohl der „Anti-Prophet"[18] Jona ben Amittai (2Kön 14,25) wie auch das ihm aufgetragene Ziel Ninive[19] sind lang vergangene Geschichte zur Zeit der Abfassung. Der Auftrag JHWHs an Jona – so wird es lakonisch dargestellt – bewirkte dessen unmittelbare Flucht in exakt die entgegengesetzte Richtung.

Ob allein die Nennung des Zielorts Ninive ausreichte, um eine solche Flucht auszulösen, scheint mir fraglich, und ob der Name dieser Stadt zur Zeit der Abfassung noch „geeignet ist, in Israel Furcht und Schrecken auszulösen"[20] mag bezweifelt werden. Analeptisch[21] sagt Jona zu JHWH: „Ach, JHWH, ist dies nicht meine Rede gewesen, als ich noch auf meinem Boden war? Darum wollte ich [dir] zuvorkommen, um nach Tarschisch zu fliehen. Ich war mir gewiss, dass du ein gnädiger und barmherziger Gott bist, langsam beim Zorn und reich an Vergebung, und einer, den es reut wegen des Schlechten" (Jon 4,2).

---

18 Schellenberg: Anti-Propheten 2015.
19 Im Jahr 612 v. Chr. wurde Ninive zerstört und nicht wieder aufgebaut, vgl. hierzu ausführlich Weimar: Jona 2017, 84–96 und Erickson: Jonah 2021, 117–121.
20 Weimar: Jona 2017, 84.
21 Zu Analepsie und Anachronie: Martinez/Scheffel, Erzähltheorie 2020, 42–50. Zum Modell der analeptischen Erzählung gehört, „dass sie mit einem rätselhaften Ereignis beginnt und dann Schritt für Schritt das Geschehen vor diesem Ereignis rekonstruiert (oder zumindest zu rekonstruieren versucht)." Martinez/Scheffel, Erzähltheorie 2020, 49.

Die Bereitschaft der Gottheit zu Gnade und Vergebung ist also die Fluchtursache des Jona. Das ist Ausdruck einer grundlegenden Verunsicherung des Jona. Es fehlt ihm jede Vertrauensgrundlage. Er *kann* nicht nach Ninive gehen, weil er die Vergebungsbereitschaft JHWHs mehr fürchtet als alles andere. Das klingt paradox und widerspricht aller herkömmlichen theologischen Mainstream-Auslegung.

Jona hat zudem ein verlockendes Hoffnungsziel: Tarschisch. Tarschisch ist Sehnsuchtsort und Ziel seiner Flucht.[22] Dorthin will er unter allen Umständen, dort wäre er sicher. Er bringt sich selbst und in der Logik der antiken Seefahrt auch die gesamte Schiffsmannschaft in Lebensgefahr, er landet im Bauch des Fisches, wird an Land gespuckt, geht nach Ninive, richtet die Botschaft aus, die ihm JHWH aufgetragen hat – ohne dass wir erfahren, worum es sich da im Einzelnen handelt. Die Ausführung des göttlichen Auftrags ist überaus erfolgreich, der „König von Ninive"[23] ruft Buße aus, weswegen JHWH Ninive verschont, und die Story könnte hier glücklich enden.

Doch Jona freut sich über dieses Happyend nicht – im Gegenteil: Er nimmt persönlich, dass JHWH ihm gegenüber nicht gnädig und barmherzig ist – vor dieser Gottheit gibt es kein Entrinnen. Er hat es versucht, doch Gottes Gewalt war größer. Es wird zu zeigen sein, dass die Flucht des Jona dennoch keine gescheiterte Flucht ist. Sie ist vielmehr Teil seiner psychischen Konstitution, die mit seinem Verhältnis zu JHWH zu tun hat.

Zuvor aber gilt es, die als gewalttätig und irrational wahrgenommene Art JHWHs im Text selbst zu belegen.

Die Gewalt JHWHs als Ursache für Jonas Traumatisierung
Worin besteht die „Gewalt" JHWHs?
טול (*ṭûl*) „schleudern"
Die Wurzel begegnet nicht sehr häufig (14mal), sie bezeichnet das Schleudern eines Speeres (1Sam 18,11; 20,33); JHWH schleudert Menschen aus ihrem Land (Jes 22,17; Jer 16,13; 22,26.28; Ez 32,4); im Jonabuch schleudert JHWH als unmittelbare Reaktion auf Jonas Flucht einen Orkan, einen „großen Wind" (רוח גדולה) (*rûaḥ gedôlāh*) auf das Meer (Jon 1,4), die Matrosen schleudern Ballast ins Meer (Jon 1,5), schließlich auch Jona selbst (Jon 1,12.15).

---

22 Zu Tarschisch: Weimar: Jona 2017, 97–101 und Ericksen: Jonah 2021, 370f.
23 Ericksen: Jonah 2021, 121f.

Diese Naturgewalt JHWHs ist unberechenbar. Sie bricht los. Die Schiffsmannschaft versucht das Losbrechen des Sturmes mit technischen Maßnahmen zu bekämpfen. Als das fehlschlägt, wird in magischer Weise geklärt, dass es ein Opfer braucht, um die Gottheit zu besänftigen. וייראו האנשים יראה גדולה (*wajjirʾû hāʾanāšîm jirʾāh gedôlāh*) „eine große Furcht überkam die Männer" (Jon 1,10.16).
Der Begriff „Furcht" bezieht sich auf die Reaktion der Schiffsbesatzung auf die Naturgewalt. Auch im sogenannten Bekenntnis des Jona ist das Wort bewusst gewählt. Diese Formulierung umrahmt die Opferung Jonas. Die göttliche Unberechenbarkeit löst Angst und Schrecken aus und auch das Bekenntnis des Jona ist angstgesteuert:
עברי אנכי ואת יהוה אלהי השמים אני ירא אשר עשה את הים ואת היבשה (*ʿbrî ʾānōkî weʾæt-JHWH ʾælōhēj haššāmajim ʾanî jārēʾ ʾašær-ʿāśāh ʾæt-hjjām weʾæt-hjjabāšāh*) „Hebräer bin ich und JHWH, den Gott des Himmels, fürchte ich, der gemacht hat das Meer und das Trockene." (Jon 1,9).

Die Kombination von יהוה (*JHWH*) und אלהי (*ʾælōhēj*) begegnet nur hier. Beide sonst immer einzeln in diesen formelhaften Ausdrücken begegnenden Gottesbegriffe werden hier sozusagen im Doppelpack als Ursachen der Angst des Jona benannt. Alles, was mit der Gottheit zu tun hat, ist angsteinflößend. Jona fürchtet die göttliche Gesamtheit.

Bevor die Seeleute Jona über Bord werfen, beten sie zu JHWH und in diesem Gebet erfahren wir ihre große Unsicherheit – כאשר חפצת עשית (*kaʾašær ḥāfaṣtā ʿāśîtā*) „denn JHWH, du machst, was du willst" (Jon 1,14).

Die Unberechenbarkeit der Gottheit kommt hier deutlich zum Ausdruck. Die Protagonisten der Sturmszene wissen, vor wem sie Angst haben müssen und warum. Und bevor sie Jona über Bord werfen, beten sie zu dem gefährlichen JHWH.

Man kann sagen, dass es im Duktus der Geschichte gar nicht um Bekenntnisse geht, sondern um die Darstellung dessen, wie Jona und seine Gefährten, die sich ja in gewisser Weise mit ihm solidarisieren, Gott wahrnehmen.

Ursache für den gefährlichen Sturm war die eingangs erwähnte Entfernung Jonas „weg vom Angesicht JHWHs" (מלפני יהוה, *millifnēj JHWH*) – das hatte er den Seeleuten mitgeteilt.

Die Gewalt Gottes besteht also einerseits in der unbarmherzigen Anwendung übermenschlicher Ressourcen wie des Sturmes, aber auch anderer Zugänge zur Natur, wie des Wachsen-Lassens von schattenspen-

Jona und die Gewalt des gnädigen Gottes 77

denden Pflanzen und des Schickens eines Wurmes, um den eben erst aufgegangenen Strauch wieder eingehen zu lassen. Andererseits ist diese Gewalt unberechenbar, irrational und überhaupt nicht auszurechnen.

Das Wissen um die Unberechenbarkeit JHWHs und seine Gewaltbereitschaft lässt Jona den Versuch wagen, sich auf den Weg nach Tarschisch zu machen.

Wann beginnt Jonas Traumatisierung? Solange er die Flucht organisiert, das Schiff und seine Crew bezahlt und man in See sticht, solange er also agiert, kann man nicht von Traumatisierung sprechen. Er will sich dem Zugriff JHWHs entziehen, zu dem er kein Vertrauensverhältnis hat. Es scheint alles gut zu gelingen, er scheint seinem Sehnsuchtsziel Tarschisch näher zu kommen, wo er dann vor JHWHs Gewalt sicher sein würde.

Als aber dann JHWH den Sturm losbrechen lässt, „steigt" Jona ins Schiff „hinab" (ירד, *jārad*) und fällt in einen „Tiefschlaf" (ירדם, *jērādam*) (Jon 1,5) – das sind Anzeichen einer Dissoziation. Jona erfährt an dieser Stelle, dass es aus ist, dass es kein Entrinnen gibt. Diese traumatische Erfahrung bestimmt den weiteren Fortgang der Geschichte. Der Kapitän des Schiffes reißt ihn mit Klarheit aus seiner dissoziierten Lage und holt ihn in die katastrophale Gefährdungslage zurück. Er solle sich nicht entziehen. Das Los fällt auf ihn und er wird von der Mannschaft über Bord geworfen, ein großer Fisch verschluckt ihn umgehend.

Nun gerät die Geschichte vollends ins Surreale. Der Aufenthalt im Bauch des Fisches ist einem Abtauchen in die Depression zu vergleichen. Tiefer geht es nicht mehr – hier geschieht die Wende der Geschichte. Der Psalm Jonas reflektiert diese Erfahrung – natürlich geht das erzähltechnisch erst im Rückblick. In der Depression ist es einem Menschen nicht möglich, irgendetwas kreativ zu gestalten.[24] Jona beschreibt in seinem Psalm, wie er seine Situation im Bauch des Fisches erlebt hat und worauf sich seine Hoffnung gründet. Sie besteht nicht etwa in einem guten Verhältnis zu einem gnädigen Gott, sondern in „deinem heiligen Tempel".

Das steht für Ordnung, für klare Verhältnisse und Sicherheit. Das zeit- und ortlose Buch Jona verortet sich in diesem Gebet am Tempel in Jerusalem[25]. Das ist nun der neue Sehnsuchtsort Jonas. Hier an einem fes-

---

24 Vgl. die Klassifizierung im ICD-10 F32.
25 Weimar: Jona 2017, 65; Ericksen: Jonah 2021, 478.

ten und stabilen Ort (Tempel) mit seinen strikten und klar definierten Regeln (Ritual) bekommt der traumatisierte Jona Halt, Geborgenheit und in letzter Hinsicht Rettung. Diese Rettung bedeutet in psychologischer Hinsicht auch Wiedergewinnung von Kontrolle über die Situation. In der Rückkehr zu vertrauten Strukturen kann Jona wieder Sicherheit und Vertrauen ins Leben gewinnen.

Ganz anders und in großem Kontrast zum Psalm stellt sich die Lage dar, sobald JHWH und Jona in direkter Interaktion stehen. Sowohl die dialogischen wie auch die sie auslösenden Aktionen der beiden Akteure zeigen ein großes Konfliktpotential. Emotionen brechen auf, allerdings ganz einseitig nur bei Jona. JHWH agiert demgegenüber sachlich und eiskalt. JHWHs Empathie gilt nicht Jona, sondern den 120.000 Einwohnern Ninives und all den Tieren dort.

JHWH und Jona – eine ambivalente Beziehung
Jonas Misstrauen und Furcht, ja seine Traumatisierung bis hin zur Dissoziation unter Deck, aber auch seine Depression (Symbol: „im Bauch des großen Fisches") bis hin zu seinen vier suizidalen Äußerungen[26] sind charakteristische Symptome für eine Bindungsstörung[27].

Jona erlebt JHWH wie Eltern, die ihre Aufgaben nicht adäquat wahrnehmen. Voraussetzung dafür ist, dass JHWH die Elternrolle innehat, also die Bezugsperson darstellt, auf die Jona andererseits in der Kindesrolle mit seiner ganzen Existenz angewiesen ist. Eltern geben Schutz, Geborgenheit, Verlässlichkeit, Sicherheit in jeder Hinsicht. Wenn Kinder keine sichere Bindung aufgebaut haben, können sie verschiedene Störungen entwickeln. Diese sind im ICD-10 F94.1 beschrieben. Zu den Symptomen der „gehemmten Form" einer reaktiven Bindungsstörung „Störungen der sozialen Funktionen", gehören unter anderem: „Abnormes Beziehungsmuster zu Betreuungspersonen mit einer Mischung aus Annäherung und Vermeidung sowie Widerstand gegen Zuspruch, gegen sich selbst und andere gerichtete Aggression"; außerdem „emotionale Auffälligkeiten", wie „Furchtsamkeit, Übervorsichtigkeit, Unglücklichsein,

---

26 Die erste ist als indirekter Todeswunsch zu erkennen: Jon 1,12 – die andern drei sind explizit: Jon 4,3.8.9.
27 Bowlby: Secure Base 1988(2005); Mertesacker: Bindungstheorie 2018; Granqvist: Attachment 2020; Mikulincer/Shaver: Attachment 2023.

Jona und die Gewalt des gnädigen Gottes

Mangel an emotionaler Ansprechbarkeit, Verlust/Mangel an emotionalen Reaktionen, Apathie, „frozen watchfulness" („eingefrorene Wachsamkeit")".

Wenn Eltern ihre Rolle nicht adäquat wahrnehmen, kann es also zu Bindungsstörungen kommen. Die sich in den narrativen Teilen des Jonabuches zeigende Verunsicherung des Jona erinnert in vielerlei Hinsicht an die Symptomatik einer Bindungsstörung[28].

In unserem Zusammenhang ist auf die Arbeit von Pehr Granqvist (Attachment in Religion and Spirituality, 2020 erschienen) hinzuweisen, der im Gefolge von Kirkpatrick[29] und andern die ursprünglich von John Bowlby initiierte Bindungstheorie und -forschung auf Religion anwendet. In dieser auf empirischer Forschung beruhenden Arbeit wird Gott als Elternfigur, genauer als „nichtkörperliche Bindungsfigur" („noncorporeal attachment figure"[30]) gesehen wird, die Sicherheit und Verlässlichkeit gibt.

Kirkpatrick beobachtet,

"that the availability and responsiveness of an attachment figure, who serves alternately as a haven and as a secure base, separation from whom would cause considerable distress, is a fundamental dynamic underlying Christianity and many other theistic religions. Whether that attachment figure is God, Jesus Christ, the Virgin Mary, or one of various saints, guardian angels, or other supernatural beings, the analogy is striking. The religious person proceeds with faith that God (or another figure) will be available to protect and comfort him or her when danger threatens; at other times, the mere knowledge of God's presence and accessibility allows him or her to approach the problems and difficulties of daily life with confidence."[31]

Gott wird als positiv wahrgenommene Bindungsfigur entweder als „Hafen" oder „sichere Basis" gezeichnet. Dabei kommt die Möglichkeit nur hypothetisch in den Blick, dass Gott auch eine „unsichere Bindungsfigur" sein könnte:

"Accordingly, feeling entirely separated from God appears to be fairly uncommon, even among believers who—like Job of the Old Testament—have faced unjust hardships such as natural disasters (...). In line with much theological doctrine, most believers probably see the risk of true separation

---

28 Mikulincer/Shaver: Attachment 2023, 380ff.
29 Kirkpatrick: Attachment-Theory 2002.
30 Granqvist: Attachment 2020, 71.
31 Kirkpatrick: Attachment-Theory 2002, 8.

from God as coming only in the hereafter, at which point one spends eternity either with God or separated from God; as it were, you're either 'in' or you're 'out.' Notably, in much of contemporary Christian theology, separation from God is the essence of hell (...)."[32]

Genau das geschieht im Buch Jona – die Beziehung Jonas zu JHWH als der eigentlich Halt geben sollenden Bindungsfigur ist gestört und hat tiefe Risse bekommen. Davon handelt das Buch.

Wenn man sich auf diese Deutung der Beziehung zwischen Jona und JHWH einlässt, erschließen sich alle weiteren Besonderheiten der Erzählung.

Jona erlebt JHWH als übergriffig und gewalttätig, sehnt sich aber andererseits nach Nähe in „seinem heiligen Tempel". Als er auf die Zerstörung Ninives wartet und erkennen muss, dass JHWH sich der großen Stadt gegenüber barmherzig und nachsichtig erweist – also seine Meinung ändert und wirklich macht, was er will, wird Jona zornig und äußert Suizidgedanken. Er freut sich allerdings auch wieder schnell, als nämlich ein Schatten spendender Rizinusstrauch aufgeht. Da fühlt sich Jona geliebt und behütet, endlich im Einklang mit der Natur. Umso schlimmer als dann JHWH sich als der Urheber von beidem offenbart. Er hatte den Rizinusstrauch wachsen und eingehen lassen.

So treibt die Gottheit ihr Spiel mit Jona und er lässt seinen Gefühlen freien Lauf, erneut möchte er nicht mehr leben. Die abschließende schulmeisterlich anmutende Frage JHWHs – „meinst du, du zürnst zu Recht?" bejaht Jona. Es sei richtig zu zürnen und sich den Tod zu wünschen.

Wie im Verhältnis zwischen überforderten Eltern und ihrem gleichermaßen überforderten Kind herrscht zwischen JHWH und Jona eine große Asymmetrie. Jona nimmt wahr, dass JHWH gegenüber Ninive zwar „gnädig und barmherzig" ist – aber sich ihm gegenüber wie ein gewalttätiger Unterdrücker verhält.

Er sehnt sich nach dem Tempel, möchte Gelübde erfüllen und in traditioneller Weise der Gottheit huldigen, muss aber ständig erleben, wie er von dieser Gottheit gemaßregelt und belehrt wird.

---

32 Granqvist: Attachment 2020, 81.

Jona und die Gewalt des gnädigen Gottes

Jona findet zur Sprache – nicht nur im Psalm
Die andere Seite der Bindungsstörung ist die Suche nach Halt und Sicherheit. Jonas Psalm reflektiert diese Suche, ja Sehnsucht. In großer Not ruft er zu Gott und der erhört ihn. Doch auch hier dieselbe Ambivalenz wie in der Erzählung. JHWH hat ihn in diese Bedrängnis gebracht und nun kommt von JHWH die Rettung.

Den Psalm möchte ich nun ein wenig genauer in den Blick nehmen. Im vorliegenden Setting des Psalms, also rückblickend und doch zugleich im Bauch des Fisches, reflektiert der Beter seine Lage „in der Unterwelt" und sehnt sich nach „deinem heiligen Tempel" (אל היכל קדשך, *ʾæl-hêkal qådšækā*; Jon 2,5.8).

Das Hinabsteigen spielt – wie in der Prosa – eine wichtige Rolle. Die Depression wird mit den Elementen Wasser und Erde veranschaulicht. Aus tiefsten Tiefen hat JHWH den Beter heraufgeholt. Dafür will er der Gottheit Dankopfer darbringen.

Hier eine kleine Strukturanalyse des Psalms in Jon 2,1–2 (Rahmen) 3 bis 10 (Dank-Klage-Psalm) 11 (Rahmen):

Und JHWH wies einen großen Fisch an, Jona zu schlucken; und es war Jona im Magen des Fisches drei Tage und drei Nächte lang.
Da betete Jona zu JHWH seinem Gott aus dem Magen des Fisches:
   Ich rief aus meiner Enge zu JHWH   und *er antwortete* mir.
   Aus dem Leib der Scheol *schrie ich um Hilfe*
                                 und *du hörtest* meine Stimme.
   Du warfst mich in die Tiefe   mitten ins Meer.
   Strömung *umfloss mich*
   All deine Wellen und Wogen *zogen über mich hinweg.*
   Da sagte ich:
   Verstoßen bin ich von deinen Augen weg.
   Doch werde ich *meinen Blick heben* zum   **Palast deiner Heiligkeit**.
   Umflutet hat mich das Wasser bis zur Gurgel,
   Die Urflut *umgab* mich
   Schilf schlang sich um meinen Kopf
   Zum Sockel der Berge *ging ich hinunter*
   Die Erde –
   Ihre Portale – hinter mir verschlossen für immer

Doch *du hast heraufgebracht* aus dem Grab mein Leben, JHWH, mein Gott.
Als sich entzog meine Lebenskraft – *gedachte ich* JHWHs
Und *es kam* zu dir mein Gebet – in den **Palast deiner Heiligkeit.**
Die hüten nichtige Götzen und lassen ihre Gnade im Stich.
Ich jedoch will dir mit lautem Dank Opfer *schlachten.*
Was ich *gelobt* habe, will ich *erfüllen.*
Hilfe ist bei JHWH.
Da sagte JHWH zum Fisch:
Spuck Jona aufs Trockene.

Die Prosa-Rahmung des Psalms beginnt mit dem Verb מנה (*minnāh*), das verwendet wird, wenn es darum geht, JHWH als allgegenwärtigen und allmächtigen Herrscher über die Schöpfung darzustellen.[33] Das Wort begegnet dann noch dreimal (Jon 4,6.7.8). JHWH agiert meist indirekt, indem er den Fisch, die Pflanze, den Wurm, den Wind dazu beauftragt, ja geradezu dazu „ordiniert"[34], Dinge für ihn zu erledigen. Auch hier zeigt sich, dass es schwer ist für Jona, ein belastbares Vertrauensverhältnis zur Gottheit aufzubauen. Das Machtgefälle zwischen den beiden Protagonisten ist zu groß, alle Geschöpfe, selbst die kleinsten stehen im Dienst einer Instanz, die sich ihrer nach Belieben bedienen kann, um unbotmäßige Querlinge wie Jona zur Raison zu zwingen.

Eigentlich handelt es sich im Gebet des Jona um einen Dankpsalm, doch die Verwendung von פלל (*pll*) ist in Klagepsalmen üblich.[35] So ist es eine Mischung zwischen Klage und Dank und das entspricht der Ambivalenz des Jonabuchs insgesamt.

Der Psalm selbst schildert die Gefühlslage des Beters, der tatsächlich mehr oder weniger notgedrungen anerkennen muss, dass er von JHWH gerettet wird. Dabei bleibt aber das Bewusstsein, dass der Potentat JHWH ihn – mit welchen Gründen auch immer – in diese missliche Notlage gebracht hat.

Diese Ambivalenz zeigt sich im Kontrast der beiden Aussagen: ותשלכני מצולה (*wattašlîkēnî meṣûlāh*) – „du hast mich hinabgeworfen in die Tiefe",

---

33 Ericksen: Jonah 2021, 462.
34 Bowman: Worm 2014, 57.
35 Weimar: Jona 2017, 48 und öfter; Ericksen: Jonah 2021, 463.

Jona und die Gewalt des gnädigen Gottes

und: ותעל משחת חיי (*wattaʿal miššaḥat ḥajjaj*) – „und du hast mich lebendig aus dem Grab heraufgeholt".

Interessant ist auch der Wechsel zwischen den grammatikalischen Personen: *1.Person Singular, 2. Person Singular, 3. Person Singular/Plural.* Der Beter redet zu Beginn (Jon 2,3) in der 3. Person von der Gottheit und springt dann in die direkte Anrede. Das „Du" der direkten Rede ist persönlicher, vertrauter. Der Beter reagiert damit im Rückblick auf die erfolgte Rettung aus dem Bauch „des großen Fisches"[36].

Das symbolische Hinabsteigen – repräsentiert durch das sowohl in der Prosa, wie auch im Psalm begegnende ירד (*jārad*) – mag als regressives Schutzsuchen vor dem als übergriffig und gewalttätig, weil inkonsequent und unzuverlässig erlebten JHWH verstanden werden. Dort im Bauch des Fisches findet Jona Schutz und Geborgenheit, die er braucht, um weiterzuleben. Doch eher als regressives Verhalten ist ein Abtauchen in die Depression in Betracht zu ziehen. Depression stellt eines der Risiken einer Bindungsstörung dar, wenn eine negative Gottesbeziehung vorliegt.[37] Die Sprache, die er in seiner depressiven Phase im Bauch des Fisches gefunden hat, bringt die Sehnsucht nach Schutz, Halt und Sicherheit zum Ausdruck, die ihren Höhepunkt in der doppelten Erwähnung des neuen Sehnsuchtsorts אל היכל קדשך (*ǣl-hêkal qådšǣkā*) „zum Tempel deiner Heiligkeit" findet, eine Formulierung, die das inhaltliche Zentrum des Psalms rahmt. Das steht im Gegensatz zu dem מלפני יהוה (*millifnēj JHWH*), „weg vor dem Angesicht JHWHs" aus der Fluchtsequenz (Jon 1,2.3.10).

Die Prosa-Rahmung des Psalms lässt die Erzählung weitergehen, lakonisch wird gesagt: „JHWH sprach zum Fisch und der erbrach[38] Jona an Land."

JHWH sollte eigentlich Halt und Sicherheit geben – er vergibt zwar und ist gnädig und barmherzig, aber nicht gegenüber den eigenen Leuten. So entstehen eine große Spannung und eine daraus resultierende Verunsicherung. Zuerst die Flucht aus Angst vor einer unberechenbaren Gottheit, dann die traumatische Erfahrung, dass es kein Entrinnen gibt, schließlich das Abtauchen in die Depression. Der Psalm reflektiert die

---

36 LXX: statt דג גדול (*dāg gādôl*) κῆτος (*ketos*) „Seemonster, Meeresungeheuer"; mehr dazu bei Ericksen: Jonah 2021, 462.
37 Granqvist: Attachment 2020, 316.
38 Die Wurzel קיא (*qîʾ*) wird mit „erbrechen" in den meisten Fällen wiedergegeben und die Stelle erinnert an das Lebensgefühl, das der Dichter Klabund in seinem 1925 erschienen Gedicht „Es hat ein Gott (mich ausgekotzt)" beschreibt.

große Gefährdung, das Totenreich, das Abtauchen in die Urflut, spricht dann aber vom „Tempel deiner Heiligkeit"

Die im Psalm anklingende Sehnsucht nach dem Heiligtum als einem sicheren Ort und nach der Möglichkeit rituellen Handelns dort ist zu deuten als die Sehnsucht nach Verlässlichkeit.[39] Dieser Sehnsuchtsort „Tempel" und die Sicherheitsmaßnahme „Ritual" stehen in großem Kontrast zur Gottheit selbst, die wie gezeigt, Unsicherheit und Inkonsequenz repräsentiert.

Das unerwartet und unerhört Neue im Buch Jona besteht darin, dass er zu einer Protestsprache findet. Er erlaubt sich, der Gottheit standzuhalten und ihr trotzig zu widersprechen. Die Geschichte findet deshalb auch keine Lysis. Die im Laufe der Geschichte aufgebaute Spannung wird nicht aufgelöst, sondern alles bleibt in der Schwebe, gleichsam als auszuhaltende Unsicherheit.

Jona verharrt nicht im Schweigen. Der „Klang der Stille"[40] ist zwar am Anfang präsent und doch findet Jona zur Sprache – im Psalm zunächst und dann in der Auseinandersetzung mit der Gottheit.

3. Theologische Horizonterweiterung

Nach der Rettung aus dem Bauch des Fisches hätte sich alles in ein Happyend auflösen können – à la Hiob. Die Gottheit hat ihre Muskeln spielen lassen, der Mensch knickt ein und macht, was die Gottheit verlangt, anerkennt die Größe JHWHs und bekommt dafür alles wieder zurück, was durch die Wette mit Satan verloren gegangen war. So *in nuce* die Botschaft des Hiob.

Anders bei Jona. Das Vertrauen, das sich nach erfolgter Rettung hätte einstellen können, ging sofort wieder verloren, weil sich die Grundannahme des Jona, die ihn zur Flucht veranlasst hatte, sich auf geradezu grausame Weise bewahrheitete. Die Gottheit setzt die Androhung gegen Ninive nicht um und erweist sich ein weiteres Mal als unzuverlässig. Der „gnädige Gott" wird zur unberechenbaren unzuverlässigen Machtfigur,

---

39 Ericksen: Jonah 2021, 440–458.
40 Zu Simon&Garfunkels Song „Sound of Silence": Boase/Agnew: Silence 2016.

Jona und die Gewalt des gnädigen Gottes

die nach Belieben und eigenen Emotionen folgend einmal so einmal anders handelt. Die Art und Weise, wie JHWH das „Rizinus-Exempel" statuiert, verstärkt diese Problematik noch. Jona, der sich nach verlässlicher Bindung sehnt, wird ein weiteres Mal enttäuscht. Seine Suizid-Gedanken werden verstärkt und sein Kampf gegen die Gottheit scheint aussichtslos. Die weisheitliche Theologie – nach Hiob – wird weiter *ad absurdum* geführt. Der theologische Horizont erweitert sich insofern, als dass die Gottheit gedacht und erfahren werden kann und darf, die in paradoxer Weise allmächtig und allgegenwärtig und zugleich gerade darin gefährlich und unzuverlässig ist und deshalb als verlässliche Bindungsperson ausfällt. Die Erweiterung eines Gottesbildes, das im Titel dieses Beitrags „Jona und die Gewalt des gnädigen Gottes" zum Ausdruck kommt.

Das Buch wirkt wie die Erzählung einer großen Desillusionierung. Welche Möglichkeiten ergeben sich daraus für die Leserschaft dieses Büchleins?

Jona ist – wie eingangs geschildert – eine das Volk Israel repräsentierende Symbolfigur. Das Buch kann gelesen werden als Anleitung zum Widerstand – wenn es sein muss auch Widerstand gegen die Gottheit und ihre Macht. Selbst wenn Flucht vor dieser mächtigen Gewalt nicht möglich ist, muss man es wenigstens versuchen, das Risiko eingehen, sich den Unwägbarkeiten der See und der eigenen Psyche stellen, die Muster der göttlichen Logik und zugleich ihrer Irrationalität durchschauen wollen und doch nicht daran zugrunde gehen, die Todeswünsche aussprechen und sie dadurch entschärfen.

Darum scheint es in diesem kleinen Meisterwerk hebräischer Literatur zu gehen: In der Ungewissheit leben, ohne Aussicht auf einen wirklich gnädigen Gott, aushalten, was einem als unfair und ungerecht erscheint. Chesung Justin Ryu sieht das aus seiner post-kolonialen Sicht ähnlich, wenn er folgendes zu bedenken gibt:

> "From the experience of my own Korean people, who, like the Israelites, have suffered under powerful nations and have experienced colonization, I cannot easily take part in condemning Jonah's anger; nor can I easily praise God's universal love. As long as the oppression or colonization and its painful memories are ongoing, how can the oppressed hide their anger in learning that their oppressors and colonizers are saved by their God—the God of the oppressed? As the oppressed community for whom God's special favor and chosenness functions as the main strength of their survival, how can the Israelites understand that their God shows this same favor to their destroyers and oppressors? How is it possible that the oppressed could write a book

whose theme is to praise God's universal salvation toward their oppressor (a heinous destroyer of their country)? How can the oppressed rebuke their own nationalism or particularism by blaming their renowned patriotic prophet? As far as I know, we do not have this type of literature in Korea, and I cannot imagine that any people who have suffered colonization could write such a story. If God shows the same love to two different power groups, one of which is oppressing the other, where is the God of justice?"[41]

L. Juliana Claassens bezieht sich unter anderem auch auf Ryu und kommt im Blick auf Jona und seine post-exilische Leserschaft, die er symbolisch repräsentiert, zu folgendem Fazit:

"In the case of Jonah, perhaps by facing the perpetrator, who no longer is threatening to annihilate its colonial subjects, and who looks much less fearsome than one might have remembered, the traumatized individual may be helped to stay long enough in the space created by this symbolic narrative to work through the wounds inflicted by past empires. In fact, with reference to the deconstruction of temporal and spatial categories, by the time of the writing of the Book of Jonah, Nineveh had lost its ability to destroy and inflict harm. Nineveh, the once mighty capital of the fearsome Assyrian empire is no more. This vivid reminder that empires can be destroyed, even if they continue to remain in the narrative world, may serve as a hopeful indication that the current empire, in whose shadow Jonah, representing the postexilic community, is dwelling, also does not have unlimited powers."[42]

Das Buch ist subversiv und destruktiv. Es wehrt sich gegen eine mit großer Gewalt herrschende Theologie des Staates. Die hier vorgestellte Gottheit JHWH agiert willkürlich und nur in der Durchsetzung der eigenen Pläne konsequent unbarmherzig. Ihre in Jon 4, 2 ausgesagten positiven Attribute wirken an dieser Stelle aus Jonas Mund wie Hohn: „Ich wusste, dass du ein gnädiger und barmherziger Gott bist, langmütig und reich an Gnade, und einer, dem das Unheil leidtut."

Der Gedanke Claassens', das Jona-Buch als eine Art geschützten Raum zu lesen, in dem sich traumatisierte Menschen zu allen Zeiten wiederfinden können, ist plausibel. Es wird damit nachvollziehbar, dass die beschriebene Gottheit JHWH als unzuverlässige Bindungsfigur eine Infragestellung vertrauter Theologumena darstellen darf, wenn nicht gar notwendigerweise sein muss. In diesem zeit- und raumlosen literarischen Raum können sich Individuen und Kollektive in Unterdrückungssituationen quer durch alle Zeiten und Lebensräume wiederfinden und mit dem

---

41   Ryu: Silence as Resistance 2009, 199f.
42   Claassens: Facing the Colonizer 2023, 50.

renitenten Jona identifizieren und gefahrlos Widerstand leisten. Traumatherapeutisch ist es üblich, dass Patienten ein traumatisches Ereignis erneut „aufsuchen", um es aus sicherer Distanz anzuschauen und sich damit vor Retraumatisierungen zu schützen. Ziel dieser Rückkehr ins traumatische Erleben ist es, dieses in einem kreativen Prozess narrativ weiterzuentwickeln und somit Kontrolle über die traumatischen Erinnerungen zu gewinnen. So wird die Erzählung der traumatischen Ereignisse in eine andere, neue Geschichte verwandelt und ihr somit ein positives Ergebnis verliehen.[43] Dazu passt das offene Ende des Jonabuchs. Es lädt die Leserschaft dazu ein, sich je nach eigener (Leid-)Erfahrung mit der Symbolfigur Jona eine eigene Fortschreibung der Geschichte zu gestalten. So kann das Buch Jona als eine die Resilienz fördernde Lektüre angesehen werden.

Besonderes Augenmerk ist dabei auf den allerletzten Vers des Buches zu legen: Jon 4,11. JHWH hat – ganz entsprechend dem gesamten Duktus auch hier das letzte Wort – und doch klingt so etwas wie Hoffnung darin an. Fast vorsichtig fragt er:
„Und ich – soll ich nicht mitleidig auf Ninive schauen[44], die große Stadt, in der es mehr als 120.000 Menschen gibt, die nicht wissen zwischen rechts und links zu unterscheiden – und sehr viele Tiere." Diese rhetorische Frage lädt Jona und die Leser des Büchleins dazu ein, selbst mitfühlend zu werden und das ganz ohne Ansehen der Herkunft in universeller Geltung.

Dieser letzte Vers lässt JHWH – trotz aller konstatierten Härte und Willkür – als empathisch erscheinen. Die Seite der barmherzigen Gottheit kommt hier zum Vorschein und lässt das offene Ende der Geschichte wirklich nach beiden Seiten hin offen sein. So kann eine Option ergriffen werden, die allem Augenschein zum Trotz vielleicht doch Vertrauen eröffnet. Und doch: Wenn JHWH sich einer fremden – als Inbegriff kolonialer Gewaltherrschaft im Bewusstsein Israels tief verankerten Stadt – erbarmt, zugleich sich den eigenen Leuten gegenüber geradezu tyrannisch verhält, wie kann da Vertrauen entstehen?

---

43 Poser: No Words 2016, 37.
44 Vgl. Ez 16,5.

4. Fazit

Jona als individuelle und kollektive Symbolfigur repräsentiert stellvertretend die Auseinandersetzung mit einer als gewalttätig und irrational agierend erlebten Gottheit. Bindungstheorie und Traumaforschung ermöglichen einen hermeneutischen Zugang zu diesem literarischen Kleinod und können plausible Antworten auf bislang nicht ausreichend geklärte Fragen anbieten. Diese Antwortversuche werfen allerdings spannende dogmatische Fragen auf: Wie kann man von der Allmacht Gottes sprechen – angesichts der Gewalt im Erleben Jonas? An dieser Stelle kommt dann aus post-kolonialer Sicht auch die legitimierende Funktion einer gewalttätigen Theologie als Herrschaftsinstrument in den Blick. Herausfordernd ist der Schlussvers (Jon 4,11). Hier kann Hoffnung daraus erwachsen, dass JHWH seine Barmherzigkeit universal schenkt – und nicht nur exklusiv dem Bundesvolk zuwendet. Ob und inwieweit dies dabei helfen, die diagnostizierten psychischen Störungen zu überwinden, mag dahingestellt sein.

Literatur

Antwi, Emmanuel Kojo Ennin: The Book of Jonah in the context of post-exilic theology of Israel (ATS 95), St. Ottilien 2013.

Baumann, Gerlinde: Gottesbilder der Gewalt im Alten Testament verstehen, Darmstadt 2006.

Ben Zvi, Ehud: The Signs of Jonah. Reading and Rereading in Ancient Yehud, New York 2003.

Berlejung, Angelika (Hg.): Disaster and Relief Management. Katastrophen und ihre Bewältigung (FAT 81), Tübingen 2012.

Berlejung, Angelika: Disaster and Relief Management in Ancient Israel/Palestine, Egypt and the Ancient Near East, in: Berlejung, Angelika (Hg.): Disaster and Relief Management. Katastrophen und ihre Bewältigung (FAT 81), Tübingen 2012, 3–38.

Blum, Erhard: Das Buch Jona, in: Hans Vilmar Geppert (Hg.), Große Werke der Literatur (Band II). Eine Ringvorlesung an der Universität Augsburg 1991/1992, Augsburg 1992, 9–21.

Boase, Elisabeth and Agnew, Sarah: 'Whispered in the Sound of Silence': Traumatising the Book of Jonah, in: The Bible and Critical Theory (BCT) 12,1 (2016), 4–22.

Bowlby, John: A Secure Base. Clinical Applications of Attachment Theory, London / New York 1988 (2005).

Bowman, Chris: God Ordained a Worm. Jonah 4, Bethany Seininary Commencement May 11, 2014, in: Brethren Life and Thought (2014), 57–61.

Claassens, L. Juliana: Surfing with Jonah: Reading Jonah as a Postcolonial Trauma Narrative, in: Journal for the Study of the Old Testament, Vol. 45(4), (2021), 576–587.
- Finding Words in the Belly of Sheol: Reading Jonah's Lament in Contexts of Individual and Collective Trauma, in: religions 13, 91 (2022)
- Facing the Colonizer That Remains. Jonah as a Symbolic Trauma Narrative, in: CBQ 85 (2023), 36–52.

Dietrich, Jan: Katastrophen im Altertum aus kulturanthropologischer und kulturphilosophischer Perspektive, in: Berlejung, Angelika (Hg.): Disaster and Relief Management. Katastrophen und ihre Bewältigung (FAT 81), Tübingen 2012, 85–116.

Edelman, Diana V.: Earthquakes in the Ancient Southern Levant. A Literary Topos and a Problem Requiring Architectural Solutions, in: Berlejung, Angelika (Hg.): Disaster and Relief Management. Katastrophen und ihre Bewältigung (FAT 81), Tübingen 2012, 205–238.

Erbele-Küster, Dorothea (Hg.): „Gewaltig wie das Meer ist dein Zusammenbruch" (Klgl 2,13). Theologische, psychologische und literarische Zugänge der Traumaforschung (HUTh 89), Tübingen 2022.

Erickson, Amy: Jonah: Introduction and Commentary, Grand Rapids 2021.

Granqvist, Pehr: Attachment in Religion and Spirituality, New York / London 2020.

Kirkpatrick, Lee A.: An Attachment-Theory Approach to the Psychology of Religion, in: The International Journal for the Psychology of Religion (1992), 3–28.

Lux, Rüdiger: Jona, Prophet zwischen „Verweigerung" und „Gehorsam" (FRLANT 162), Göttingen 1994.

Martinez, Matias und Scheffel, Michael: Einführung in die Erzähltheorie. München 1999 (11. Auflage 2020).

Mertesacker, Jakob: Bindungstheorie und menschliche Transzendenzbezüge. Differenzierte Betrachtungen von Korrespondenz- und Kompensationshypothese, in: Wege zum Menschen Volume 70 (2018), 219–232.

Mikulincer, Mario und Shaver, Phillip R.: Attachment Theory Expanded. Security Dynamics in Individuals, Dyads, Groups, and Societies, New York / London 2023.

Poser, Ruth: No Words: The Book of Ezekiel as Trauma Literature and a Response to Exile, in: Bible through the Lens of Trauma (ed. Elizabeth Boase and Christopher G. Frechette; SemeiaSt 86), Atlanta 2016, 27–48.

Römer, Thomas: The Hebrew Bible as Crisis Literature, in: Berlejung, Angelika (Hg.): Disaster and Relief Management. Katastrophen und ihre Bewältigung (FAT 81), Tübingen 2012, 159–177.

Ryu, Chesung Justin: Silence as Resistance. A Postcolonial Reading of the Silence of Jonah in Jonah 4:1-11, in: JSOT 34.2 (2009), 195–218.

Schellenberg, Annette: An Anti-Prophet among the Prophets? On the Relationship of Jonah to Prophecy, in: JSOT Vol 39.3 (2015), 353–371.

Theisen-Womersley, Gail: Trauma and resilience among displaced populations. A Sociocultural Exploration, Cham 2021.

Weimar, Peter: Jona (HThKAT), Freiburg im Breisgau 2017.

Zornberg, Avivah Gottlieb: Jonah: A Fantasy of Flight, in: Psychoanalytic Dialogues 18 (2008), 271–299.

JHWH in den Strukturen des Todes – Psalm 88 und Ezechiel 37,1–14 miteinander versprochen

Ruth Poser

1. Einleitung: Gott und ‚Todesmacht' in der Hebräischen Bibel

„Nur wenn das, was das Alte Testament über Gott und Gottes Macht über den Tod sagt, wahr ist, nur dann und nur in dem dadurch eröffneten Raum kann auch das wahr sein, was über die Auferstehung Jesu erfahren und gesagt wurde"[1], schreibt Frank Crüsemann in seinem Buch *Das Alte Testament als Wahrheitsraum des Neuen* aus dem Jahr 2011.

Was Auferstehung bedeutet, können Christ:innen also nur in Auseinandersetzung mit dem Ersten Testament lernen – ein Lernweg, der allerdings bislang durch verschiedene Vorannahmen und denkerische Hemmnisse verstellt ist:

– Nicht selten wird eine von den biblischen Texten nicht gedeckte philosophische, oder systematisch-theologische Definition von Auferstehung herangezogen (dabei geht es in der Regel um die Erlösung der Einzelnen bzw. um deren ewiges Leben nach dem Tod in ein[em] Jenseits) und auf die ersttestamentlichen Texte gelegt, um dann festzustellen, dass Letztere nicht in diesem Sinne von Auferstehung sprechen – ein klassischer Zirkelschluss.[2]

– Unter Alttestamentler:innen gibt es einen weit verbreiteten Konsens, demzufolge Gott in den ersttestamentlichen Texten mit den Toten und der Totenwelt allenfalls am Rande ‚zu schaffen hat'. Dieser Konsens stützt sich auf drei Aspekte: (1) Aufgrund einzelner Aussagen vor allem in den Psalmen, nach denen „die Toten JHWH nicht loben",

---

1 Crüsemann: Wahrheitsraum 2011, 287.
2 Vgl. Butting: Auferweckung 2021, 40.

wird die Beziehungslosigkeit zwischen JHWH und Tod/Totenreich/Toten herausgehoben; (2) Aufgrund von Aussagen, die die Unreinheit der Toten betonen, wird angenommen, dass JHWH mit Toten und Totem nicht in Berührung kommen kann/darf. (3) Diese beiden Momente bestimmen, so der Konsens, die Sozialgeschichte Israels über einen langen Zeitraum. Erst in wenigen jüngeren Texten, die der Apokalyptik nahe stehen (Danielbuch, Jesaja-Apokalypse), verändere sich das.[3]

– Es werden nur die wenigen Texte in die Überlegungen einbezogen, in denen vom Wieder-Aufleben ‚tatsächlich-physisch-biologisch' Gestorbener die Rede ist. In der Hebräischen Bibel aber wird nicht nur der ‚biologische' Tod als *Todesmacht* beschrieben, sondern auch (und zwar viel häufiger) das Ausgeliefertsein an *verohnmächtigende Todesstrukturen*, die auf physischer und psychischer (individueller) Gewalt, Krieg, Krankheit, Vereinsamung, Armut, Heimatlosigkeit, Rechtlosigkeit usw. gründen. Zwischen diesen beiden ‚Formen' der Todesmacht wird in den ersttestamentlichen Texten nicht getrennt; vielmehr werden beide auf gleiche Weise versprachlicht und verbildlicht – und bewertet.[4]

Die genannten Aspekte sind, wenn auch in unterschiedlicher Gewichtung, auch für die (Geschichte der) Auslegung von Ps 88, dem einzigen Psalm des Psalters, der in völliger Finsternis schließt, und Ez 37,1–14, einem ‚visionären Erzählabschnitt', der die Wiederbelebung des kriegstoten „Hauses Israel" im Kontext des babylonischen Exils beschreibt, prägend gewesen. Sie haben, so vermute ich, auch dazu geführt, dass man bislang kaum den Versuch unternommen hat, Zusammenhänge zwischen den beiden Texten zu erschließen.

Im Folgenden will ich zunächst Ps 88 und Ez 37,1–14 sowie ihre jeweiligen Kontexte unabhängig voneinander analysieren (2. und 3.) und sodann auf ihre Parallelen und das „Wie genau" ihres Zusammenhangs befragen – Ps 88 und Ez 37 sollen „miteinander ver-sprochen werden" (4.). Am Ende steht ein kurzer Ausblick auf die Passionserzählung des Matthäusevangeliums, in der, das ist eine meiner Thesen, beide Texte miteinander aktualisiert werden (5.).

---

3   Vgl. Crüsemann: Wahrheitsraum 2011, 276f. Zur religionsgeschichtlichen Entwicklung vgl. ausführlich Eberhardt: Unterwelt 2007.
4   Vgl. Crüsemann: Wahrheitsraum 2011, 280–283, und unten Abschnitt 2.7.

2. Psalm 88 – und die in/von ihm aufgeworfenen Fragen

2.1 Text (Übersetzung: BigS)[5]

(1) Ein Lied. Ein Psalm. Vom korachitischen Chor. Für die musikalische Aufführung. Nach der Melodie (לְעַנּוֹת)[6]: Erschöpfung. Im Wechsel. Ein Weisheitslied. Von Heman, dem Esrachiter.

A (2) JHWH, Gott meiner Befreiung (יְשׁוּעָתִי)[7]!
Tags schreie ich und nachts stehe ich dir gegenüber.
(3) Vor dein Antlitz (פָּנֶיךָ) dringe mein flehendes Gebet (תְּפִלָּתִי).
Neige dein Ohr meinem gellenden Schrei.
(4) Übersatt an Katastrophen bin ich (נַפְשִׁי). Mein Leben berührt das Totenreich.
(5) Ich werde zu denen gerechnet, die in die Grabhöhle hinabsteigen.
Bin geworden wie ein entkräfteter Mensch.
(6) Ausgestoßen (חָפְשִׁי)[8] selbst unter den Toten (בַּמֵּתִים) –

---

5   Die Vorkommen des Gottesnamens sind doppelt, die verschiedenen Zeitangaben einfach unterstrichen. Die grauen Hinterlegungen markieren weitere für die Struktur des Psalms wichtige Formulierungen und Vokabeln, die im Verlauf des Aufsatzes (ausführlicher) besprochen werden.

6   Die Bedeutung ist unsicher; das Wort kann von der Wurzel ענה IV oder von der Wurzel ענה II, „bedrücken, niederdrücken" hergeleitet werden (vgl. Zenger: Psalm 88 2000, 565). Derivate der zuletzt genannten Wurzel finden sich in V. 10 und in V. 16 des Psalms.

7   Im Apparat der BHS wird, wohl in Anlehnung an V. 14, die Lesart „JHWH, mein Gott, ich habe um Hilfe gerufen am Tag" (Konjektur von יְשׁוּעָתִי in שִׁוַּעְתִּי) vorgeschlagen. Damit würde dem Psalm die letzte ‚Rettungsperspektive' verloren gehen. M. E. spricht nichts dagegen, MT an dieser Stelle beizubehalten (vgl. Kraus: Psalmen 1972, 607; Zenger: Psalm 88 2000, 565).

8   Auf den ersten Blick ist der Begriff חָפְשִׁי „frei gelassen, entlassen, frei" hier schwer verständlich. Gemeint sein könnte die „Entlassung eines rechtsfähigen Subjektes aus einer Verpflichtung [Th. Willi]" (Zenger: Psalm 88 2000, 565). Im Ugaritischen gibt es den Ausdruck „‚Haus des Ranges der ḫupšu-Söldner', der eine eindeutige Unterweltskonnotation besitzt" (ebd.) – und der zugleich, wie V. 5f. insgesamt, einen militärischen Kontext assoziieren lässt (vgl. unten Abschnitt 3.3). Bei Bernd Janowski heißt es diesbezüglich (ders. Die Toten 2003, 210): „Wie ein ‚Freigelassener' in eine höchst mißliche soziale Lage entlassen werden konnte, so existiert nach Ps 88,6 auch der Beter unter den Toten als ‚Freigelassener' [...]. Der Klagende

wie Erschlagene (חֲלָלִים), ins Grab (קֶבֶר) geworfen, derer du nie mehr gedenkst.
Abgeschnitten (Wurzel גזר) sind sie von deiner Hand.
(7) Du hast mich in den tiefsten Abgrund gestürzt,
den Grund der Dunkelheit (מַחְשָׁךְ), die Tiefe des Meeres.
(8) Auf mich hat sich deine Glut (חֲמָתֶךָ) gelegt.
Mit deiner ganzen Brandung hast du mich niedergedrückt. SELA
(9) Entfernt hast du mir meine Vertrauten.
Hast erreicht, dass sie Grauen (תוֹעֵבוֹת) vor mir empfinden.[9]
Eingeschlossen bin ich – kein Fluchtweg.
(10) Mein Auge ist abgenutzt[10] vom Elend (עֹנִי).

B   Ich schreie zu dir, JHWH, jeden ganzen Tag,
strecke nach dir meine Handflächen aus.
(11) Kannst du für die Toten (לַמֵּתִים) Wunder (פֶּלֶא) tun?
Stehen die Schatten auf, preisen sie dich? SELA
(12) Wird im Grab (קֶבֶר) von deiner Freundlichkeit (חַסְדֶּךָ) erzählt?
Von deiner Verlässlichkeit (אֱמוּנָתְךָ) am Grund der Zerstörung?
(13) Werden in der Finsternis (בַּחֹשֶׁךְ) deine Wunder (פִּלְאֶךָ)[11] bekannt?
Deine Gerechtigkeit (צִדְקָתֶךָ) im Land des Vergessens?

A'   (14) Ich (וַאֲנִי)[12] – zu dir, JHWH, rufe ich laut um Hilfe (שִׁוַּעְתִּי).
Am Morgen treffe dich mein flehendes Gebet (תְּפִלָּתִי).
(15) Warum, JHWH, stößt du mein Leben (נַפְשִׁי) von dir?
Verbirgst vor mir dein Antlitz (פָּנֶיךָ)?
(16) Gebeugt bin ich (עָנִי). Dem Tode nahe von Anfang an.
Trage schwer deine Schrecken. Bin erstarrt.
(17) Deine Zornesgluten (חֲרוֹנֶיךָ) fegen über mich hinweg.
Deine Schrecken zerstören mich,
(18) umfluten mich wie Wasser jeden ganzen Tag,
umringen mich von allen Seiten.

---

     von Ps 88,6 ‚hält seinem Gott vor, daß er bereits den Zustand erreicht habe, der auch in der Unterwelt der niedrigste und schlechteste sei' [O. Loretz]."

9   Eine etwas wörtlichere Übersetzung dieses Versteils lautet: „Du hast mich ihnen als Gräuel (Plural!) hingesetzt" (vgl. unten Abschnitt 3.3).

10   Das Wort „abgenutzt" erscheint mir in diesem Zusammenhang etwas schwach. Von Jer 31,12.25 her ist für die Wurzel דבא die Bedeutung „verschmachten, verhungern" anzunehmen. Die Formulierung in Ps 88,9 scheint auf das „Erlöschen" der Augen/des Augenlichts zu zielen und lässt damit einmal mehr „Sterben" und „Finsternis" assoziieren.

11   „Wunder" steht hier im Singular, was als *lectio difficilior* anzusehen ist (vgl. Apparat der BHS).

12   Aufgrund des *Waw adversativum* könnte hier noch ‚stärker', z. B. mit „Ich aber –" übersetzt werden.

(19) Entfernt hast du mir Geliebte und Gefährten, meine Vertrauten – Finsternis (מַחְשָׁךְ).

2.2 Gliederung und Aufbau

Es gibt verschiedene Versuche und Möglichkeiten, Ps 88 zu gliedern.[13] Besonders einleuchtend ist aus meiner Sicht die zuletzt von mehreren Auslegenden geteilte Annahme eines dreiteiligen konzentrischen Aufbaus:[14]

V. 1   Überschrift
V. 2–10a   Klage mit Notschilderung (A)
V. 10b–13   Fragen zur ‚Berührung' von JHWH und ‚Totenreich' (B)
V. 14–19   Klage mit Notschilderung (A')

Diese Dreiteilung erscheint vor allem aufgrund der folgenden strukturellen Merkmale plausibel:
– Die drei Abschnitte beginnen in V. 2–3; 10bc und 14 parallel mit einer einleitenden Klage, die durch die Nennung des Gottesnamens JHWH, Verben des Rufens und Schreiens, ein „klimaktisches Zeitschema", den Licht-Finsternis-Gegensatz sowie die *coram Deo*-Relation miteinander verknüpft sind.[15]
– Die beiden ‚äußeren' Abschnitte A und A' sind semantisch und motivlich deutlich aufeinander bezogen: So wird etwa die vom betenden Ich vollzogene Klage jeweils am Abschnittsanfang als „mein Bittgebet" (תְּפִלָּתִי) gekennzeichnet (V. 3.14), während am Abschnittsende JHWH jeweils das ‚Entfernen vertrauter Menschen' vorgeworfen wird (V. 9.19) und das Motiv der Finsternis indirekt (V. 9: „Mein Auge ist abgenutzt/erlischt vor Elend") bzw. direkt (V. 19: מַחְשָׁךְ, „Finsternis" als letztes Wort des Psalms) zum Tragen kommt. Darüber hinaus wird die Not in beiden Teilen „als Ergebnis des Zornes JHWHs beklagt (V 8a.17a)"[16].

---

13 Vgl. Wendland: Darkness 2016, 3f. Wendland selbst präferiert die Gliederung in die drei Haupt-Abschnitte V. 1–9a, 9b–12 und 13–18.
14 Zum Ganzen vgl. Zenger: Psalm 88 2000, 567–569; Janowski: Die Toten 2003, 205–207; Crüsemann: Rhetorische Fragen 2003, 349; Schnocks: Psalmen 2014, 101f.
15 Zenger: Psalm 88 2000, 567f.
16 Zenger: Psalm 88 2000, 568.

- Die Parallelen zwischen den beiden äußeren Abschnitten A und A' lassen den mittleren Abschnitt B (kontrastierend?) als „kompositionelle Mitte des Psalms"[17] hervortreten. Zwar dominiert auch hier, wie im A- und A'-Teil, die Perspektive des Todes, doch bezieht sich das betende Ich nicht länger in der 1. Person Singular auf die eigene Todeserfahrung,[18] sondern fragt ganz umfassend nach JHWHs Berührungspunkten mit der Totenwelt und inwiefern die(se) Totenwelt zu JHWHs Daseins- und Wirkungsbereich gehört. Nur in den Versen des B-Teils wird JHWH – neben der rasch ‚verpufften' Anrede „Gott meiner Rettung" in V. 2 (s. u.) – auf die ihm:ihr eigenen Zuwendungs-, Solidarisierungs- und Rettungsmöglichkeiten (V. 12f: „deine Freundlichkeit", „deine Verlässlichkeit", „deine Wunder", „deine Gerechtigkeit") angesprochen, auch wenn dies durchgehend im Modus der Frage bleibt.

Neben der konzentrischen Struktur des Textes nimmt Erich Zenger in Ps 88 auch eine „linear progressive Dynamik"[19] wahr, die u. a. an den folgenden Elementen festzumachen ist:

- Was die zeitlichen Ebenen betrifft, enthalten V. 2f und V. 10ab (eher) vergangene Klage, wohingegen V. 14 „beim gegenwärtigen Vollzug der Klage angelangt" ist.[20] Dies wird durch die Verwendung des Frageworts „Warum?"/ „Wozu?" (לָמָה) in V. 15 unterstrichen.[21]
- „Die in allen drei Klagen mit dem Tetragramm vollzogene Invocatio unterstreicht die sich steigernde Dynamik dadurch, daß das Tetragramm in der Wortfolge jeweils eine Position nach hinten rückt, wodurch buchstäblich das in V 15 beklagte Sich-Verbergen des Angesichts JHWHs zur Sprache kommt."[22] Nur zu Beginn, in der Rückschau, tituliert das betende Ich JHWH als „Gott meiner Rettung" und spricht ihn:sie damit – erfahrungsbezogen? – auf seine:ihre Möglichkeiten der Befreiung aus der Sphäre des Todes an. Immer mehr

---

17 Zenger: Psalm 88 2000, 568. Bernd Janowski (ders.: Die Toten 2003, 206) bezeichnet V. 11–13 als „Sinnachse von Ps 88".
18 Das betende Ich schließt sich aber m .E. gleichwohl in die die Toten und deren Welt betreffenden Fragen ein, auch wenn es nicht explizit von sich, d. h. in der 1. Person Singular, spricht.
19 Zenger: Psalm 88 2000, 569.
20 Janowski: Die Toten 2003, 205 Anm. 7.
21 Vgl. Zenger: Psalm 88 2000, 569.
22 Zenger: Psalm 88 2000, 569.

scheint sich im Verlauf des Psalms die Erkenntnis durchzusetzen, dass die tödlichen Schrecken, mit denen das betende Ich konfrontiert ist und war, allein auf JHWH zurückzuführen sind (die passivischen Formulierungen in V. 4-6 lassen diesen Schluss noch nicht [unbedingt] zu).

- Das erste Wort des Psalms ist „JHWH", das letzte Wort ein abruptes, unverbundenes „Finsternis". Dieser letzte Aufschrei, der die Klimax der den ganzen Text durchziehenden Finsternis-Metaphorik darstellt, „faßt einerseits den ganzen Psalm zusammen und ist andererseits der massive Kontrast zum Anfang des Psalms, wo der Beter ‚vor JHWH' [...], d. h. in seiner Gegenwart, um Rettung ruft"[23].

- Es sind vor allem Derivate der hebräischen Wurzel חשך (im *qal* „dunkel, finster sein"), welche die drei Teile des Psalms miteinander verbinden und ‚ins Gespräch bringen': בְּמַחֲשַׁכִּים (V. 7) „(in den) Grund der Dunkelheit"; בַּחֹשֶׁךְ (V. 13) „in der Finsternis"; מַחְשָׁךְ (V. 19) „Finsternis". An den ersten beiden Stellen erscheint die Finsternis dabei als (abgegrenzter) Ort, an den JHWH das betende Ich verbracht hat bzw. an dem die Toten sich aufhalten, wohingegen am Schluss des Psalms eine Entgrenzung stattgefunden zu haben und Finsternis ‚alleinschließend' geworden zu sein scheint. Der erste und der zweite Teil des Psalms werden darüber hinaus durch den Begriff קֶבֶר „Grab" (V. 6.12) zusammengehalten.

- Formulierungen, die ‚nur' an eine Nähe des betenden Ichs zum Totenreich denken lassen bzw. die sich im Sinne des Vergleichs „wie tot" deuten lassen, finden sich nur im ersten Abschnitt des ersten Teils des Psalms (V. 4-6), wohingegen das betende Ich sich ansonsten als – bedingt durch JHWH – der Wirklichkeit des Todes vollkommen ausgeliefert beschreibt. Insgesamt scheint die Todesnähe im Verlauf des Psalms immer größer, die Sphäre des Todes immer umfassender und drängender zu werden – ein Umstand, der m. E. auch für die Beurteilung der Fragen in V. 11-13 von großer Bedeutung ist (s. u. Abschnitt 2.5).

---

23 Zenger: Psalm 88 2000, 569.

2.3 Gattung

Ps 88 wird zumeist den *individuellen Klageliedern* zugeordnet, zu deren wesentlichen Strukturelementen Markus Witte zufolge (1) die *Anrufung Gottes*, (2) die *Schilderung existenzieller Not* in Form der *Ich-*, der *Gott-* und der *Feindklage* sowie (3) die *Bitte* um ein die Not wendendes Eingreifen Gottes gehören.[24] Diese Elemente weist auch Ps 88 – allerdings in besonderer Ausprägung – auf: Die Anrufung JHWHs, zugleich wesentlicher Gliederungshinweis (s. o. Abschnitt 2.2), findet sich in den Versen 2.10b und 14. Die Schilderung existenzieller, ‚tödlicher' Not nimmt mit den Versen 4–10a und 15–19 breiten Raum ein und lässt sich der Ich- (V. 4–6.16a) und der Gottklage bzw. Anklage Gottes (V. 7–10a.15.16b–19), die diese:n zugleich als einzige:n Feind:in des betenden Ichs erscheinen lässt, zuordnen. Die wenigen Bitten beziehen sich darauf, von eben dieser als tötende Feindin erfahrenen Gottheit gehört zu werden, mit dem Gebetsschrei zu ihr durchzudringen (V. 2f.14), was zugleich die vernichtende Finsternis von Seiten Gottes durchbrechen würde. Die Fragen des Mittelteils (V. 11–13) scheinen sich den genannten Strukturelementen zumindest auf den ersten Blick nicht einzufügen – sie lassen sich jedoch auch als zugespitzte Herausforderung JHWHs und damit als potenzierte Klage (oder Bitte?) des betenden Ichs Gott gegenüber begreifen.

Die von vielen Ausleger:innen als gattungstypisch verstandene „Wende von Klage und Bitte zu Vertrauen und Lob", die „man auch als ‚Stimmungsumschwung' bezeichnet [hat]",[25] findet sich in Ps 88 jedoch nicht: „Psalm 88 does not turn from petition to praise, but from petition to despair"[26].

---

24 Vgl. Witte: Schriften 2010, 423.
25 Schnocks: Psalmen 2014, 47. Markus Witte spricht demgegenüber davon, dass „die drei Grundelemente mit bis zu vier weiteren Bausteinen angereichert sein [können], die alle darauf zielen, Gottes Eingreifen zugunsten des Beters zusätzlich zu motivieren", und zwar *Unschuldsbekenntnis, Vertrauensbekenntnis, Lobgelübde* und *Ausdruck der Erhörungsgewissheit* (ders.: Schriften 2010, 423).
26 Thornhill: Theology 2015, 47. Chadwick Thornhill macht diese Einschätzung u. a. an der Verwendung des *Waw adversativum* in V. 14 (וַאֲנִי, „Ich aber") fest: „[T]he waw adversative is frequently used in the laments as the turning point of the psalm in which the author declares his trust in YHWH, or YHWH answers his cry [...]. In Psalm 88, however, the waw introduces the final section of the lament that

Vor dem Hintergrund eher der Klage-‚Inhalte‘ ist Ps 88 häufig als „Kranken- bzw. Krankheitspsalm" bezeichnet worden[27] – eine Einschätzung, die jedoch aufgrund der im Text enthaltenen Leerstellen, der Vieldeutigkeit bzw. ‚Nicht-Festlegbarkeit‘ der verwendeten Sprachbilder sowie der „hochpoetischen Gestalt dieses Psalms"[28], nicht unwidersprochen geblieben ist. So heißt es etwa bei Erich Zenger:

> Beachtet man [...] zum einen die Vielschichtigkeit der Notschilderung (Krankheit, Gefangenschaft, Einsamkeit, Rechtlosigkeit, Ausweglosigkeit, Gottverlassenheit) bzw. die dabei auftretende Überlagerung der Metaphern [...] und sieht man zum anderen, daß diese Vielfalt letztlich Ausgestaltung einer fundamentalen Todesbedrohung [...] ist, erscheint [...] die interpretatorische Engführung auf eine schwere somatische Krankheit [...] nicht textgemäß.[29]

Aufgrund „der Konzentration der Klage auf die Anklage Gottes als Feind des Menschen angesichts der dem Beter unbegreiflichen chaotischen Lebensbedrohung" könne man, so Erich Zenger weiter, Ps 88 „als ‚Theodizeeklage‘ charakterisieren"[30]. In eine ähnliche Richtung votiert Johannes Schnocks, wenn er schreibt:

> Die enorme theologische Stärke dieses Psalms liegt in der wider alle Erfahrung vorgetragenen Klage. Das betende Ich hält an Gott fest, auch und gerade weil es ihn nicht oder nur negativ erfährt. [...] Der Psalm ist so ein Gebetsangebot für den Extremfall der äußersten Gottesferne. Gott hat sich der Erfahrung entzogen und der Psalm kennt entsprechend auch keine Erhörungsgewissheit, die sonst so typisch für Klagegebete ist. Hier betet ein Mensch seinen theologischen Protest.[31]

Dieser theologische Protest – das sollte bereits deutlich geworden sein, soll aber trotzdem noch einmal explizit festgehalten werden – richtet sich nicht gegen eine allgemeine Vergänglichkeit des Lebens oder gegen die „Tatsache, dass der Tod unweigerlich zur menschlichen [oder ‚geschöpflichen‘, R. P.] Existenz gehört"[32], sondern bricht sich Bahn im Kontext und

---

is all the more insistent on YHWH's rejection of the psalmist in spite of his constant pleading." (A. a. O., 46.)
27 Vgl. Zenger: Psalm 88 2000, 567.
28 Zenger: Psalm 88 2000, 569.
29 Zenger: Psalm 88 2000, 567.
30 Zenger: Psalm 88 2000, 570.
31 Schnocks: Psalmen 2014, 105.
32 Schnocks: Rettung 2009, 250. Es ist, so Johannes Schnocks, ‚diese Tatsache‘, die eine Charakterisierung der Fragen in Ps 88,11–13 als – wirkungsästhetisch –

angesichts der Todes-, Kriegs-, Gewaltdurchdrungenheit der Welt, welche zu unzeitigem Sterbenmüssen bzw. Getötet- und Ermordetwerden sowie, und davon nicht zu trennen, zu Erstarrung, Traumatisierung, und Verunmöglichung von Lebendigkeit und ‚gutem Leben' führen.

2.4 Datierung

Die Datierung von Ps 88 ist, wie bei vielen (Individual-)Psalmen unsicher bzw. umstritten. Erich Zenger zufolge gehört der Psalm aufgrund des ‚Das' und des ‚Wie' des in ihm stattfindenden Ringens um die Beziehung JHWHs zur Totenwelt und zu den Toten „auf jeden Fall in die vorhellenistische, wahrscheinlich in die exilische oder frühnachexilische Epoche"[33].

Johannes Schnocks geht, da Ps 88 bereits „eine auf spätvorexilischen Texten aufbauende Entwicklung erkennen" lasse, in der Datierung hinunter und plädiert, vor allem aufgrund der literarischen und theologischen Nähe zu Klgl 3 und aufgrund der „Bezüge zu den immerhin [...] nicht mehr vorexilisch zu datierenden DtJes und Ez" für eine nachexilische Verortung etwa im 5. Jh. v. Chr.[34]

Die von Johannes Schnocks aufgeführten Argumente lassen aber m. E. mit gleicher Berechtigung eine Datierung in der Exilszeit zu. Für diese könnten die ‚Nähen' zwischen Ps 88 und Ps 89 (s. u. Abschnitt 2.6),[35] zwischen Ps 88 und Ez 37,1–14 (s. u. Abschnitt 3.3) und nicht zuletzt die Annahme der Existenz eines mit Ps 88–89 endenden Messianischen Psalters (s. u. Abschnitt 2.6) sprechen. Freilich ist hier Vieles im Fluss und fragwürdig; es ist aber m. E. damit zu rechnen, dass sich mit der (Auseinandersetzung um die) Exilskatastrophe die Frage nach Gottes Beziehung

---

‚echte' Fragen erlaubt. So schreibt er – m. E. in deutlichem Widerspruch zum vorhergehenden Zitat – in der früheren Veröffentlichung (a. a. O.): „Immerhin im Modus der Frage kann in diesem Psalm darüber nachgedacht werden, ob der persönliche und doch universale Rettergott angesichts der Tatsache, dass der Tod unweigerlich zur menschlichen Existenz gehört, nicht doch tatsächlich an den Toten ein Wunder tun könnte."

33 Zenger: Psalm 88 2000, 570.
34 Schnocks: Rettung 2009, 117f.
35 Markus Witte zufolge „stammt die Mehrzahl der Klagelieder des Volkes", zu denen Ps 89 zu rechnen ist, „aus exilischer Zeit" (ders.: Schriften 2010, 428). Anders Frank-Lothar Hossfeld, der für Ps 89 eine Datierung nach 515 v. Chr. erwägt (vgl. ders.: Psalm 89 2000, 585–587).

zur ‚Totenwelt' – zu den tödlichen Folgen von Krieg und Gewalt sowie den zur Unzeit Gestorbenen und Getöteten – mit neuer oder besonderer Dringlichkeit stellte. Dies gilt zumal dort, wo diese Katastrophe als Folge des Zorns JHWHs (vgl. Ps 89,39–52) bzw. als Strafe JHWHs für das Scheitern der politisch, wirtschaftlich und religiös Verantwortlichen (so eine wesentliche ‚Deutungsspur' etwa im Jeremia- wie im Ezechielbuch) zur Sprache gebracht wird und angenommen wird/werden soll (s. u. Abschnitt 3.1).

2.5 Zur Beurteilung der Fragen in V. 11–13

Nahezu alle Auslegenden beurteilen die in V. 11–13 enthaltenen Fragen als rhetorisch und dementsprechend als mit „Nein" zu beantworten. Wie in Ps 6,6; 30,10; 115,17 und Jes 38,18f gehe es, so beispielsweise Walter Groß, darum, dass das betende Ich „aus der YHWH-Ferne der Scheol und ihrer Bewohner ein argumentum ad deum [gewinnt]; YHWH soll erkennen, daß sein Eigeninteresse es ihm verbieten müßte, den Beter frühzeitig in die Scheol zu verdammen; er beraubte sich dadurch selbst eines Verehrers und Zeugen seiner Macht"[36]. Ganz ähnlich, jedoch unter deutlicher Bezugnahme auf die Frage nach dem Gottesbild, heißt es auch bei Erich Zenger:

> „Der zweite Teil des Psalms (V10b-13) [...] hält Gott die Absurdität seines göttlichen Verhaltens vor. Mit rhetorischen Fragen (die natürlich alle mit Nein zu beantworten sind) beschwört er das Bild jenes Gottes, den die großen Überlieferungen Israels verkünden – und das Gott selbst nun für den Beter ad absurdum führt. [...] Das ist die eigentliche Sinnspitze dieses Mittelteils des Psalms: Wenn und wo Gott nicht mehr gelobt werden kann, steht sein Gott-Sein auf dem Spiel. Daß JHWH seiner Verehrer nicht ‚gedenkt' (V 6c), hat Konsequenzen für ihn selbst: dadurch verschwindet auch er selbst aus dem Gedächtnis. Das Schreckensbild vom ‚Land des Vergessens', mit dem der Abschnitt schließt und das JHWH zum rettenden Eingreifen bringen soll, ist die drohende Möglichkeit für Gott selbst!"[37]

Auch Bernd Janowski, der zwar die These von der grundsätzlichen Beziehungslosigkeit zwischen JHWH und den Toten bzw. der Totenwelt in der Hebräischen Bibel verneint, die entsprechende ‚Beziehungsaufnahme'

---

36 Groß: Gott als Feind 1999, 164.
37 Zenger: Psalm 88 2000, 572f. (Hervorhebung im Original).

aber gleichwohl für eine späte und eher ‚randständige' Entwicklung hält,[38] schreibt:

> In Ps 88,11–13 „spricht der Beter nicht von sich, sondern allgemein von den Toten und von JHWHs Verhältnis zu ihnen. Schon in V. 6 hatte sich der Beter mit den Toten und Erschlagenen verglichen, ‚an die du (sc. JHWH) nicht mehr gedacht hast, sind sie doch von deiner Hand abgeschnitten'. Diese Beziehungslosigkeit zwischen JHWH und Beter wird in V. 11–13 ins Grundsätzliche gewendet und stilistisch durch drei Fragen formuliert, die mit ‚Nein' zu beantworten sind [...]."[39]

Eindeutig gegen die ‚Lesart' von Ps 88,11–13 als rhetorische Fragen hat sich hingegen wiederholt Frank Crüsemann ausgesprochen:

> „Wenn sich die oder der Betende von Ps 88 von Gottes Hand abgeschnitten sieht (V. 6), so ist eindeutig, dass dies durch Gott selbst und durch keine andere Macht geschehen ist. Die Fragen im Zentrum des Psalms [...] (V. 11ff.) sind deshalb nicht rhetorisch gemeint. Es sind wirkliche Fragen mit einem offenen Ausgang, sie fragen nach so etwas wie Auferstehung. Die verbreitete Meinung, die Toten wären im Alten Testament bis auf späte apokalyptische Ausnahmen von Gott getrennt und der Macht Gottes entzogen [...], wird offenkundig den Texten nicht gerecht."[40]

Für Juliane Schlegel, die sich ebenfalls gegen die ‚rhetorische Interpretation' richtet, ist die Anrufung JHWHs als „Gott meiner Rettung" in V. 2 für die Beurteilung der Fragen in V. 11–13 von entscheidender Bedeutung:

> „Alle Belege [sc. von ‚Gott meiner Rettung'] zeigen [...] eine Redeweise an, die von hohen Erwartungshaltungen gegenüber [JHWH] geprägt ist. ‚So steht

---

38 Vgl. Janowski: Die Toten 2003, 243, wo es, unter Verweis auf Müller: Weltbild 1997, 13, heißt: „Von einem bestimmten Moment an – vermutlich am Übergang von der spätvorexilischen zur nachexilischen Zeit – wird diese Distanz zwischen JHWH und dem Tod/den Toten in ein Spannungsverhältnis transformiert, das dem JHWH-Glauben ganz neue Perspektiven eröffnet hat. Unsere Skizze wollte deutlich machen, daß Ps 88 ebenso wie die spätweisheitlichen und apokalyptischen Texte Ps 16; Hi 19,25f.; Ps 73; Ez 37,1ff.; Jes 25,8; 26,19; Ps 22,28ff. und Dan 12,2f. diese Transformation mitformuliert haben und damit zur langen Vorgeschichte des neutestamentlichen Auferstehungsglaubens gehören. Bevor man also mit K. Müller annimmt, daß ‚das alte Israel ... keinen Glauben an eine Auferweckung der Toten (kennt)' und ‚der Tote ... für Gott ... uninteressant (ist)', weil er ‚untauglich (ist) für die Ausbreitung der Herrschaft Gottes', sollten diese Texte intensiv in die Diskussion einbezogen werden."
39 Janowski: Die Toten 2003, 219.
40 Crüsemann/Crüsemann: Tod 2009, 588f; vgl. auch Crüsemann: Rhetorische Fragen 2003; Crüsemann: Wahrheitsraum 2011, 284f.

bereits zu Beginn ... fest, worum es in diesem Klagegebet geht: um die vom Beter erhoffte und von [JHWH] selbst betonte wirksame Rettung.' Und so können die Fragen der Verse 11–13 durchaus als direkte Fragen verstanden werden, nicht bloß als rhetorische. Der Beter traut Gott dieses Tun offenbar zu – zumindest in der Welt der Lebenden, und er fragt vorsichtig, aber direkt an, ob dies nicht auch für die Totenwelt, in der er sich durch sein Ergehen weiß, gelten könne."[41]

Aus meiner Sicht lassen sich aus der Struktur und aus der ‚Bewegung' des Textes von Ps 88 selbst weitere Argumente gewinnen, die eine Deutung von V. 11–13 als ‚echte Fragen' plausibel machen. Denn anders als in Ps 6,6; 30,10; 115,17 und Jes 38,18f – Stellen, die, wie etwa bei W. Groß (s. o.) häufig als Parallelen herangezogen werden – fragt die erste Frage in Ps 88,11a („Kannst du für die Toten Wunder tun?") dezidiert nach einer *Aktivität JHWHs an den Toten bzw. im Totenreich*. Erst die fünf weiteren Fragen in V. 11b–13b zielen auf Handlungsmöglichkeiten – der Toten? – in der Scheol, welche allerdings bis auf V. 11b („Stehen die Schatten auf, preisen sie dich?") durchgängig passivisch formuliert sind. In V. 13a („Werden in der Finsternis deine Wunder bekannt?") schließlich wird der Begriff des „Wunders" (פֶּלֶא) aus V. 11a wiederholt. In beiden Fällen steht der Singular, so dass auch übersetzt werden könnte: „Kannst (oder: ‚Wirst') du für die Toten *ein Wunder* tun?" (V. 11a) bzw. „Wird in der Finsternis *dein Wunder* bekannt?" (V. 13a).

Johannes Schiller hat der Argumentation von Frank Crüsemann „ein Defizit" vorgeworfen, sofern diese allein mit Blick auf V. 11a ‚funktioniere': „Mit der Betonung des Handelns Gottes gelingt der Bezug allein auf V. 11, und nur mit einiger rhetorischer Gewalt lassen sich auch die übrigen Verse in diese Deutung einbeziehen [...]."[42] Johannes Schiller selbst kommt nach eingehender Analyse der Textstruktur demgegenüber zu dem Schluss, dass selbst in V. 11a „der Fokus nicht auf dem Handeln YHWHs liegt, sondern auf den Toten und ihrer Welt – im Gegenüber zum betenden Ich und zu YHWH"[43].

Man kann die obigen Beobachtungen aber m. E. auch dahingehend deuten, dass in V. 11a und in V. 13a nach ‚derselben Sache' gefragt wird, etwa in dem Sinne: „Überwindet ‚dein [sc. Gottes] wunderbares Handeln', d. h.

---

41 Schlegel: Prüfstein 2005, 60f, unter Verwendung eines Zitats aus Berges: Schweigen 2003, 54. Vgl. auch Schnocks: Rettung 2009, 250.
42 Schiller: Wunder 2005, 62.
43 Schiller: Wunder 2005, 65.

‚deine das Erwartbare übersteigende Wirkmächtigkeit'[44] (und dann auch: ‚deine Freundlichkeit' [חַסְדֶּךָ, V. 12a], ‚deine Verlässlichkeit' [אֱמוּנָתְךָ, V. 12b], ‚deine Gerechtigkeit' [צִדְקָתֶךָ, V13b]) die Grenzen zur Sphäre, die Realität des Todes?" Die Textstruktur ist meiner Ansicht nach nicht zwingend auf eine Gegenüberstellung der „Toten und ihrer Welt" auf der einen, dem „betenden Ich und [...] YHWH" (Schiller) auf der anderen Seite zu deuten – dagegen spricht neben den bereits genannten Aspekten auch, dass in V. 11 nach einem Handeln JHWHs „an den/für die Toten" (לַמֵּתִים) gefragt wird, zu denen sich das betende Ich V. 6 zufolge selbst rechnet (בַּמֵּתִים). Dass es gerade nicht um eine Gegenüberstellung geht, zeigt auch der Umstand, dass es dem betenden Ich in V. 12 um Gottes Freundlichkeit „im Grab" (בַּקֶּבֶר) und Gottes Wunder in der Finsternis zu tun ist – das „Grab", das es in V. 6 bereits (vergleichend) als seinen Aufenthaltsort beschrieben hat (שֹׁכְבֵי קֶבֶר), die „Finsternis", von der es sich V. 7 und V. 19 zufolge aufgrund des Handelns JHWHs völlig ‚verschluckt' sieht (s. o.).

Einen neuen – kanonischen – Ansatz, der sich auch auf die Interpretation der Fragen in Ps 88,11–13 auswirkt, hat im Jahr 2000 Robert L. Cole vorgelegt, indem er Ps 88 als Teil des ‚Ganzen' des Dritten Psalmenbuchs (Ps 73–89) betrachtet, der ohne die ‚Kommentierung' durch die anderen Psalmen dieser Gruppe nicht zu verstehen sei.[45] Als betendes Ich von Ps 73–89 nimmt Robert L. Cole durchgehend eine eschatologische Davidsgestalt an, die kommende eschatologische Davidsherrschaft ist inhaltlicher Mittel- und Zielpunkt – ein theologisches Programm, das sich besonders dezidiert in/an den Psalmen der Zweiten *Korach*sammlung (Ps 84–89) mit dem im Zentrum stehenden *Davids*psalm Ps 86 ablesen lasse.[46] Die Nähe zwischen Ps 86 und Ps 88 auf der einen, Ps 88 und Ps 89 auf der anderen Seite ergibt sich dabei einerseits aufgrund von Ähnlichkeiten in den Überschriften, andererseits aufgrund von Wort- und Formulierungsparallelen zwischen den jeweiligen Psalmen (vgl. auch unten Abschnitt 2.6):

> „Das Preisen der חסד [JHWHs] in Psalm 86,13 ist dabei Antizipation und Antwort dessen, was in Psalm 88,12 so direkt angefragt wird. Psalm 86 ist demnach die Folgerung dessen, was in 88 so ausführlich und schmerzvoll beklagt wird. Ähnlich verhält es sich auch mit den Wundertaten Gottes, die in 88,11

---

44 Vgl. Janowski: Die Toten 2003, 220f. Mit den „Wundern JHWHs" sind zugleich die ‚er-innerten' geschichtlichen Rettungstaten JHWHs gemeint (vgl. Zenger: Psalm 88 2000, 573).
45 Cole: Shape 2000.
46 Vgl. die Darstellung bei Schlegel: Prüfstein 2005, 31.

[...] und 88,13 [...] zwar angefragt, in 86,10 [...] jedoch bereits erfüllt und somit Grund zum Lobpreis sind." Die Antworten auf die – nicht rhetorischen, sondern *direkten* – Fragen aus Ps 88,11–13 würden, so Robert L. Cole, „nicht nur antizipiert, sondern im folgenden 89. Psalm ebenso genau beantwortet", und zwar die Frage nach den Wundertaten (פֶּלֶא, s. o.) Gottes aus Ps 88,11 in Ps 89,6, die Frage nach Gottes ‚Gnade und Treue' bzw. ‚Freundlichkeit und Verlässlichkeit' (אֱמוּנָה/חֶסֶד) aus Ps 88,12 in Ps 89,2.3.25.29.34."[47]

An keiner der als Antworten auf Ps 88,11–13 ausgewiesenen Stellen geht es allerdings, trotz einiger wörtlicher Übereinstimmungen, um JHWHs (Wunder-)Wirken im Totenreich bzw. an den Toten, und auch Gottes „Freundlichkeit und Verlässlichkeit" werden, anders als in Ps 88,12, nicht mit dem Totenreich bzw. den Toten in Verbindung gebracht, sondern erscheinen in erster Linie als (vergangene) Möglichkeiten JHWHs bzw. als JHWHs Verheißungen für den davidischen Herrscher, die dem betenden Ich mit der letzten Erwähnung des Wortpaars in Ps 89,50 mehr als fraglich geworden sind. Ps 89 endet zwar nicht in/mit „Finsternis", doch beklagen die letzten Verse (V. 51f) die mit der Exilskatastrophe von 587 v. Chr. über Israel und seinen König gekommene Beschämung – als Folge der Aufkündigung des Bundes und der Davidsverheißungen auf Seiten JHWHs (vgl. ausführlicher unten)!

Trotz der zuletzt aufgeführten Einwände eröffnet Robert L. Cole einen nicht zuletzt für meinen eigenen Ansatz spannenden Deutungsweg, der danach fragen lässt, ob andere kanonische Texte Hinweise darauf enthalten könnten, dass die Fragen aus Ps 88,11–13 als direkte Fragen aufgefasst und anders als mit ‚Nein' beantwortet wurden und werden können. In diesem Zusammenhang ist auch die von Robert L. Cole aufgeworfene Frage nach der Positionierung von Ps 88 im Dritten Psalmenbuch bzw. im Psalter insgesamt von besonderer Relevanz. Sie soll im nächsten Abschnitt beleuchtet werden.

2.6 Zur Position von Psalm 88 im Psalter

Wie bereits angedeutet, ist Ps 88 ist eng mit Ps 89 verknüpft, der den Untergang des davidischen Königtums beklagt und damit auf die traumatische Katastrophe von 587 v. Chr. verweist. Die ‚feinen' Verbindungslinien zwischen den beiden Texten beschreibt Frank-Lothar Hossfeld wie folgt:

---

47 Schlegel: Prüfstein 2005, 32, zum Ganzen vgl. a. a. O., 31–35.

> „Die Verbindungen von Ps 89 zu Ps 88 konzentrieren sich zuerst einmal auf
> den Einschub der V 48–49 [sc. in Ps 89, R. P.]. Hier geht es um die Beziehung
> des ‚Mannes' zum Tod (Ps 88,5 und Ps 89,49); an beiden Stellen wird die Be-
> ziehung der Seele bzw. des Lebens zur Scheol erwähnt (Ps 88,4 und Ps 89,49).
> Schließlich geht es sowohl in Ps 88,6 als auch in Ps 89,48 um die Frage, ob
> JHWH des betreffenden Beters noch gedenkt. Der zweite Schwerpunkt der
> Verknüpfungen zwischen beiden Psalmen gruppiert sich um die Klageele-
> mente: Gott hat den Beter bzw. den Gesalbten verstoßen (Ps 88,15 und Ps
> 89,39); er verbirgt vor ihm sein Angesicht (Ps 88,15 und Ps 89,39); Gott wen-
> det seinen Zorn gegen den Beter wie gegen den Gesalbten (Ps 88,7.8 im Ver-
> gleich mit Ps 89,39–47). Schließlich werden in Ps 88,12 die beiden Leitworte
> von Ps 89, ‚Gnade' und ‚Treue', erwähnt. Ebenso spielen die Wunder in Ps
> 88,11.13 auch in Ps 89,6 eine Rolle. In beiden Psalmen findet sich der Ver-
> gleich mit den Erschlagenen (Ps 88,6 und Ps 89,11). Beide Psalmen über-
> schneiden sich bezüglich des scharfen, klagenden Tons, sei es in der Klage
> über das gestörte Verhältnis zu JHWH, sei es im Bedenken des Todes oder sei
> es in der Infragestellung der Zuwendung JHWHs zu den Menschen."[48]

Wie in Ps 88 spricht in Ps 89 ein ‚Ich', wobei JHWH teilweise (wie in Ps 88) direkt als ‚Du' angesprochen, über weite Strecken aber auch mit den Worten an seinen Gesalbten zitiert wird. Frank-Lothar Hossfeld zufolge kommt es dabei zu einem „Oszillieren zwischen individuellem und kollektivem Ich", wobei „sowohl der Sprecher als auch der Gegenstand seiner Rede, nämlich der König [...] für sich [stehen] und [...] zugleich die Gemeinschaft [repräsentieren]".[49]

Auch durch ihre Überschriften – beide werden als „Weisheitslied, Lehrgedicht" (מַשְׂכִּיל) definiert und mit der vielleicht bereits sprichwörtlichen ‚Weisheitskoryphäe' „Etan, dem Esrachiter" (neben Ps 88,1; 89,1 vgl. 1 Kön 5,11) in Verbindung gebracht – sind Ps 88 und Ps 89 eng miteinander verknüpft.

Aufgrund ihrer Stellung am Ende des dritten Psalmenbuchs (Ps 73–89) markieren sie zusammengenommen die stärkste, mit der Exilskatastrophe von 587 v. Chr. in Zusammenhang stehende Zäsur des Psalters überhaupt:

> „Das 3. Psalmbuch (Psalm 73–89) führt an einen Tiefpunkt der Geschichte
> Israels. Der Untergang des Nordreichs 722 v. Chr. ist Thema (Psalm 78),
> ebenso die Zerstörung des Tempels und der Stadt Jerusalem (Psalm 74; 79;
> 89). Zwar wird auch der Traum von Friede weitergesponnen, aber die Frie-
> densverheißung wird von einer Realität erdrückt, die auch die Hoffnung zu

---

48 Hossfeld: Psalm 89 2000, 597; vgl. Zenger: Psalm 88 2000, 575f.
49 Hossfeld: Psalm 89 2000, 583f.

vernichten droht. Am Ende des 3. Buches dominiert die Finsternis. In Psalm 88 gibt es die für Klagepsalmen so typische Wende von der Klage hin zu Vertrauen nicht mehr. [...] Psalm 89 stellt zum Abschluss der Sammlung diese individuelle Verzweiflung in einen gesellschaftlichen Kontext und fasst das Thema des 3. Buches zusammen."[50]

Chadwick Thornhill legt den Fokus auf die Abfolge von Ps 86–89 und bemerkt dazu:

„[I]t is possible that the final psalms of book three are intended to tell the story of the fall of the monarchy. The progression of Psalms 86–89 may be seen as moving from the confidence of the Davidic rulers in YHWH's faithfulness to the covenant (Ps. 86) and the confidence that YHWH will likewise protect his holy city, Jerusalem (87), to the despair of God's silence during Israel's suffering (88), and ultimately his rejection of the disobedient Davidic monarchy (89). As it stands in the Psalter, then, it is possible that Psalm 88 provides the uneasy transition from the (false) confidence of the Davidic rulers and Jerusalem to their subsequent abandonment by YHWH as was proclaimed by the prophets as well as here in the Psalter."[51]

Einzig der letzte Satz ist aus meiner Sicht fragwürdig, ist doch in den Ps 88 und 89 an keiner Stelle von einer Schuld des (kollektiven) betenden Ichs die Rede. In beiden ‚Gebeten' geht es m. E. weniger darum, die Aufkündigung der Davidsverheißungen und des Bundes durch JHWH zu ‚bekunden' bzw. zu ‚erklären', sondern diese zu beklagen und die als Feindin des eigenen Volkes wahrgenommene Gottheit im wahrsten Sinne des Wortes zur Verantwortung zu ziehen.

Möglicherweise bildeten die beiden Psalmen sogar einmal (im 6. Jh. v. Chr.) den Abschluss des sog. Messianischen Psalters (Ps 2–89). Johannes Schnocks zufolge jedenfalls ist es

„ein recht weit verbreiteter Konsens, dass der Elohistische Psalter (Ps 42–83) – wann und in wie vielen Einzelschritten auch immer – mit dem 1. Davidpsalter (Ps 3–41) und der 2. Korachitersammlung (Ps 84–88; noch ohne den Davidpsalm Ps 86) zusammengestellt und durch Ps 2*; 89 zum sogenannten ‚Messianischen Psalter' gerahmt wurde [...]. Das würde bedeuten, dass einmal eine schon relativ umfangreiche Psalmensammlung mit den Ps 88; 89 geendet hat. Thematisch ist das ein herausforderndes Ende: Ps 88 ist die erschütternde Klage eines Menschen, der angesichts des nahen Todes Gott nicht als Retter erfährt, und Ps 89 beklagt den Untergang der judäischen Monarchie mit dem Exil und fasst das als Bundesbruch von Gottes Seite auf."[52]

---

50 Butting: Erbärmliche Zeiten 2013, 93.
51 Thornhill: Psalm 88 2015, 54.
52 Schnocks: Psalmen 2014, 77. Anders Millard: Psalter 2013, Abschnitt 4.

Aufgrund der beschriebenen ‚Nähen' zwischen den beiden Gebeten wird Ps 88 m. E. auch auf die Stimmen des (davidischen) Gesalbten und des Volkes Israel hin transparent – d. h. man kann Ps 88 durchaus auch als Aufschrei des spätestens mit der Zerstörung Jerusalems 587 v. Chr. gescheiterten Königs oder des damit in verschiedener Hinsicht seiner Identität beraubten Volkes hören und lesen; das betende Ich in Ps 88 wäre dann (auch) als kollektives Ich zu verstehen – so auch schon der jüdische Gelehrte Rashi (1040–1105) in Anlehnung an Midrash Tehillim[53]. Auch die subtile Kriegsmetaphorik (V. 5f) und die Hinweise auf den Zorn Gottes (V. 8.17) als Ursache für die Erleidnisse des betenden Ichs machen Ps 88 auf diese Leseweise hin durchlässig.

2.7 Ein erstes Fazit

Das betende Ich von Ps 88 klagt über eine – oder mehrere? – Todeserfahrung(en). Es *vergleicht* sich nicht nur mit (den) ‚endgültig Toten' – das ist allenfalls im ersten Abschnitt des Textes der Fall –, sondern *erfährt* und *beschreibt* sich, und das mag uns paradox erscheinen, denn es spricht ja noch, als ‚endgültig tot'.[54] Die Deutung von Johannes Schiller (s. o. Abschnitt 2.5), dass es zumal in den Fragen des Mittelteils um eine Gegenüberstellung der Toten und ihrer Welt auf der einen, des betenden Ichs und JHWHs auf der anderen Seite gehe, ist vor diesem Hintergrund kaum haltbar; sie widerstreitet darüber hinaus der von Christoph Barth herausgearbeiteten ersttestamentlichen Darstellungsweise, nach der die begrenzte Begegnung mit der Todesrealität „genügt, um [das betende Ich] die ganze Wirklichkeit des Todes erfahren zu lassen"[55] und nach der sich *beide*, der/die sich als tot Beschreibende und der/die real Gestorbene „in

---

53 Vgl. Rashi: Commentary 2004, 563, wo es im Kommentar Rashis zu V. 4 („Übersatt an Katastrophen bin ich") heißt: „He [the psalmist] says this concerning the Congregation of Israel." Mayer I. Gruber kommentiert dazu (a. a. O., 563): „Following Midrash Tehillim at V. 2, Rashi conceives of the speaker as a personification of collective Israel. Thereby he transforms Ps. 88 from a lament of the individual to a lament of the community." Die Aussagen zu den „Bekannten" in V. 9.19 deutet Rashi auf das Verhältnis zu den Nationen (vgl. a. a. O., 564, und dazu unten Abschnitt 3.3).
54 Vgl. Crüsemann: Rhetorische Fragen 2003, 349.
55 Barth: Errettung 1987, 116.

einer unheilvollen Sphäre [befinden] und [...] außerstande [sind] sich aus ihr zu entfernen [...]. [B]eiden könnte nur ein außerordentliches Eingreifen Gottes helfen"[56]. Dann aber *muss* es sich in Ps 88,11–13 doch um direkte – und vom betenden Ich um *aller* Toten willen aufgeworfene – Fragen an JHWH handeln. Seltsamerweise, darauf hat Frank Crüsemann aufmerksam gemacht, verneint Christoph Barth jedoch selbst „am entschiedensten [...], dass in den Klage- und Dankliedern irgendwo von einem Handeln Gottes an den ‚wirklich' Toten die Rede ist"[57]. Frank Crüsemann beurteilt dies wie folgt:

„Man kommt nicht umhin anzunehmen, dass hier letztlich doch ein textferner und kulturell fremder Maßstab angelegt wird. Es ist zunächst die Sprache und damit das Denken des Alten und Neuen Testaments, nach der in den beklagten Notlagen der Tod bereits wirksam ist, und in ihr wird gesagt, dass Gott aus dem Tod rettet. Nun braucht man gar nicht zu bezweifeln, dass die Differenz zwischen überwindbarer Not und endgültigem Tod den Menschen auch damals bewusst war und in den Psalmen vorausgesetzt wird. Aber entscheidend ist doch, dass diese Verschiedenheit gerade in den Klage- und Dankliedern nicht betont wird, dass die Unterschiede damit in der biblischen Sprache nicht realisiert werden. Beides ist Todesmacht, beides wird gleich benannt und gleich beschrieben. Wie will man bestreiten, dass beides auch gleich erlebt und vor allem *theologisch* gleich bewertet wird?"[58]

Die genauen Ursachen für das Todeserleben/-erleiden des betenden Ichs sind nicht auszumachen; die verwendeten Sprachbilder lassen u. a. an eine schwere Krankheit, eine tödliche Kriegsverwundung, Gefangenschaft, Einsamkeit, Rechtlosigkeit, Ausweglosigkeit und Gottverlassenheit denken, wobei sich durchaus Mehreres zu überlagern scheint. Deutlich ist allerdings, dass das betende Ich seinen Todeskampf als Folge allein des (destruktiven) Handelns bzw. des Zorns JHWHs ansieht, für das es keine Gründe nennt bzw. nennen kann.[59] Diese als (einzige!) Feindin erlebte Gottheit schreit und klagt das betende Ich als „Gott meiner Rettung"

---

56 Barth: Errettung 1987, 114.
57 Crüsemann: Wahrheitsraum 2011, 281.
58 Crüsemann: Wahrheitsraum 2011, 281f; vgl. ders. 2003, 352–356.
59 Das gilt, so Crüsemann (ders.: Rhetorische Fragen 2003, 350), auch für die Verse, die etwa vom „Nicht-mehr-Gedenken JHWHs" und vom „Abgeschnittensein der Toten" reden: „[A]uch hinter den neutral formulierten Notbeschreibungen in vv. 4, 5, 6a, 18 [steht] letztlich Gott und Gottes Handeln [...]. Gott und niemand sonst hat das Ich in die gottferne Lage gebracht. Abgeschnitten von der Hand Gottes – durch Gott selbst." Anders Baumgart: Grenzüberschreitung 2013, 103: „[V]on den

(V. 2) an, fordert es heraus, zieht es zur Verantwortung – und scheint zugleich zu sagen: *Wenn Du, Gott, rettende Gottheit bist und bleiben willst, wenn (und: obwohl) Du mein Todeserleben und all den Tod um mich herum verursachst, wenn Deine Freundlichkeit, Verlässlichkeit und Gerechtigkeit nicht verloren gehen sollen, dann musst Du an den Toten und inmitten der Sphäre des Todes Wunder tun (können)!* Wenn JHWH nicht an den Toten handelt bzw. zu handeln vermag – dann ist (wieder) und bleibt, wie das Ende von Ps 88 zeigt, *Finsternis*, d. h. JHWH würde damit das Chaos wieder einbrechen lassen und seine:ihre Schöpfung, sich selbst und seine:ihre Verheißungen zurücknehmen[60]!

Das aber bedeutet dann auch, dass das betende Ich um mehr ringt als um die Rettung der eigenen Person, es streitet darin und darüber hinaus vielmehr um die Rettung der ganzen Welt als Ort Gottes – insofern kommt mir die Auslegung der in V. 11–13 enthaltenen Fragen als mit Nein zu beantwortenden rhetorischen beinahe zynisch vor.

Nicht zuletzt die Positionierung von Ps 88 am Ende des Dritten Psalmenbuchs eröffnet die Möglichkeit, diese Klage als *kollektiven* Aufschrei Israels angesichts der traumatisierenden Kriegskatastrophe von 587 v. Chr.[61] zu verstehen. Damit wird Ps 88 zu *einer* Stimme in der Auseinandersetzung mit den mit dieser Katastrophe in Zusammenhang stehenden Schrecken(sereignissen) und deren Voraussetzungen und Folgen; einer Stimme aber, die sich der prominenten Deutung des Erlittenen als Strafe JHWHs für politisches, soziales, religiöses Scheitern nicht beugt, sondern die die erfahrenen Todesschrecken als Folge des nicht zu begreifenden göttlichen Zorns und der unverständlichen, ja willkürlichen Abwendung JHWHs (vgl. V. 15) beklagt.[62]

Mir erscheint diese Stimme vor allem deshalb wichtig, weil sie, anders als die Reden von der Katastrophe als ‚verdienter Strafe' oder ‚folgerichtigem Ergehen', die etwa im Deuteronomistischen Geschichtswerk

---

Toten her gilt, dass sie regelrecht von JHWHs ‚Hand abgeschnitten' sind und [...] sich damit außerhalb seiner Machtentfaltung befinden."
60 Vgl. Fieger/Krispenz/Lanckau: Licht 2013, 306f. Hierzu passt gut, dass Ez 37,1–10 das ‚Wunder an den Toten' als Neuschöpfung beschreibt.
61 Zum ‚traumatogenen Potential' der Exilskatastrophe vgl. Poser: Ezechielbuch 2012, 121–248.
62 Vgl. Baumgart: Grenzüberschreitung 2013, 103: „Der Beter kann keinen Grund für das Entbrennen des Gotteszornes ausmachen, sodass dieser Gottesgrimm im Psalm unerklärlich bleiben muss."

oder im Ezechielbuch als wesentliches Erklärungsmodell fungieren,⁶³ an der Unsinnigkeit tödlichen Leidens festhalten und sich allem ‚blaming the victim' bzw. der (traumatischen) Selbststigmatisierung der Betroffenen widersetzen. Doch führt auch Letzteres dazu, dass das betende Ich bzw. Israel an JHWH als handlungsfähiger, wirkmächtiger Gottheit festhält, JHWH gleichsam durch alle tödlichen Erleidnisse hindurchträgt (vgl. V. 16b: „Trage schwer deine Schrecken"). Dadurch hält das betende Ich bzw. Wir in seiner (An-)Klage auch die Möglichkeit offen, dass JHWH sich als „Gottheit meiner/unserer Befreiung", als die es ihn:sie in V. 2 anschreit, erweisen wird. Wie das betende Ich, sei es als individuelles, sei es als kollektives Ich, ‚überlebt' JHWH die Realität des Todes, wie sie mit der Katastrophe von 587 v. Chr. überbordend hereingebrochen ist, nur, wenn er:sie in die Todesstrukturen hineinwirkt, hineingeht, aus ihnen ‚herausrettet'. Auch und gerade vor dem Hintergrund einer ‚kollektiven Deutung' von Ps 88 müssen die Fragen in V. 11–13 als ‚echte' Fragen verstanden werden.

3. Psalm 88 als Vor-Gabe für Ezechiel 37,1–14

Dass die Fragen in Ps 88,11–13 als ‚echte', ‚direkte' Fragen verstanden wurden, und zwar in einem Ps 88 nahe stehenden Kontext, der ebenfalls auf die Katastrophe von 587 v. Chr. verweist, lässt sich nicht zuletzt anhand von Ez 37,1–14 verdeutlichen. Ein unmittelbarer Zusammenhang zwischen den beiden Texten ist bislang selten hergestellt worden,⁶⁴ doch

---

63 Immer wieder allerdings bricht dabei ‚das Traumatische' in die, wie David Janzen sie nennt, *master narrative* ein, wodurch deutlich wird, dass das dominierende Erklärungsmodell nicht aufgeht und dass „[t]rauma is forever subverting to make sense of it" (ders.: Violent Gift 2012, 239). Vgl. auch Poser: Ezechielbuch 2012, 681–686.

64 Bernd Janowski zufolge haben Ps 88 und Ez 37,1–14 insofern etwas gemeinsam, als sie „zur langen Vorgeschichte des neutestamentlichen Auferstehungsglaubens" gehören (ders.: Die Toten 2003, 243). Johannes Schnocks, der in seiner Monographie zur ersttestamentlichen Grundlegung einer gesamtbiblischen Theologie der Auferstehung (2009) sowohl Ps 88 als auch Ez 37,1–14 eingehend analysiert, stellt den Zusammenhang zwischen den beiden Texten gleichsam erst auf der Ebene der Rezeption bzw. der Nach-Interpretation her. Er schreibt (ders.: Rettung 2009, 88): „Bekommen die Toten, deren Geschichte abgeschlossen ist,

– und darum soll es im Folgenden gehen – lässt er sich m. E. sowohl in Bezug auf biblisch-theologische ‚Leitlinien' als auch im Hinblick auf deren ‚Versprachlichung' aufweisen.

3.1 Das Ezechielbuch als Trauma-Literatur

Das Ezechielbuch erzählt von Ereignissen aus den Jahren 594 bis 572 v. Chr. Seine Hauptfigur, der Priestersohn Ezechiel, ist bereits 597 v. Chr., als Jerusalem zum ersten Mal von den Babyloniern belagert wurde, zusammen mit insgesamt 10.000 Kriegsgefangenen, nach Babylonien verschleppt worden. Inmitten der Deportierten wird er von Gott zum Propheten für Israel bestimmt und soll ihm mitteilen, was Gott vorhat: Gott will das Ende über die ‚sündige' Hauptstadt Jerusalem kommen lassen, ja, malt dieses Ende in immer gewalttätigeren Sprachbildern wieder und wieder aus (Ez 1–23). In dem Moment, in dem sich das angekündigte Schreckensszenario mit der erneuten Belagerung Jerusalems realisiert (Ez 24,1f), weitet Ezechiel seine Unheilsbotschaft auf fremde Nationen aus (Ez 25,1–33,20). Erst als ihn die Nachricht von der endgültigen Zerstörung Jerusalems erreicht (33,21f), kommen die im Exil Lebenden wieder in den Blick. Der Ton wird heilvoller: Den Deportierten wird die Rückkehr ins Land Israel verheißen, wo sie in einem ewigen Bund mit Israels Gott in Frieden leben werden (Ez 33,23–48,35). Doch auch in diesem hinteren Buchteil brechen die grausigen Bilder von Krieg und Zerstörung noch mehrfach auf (Ez 33,23–29; 35; 38–39).

Ich begreife das Ezechielbuch in seiner Endgestalt, so wie es uns heute vorliegt, als auf die Exilskatastrophe bezogene Trauma- oder Überlebensliteratur.[65] Es geht darum, das Geschehene zu symbolisieren, es greifbarer und fassbarer zu machen und zunehmende Integrationsmöglichkeiten in einzelne Lebensgeschichten und in die Geschichte der Gemeinschaft zu eröffnen.

(nochmals) Anteil an der Geschichte Israels? So absurd diese Frage im Zusammenhang von Ps 88 klingen mag, sind es doch Texte wie Jes 26,19 und vorbehaltlich aller Metaphorik auch Ez 37,1–14, die von solchen Vorgängen sprechen." Ruth Huppert deutet zwar weitergehende Gemeinsamkeiten zwischen den beiden Texten an, geht jedoch, soweit ich sehe, ausführlicher nur auf die Parallelen zwischen Ps 88,6 und Ez 37,11 ein.

65 Vgl. Poser: Ezechielbuch 2012.

JHWH in den Strukturen des Todes

Was die Datierung des Buches angeht, erscheint mir das Jahr 540 v. Chr. als *terminus ante quem* – Vieles, etwa die (literarische) ‚Sprachgewalt', spricht dafür, dass die geschilderte Auseinandersetzung mit der Katastrophe von 587 v. Chr. in relativer zeitlicher Nähe zu den Ereignissen stattgefunden hat. Auch ist die (welt-)politische Wende, die sich mit dem Aufstieg des persischen Großreichs ankündigt und die Jes 40–55 so entscheidend prägt, im Ezechielbuch (noch) nicht im Blick.[66]

Dem (traumatisch gefärbten) *dominierenden Deutungsdiskurs* des Ezechielbuchs zufolge ist die Katastrophe von 587 v. Chr. Konsequenz des überbordenden Zorns JHWHs, den er:sie wegen der fortwährenden und zunehmenden Abwendung seines:ihres Volkes nicht mehr zurückhalten konnte. Nicht der babylonische Herrscher Nebukadnezar und/oder das babylonische Heer werden als Täter inszeniert – den *weltlichen Tätern* wird, obwohl man um sie weiß, die Tat vielmehr entzogen –, sondern JHWH wird als Täter:in ‚stark gemacht'. Die ‚Tat' selbst wird in die (gestörte) Beziehung zwischen JHWH und Israel ‚verlagert', wofür zugleich das permanente Scheitern Israels (bzw. der politisch und religiös Verantwortlichen in Israel) an JHWHs Weisung zum Teil sehr ‚pauschal' festgehalten wird. Innerhalb dieses literarischen Deutungsmodells hat JHWH also mit der Einnahme und Zerstörung Jerusalems sowie den Massendeportationen seiner Leute *keine Niederlage* erlitten, sondern sich als *(wirk-)mächtige Gottheit* erwiesen, während Israel aus der Anerkenntnis der Schuld neue (der Tora JHWHs entsprechende) Handlungsmöglichkeiten erwachsen, die der Verohnmächtigung durch die traumatische Katastrophe entgegenwirken. In diesem Sinne ist dieser Deutungsdiskurs Überlebenshilfe sowohl für Israel als auch für JHWH (!) – und hat, auf der Ebene der Ezechielerzählung und ihrer Interpretation, zugleich immense negative Folgen:

- Für die Reputation, den Namen JHWHs unter den Nationen; die Nationen nämlich deuten Israels Niederlage als JHWHs Versagen.
- Für die Beziehung zwischen JHWH und Israel, in der die menschliche Seite auf „marionettenhaftes Funktionieren" festgelegt wird.[67]
- Für das Gottesbild: JHWH scheint es nur um sich selbst, um seine:ihre eigene Reputation, um Herrschaft und Kontrolle zu gehen – wie kann JHWH so ‚vertrauenswürdig' sein?

---

66 Vgl. Poser: Ezechielbuch 2012, 668–672.
67 Vgl. hierzu die unten in Abschnitt 3.2 zitierten Ausführungen von Ruth Huppert.

3.2 Ez 37,1-14 im unmittelbaren und im weiteren Kontext des Ezechielbuchs

Meinem Eindruck nach werden die oben genannten Schwierigkeiten in Ez 36,16–37,14 genauer beleuchtet. In diesem Abschnitt beklagt JHWH zunächst die Entwürdigung seines heiligen Namens dadurch, dass Israel sich im Exil unter den Nationen befindet (insbesondere Ez 36,17-23; vgl. V. 32). Als Gegenmaßnahme (die ausdrücklich nicht um Israels, sondern um Gottes bzw. um Gottes Namens willen geschieht, vgl. Ez 36,23.32) kündigt JHWH die Rückführung des Hauses Israel aus dem Exil, dessen umfassende ‚Reinigung', die Gabe eines neuen Herzens und neuer „Geistkraft" (רוּחַ, Leitwort in Ez 37,1-14) sowie die Wiederherstellung des verwüsteten Lebensraums an (Ez 36,24-38).

Ez 37,1-10 stellt sich als erzählte Verwirklichung dieser Verheißung dar: vermittelt durch den von JHWH dazu beauftragten Propheten Ezechiel wird das kriegstote Israel – V. 1 zeichnet das Bild eines Schlachtfelds, auf dem die Toten nicht begraben, sondern der Verwesung preisgegeben wurden – neu geschaffen und durch Geistkraft belebt: es steht auf zu einem „sehr, sehr großen Heer" (V. 10).

Die folgenden Verse, Ez 37,11-14, lassen sich gleichsam doppelt lesen: Erstens auf der *Ebene der Gleichzeitigkeit* als Interpretation des in Ez 37,1-10 Erzählten aus der Perspektive Gottes – dann hätten wir es mit zwei Perspektiven auf ein und dasselbe Geschehen zu tun. Zweitens *linear* im Sinne von aufeinanderfolgenden Erzählszenen – dann würde in Ez 37,11-14 noch mehr und anderes gesagt als in Ez 37,1-10.

Letzteres ist die Position von Ruth Huppert, die in ihrer Studie *Israel steht auf* zu Ez 37 (2016) zu folgendem Schluss kommt:

> „Mit den Argumentationslinien, die im Buch angelegt sind, ist Ez 37,12-14 jedoch mehr als nur eine Wiederholung des Bildwortes [sc. des in Ez 37,1-10 Erzählten, R. P.]. JHWH selbst ist nach Ez 37,1-10 und Ez 37,11 ein anderer. Er redet anders, hat das erste Mal im Buch wirklich Israel im Blick, und nicht mehr nur seine eigene Reputation vor den anderen Völkern. Israel besteht darauf, das Israel zu sein, dem JHWH das angetan hat: ‚Wir sind trockene Knochen!' sagen sie, ‚ohne Hoffnung und abgeschnitten' (vgl. Ps 88,6). JHWH hat in Ez 37,11 den Grund für sein werbendes Reden in Ez 37,12-14, und Israel – so wird hier deutlich – wird mit Ez 37,1-14 nicht zu bloßen Pappfiguren, aufgerichtet an Fäden der Rehabilitierungsgelüste eines Gottes, der sein Volk ganz neu ‚aufziehen' wollte. *Diese lineare Lesart bezieht auch die Studien zu Todesvorstellungen, wie sie insbesondere in den Klagepsalmen des Alten Testaments*

JHWH in den Strukturen des Todes

zum Ausdruck kommen, ein. Wenn Ez 37,1–10 eine Wiederbelebung im physischen Sinne erreicht, dann besteht Israel mit V11 im wahrsten Sinne darauf, dass physisches Existieren kein neues Leben ist. JHWH gibt seinem Volk mit den Verheißungen in den Versen 12–14 darin Recht."[68]

Der Moment, in dem JHWH ‚Hand an die Gräber legt', erweist sich damit, so Ruth Huppert weiter, als wirklicher Wendepunkt des Buches. Es ist der Moment, in dem nicht nur die Würde des göttlichen Namens, sondern auch die Würde des Gottesvolkes und der Bundesbeziehung wiederhergestellt werden:

„Alle Teile der Untersuchung [...] werfen auf Ez 37,1–14 ein Licht, das es als Wendepunkt im Verhältnis JHWH zu seinem Volk erkennbar werden lässt, unter der Voraussetzung, dass zählt, was für Israel gesagt ist. Nach der Absage an eine auf Gegenseitigkeit setzende Beziehung, wie sie zuvor immer und vor allem durch den Einsatz der Prophetinnen und Propheten aufrecht erhalten werden konnte, ist das Buch Ezechiel bis Ez 36,38 Ausweis eines rasenden Gottes, der sich in seinem Zorn verrannt hat und ohne Hilfe von außen auch nicht mehr heraus findet. Wenn Ez 33–36 eine veränderte Verhaltensweise JHWHs bezeugt, dann nur mit der Einschränkung, dass auch hier nicht im wahrsten Sinne etwas für Israel gesagt ist. Ez 37,1–10.11 hat als Text im Buch die Funktion, JHWH zu bremsen, ihm sein Volk als Gegenüber wieder vorzustellen. Ez 37,12–14 bezeugen dann JHWH, der auf sein Volk zugeht, und zwar um des Volkes willen, wie auch Ez 37,15ff. als prophetische Zeichenhandlung und Ez 38–48 als Prophetie und Vision belegen. Ab Ez 37,1–14 geht es im Buch Ezechiel um Verheißungen für Israel, ab Ez 37,1–14 ist das Volk nicht mehr Mittel zum Zweck."[69]

Dass die lineare Lesart Ez 37,11–14 eher entspricht als diejenige der ‚Gleichzeitig- oder Wertigkeit' von Ez 37,1–10 und Ez 37,11–14, zeigt sich dabei u. a. an folgenden Aspekten:
- JHWH lässt nicht länger seinen:ihren Propheten für sich arbeiten,[70] sondern verspricht, selbst zu handeln, sich, in gewissem Sinne, selbst ‚die Finger schmutzig zu machen' (vgl. hierzu unten zu den Ausführungen von Saul Olyan).

---

[68] Huppert: Israel 2016, 299 (Hervorhebung R. P.).
[69] Huppert: Israel 2016, 302.
[70] Es ist allerdings trotzdem ein besonderes Erzählmoment, dass „die Geistkraft" über das Wort des Propheten vermittelt wird – eines Propheten zumal, der über weite Strecken der Erzählung ausgesprochen passiv erscheint bzw. von JHWH in die Passivität ‚gezwungen wird'.

- Sofern JHWH erst in Ez 37,14 von „meiner Geistkraft" spricht, während (die) רוּחַ in Ez 37,1–10 nicht zugeordnet wird und unspezifisch bleibt, wird die Verheißung aus Ez 36,27 erst in diesem letzten Vers des Abschnitts wirklich aktualisiert.
- Erst mit den Worten JHWHs in Ez 37,11–14 wird die Beziehung zwischen JHWH und Israel von JHWHs Seite wiederhergestellt, indem JHWH „das ganze Haus Israel" (V. 11) gleich zweimal als „mein Volk" bezeichnet (V. 12f).
- Das „Im-Land-Israel-zur-Ruhe-kommen-Können (Wurzel נוח)" (Ez 37,14; vgl. 37,1!) ist etwas ‚qualitativ' Anderes als das „Aufstehen zu einem sehr, sehr großen (kampfbereiten) Heer", von dem Ez 37,10 erzählt. ‚Kriegstüchtig-Sein' bzw. Krieg-führen-Müssen führt nicht aus der Todessphäre heraus, sondern, im Gegenteil, tiefer in sie hinein. Der in Ez 37,11 von JHWH zitierte Satz Israels kann auch als diesbezüglicher Protest gehört werden, demzufolge physisches Exisieren als kampfbereites Heer noch längst kein neues Leben ist.
- Man könnte ja denken, dass die Wiederbelebung der „vielen, sehr trockenen Knochen" (Ez 37,1) das gegenüber dem „Herausholen-aus-der-Todessphäre' bzw. dem ‚Herausholen aus den Gewaltverhältnissen' ‚Größere' oder ‚Schwierigere' ist. Liest man Ez 37,1–14 linear, dreht sich dieses Verhältnis gewissermaßen um – die Neuschöpfung kommt erst mit der Überwindung der Folgen von (kriegsbedingter) Gewalt und Lebensminderung zum Ziel.

Dass JHWH allerdings wirklich Hand an die Gräber zu legen und die Toten herauszuholen verspricht, wie es in Ez 37,12–14 geschieht, ist gerade für das priesterlich geprägte Ezechielbuch mehr als erstaunlich. Saul Olyan hält diesbezüglich fest:

„The imagery of Yhwh opening tombs and raising up the remains of the dead is striking in a number of ways. First, the association of the deity with tombs and the remains of the dead, even metaphorically, is not what one would expect, given the polluting nature of tombs, bones, and corpses according to passages elsewhere in the book [...]. [...] Furthermore, the book of Ezekiel speaks frequently of Yhwh's concern for the preservation of his holiness and that of his sanctuary [...]. Yet in 37:12-14, Yhwh himself chooses to have such contact with the pollution of death, albeit metaphorically. He does so in order to act beneficently for his people."[71]

---

71 Olyan: Unnoticed Resonances 2009, 494f.

3.3 Motivliche und ‚wortwörtliche' ‚Nähen' zwischen Psalm 88 und Ezechielbuch

– Dem Ezechielbuch zufolge sind die „Gräuel" oder „Abscheulichkeiten" (תּוֹעֵבוֹת), die Israel begangen hat, etwas, was JHWH(s Heiligkeit) in kultischer, sozialer oder (außen-)politischer Hinsicht zutiefst verletzt und damit Anlass für ihn:sie, sich gegen Israel zu richten, seinem:ihrem Zorn freien Lauf zu lassen und das Haus Israel zur Verantwortung zu ziehen (vgl. nur Ez 5,5–17; Begriff תּוֹעֵבוֹת in V9.11). Im Ezechielbuch findet sich der Begriff insgesamt über 40 mal; im Psalter kommt er *nur* in Ps 88,9 vor: „Du hast mich ihnen [meinen Vertrauten] als Gräuel hingesetzt", wobei das Wort ebenfalls (aber eigentlich: unverständlicherweise) im Plural (תּוֹעֵבוֹת) steht. Bei Rashi, der die Stimme des betenden Ichs als Stimme des deportierten „Hauses Israel" liest, heißt es hierzu: „As for the Gentiles, in whose eyes I was important, I am now abominable to them."[72] In Ps 88 also dient die Vokabel, liest man ‚radikal', anders als im Ezechielbuch, nicht dazu, Israel wegen der Zerstörung der Bundesbeziehung, sondern JHWH wegen der Zerstörung menschlicher Gemeinschaft anzuklagen.

– Der Begriff חָלָל, „[im Krieg] verwundet, durchbohrt, erschlagen", kommt im Ezechielbuch 33 mal, im Psalter nur in Ps 69,27; 88,6 und 89,11 vor. Bei den drei Psalter-Belegen klingt nur in Ps 88,6 deutlicher ein militärischer oder Kriegskontext an (vgl. „entkräfteter Mensch" [V. 5][73]; „ausgestoßen selbst unter den Toten" [V. 6][74]), wie er für die Verwendung des Wortes im Ezechielbuch charakteristisch ist.[75] Die Kombination der Begriffe חָלָל (Ps 88,6), שְׁאוֹל, „Totenreich" (Ps 88,4), und קֶבֶר „Grab" (Ps 88,6.12 – im Psalter sonst nur noch 5,10), in ein- und demselben Kontext rückt Ps 88 zugleich in große Nähe zu Ez

---

72 Rashi: Commentary 2004, 564.
73 Zwar ist die Grundbedeutung von Wurzel גבר, „überlegen, stark sein", deren Derivate häufig in kriegerischen Kontexten gebraucht werden, J. Kühlewein zufolge in der Segolatbildung גֶּבֶר verblasst (vgl. ders.: THAT I 2004, 399). Durch den Zusatz „entkräftet, ohne Kraft" wird sie gleichsam rückwirkend wieder eingetragen. Vgl. auch Schnocks: Rettung 2009, 84f.
74 Vgl. hierzu oben Abschnitt 2.1, Anm. 8.
75 Hans-Joachim Kraus (ders.: Psalmen 1972, 609) bemerkt zu חָלָל in Ps 88,6: „Er liegt wie die in der Schlacht Getöteten [...] in einem Massengrab".

32,17-32. In diesem Text, in dem alle drei Vokabeln gehäuft vorkommen[76] und zu dem, so John T. Strong, Ez 37,1-14 ein Gegenbild entwerfe,[77] geht es um den wenig ‚ehrenhaften' Aufenthalt internationaler ‚Kriegsgrößen' in der Scheol[78], zu denen auch Pharao bzw. Ägypten hinabsteigen werden. Der Begriff קֶבֶר stellt darüber hinaus eine enge Verbindung zwischen Ps 88 und Ez 37,11-14 her, wo er gleich vier Mal zu finden ist (V. 12[2x].13[2x]).

– Die Parallele zwischen Ps 88,6 und Ez 37,11, die über die Verwendung des Verbs גזר im Nif'al, „abgeschnitten werden" (weitere Vorkommen: Jes 53,8; Klgl 3,54; 2 Chr 26,21), ist schon häufig beobachtet und besprochen worden, ohne dass man die beiden Texte Ps 88 und Ez 37,1-14 ‚als Ganze' miteinander ins Gespräch gebracht hat.[79] Die Rede vom „Abgeschnittensein" kann ‚absolut' gebraucht werden wie in Klgl 3,54 (BigS: „Wasser überfluteten mein Haupt: ich sprach: ‚Das war's [נִגְזָרְתִּי]), wobei auch hier von einem (kollektiven) Eingeschlossensein im Tod die Rede ist; in Jes 53,8; Ps 88,6 und 2 Chr 26,21 steht sie jeweils näher bestimmt durch das Wovon des Abgeschnittenseins: „vom Land der Lebenden"; „von deiner [JHWHs] Hand" bzw. „vom Haus JHWHs" (jeweils mit Präposition מִן). In Ez 37,11 hingegen wird, wortwörtlich, formuliert: „Unsere Knochen sind vertrocknet und verloren ist unsere Hoffnung, wir sind abgeschnitten für uns (נִגְזַרְנוּ לָנוּ)", wodurch nicht nur ein Dasein in der Sphäre des Todes, sondern die Totalität des Abgeschnitten- und Isoliertseins (von JHWH) im

---

76 חָלָל: Ez 32,20.21.22.23.24.25[3x].28.29.30[2x].31.32; קֶבֶר: Ez 32,22.23.25.26; שְׁאוֹל Ez 32,21.27.

77 Vgl. hierzu Strong: Shameful Death 2010. In Ez 32,17-32, so John T. Strong, „Ezekiel places Egypt in the very position where the exiles understood themselves to be" (a. a. O., 494), wie man an deren Statement in Ez 37,11 sehen könne. Die Texte müssten als miteinander verschränkt betrachtet werden; während Ez 32,17-32 „a shameful death for Egypt" voraussage, verspreche Ezechiel mit 37,1-14 „a new life full of honor for his own nation" (a. a. O., 475). Die Gegenüberstellung der Texte findet nicht zuletzt über das Wort קֶבֶר, „Grab", statt.

78 Drei weitere Belege für שְׁאוֹל, „Totenreich", finden sich in Ez 31 (V. 15.16.17), einem Text, in dem es (ebenfalls) um den (tödlichen) Sturz der Imperien Assyrien und Ägypten geht.

79 Vgl. z. B. Janowski: Die Toten 2003, 211; Olyan: Cut Off 2003; Schnocks: Rettung 2009, 94-96. Erich Zenger führt als Parallelstelle nur Jes 53,8 an (vgl. ders., Psalm 88 2000, 572).

Sinne völliger Beziehungslosigkeit potenziert zum Ausdruck gebracht ist:

„The expression נגזרנו לנו may suggest that exiled Judeans [...] are no longer the beneficiaries of Yhwh's covenant loyalty, that they cannot hope in his faithfulness, that they are forgotten by Yhwh, that they are unable to worship him, and that they will never return to their land."[80]

Über die Verwendung des Verbs גזר Nifʻal wird, so lässt sich dieser Befund deuten, zum einen (der Protest gegen) die Todesrealität aus Ps 88 in Ez 37,11 eingetragen; gleichzeitig wird, über die Verknüpfung mit Jes 52,13–53,12, Ez 37,1–14 und Klgl 3, Ps 88 auf die (Auseinandersetzung mit der) traumatische(n) Katastrophe von 587 v. Chr. hin transparent.

– Sowohl Ps 88 als auch das Ezechielbuch nennen den ‚überschießenden Zorn' JHWHs als Ursache für das aktuelle Erleiden des betenden Ichs bzw. des „Hauses Israel". Der erste ‚Zornbegriff', der in Ps 88 genannt wird, חֵמָה, ist nicht nur in der Ezechielerzählung sehr prominent (über 30 Belege), sondern kommt auch im Dritten Psalmenbuch gehäuft vor (vgl. Ps 76,11 [2x]; 78,38; 79,6; 88,8; 89,47)[81]. Der andere Begriff, der in Ps 88,17 für den Zorn JHWHs gebraucht wird, חָרוֹן, findet sich im Ezechielbuch nur zweimal (Ez 7,12.14), im Psalter noch in Ps 2,5; 58,10; 69,25; 78,49 und 85,4. Der große Unterschied zwischen Ps 88 und der Ezechielerzählung ist, dass Letztere mit Vehemenz darauf besteht und den Lesenden nahe zu bringen versucht, dass der (emotional aufgeladene) Zorn JHWHs Reaktion auf das (verkehrte) Handeln bzw. Nicht-Handeln des Volkes ist, während Ersterer diesem Zorn gleichsam verständnislos gegenübersteht, jedenfalls dessen Ursache nicht dem betenden Ich zu-schreibt.

– Eine erstaunliche Gemeinsamkeit zwischen Ps 88 und Ez 37,1–14 ist das Momentum der Frage. „Mensch, werden diese Knochen leben?", fragt JHWH Ezechiel (Ez 37,3a), nachdem er:sie den Propheten über das Totenfeld mit den sehr vielen, sehr trockenen Knochen geführt hat. Auffällig ist, dass diese Frage, die – ohne die Anrede – in der Form den in Ps 88,11–13 stehenden Fragen sehr ähnlich ist, JHWH selbst in den Mund gelegt wird. Ezechiel antwortet: „JHWH, mächtig über allen, du, du weißt es" (Ez 37,3b), und unter den Ausleger:innen der

---

80 Olyan: Cut Off 2003, 51.
81 Weitere Belegstellen für חֵמָה im Psalter sind: 6,2; 38,2; 59,14; 90,7; 106,23.

Textpassage wird kontrovers diskutiert, ob diese Antwort ein ‚klares Nein' bedeutet, ob sie ausweichend oder ob sie angemessen ist.[82] Vor dem Hintergrund der ‚Nähen' zwischen Ps 88 und Ez 37,1–14 möchte ich dieses Erzählmoment dahingehend deuten, dass JHWH die Fragen aus Ps 88,11–13 gehört, als direkte Fragen wahrgenommen hat – und sie nun tatächlich zu seiner:ihrer *eigenen Sache* macht. Die Antwort des Propheten, die durch ein betontes „Du" geprägt ist, entspricht dem. Wenn Gott (sich) selbst solche Fragen stellt wie in Ps 88,11–13 das betende Ich, so könnte darin eine weitere Leseweise für den Psalm als Ganzes anklingen – dass nämlich Ps 88 auch als Zwiesprache, als Ringen JHWHs mit und in sich selbst gehört werden kann.

4. Der Zusammenhang von Psalm 88 und Ezechiel 37,1–14

Das oben zu Ps 88, Ez 37,1–14 und zu den Zusammenhängen der beiden Texte Herausgearbeitete lässt m. E. den Schluss zu, dass sich Ez 37,1–14 mit den in Ps 88,11–13 gestellten Fragen auseinandersetzt – und sie damit als wirkliche (und nicht: rhetorische) Fragen erweist, die um Gottes und der Menschen willen mit „Ja" beantwortet werden müssen. An der Stelle des kurzen, von JHWH zitierten Ausspruchs in Ez 37,11 könnte auch der als Klage eines kollektiven Ichs begriffene Ps 88 stehen.

Der Zusammenhang zwischen den beiden Texten ist dabei aus meiner Sicht nicht nur ein „ideengeschichtlicher", sondern, dafür sprechen nicht zuletzt die oben aufgezeigten begrifflichen Parallelen, ein literarisch-theologischer. Sowohl in Ps 88 als auch in Ez 37,1–14 werden ‚endgültiger Tod' und ‚erdrückende Not' gleichermaßen als Todesmacht beschrieben und bewertet; dabei erscheint das mit tödlicher Gewalt ringende betende Ich in Ps 88 als *schon* endgültig tot, das physisch bereits zum Kriegsheer ‚auferstandene' „Haus Israel" als *noch* endgültig tot. Das „Wunder an den Toten" kommt, dies wird in Ez 37,1–14 eindrücklich deutlich, nicht in rein physischer Wiederbelebung in vormalige Zustände zum Ziel, sondern in JHWHs Rettungshandeln an seinem:ihrem Volk, das

---

82 Vgl. Eynde: Interpreting 2001, 154f.

als neuer Exodus ins Bild gesetzt und als *qualitativ* neues Leben, als dauerhafter „Bund des Friedens" zwischen JHWH und seinem:ihrem Volk ausgemalt wird (vgl. Ez 37,15–28).

Warum wird erzählt, dass JHWH ‚Hand an die Gräber legt' bzw. in die – ihm eigentlich ‚widerstrebende' – Sphäre des Todes, der Verstorbenen und Getöteten eingreift? Im Hintergrund stehen m. E. nicht nur allgemein Entwicklungen hin zur „radikalen Alleinverehrung des israelitischen Gottes"[83] bzw. zum Monotheismus, sondern vor allem die Inszenierung JHWHs als Täter:in der Exilskatastrophe und die Motivik des göttlichen Zorns als ‚Motor' für JHWHs auf den ersten Blick rein destruktives Handeln (vgl. auch Klgl 2). Dass man Gott an die Gräber vor allem der Opfer der Kriege gehen lässt, ist beides zugleich, Folge von und trotziger Widerstand gegen die traumatisierende Katastrophe von 587 v. Chr. als Schreckensereignis in der Geschichte des Volkes wie in den Lebensgeschichten der Einzelnen. Vielleicht ist es auch ein Aufschrei für die zahllosen unschuldigen Opfer, die bei der Deutung der Katastrophe als Gericht über die politischen, religiösen und wirtschaftlichen Eliten zum Schweigen gebracht werden und verschwiegen zu werden drohen. Wo der Zorn Gottes als ursächlich für das Ausgeliefertsein an die Sphäre des Todes angenommen wird und noch mehr dort, wo das „Haus Israel" sich selbst bzw. seine Führung als verantwortlich für JHWHs Zorn beschreibt, wirft das Fragen auf, denen JHWH sich stellen muss, wenn er:sie Israels Gottheit ist und bleiben will.

5. Ausblick: Das ‚Versprochensein' von Psalm 88 und Ezechiel 37,1–14 in Matthäus 27,45–66[84]

In der Passionserzählung des Matthäusevangeliums sind sowohl das in Ps 88 alles bestimmende Motiv der Finsternis (Mt 27,45; Ps 87,7.13 [LXX]) als auch verschiedene Motive aus Ez 37,1–14 präsent.

Als (kreative) Aktualisierung der Erzählpassage aus dem Ezechielbuch erweist sich dabei vor allem der Abschnitt Mt 27,50–53 (*BigS*): „Jesus aber rief noch einmal mit lauter Stimme und gab den Lebensgeist auf.

---

83 Crüsemann: Wahrheitsraum 2011, 279.
84 Vgl. Huppert: Israel 2016, 283–293.

Und seht, der Vorhang des Tempels riss von oben bis unten in zwei Teile, die Erde bebte und die Felsen barsten, die Gräber öffneten sich und viele Leiber der entschlafenen Heiligen standen auf. Nach seiner Auferstehung gingen sie aus den Gräbern heraus und kamen in die heilige Stadt und erschienen vielen Menschen." Mit etwas anderen Worten: Im Moment seines Todes schreit Jesus noch einmal laut auf (vgl. Ps 87,2.10.14 [LXX]) und „lässt die Geistkraft heraus", die damit, wie in Ez 37,1–14 im Wort des Propheten, herbeikommt, gegenwärtig wird. Wie in Ez 37,7 geschieht ein Erdbeben, wie in Ez 37,12 öffnen sich die Gräber bzw. öffnet JHWH die Gräber – „und viele Körper der verstorbenen Heiligen werden aufgeweckt/stehen auf". Das aber heißt dann auch, dass die Auferstehung der „Vielen" – vielleicht auch: des kriegstoten „Hauses Israel"[85] – vor der Auferstehung Jesu geschieht und dass auch die Auferstehung Jesu ein *kollektives Geschehen* ist![86]

Literatur

Bail, Ulrike u. a. (Hrsg.): Bibel in gerechter Sprache, Gütersloh ⁴2011 [BigS].
Barth, Christoph: Die Errettung vom Tode in den individuellen Klage- und Dankliedern des Alten Testaments, Zürich 1947, 2. Aufl. hg. v. Bernd Janowski, Zürich 1987.
Baumgart, Norbert Clemens: Vom Tod mitten im Leben zum Leben nach dem Tod: Zu einer Grenzüberschreitung im Psalter, ThG 56 (2013), 98–118.
Berges, Ulrich: Schweigen ist Silber – Klagen ist Gold. Das Drama der Gottesbeziehung aus alttestamentlicher Sicht mit einer Auslegung zu Ps 88, Münster u. a. 2003.
Butting, Klara: Von Auferweckung erzählen, Junge Kirche 1/2021 (82), 40–42.
– Erbärmliche Zeiten – Zeit des Erbarmens. Theologie und Spiritualität der Psalmen, Uelzen 2013.
Cole, Robert L.: The Shape and Message of Book III (Psalms 73–89), LHB/OTS 307, Sheffield 2000.
Crüsemann, Frank: Das Alte Testament als Wahrheitsraum des Neuen. Die neue Sicht der christlichen Bibel, Gütersloh 2011.

---

[85] Hierzu passt, dass das Babylonische Exil im Matthäusevangelium als ‚gewichtiges' Datum erscheint (vgl. Mt 1,11.12.14[2x]).
[86] Dass die schon auferweckten Heiligen erst nach Jesu Auferweckung aus den Gräbern herausgehen und in der heiligen Stadt ‚in Erscheinung treten', lässt sich im Sinne der Solidarisierung der Vielen mit dem Todeskampf des Messias deuten.

- Rhetorische Fragen!? Eine Aufkündigung des Konsenses über Psalm 88,11–13 und seine Bedeutung für das alttestamentliche Reden von Gott und Tod, BibInt 11 (2003), 345–360.
- Crüsemann, Frank / Crüsemann, Marlene: Art. Tod, in: Frank Crüsemann u. a. (Hrsg.), Sozialgeschichtliches Wörterbuch zur Bibel, Gütersloh 2009, 586–589.
- Eberhardt, Gönke: JHWH und die Unterwelt. Spuren einer Kompetenzausweitung JHWHs im Alten Testament, FAT II 23, Tübingen 2007.
- Eynde, Sabine van den: Interpreting ‚Can These Bones Come Back to Life?' in Ezekiel 37:3: The Technique of Hiding Knowledge, OTE 14,1 (2001), 153–165.
- Fieger, Michael / Krispenz, Jutta / Lanckau, Jörg: Art. Licht versus Finsternis, in: dies. (Hrsg.), Wörterbuch alttestamentlicher Motive, Darmstadt 2013, 305–307.
- Groß, Walter: Gott als Feind des einzelnen? Psalm 88, in: ders., Studien zur Priesterschrift und zu alttestamentlichen Gottesbildern, SBAB 30, Stuttgart 1999, 159–171.
- Hossfeld, Frank-Lothar: Psalm 89, in: ders. / Zenger, Erich: Psalmen 51–100, HThKAT, Freiburg / Basel / Wien 2000, 576–601.
- Huppert, Ruth: Israel steht auf. Eine Studie zu Bedeutung und Funktion von Ez 37,1–14 im Buch Ezechiel, Berlin 2016.
- Janowski, Bernd: Die Toten loben JHWH nicht. Psalm 88 und das alttestamentliche Todesverständnis, in: ders., Der Gott des Lebens. Beiträge zur Theologie des Alten Testaments 3, Neukirchen-Vluyn 2003, 201–243.
- Janzen, David: The Violent Gift: Trauma's Subversion of the Deuteronomistic History's Narrative, LHB/OTS 561, New York / London 2012.
- Kraus, Hans-Joachim: Psalmen 2. Teilband: Psalmen 64–150, BKAT XV/2, Neukirchen-Vluyn ⁴1972.
- Kühlewein, Johannes: Art. גבר gbr überlegen sein, THAT I (⁶2004 [1971]), 398–402.
- Millard, Matthias: Art. Psalter, in: Das wissenschaftliche Bibellexikon im Internet 2013 (2007), aufgerufen am 27.1.2023.
- Müller, Karlheinz: Das Weltbild der jüdischen Apokalyptik und die Rede von Jesu Auferstehung, BiKi 52 (1997), 8–18.
- Olyan, Saul M.: Unnoticed Resonances of Tomb Opening and Transportation of the Remains of the Dead in Ezekiel 37:12–14, JBL 128,3 (2009), 491–501.
- ‚We Are Utterly Cut Off': Some Possible Nuances of נגזרנו לנו in Ezek 37:11, CBQ 65 (2003), 43–51.
- Poser, Ruth: Das Ezechielbuch als Trauma-Literatur, VTS 154, Leiden / Boston 2012.
- Rashi's Commentary on Psalms, by Mayer I. Gruber, Leiden / Boston 2004.
- Schiller, Johannes: „Für die Toten wirst du ein Wunder tun?" Randbemerkungen zur Interpretation von Ps 88,11–13, PzB 14,1 (2005), 61–66.
- Schlegel, Juliane: Psalm 88 als Prüfstein der Exegese. Zu Sinn und Bedeutung eines beispiellosen Psalms, BThSt 72, Stuttgart 2005.
- Schnocks, Johannes: Psalmen, Paderborn 2014.
- Rettung und Neuschöpfung. Studien zur alttestamentlichen Grundlegung einer gesamtbiblischen Theologie der Auferstehung, BBB 158, Göttingen 2009.
- Strong, John T.: Egypt's Shameful Death and the House of Israel's Exodus from Sheol (Ezekiel 32.17–32 and 37.1–14), JSOT 34 (2010), 475–504.

Thornhill, A. Chadwick: A Theology of Psalm 88, EQ 87,1 (2015), 45–57.
Wendland, Ernst R.: ‚Darkness is My Closest Friend' (Ps 88:18b): Reflections on the Saddest Psalm in the Psalter, VE 37 (2016), 1–7.
Witte, Markus: III. Schriften (Ketubim), in: Jan Christian Gertz (Hrsg.), Grundinformation Altes Testament. Eine Einführung in Literatur, Religion und Geschichte des Alten Testaments, Göttingen ⁴2010, 413–534.
Zenger, Erich: Psalm 88, in: Hossfeld, Frank-Lothar / Zenger, Erich: Psalmen 51–100, HThKAT, Freiburg / Basel / Wien 2000, 563–576.

Zwischen dem Sturz der Mächtigen und der Praktizierung von Feindesliebe – Aushandlungen über (göttliche) Gewalt im Lukasevangelium

Carsten Jochum-Bortfeld

1. Vernichtung der Feinde oder eine Heilszeit ohne Exklusion?

Der Zusammenhang von Unterdrückung und göttlicher Gewalt, die das Erlittene kompensiert und die Gewalttäter bestraft – das ist ein wichtiges Themenfeld der theologischen Diskussionen zu prophetischen und apokalyptischen Texten des Alten und Neuen Testaments. Gottes Handeln für leidende Menschen ereignet sich in einigen Texten der Bibel in Form von Gewalt, deren Urheber Gott ist. Auch die Vorstellung der zukünftigen Heilszeit ist in einigen biblischen Texten von Gewalt, die von Gott ausgeht, geprägt.

Jürgen Ebach stellt mit Blick auf Offb 21,1-8 fest, dass der friedvolle Ort der neuen Schöpfung „durch die Ausgrenzung des Bösen erzwungen"[1] wird. Den „Feigen, Treulosen, Abscheulichen, die morden, ... den Götzen dienen" (Offb 21,8; vgl. 20,13-15) wird der zweite endgültige Tod angekündigt. Auf dem Weg in die neue Schöpfung kommt es vorher zum Endkampf zwischen widergöttlichen Mächten und seiner irdischen Anhänger und dem Messias Gottes und den himmlischen Herren (Offb 19,11-21). In Jes 65,25 hat die Schlange keinen Platz in der neuen Schöpfung. Demgegenüber spricht Jes 11,6-8 mit Blick auf die Heilszeit und das Wirken des Geistgesalbten nicht von der „Ausrottung" gewalttätiger Tiere, sondern von deren „Konversion"[2]: Der Löwe frisst Stroh, und die

---

[1] Ebach: Ursprung 1986, 81, Anm. 277.
[2] Ebach: Ursprung 1986, 80.

Schlange stellt für ein spielendes Kind keine Gefahr dar. Sie sind Teil der neuen Welt Gottes. Gerade das Gegenüber von Jes 11 und 65 zeigt, dass innerhalb eines prophetischen Buches auf der literarischen Ebene eine Diskussion darüber geführt wird, ob und inwieweit die Heilszeit von Gewalt und Ausschluss geprägt ist. Die Offb positioniert sich mit ihrer Rezeption von Jes 65 in dieser Diskussion eindeutig und steigert die ausgrenzenden Elemente von Jes 65. Gerade bei der Offb hat dies mit der Gewalt zu tun, die den Alltag im römischen Reich durch und durch prägt. Auf solch ein gewalttätiges Imperium reagieren biblische Texte wie die Offb mit Vorstellungen, dass Gott all dem ein Ende setzen wird, und zwar mit Gewalt.

Dennoch zeigt die Diskussion zwischen Jes 11 und 65, dass die Frage, welche Rolle Gewalt und Ausgrenzung bei der Vorstellung der Heilszeit spielen, von diesen Texten unterschiedlich beantwortet wird.

In diesem Beitrag soll dieser alttestamentliche Impuls aufgenommen und für die Auslegung des Lk-Ev. fruchtbar gemacht werden. Wie reagieren Texte des Lk-Ev. auf die von Menschen zugefügte Gewalt? Ein kurzer Blick ins Evangelium zeigt, dass beide anhand von Jes 11 und 65 aufgezeigten Optionen im Lk-Ev. vorhanden sind: Gott stürzt die Mächtigen vom Thron (Lk 1,52). Den Reichen wird es am Ende schlecht ergehen (Lk 6,24; 16,23). Gleichzeitig wendet sich Jesus in Lk 9,55 gegen eine Vernichtung derjenigen, die Jesus und seine Schüler:innen ablehnen. Der Weg in Gottes Welt, auf dem die Nachfolgegemeinschaft unterwegs ist, ist aus Perspektive von Lk 9,55 kein Weg der Gewalt. Das Lk-Ev. vereint beide Richtungen und eröffnet damit einen Diskussionsraum über die Bedeutung von göttlicher Gewalt als Reaktion auf menschliche Gewalt, die Menschen unterdrückt und vernichtet. Diese Diskussion verstehe ich als Teil eines theologischen Reflexionsprozesses innerhalb der Gruppen, die das Lk-Ev. geschrieben hatten bzw. für die es geschrieben worden war. Eine solche Diskussion gehört für mich zu den Prozessen, die Warren Carter als Aushandlungsprozesse innerhalb der messianischen Gemeinschaften versteht. Anlass und Gegenstand dieser Aushandlungen ist die grundsätzliche Frage:[3] Wie können die Gemeinschaften, die im Gott Israels und seinem Messias Jesus die alles bestimmenden Größen sehen, im römischen Reich leben und überleben, in einem Imperium, dessen Alltag von anderen Regelwerken bestimmt wird als von den Weisungen Gottes und seines

---

3 Vgl. u. a. Carter: John 2008, 11–15.

Messias? Für Carter geht es dabei nicht um den Gegensatz von Widerstand und Anpassung. Vielmehr hat er die vielfältigen Alltagspraktiken im Blick, mit denen die Anhänger:innen Jesu versuchten, im Imperium zu überleben und gleichzeitig ihre Distanz (und ihren Widerstand) gegen imperiale Ausbeutung und Unterdrückung mit Leben zu füllen. Dabei stand dann natürlich die Frage nach einer Anpassung an das Imperium und seinen Regelwerken im Raum, um nicht Opfer staatlicher Verfolgung zu werden.

Die Vorstellung, dass Gott sich mit Gewalt gegen menschliche Imperien durchsetzen wird, kann als Übernahme imperialer Logik verstanden werden. Das römische Reich basierte auf dem Grundsatz, dass Gegner zu besiegen waren und Feinde, die nicht zur Unterwerfung bereit waren, vernichtet werden mussten.[4] Genau diese mögliche Übernahme imperialer Gewaltlogik steht in dem theologischen Reflexionsprozess des Lk-Ev. zur Diskussion. Denn die Rezeption dieser Gewaltlogik stellt eine besondere Form von Anpassung an das Imperium dar.[5]

Demgegenüber stehen Texte und Traditionen, die den Weg in Gottes Welt (*basileia tou theou*) nicht durch Exklusion und Vernichtung der Anderen geprägt sehen. Solche Texte werden sich aber im Kontext der Erfahrungswelt des Lk-Ev. die Frage stellen müssen: Befindet sich die kommende Welt Gottes nicht in einem radikalen Gegensatz zu den gegenwärtigen Imperien? Muss das römische Reich mit seinen Gewaltstrukturen nicht erst verschwinden, bevor Gottes neue Welt erfahrbar ist?

Das Nebeneinander dieser Texte im Lk-Ev. verstehe ich als eine Auseinandersetzung mit diesen Fragen, als ein Ringen darum, wie der Glaube an den einen Gott im Imperium Romanum gelebt werden kann.

---

4 Vgl. Mattern: Rome 1999, 171–194.
5 Davina Lopez versteht z. B. die Offenbarung des Johannes als einen Text, der in seiner monumentalen Bildwelt imperiale Logiken von Siegen und Unterwerfen übernimmt (Victory 2016, 294–295).

2. Göttliche Gewalt gegen menschliche Herrschaft

Texte wie Lk 1,51–53; 6,24–26; 16,25 haben eine klare Vorstellung von der von Gott kommenden Zukunft: Mächtige und Reiche werden in der Zukunft die Konsequenzen ihres jetzigen Lebenswandels ertragen müssen. Gerade die Weherufe aus der lk. Feldrede malen eine Umkehrung der Verhältnisse aus: Die Satten werden hungern müssen, für die Reichen wird es trostlos werden. Die Mächtigen und Reichen werden nicht einfach so weiterleben können, denn in der Perspektive des Lk-Ev. ist deren Reichtum die Ursache für die Armut vieler.[6] Lk 16,19–21 schildert den namenlosen Reichen als jemanden, der in seinem Luxus die Not vor seiner Haustür (in Gestalt des Bettlers Lazarus) vollständig ausblenden kann.

In ihrem Psalm singt Maria vom Gott Israels, der die Mächtigen von ihren Thronen stürzt und die Reichen leer ausgehen lässt. Maria verweist in Lk 1,48 auf ihre „Erniedrigung". *Tapeinosis* meint im Kontext des Liedes nicht Demut vor Gott oder Menschen. Lk 1,46–55 benennt gesellschaftliche Gruppen (Hochmütige, Mächtige, Reiche), die andere ausbeuten und erniedrigen.[7] Der Text lässt Maria nicht demütig gegenüber Gott auftreten, sondern als Opfer gesellschaftlicher Erniedrigung und ruft so die Erfahrungen von Gedemütigten hervor, Erfahrungen, die insbesondere Versklavte und viele andere aus der Unterschicht im Imperium machen mussten. Sie litten unter extrem ungleichen Macht- und Besitzverhältnissen. Ihre Körper wurden ausgebeutet, damit die Oberschicht ihren Reichtum und ihre Macht erhalten und vergrößern konnte.

Genau dies muss, damit diese Erniedrigten eine heilvolle Zukunft haben können, ein Ende haben. Es wäre eine Katastrophe, wenn es immer so weiterginge. Deswegen singt Maria davon, dass Gott die Herrscher und Ausbeuter aus ihren mächtigen Positionen vertreibt. Der lk. Text formuliert die Aussagen jeweils in einer Vergangenheitsform (Aorist). Gottes Handeln wird nicht erst für die Zukunft erwartet, sondern die Gegenwart

---

6 Vgl. Stegemann: Solidarität 2000, 90–99. Wolfgang Stegemann geht davon aus, dass in der Vorstellung antiker Menschen alle Güter nur in einem begrenzten Umfang zur Verfügung standen: Wer viel besaß und dies allein für sich beanspruchte, enthielt diese Güter anderen vor.
7 Vgl. Wengst: Demut 1987, 78f; Schottroff: Schwestern 1994, 279–283.

muss in der Perspektive des bereits gesehenen Eingreifens Gottes gesehen werden: Gott *hat* die Mächtigen vom Thron gestürzt. Auch wenn im römischen Reich die Herrscher noch ungestört auf ihren Thronen sitzen können, versteht Marias Lied die Gegenwart anders. „Die Erniedrigten und Gedemütigten, die dieses Protestlied als ihr Lied übernehmen und anstimmen, erfahren sich damit als solche, denen Gott den Rücken stärkt, so daß sie jetzt schon aufrecht gehen können."[8]

Eine heilvolle Zukunft kann es in der Perspektive des Lk-Ev. für die Erniedrigten nur geben, wenn den Herrschenden ihre Machtstellung genommen wird. Ein freiwilliges Räumen ihrer Position ist nicht zu erwarten. Die Mächtigen taten im Imperium alles, um ihren Status mit Gewalt zu erhalten.

Wenn die Herrschenden weiter Menschen erniedrigen können – das ist auch eine grundlegende Anfrage am Gottsein Gottes. Lk 1,47 versteht Gott als den, der Erniedrigte rettet, Lk 1,68 spricht vom befreienden Gott (vgl. Lk 1,71.74). Die Verheißungen dieses Gottes (u. a. Lk 1,78f) stehen in Frage, wenn die Mächtigen weiterhin ihre Herrschaft ungehindert ausüben können und Menschen aus der Unterschicht Opfer ihres Handelns werden. Diese Opfer werden verhöhnt, so kann man den Psalm der Maria auch hören, wenn der Herrschaft der Gewalttätigen kein Ende gesetzt wird.

3. Göttliche Gewalt und imperiale Logik

Die Zerstörung menschlicher Herrschaft, die Menschen erniedrigt und tötet, ist ein aus der Perspektive des Lk-Ev. notwendiger Schritt. Aber damit verbleiben die Vorstellungen des Lk-Ev. innerhalb imperialer Gewaltlogik. Es gehörte zu den Konstanten römischer Herrschaft, dass Gegner, äußere wie innere, zu bekämpfen und zu vernichten sind. Vergils „Die Unterworfenen schonen und die Hochmütigen niederkämpfen" (parcere subiectis et debellare superbos) (Verg. Aen. 6,853) ist eine treffende Charakterisierung des Selbstverständnisses römischer Herrschaft: Diejenigen, die den eigenen Machtinteressen entgegenstehen und sich der Un-

---

8 Wengst: Demut 1987, 79.

terwerfung widersetzen, werden gewaltsam niedergekämpft und vernichtet. Die römischen Feldzüge gegen die Aufstände in Germanien (nach der Schlacht bei Kalkriese 9 n. Chr.) und in Galiläa und Judäa ab 66 n. Chr. sind markante Beispiele für diese imperiale Gewaltlogik. Beide Feldzüge haben aus heutiger Sicht Züge eines Genozids (vgl. u. a. Tac. ann. 1,51). Die Aufzählung der getöteten Gegner gehört zum Standardrepertoire römischer Feldzugschilderungen (vgl. u. a. Caes. Gall. 4,16,3; Ios. Bell. Jud. 6,420). Römische Herrschaft gewinnt in der Unterwerfung äußerer Gegner Gestalt: Kaiser wie Claudius und Trajan unternahmen Feldzüge, um sich als erfolgreiche Feldherren und somit als wahre römische Herrscher zu inszenieren. Vespasian und Titus versuchten mit dem erfolgreichen Feldzug in Israel den legitimen Anspruch auf die Kaiserwürde zu untermauern. Dieses Niederringen der Gegner fand in verschiedener Art und Weise auch seinen bildlichen Ausdruck in der Öffentlichkeit.[9]

Thematisiert das Lk-Ev. diese Gewaltlogik des Imperiums? In Lk 19,11ff wird das Gewalttätige menschlicher Herrschaft herausgestellt. In dem Gleichnis wird keine Geschichte erzählt, die einen positiven Bezug zu Gottes Welt (*basileia tou theou*) darstellt. Vielmehr schildert die Geschichte im krassen Gegenüber zu Gottes Welt die Gewalttätigkeit antiker Herrschaft: Sklaven verwalten Teil des Besitzes ihres Herren in seinem Auftrag und machen dabei große Gewinne, während ihr Herr außer Landes geht, um sich zum König machen zu lassen. Bei zwei Sklaven wird von der Verzehn- bzw. Verfünffachung des anvertrauten Geldes gesprochen (19,16.18). Zur Belohnung für diesen Erfolg werden sie als Verwalter über Städte eingesetzt, über die ihr Herr nach Erlangung der Königswürde regiert. „Nun können die Sklaven im großen Stil wiederholen, was sie im Kleinen erfolgreich getan haben: Leute und Land ausbeuten, um den Reichtum ihres Herren zu vermehren".[10] Schottroff verweist in diesem Zusammenhang auf die Schilderung der Regierung des Archelaos bei Josephus. Dort ist von einer rigiden und gewalttätigen Eintreibung der Abgaben durch die Sklaven des Archeloas die Rede (Ios. ant. 17,11,1–2).

---

9 Vgl. Mattern: Rome 1999, 194–202. Der Feldzug des Claudius gegen Britannien (43–51 n. Chr.) fand u. a. in einem Relief am Sebasteion in Aphrodisias seinen bildlichen Ausdruck. Münzen vom Iudaea-Capta-Typ und der Titusbogen repräsentieren den römischen Sieg in Judäa. Die Trajansäule steht für die Eroberung Dakiens (101–106 n. Chr.). Vgl. insb. Penner/Lopez: De-Introducing 2015, 150–160.
10 Schottroff: Gleichnisse 2005, 243.

Der letzte Sklave wird als jemand geschildert, der in diesen imperialen Regelwerken von Unterdrückung und Gewalt nicht mitspielt. Seine Worte über den Herren (Lk 19,21) machen deutlich, dass er seine Herrschaft als gewalttätig einschätzt.

In der Erzählung spielen die Einwohner des Landes eine wichtige Rolle. Sie tragen die Folgen der rigiden Verwaltung der Sklaven; sie stehen in Opposition zu dem Mann, der König werden will und wenden sich öffentlich gegen sein Vorhaben (Lk 19,14). Der frisch gekrönte König rächt sich dafür und lässt, ganz im Sinne imperialer Logik, seine Gegner vor ihm abschlachten (Lk 19,27).

Mit dem Gleichnis stellt das Lk-Ev. klar, wie die Welt, die von Rom und seinen Helfershelfern beherrscht wird, aussieht: Sie ist geprägt von Ausbeutung, Unterdrückung und Gewalt. Dazu geht das Lk-Ev. auf Distanz.

Wie eingangs schon erwähnt, wendet sich Lk 9,51–56 kritisch gegen Gewalt, die auf Ablehnung und Zurückweisung reagiert. Als Bot:innen Jesu in einem samaritanischen Dorf keine Aufnahme finden und zurückgewiesen werden, wollen Jakobus und Johannes darauf mit Vernichtung reagieren: „Du Herr, willst du, dass wir sagen: Feuer komme vom Himmel herab und verbrenne sie?" (Lk 9,54) Jesus weist dieses Ansinnen zurück. Für Lk 9 folgt aus der Ablehnung in dem samaritanischen Dorf nicht notwendigerweise Gewalt. Die Samariter:innen werden nicht zu Feinden gemacht, die man berechtigterweise bekämpfen darf. Damit stellt sich das Lk-Ev. gegen die imperiale Grundkonstante, dass Ablehnung als Ausdruck von Feindschaft zu bewerten ist, und dass solche Feinde zu bekämpfen sind.[11]

In einem nächsten Schritt werde ich darlegen, wie das Lk-Ev. seine Vorstellung vom Weg in Gottes Welt ausgestaltet und inwieweit dabei Gewalt thematisiert wird. Dabei lege ich den Fokus zunächst auf einen markanten Punkt dieses Weges – Jesu Auftritt in der Synagoge in Nazareth. Innerhalb des Lk-Ev. hat dieser Auftritt programmatische Bedeutung für die Botschaft Jesu von Gottes Welt.

---

11 Levine / Witherington III: Luke 2018, 269: „One does not respond to a lack of hospitality with napalm." Demgegenüber ließ der römische Konsul Lucius Mummius im Auftrag des Senats 146 v. Chr. Korinth nach der Vernichtung der achäischen Heeres und der kampflosen Einnahme der Stadt plündern und den Erdboden gleichmachen. Die überlebenden Einwohner wurden allesamt versklavt (vgl. Blösel: Republik 2015, 131).

4. Die frohe Botschaft für die Armen

Der Aufbau von Lk 4 ist für das Verständnis der Szene in der Synagoge in Nazareth wichtig. Nach der Taufe durch Johannes am Jordan (Lk 3,21–22) geht Jesus angetrieben vom Geist Gottes in die Wüste, wo er Satan begegnet und von diesem dreimal geprüft wird. Satan steht in Beziehung zu den Reichen der Erde. Er verfügt über sie; er bietet sie Jesus an, wenn dieser vor Satan die Knie beugt. Jesus widersteht dem Angebot, die Weltherrschaft zu übernehmen. Als vom Geist Erfüllter kann er Satan standhalten. Der Geist Gottes ist hier eine qualitativ andere Kraft als die, die sich in den Reichen der Menschen realisiert, und auch als die, die in Satan Wirklichkeit wird. Ein wichtiger Aspekt von Lk 4 ist, dass Jesus in Opposition zum imperialen Prinzip, über andere herrschen zu wollen, steht.

So inhaltlich profiliert geht Jesus in den Synagogengottesdienst in Nazareth und liest dort aus den prophetischen Schriften vor. In dem Mischzitat aus Jes 58,6 und 61,1–2, das Jesus in Lk 4,21 auf sich bezieht, spielt die Geistkraft Gottes eine zentrale Rolle. Als von der Geistkraft Gesalbter und Gesandter ruft Jesus die frohe Botschaft für die Armen, das Gnadenjahr Gottes, aus.

Das *euangelion* (die frohe Botschaft) für die Armen, genauer für die Bettelarmen (*ptochoi*),[12] bildet eine Art Überschrift für das Weitere. Ab Lk 4,18b wird deutlich, worin die frohe Botschaft besteht: Freilassung der Gefangenen, Heil für die Blinden, Befreiung der Zerschlagenen bzw. Unterdrückten und das Gnadenjahr Gottes.

Mit Gefangenen sind neben Kriegsgefangenen politische Gefangene wie Johannes (Lk 3,20) und insbesondere Schuldsklav:innen gemeint. Das in Lk 4,18 gebrauchte Wort *afesis* (Freilassung) taucht auch in Texten zur Entlassung aus der Schuldsklaverei auf (Lev 25,10.11.13 u. ö. LXX; Dtn 15, 14 u. ö. LXX).[13] Die Gefangenen, die in Lk 4 freikommen sollen, sind Opfer der wirtschaftlichen und politischen Strukturen dieser Zeit. Die Politik Roms und seiner lokalen Klienten versklavt Menschen, genauso wie die allgegenwärtige Verschuldung im antiken Wirtschaftssystem Menschen

---

12 Vgl. Stegemann / Stegemann: Sozialgeschichte 1995, 91–92.
13 Vgl. Schiffner: Lukas 2008, 306–307.

die Freiheit nahm. Nach Stegemann / Stegemann kennzeichnen „Verschuldung und Enteignung" das Leben Israels unter römischer Herrschaft.[14] Die frohe Botschaft bedeutet für Lk 4 auch Heil für Blinde, ein weiteres Zitat aus dem Buch Jesaja (Jes 35,4).[15] Das dritte Element der frohen Botschaft für die Armen ist, dass die Zerbrochenen und Zerschlagenen frei sein werden. Das Evangelium spricht hier nicht abstrakt von Unterdrückung, sondern versucht den körperlichen Erfahrungen von Unterdrückten einen sprachlichen Ausdruck zu geben. Das Verb *thrauo* wird häufig verwendet, um die Gewalt des Gottes Israels zum Ausdruck zu bringen. In Ex 15,6 LXX zerschmettert die rechte Hand Gottes die Armee des Pharaos. Die in Lk 4 verwandte Passivform hebt das Erleiden und die Folgen gewalttätigen Handelns hervor.

Lk 4,21 gipfelt in der Ausrufung des Erlassjahres Gottes, ein Verweis auf Lev 25,10. Damit wendet sich das Lk-Ev. wieder dem Thema Verschuldung zu. In Lev 25,10 geht es um einen Schuldenerlass (vgl. Jer 34,8.15), ein Versuch Verschuldungsmechanismen durch einen Erlass der Schulden und Freilassung der Schuldsklav:innen zu unterbrechen.[16]

In der Verbindung von Texten und Traditionen aus Tora und den prophetischen Schriften entwickelt Lk 4 eine Vorstellung vom Wirken des Messias Jesus. Es bezieht sich auf die konkrete Situation der Menschen, die unter Gewalt in vielfältiger Hinsicht leiden. Genau davon sollen sie befreit werden.

Levine / Witherington sehen in Lk 4 nur einen schwachen Bezug zur Jobel-Jahr-Tradition: „Nothing else in Luke's Gospel suggests attention to the economic issues so paramount in the Jubilee Tradition. No slaves are

---

14 Stegemann / Stegemann: Sozialgeschichte 1995, 107. Vgl. auch Kippenberg: Typik 1977, 29–44.
15 Aus einer disabiltiy-kritischen Perspektive lassen sich in Jes 35 und Lk 4 problematische Vorstellungen finden: Bedeutet erst körperliche Heilung Anteilhabe am eschatologischen Heil? Krankheit und Behinderung wären bei einer solchen Sicht etwas, was nicht zur Heilszeit gehört und sich im Gegensatz zu ihr befindet. In Bezug auf Jes 35,4 überlegt Watts Belser, ob durch die göttliche Heilung die Folgen imperialer Gewalt (durch Kriege verwundete und verstümmelte Menschen) beseitigt werden sollen (Violence 2015,187–188). Mit Blick auf Lk 4 wäre darüber nachzudenken, ob der Zusammenhang von Krankheit / Behinderung und sozialer / wirtschaftlicher Situation für das Lk-Ev. eine Rolle spielt.
16 Vgl. Kessler: Weg 2017, 376.

remitted; ..., no monetary debts are forgiven."[17] Diese kritische Anfrage hilft zu klären, wie die von Jesus angekündigte Befreiung auf der Ebene des Lk-Ev. Realität wird. Dabei wird deutlich, wie sehr hier die Vorstellung von göttlicher Gewalt, die Menschen rettet und ins Recht setzt, in den Hintergrund tritt.

5. Lk 6,27–36 – eine Auslegung des Gebotes der Feindesliebe

Das Lk-Ev. hat zwar nicht die konkrete Freilassung von Versklavten oder die Aufhebung von Schulden im Blick. Aber ausgehend von Lk 6,27–36 kann man eine Fokussierung des Lk-Ev. auf das Geben und die solidarische Unterstützung von anderen erkennen, ohne dass dabei eine Gegengabe erwartet wird. In Lk 6,27–36 werden diejenigen, die außerhalb der eigenen Gruppe stehen, die Feinde, explizit als Adressat:innen solchen Gebens verstanden.[18] Stegemann weist auf einen in antiken Gesellschaften weit verbreiteten Grundsatz hin, dass „niemand auf die Solidarität seiner Nachbarn rechnen [kann, CJB], der sich ihnen gegenüber als feindlich erwiesen hat."[19] Dieses Denken wird in Lk 6 durchbrochen. Gerade diejenigen, die den Angesprochenen feindlich gegenüberstehen, sind unbedingt als Empfänger:innen hilfreicher Zuwendungen zu sehen.

Das Geben zielt im Lk-Ev. zunächst darauf ab, Menschen in schwierigen Situationen notwendige Hilfe zuteilwerden zu lassen. Lk 11,12 geht es um die Versorgung von Abhängigen (hier Kinder, die auf die Ernährung durch Eltern angewiesen sind). Lk 11,5–6 hat die Hilfe bei der Gewährung von Gastfreundschaft im Blick. In Lk 14,12–14 fordert Jesus eine solidarische Praxis ein, die auf die Versorgung und soziale Einbeziehung

---

17 The Gospel of Luke, 2018, 117. Vgl. auch Wolter: Lukasevangelium 2008, 193, der hervorhebt, dass die von Jesus ausgerufene Befreiung von ihm selbst nicht realisiert wird. Auch Albertz stellt fest: „Es gibt im Lukasevangelium keinen Text, in dem Jesus einen Armen direkt aus der typischen Notlage, etwa aus der Schuldsklaverei befreit" (Antrittspredigt 1983, 199).
18 Vgl. W. Stegemann: Solidarität 2000, 104.
19 Vgl. W. Stegemann: Solidarität 2000, 103.

der Bettelarmen abzielt. Lk 16,19–31 zeigt, was passiert, wenn diese Unterstützung verweigert wird: Lazarus stirbt, weil der Reiche ihn vor seiner Haustür übersieht und ihm nichts gibt.

In Lk 6,34–35 rücken Gelddarlehen in den Blickpunkt. *Danizein* meint nicht einfach das Ausleihen von Gegenständen, sondern konkret Gelddarlehen.[20] Damit muss Lk 6 im Kontext des antiken Kreditwesens und der Verschuldungsspirale gesehen werden. Lk 6 ruft zu einem Leihen auf, das auf das Zurückzahlen des Darlehens erst einmal verzichtet. Damit wird versucht, die Dynamik des Verschuldungsprozesses zu unterbrechen: Wenn auf Zinsen und die Rückzahlung verzichtet wird, bekommen die, die sich etwas geliehen haben, erst einmal Luft zum Atmen. Sie haben sich in der Regel etwas geliehen, weil ihnen Mittel zum Leben fehlten. Das Leihen kann helfen, die aktuelle Notsituation zu überstehen. Der Verzicht auf die Rückzahlung blickt darüber hinaus: Die Kreditnehmer müssen sich nicht am Schuldendienst abarbeiten. Mit der erwiesenen Hilfe können sie versuchen, sich eine neue wirtschaftliche Basis zu erarbeiten, auf der zukünftige Probleme besser überstanden werden können. Dem Leihen im Sinne von Lk 6,34 geht es darum, dass die Empfänger der Gabe nicht in Abhängigkeit geraten und in Zukunft ihre Selbstständigkeit erhalten können. Damit hat Lk 6,34 durchaus ein ähnliches Ziel wie Dtn 15,13: Die Person, die aus der Schuldsklaverei entlassen wird, soll eine Unterstützung für den Start in das Leben nach der Sklaverei erhalten. Ohne diese Hilfe droht der erneute Abstieg in die Verschuldung. Das Lk-Ev. fordert zu einem Handeln auf, das alles dafür tut, dass Menschen nicht in Abhängigkeit geraten. Eine solche Hilfe will Menschen befähigen, weiterhin eigenständig zu leben. Ihre Handlungsmacht soll durch das Leihen gestärkt werden.

Dem Lk-Ev. ist es wichtig, dass eine solche Form von Solidarität die Grenzen der eigenen Gruppe überschreitet. Lk 6 orientiert sich damit nicht an den unterschiedlichen Grenzziehungen in der griechisch-römischen Gesellschaft. Das Geben und Leihen ist für das Lk-Ev. eine Handlungsform, um eine Beziehung zum Feind aufzubauen und um Feindschaft zu überwinden. Stegemann geht davon aus, dass die Feinde im Nahbereich der Adressat:innen des Evangeliums zu suchen sind. Es sind

---

20 Vgl. u. a. Art. δαν(ε)ίζω in Bauer: Wörterbuch 1988, 340.

Feindschaften, die aus den alltäglichen sozialen Beziehungen resultieren.[21] Dazu gehören aber, das zeigt das Lk-Ev. deutlich, die konflikthaften Begegnungen mit Akteuren des imperialen Systems unbedingt dazu. In Lk 19,1–10 geht es zwar nicht darum, einem Feind etwas zu leihen. Das Problem wird hier gewissermaßen von der anderen Seite angegangen: Wie geht man mit denen um, die als Zollpächter am Fortbestand des Verschuldungssystems mitarbeiten? Steuern, Abgaben und Zölle, die diese Zollpächter eintrieben, sind eine der Ursachen für die Verschuldung im römischen Reich. Lk 19,8 stellt klar: Zachäus ist verantwortlich dafür, dass beim Eintreiben der Zahlungen gewalttätig vorgegangen wird.[22] Das Murren der Menschen auf der Straße (19,7) macht klar: Zachäus ist der Feind, dessen Wirken als Chef einer Zollpachtgesellschaft den Menschen das Leben erschwert und ihnen Schaden zufügt.

Zu so einem baut Jesus in Lk 19 eine Beziehung auf; er lädt sich bei ihm ein. Zachäus' Reaktion auf Jesu Einladung und die Empörung der Leute, die dies mitbekommen, stellt einen Versuch dar, den verursachten Schaden auszugleichen: Denjenigen, denen Zachäus etwas mit Gewalt abgepresst hat, zahlt er die vierfache Summe als Entschädigung zurück. Die zu zahlenden Abgaben stellt das Lk-Ev. hier nicht in Frage. Das Lk-Ev. weiß um die fatalen Folgen von Widerstand gegen Abgabenzahlungen. Zachäus will darüber hinaus die Hälfte seines Besitzes armen Menschen geben. Dass Jesus hier eine Beziehung knüpft, führt in der Erzählung zu einem grundlegenden Umschwung bei Zachäus. Aus dem, der vor Ort in Jericho das imperiale System mit seinen Steuern und Abgaben gestützt hat, wird ein Unterstützer von Armen.[23] Jesus gewinnt hier jemanden, der das Unterstützungsnetz der Nachfolgebewegung stärkt. Führte das System der Abgaben dazu, dass Menschen in Armut und Verschuldung abrutschen konnten, so kann der finanzielle Einsatz von Zachäus jetzt dafür sorgen, dass Verarmte wieder auf die Füße kommen. „The grace of Jesus in relation to Zacchaeus is converted in relationships of grace and commitment in the social and communal life of the people."[24] Von Lk 19,1–10

---

21 Vgl. W. Stegemann: Solidarität 2000, 104.
22 *Sukofantein* „bezeichnet die Gewalt, die ökonomisch und politisch Mächtige gegen ökonomisch und politische Schwache ausüben." (Wolter: Lukasevangelium 2008, 614).
23 „The relationship with Jesus brought Zacchaeus back to his origins, restoring justice." (Richter Reimer: Forgiveness 2005, 166).
24 Richter Reimer: Forgiveness 2005, 167.

her kann man den Begriff des Feindes in Lk 6 durchaus im politischen Kontext des römischen Reiches verstehen: Menschen wie die Zollpächter und deren Angestellte können Adressaten helfenden Handelns sein. In der Perspektive des Lk-Ev. sind Akteure des Imperiums nicht prinzipiell dem göttlichen Gericht verfallen. Wie die Erzählung von Zachäus zeigt, kann ihnen Rettung (*soteria*) (Lk 16,9) zuteilwerden, wenn sie ihren Lebensweg ändern. Lk 16,29 gibt für diese Änderung eine Richtung vor. Das Leben soll sich an der Tora und den prophetischen Schriften orientieren.[25] Inwieweit in Lk 19,7 auf konkrete Toragebote Bezug genommen wird, ist nicht ganz klar. Das Vierfache als Wiedergutmachung bzw. Strafe taucht in der Tora (Ex 21,37) und auch in anderen antiken Rechtscorpora auf (vgl. u. a. CIC. Dig 39,4,4).[26]

Die Worte Johannes des Täufers (Lk 3,10–18) an die am Jordan versammelten Menschen, zu denen auch Soldaten und Zöllner gehörten, machen deutlich, dass das Lk-Ev. nicht nur Personen von der Stellung des Zachäus im Blick hat. Alle, die beim Zoll arbeiten so wie Levi (Lk 5,27–32), sollen bei der Eintreibung keine Gewalt anwenden. Soldaten sollen nicht plündern. Dem vorangestellt fordert Johannes alle Versammelten auf, dem Menschen, der nichts hat, etwas von seinem Besitz, und sei er auch noch so klein, etwas abzugeben, damit seine Not gewendet werden kann. In all dem vollzieht sich für Johannes Umkehr (Lk 3,8). Die Worte des Johannes machen in ihrer Zusammenstellung deutlich, dass die Verweigerung von Hilfe mit Gewalttaten von Soldaten und dem Drangsalieren von Angestellten der Zollpachtgesellschaften vergleichbar ist.

Lk 3,10–18; 6,34–35 und Lk 19,1–10 zeigen, dass der Weg Jesu und seiner Schüler:innen darauf abzielt, Beziehungen zwischen Menschen zu knüpfen, Menschen in Bedrängnis und Not durch diese Beziehungen zu helfen, Feindschaft überwinden und die Feinde mit auf diesen Weg zu nehmen. So kann in der Perspektive des Lk-Ev. die gute Nachricht für die Armen und die Freilassung der Gefangenen aussehen, damit der Weg in Gottes Welt nicht von der Logik imperialer Gewalt bestimmt wird. Dies sehen Levine / Witherington bei ihrer Auslegung von Lk 4,18–21 nicht.

Darüber hinaus ist das Ziel des messianischen Befreiungsprogramms die Stärkung und Befähigung der Armen und Hilfsbedürftigen (vgl. Lk 6,34). Innerhalb der Situation von Lk 4,18–21 ist es logisch, dass die Armen

---

25 Vgl. Kessler: Mose 2014, 49–51.55.
26 Vgl. Wolter: Lukasevangelium 2008, 614.

Adressaten der Verkündigung des Evangeliums sind. In Lk 7,22 hingegen ist es sinnvoll, die Armen als Subjekt der Verkündigung der frohen Botschaft zu verstehen. Während in Lk 4 den Armen die frohe Botschaft verkündet wird, verkünden die Armen in Lk 7,22 das Evangelium. „Die Verbform *euangelizesthai* (‚frohe Botschaft bringen' / ‚Evangelium predigen') steht im Medium, einer grammatischen Form im Griechischen, die als Aktiv oder Passiv übersetzt werden kann."[27] *Euangelizesthai* wird in Lk 4,18; 7,22 in der Regel passiv übersetzt. Dabei wird nicht berücksichtigt, dass *euangelizesthai* in Lk 7,22 in einer Reihe von Verben steht, die entweder im Aktiv stehen, oder bei denen das Medium als Aktiv übersetzt wird. Von daher ist es logisch, auch *euangelizesthai* als Aktiv zu übersetzen. Der Fortgang der lk. Erzählung geht ebenfalls von der aktiven Rolle der Armen, der Nachfolgegemeinschaft um Jesus, aus. In Lk 9,1–2 sind die Schüler:innen Jesu Subjekte der Verkündigung Gottes gerechter Welt.

Auf dem Weg in das Reich Gottes werden Menschen aus den untersten Schichten der Gesellschaften frei, in dem sie zu handelnden Subjekten werden. Das ist ein gravierender Unterschied zwischen der Programmatik der messianischen Bewegung um Jesus und den Freilassungen von Sklav:innen im römischen Reich.

6. Freilassung von Versklavten im römischen Reich

Die Freilassung von Versklavten wurde im römischen Reich seit der Republik praktiziert. Freilassungen fanden u. a. auf der Basis testamentarischer Verfügungen statt.[28] Die Freilassung war in jedem Fall ein Rechtsakt, über dessen Zustandekommen, Verlauf und Ergebnis der Staat wachte. Freigelassene sollten davor geschützt werden, dass ihre Freilassung rückgängig gemacht wurde. Versklavte wurden so zu Freien: Sie unterlagen nicht mehr der absoluten Verfügungsgewalt der Besitzer. Kinder von Freigelassenen konnten dann sogar das römische Bürgerrecht bekommen.

---

27 Mt 11,5 und Lk 7,22: Bibel-gerechter-Sprache.de/download/. Vgl. Sutter Rehmann: Wut im Bauch 2014, 87–97.
28 Zu den unterschiedlichen Formen der Freilassung vgl. Christ: Kaiserzeit 2002, 368.

Sklav:innen, denen man die Freilassung um das 30. Lebensjahr in Aussicht stellte, erwiesen sich als gut arbeitende Angehörige des Haushaltes oder Betriebes – eine effektive Maßnahme zur Disziplinierung von Sklav:innen, denn nur den Gehorsamen winkte die Freiheit. Die Freilassung machte in der Perspektive des römischen Sklav:innenhaltersystems deutlich, dass die Versklavten die erzieherische und fürsorgende Hand ihrer Herren nicht mehr bedurften. Sie waren in der Sklaverei gereift, um so später in geschenkter Freiheit leben zu können.[29]

Mit dem Rechtsakt war die Beziehung zwischen dem Herrn und dem / der ehemaligen Sklav:in aber nicht beendet. Dem ehemaligen Besitzer gegenüber war man in vielen Bereichen verpflichtet. Das zeigte sich in einem grundsätzlichen Treueverhältnis zum ehemaligen Herrn (*obsequium*) und in verschiedenen Verpflichtungen (*officium*) und Diensten (*operae*: hier ist an konkrete Arbeitsdienste für den ehemaligen Besitzer zu denken), die man für den ehemaligen Herrn zu verrichten hatte. Zum Treueverhältnis gehörte, dass Freigelassene ihren Freilasser später nicht verklagen durften. Eine berufliche Konkurrenz zu ihm war ebenfalls untersagt. Ihm stand beim Tod des / der Freigelassenen ein Pflichtteil vom Erbe zu. Die Freigelassenen waren zwar keine Sachen mehr, was Sklav:innen nach dem römischen Recht waren. Aber die geforderten Dienste erinnerten die ehemaligen Sklav:innen, woher sie kamen.

Die sich unter der Prinzipatsherrschaft verändernde Verwaltung des Reiches führte dazu, dass Sklaven und Freigelassene wichtige Positionen im Herrschaftsapparat erhielten. Christ hält die Beteiligung von Freigelassenen im Regierungsapparat für die Institutionalisierung des Prinzipats für unentbehrlich.[30] Sklaven und Freigelassene erwiesen sich wohl als äußerst loyal gegenüber dem Kaiser. Allein ihm verdankten sie den Aufstieg in der Hierarchie. Versagten sie bei ihrer Aufgabe, drohte der totale Absturz. Die Angehörigen der Oberschicht beäugten diese Aufsteiger mit Argwohn.

So sehr die Kaiser der julisch-claudischen Dynastie bei dem Aufbau ihres Regierungsapparats auf die Sklaven und Freigelassenen angewiesen waren, so achteten sie sehr darauf, dass die gesellschaftlichen Hierar-

---

29 Vgl. Mouritsen: Freedman 2011, 35.
30 Vgl. Christ: Geschichte der römischen Kaiserzeit, München ³1995, 370.

chien im Reich erhalten blieben. Der Unterschied zwischen den freien römischen Bürgern, den Freigelassenen und den Versklavten musste dauerhaft gewahrt werden.

Freigelassene machten ganz neu die Erfahrung, ab jetzt nicht mehr jemand anderem zu gehören.[31] Allerdings kann man davon ausgehen, dass die Zeit als Sklav:in weiterhin das Leben zutiefst geprägt hat. Sklav:in zu sein, keinerlei Kontrolle über das eigene Leben zu haben, über ihren Körper und ihre Zukunft, ein Zustand der völligen Unsicherheit – all das ist durch den puren Rechtsakt nicht ausgelöscht. Es hat sich tief in Körper und Seele eingeschrieben.

Aus der Perspektive des Imperiums gab es das Rechtsinstitut der Freilassung nicht, um Menschen zu helfen und sie zu stärken. Die in Aussicht gestellte Freilassung optimierte das System der Sklaverei. Ebenso gab es keinen Moment im Prozess der Freilassung, dass die Zerschlagenen Linderung oder gar Heilung erfahren konnten. Sklav:innen freizulassen war ein stabilisierender und förderlicher Bestandteil einer funktionierenden Sklav:innenwirtschaft in den ersten beiden Jahrhunderten des Prinzipats. Die Befreiung, von der das Lk-Ev. spricht, ist von anderer Qualität. Der Weg dorthin ist nicht von Gewalt geprägt.

7. Der „gefrorene Dialog" um göttliche Gewalt im Lk-Ev.

An dieser Stelle wird eine Sache deutlich, die in der gewaltfreien Programmatik, die ein ganzer Textstrang des Lk-Ev. ist, nicht berücksichtigt wird. Bei freigelassenen Sklav:innen kann davon ausgegangen werden, dass die Folgen von Gewalterfahrungen in der Sklaverei sie über die Freilassung hinaus nicht loslassen. Vor diesem Hintergrund entstehen mit Blick auf Lk 19,1–10 Fragen: Dem ganzen Haushalt des Zachäus wird von Jesus Rettung (*soteria*) (Lk 19,9) zugesprochen, weil Zachäus den Schaden, den er durch seine Zollgesellschaft angerichtet hat, wiedergutmachen will. Aber was passiert mit den Sklav:innen in seinem Haushalt? Man

---

31 Vgl. Mouritsen: Freedman 2011, 284–287.

kann selbstverständlich davon ausgehen, dass ein Oberzöllner Sklav:innen besessen hat. Was ändert sich nun für diese Personengruppe? Lässt Zachäus sie frei? Kümmert er sich um ihre Verletzungen und Traumata? Der lk. Text sagt dazu nichts. Man kann es auch beinahe als Verhöhnung der Sklav:innen sehen, wenn dem Sklav:innenhalter vergeben wird, ohne dass sich für die Sklav:innen etwas ändert und ohne dass sich um ihre Verwundungen gekümmert wird.[32] Es bleibt eine empfindliche Leerstelle, die auf die grundsätzliche Problematik verweist, die der lukanischen Diskussion zugrunde liegt. Das gewaltlose messianische Befreiungsprogramm stößt dort an seine Grenzen, wo gewaltsame Beziehungen und Strukturen nicht angetastet werden und so bestehen bleiben, wo die Ursachen für die Verwundungen von Menschen nicht angegangen werden. Es zeigt sich, wie sehr Texte Lk 1,51–53 gegenüber der Leerstelle in Lk 19,1–10 im Recht sind. Damit das ganze Haus des Zachäus wirklich Rettung erfährt, müssen die gewalttätigen Herrschaftsstrukturen des Haushaltes beseitigt werden. Rettung gibt es erst, wenn die Mächtigen nicht in ihren Positionen verbleiben. Lk 1,51–53 spricht deshalb von göttlicher Gewalt.

Aber der Verweis auf diese Leerstelle und Problematik löst das Problem, das mit der Vorstellung von göttlicher Gewalt verbunden ist, nicht. Am Ende dieses Durchganges durch das Lk-Ev. muss festgehalten werden, dass das Lk-Ev. diese Problematik nicht lösen kann. Beide Vorstellungen (die Hoffnung auf den Gott, der die Machthierarchien zerstört und das friedliche messianische Befreiungsprogramm, um sich von der Gewaltlogik des Imperiums zu distanzieren) bleiben beinahe unausgeglichen nebeneinanderstehen.

Das ist auch ein Ausdruck von Ratlosigkeit im Hinblick auf diese ganze Problematik: Wie können diese bedrängenden Fragen wirklich gelöst werden? Da es eine klare Lösung aus der Perspektive der Autor:innen des Lk-Ev. nicht gibt, werden beide Ansätze und Positionen, die unvereinbar scheinen, in der Erzählung des Lk-Ev. nebeneinander gestellt. Diese Zusammenstellung von Gegensätzlichem erinnert daran, was Rainer Albertz mit Blick auf die Zusammenstellung der Tora mit ihren unterschiedlichen und sich widersprechenden Kompositionsschichten einen

---

32 In eine vergleichbare Richtung weisen Reid / Matthews mit Blick auf Gottes Barmherzigkeit in Lk 1,50.54: „Doesn't it revictimize a person who has been hurt if a perpetrator is let off with mercy?" (Luke 1–9 2021, 57).

„gefrorenen Dialog" genannt hat, einen Dialog, der die andere Position „z. T. bestätigt, ergänzt, korrigiert und sogar bekämpft, aber die abgelehnten Positionen als gleichfalls mögliche und legitime Gesichtspunkte stehenläßt."[33] Damit wird auf- und festgeschrieben, wie wichtig und schwer lösbar der Konflikt ist, der die Menschen des Lk-Ev. umtreibt. Das Lk-Ev. erzählt von Wegen zum Umgang mit diesem Konflikt, wobei die Grenzen und Probleme dieser Wege in der Erzählung des Lk-Ev. deutlich werden. Die Menschen um das Lk-Ev. müssen sich in ihrem Alltag der Frage immer wieder neu stellen und dabei miteinander aushandeln, wie sie in einer Welt voller Gewalt ihren Glauben an den Gott Israels und seinen Messias konkret leben können. Dabei dient die Erzählung des Lk-Ev. als Orientierungspunkt und Wegweisung. Dort ist davon die Rede, wie Arme zu handlungsfähigen Subjekten werden und die Botschaft von Gottes Welt weitergeben. Das Lk-Ev. erzählt von konkreten Möglichkeiten, dem Gewaltsystem des Imperiums eine andere Art des Miteinanders entgegenzusetzen. Gleichzeitig hebt das Lk-Ev. die Gewalt menschlicher Herrschaft hervor und fasst die Hoffnung, dass Gott diese Gewalt beenden wird, in Worte. Was nun die jeweiligen handlungsleitenden Orientierungspunkte für die Menschen um das Lk-Ev. waren, das mussten sie miteinander aushandeln. Der gefrorene Dialog muss dabei wieder verflüssigt werden.

Literatur

Albertz, Rainer: Die ‚Antrittspredigt' Jesu im Lukasevangelium auf ihrem alttestamentlichen Hintergrund, in: ZNW 74 (1983), 182–206.
- Religionsgeschichte Israels in alttestamentlicher Zeit. Teil 2: Vom Exil zu den Makkabäern (GAT 8/2), Göttingen 1992.
Bauer, Walter: Wörterbuch zum Neuen Testament, Tübingen ⁶1988.
Blösel, Wolfgang: Die römische Republik. Forum und Expansion, München 2015.
Carter, Warren: John and Empire. Initial Explorations, London / New York 2008.
Christ, Karl: Geschichte der römischen Kaiserzeit. Von Augustus bis Konstantin, München ⁴2002.
Ebach, Jürgen: Ursprung und Ziel. Erinnerte Zukunft und erhoffte Vergangenheit, Neukirchen-Vluyn 1986.

---

33 Albertz: Religionsgeschichte 1992, 519.

Kessler, Rainer: „Sie haben Mose und die Prophten". Die fiktive Geschichte vom reichen Mann und dem armen Lazarus, in: Marlene Crüsemann u. a. (Hrsg.): Gott ist anders. Gleichnisse neu gelesen auf der Basis der Auslegung von Luise Schottroff, Gütersloh 2014, 46–55.
- Wege zum Leben. Ethik des Alten Testaments, Gütersloh 2017.

Kippenberg, Hans G.: Die Typik antiker Entwicklung, in: ders. (Hrsg.): Seminar: Die Entstehung der antiken Klassengesellschaft (stw 130), Frankfurt a. M. 1977, 9–61.

Levine, Amy-Jill / Witherington III, Ben: The Gospel of Luke (NCBC), Cambridge 2018.

Lopez, Davina C.: Victory and Visibility: Revelation's Imperial Textures and Monumental Logics, in: Adam Winn (Hrsg.), An Introduction to Empire in the New Testament, Atlanta 2016, 273–286.

Mattern, Susan P.: Rome and the Enemy. Imperial Strategy in the Principate, Berkley / Los Angeles / CA 1999.

Mouritsen, Henrik: The Freedman in the Roman World, Cambridge 2011.

Penner, Todd / Lopez, Davina C.: De-Introducing the New Testament. Texts, Worlds, Methods, Stories, Malden / MA 2015.

Mt 11,5 und Lk 7,22: „Arme verkündigen die Freudenbotschaft" oder: „Armen wird die Freudenbotschaft verkündigt?" (ohne Autor:in), in: https://www.bibel-in-gerechter-sprache.de/download/mt-11-5-und-lk-7-22-arme-verkuendigen-die-freudenbotschaft-oder-armen-wird-die-freudenbotschaft-verkuendigt/ (Abruf: 28.9.2023)

Reid, Barbara E. / Matthews, Shelly: Luke 1-9 (Wisdom Commentary 43A), Collegeville / MN 2021.

Richter Reimer, Ivoni: The Forgiveness of Debts in Matthew and Luke. For an Economy without Exclusions, in: Ross Kinsler/Gloria Kinsler (Hrsg.): God's Economy. Biblical Studies from Latin America, Maryknoll / NY, 2005, 152–168.

Schiffner, Kerstin: Lukas liest Exodus. Eine Untersuchung zur Aufnahme ersttestamentlicher Befreiungsgeschichte im lukanischen Werk als Schrift-Lektüre (BWANT 172), Stuttgart 2008.

Schottroff, Luise: Lydias ungeduldige Schwestern. Feministische Sozialgeschichte des frühen Christentums, Gütersloh 1994.
- Die Gleichnisse Jesu, Gütersloh 2005.

Stegemann, Ekkehard W. / Stegemann, Wolfgang: Urchristliche Sozialgeschichte. Die Anfänge im Judentum und die Christusgemeinden in der mediterranen Welt, Stuttgart 1995.

Stegemann, Wolfgang: Christliche Solidarität im Kontext antiker Wirtschaft, in: Rainer Kessler / Eva Loos (Hrsg.): Eigentum: Segen oder Fluch, München 200, 89–106.

Sutter Rehmann, Luzia: Wut im Bauch. Hunger im Neuen Testament, Gütersloh 2014.

Watts Belser, Julia: Violence, Disability, and the Politics of Healing, in: Journal of Disability & Religion, 19:3 (2015), 177–197.

Wengst, Klaus: Demut – Solidarität der Gedemütigten, München 1987.

Wolter, Michael: Das Lukasevangelium (HNT 5), Tübingen 2008.

Gewalt und Mittäterschaft – Röm 1,28–32 als Spiegel einer gewalttätigen Gesellschaft

Claudia Janssen

1. Gewalt im Alltag einer römischen Stadt

Der aus Kleinasien stammende Schriftsteller und Rhetor Aelius Aristides schreibt in einer Rede, in der er die Herrschaft Roms preist: „Nun aber ist dem Erdkreis selbst und seinen Bewohnern eine allgemeine und jedem erkennbare Sicherheit geschenkt."[1] Die Historikerin Romina Schiavone widerspricht dieser Aussage: „Dass die Realität jedoch durchaus anders aussah, dokumentieren nicht nur zeitgenössische Quellen, sondern auch zahlreiche archäologische und papyrologische Zeugnisse sowie vor allem die umfangreiche Gesetzgebung. Sie entführen in eine Welt krimineller Machenschaften unterschiedlichster Art: von der Herstellung von Falschgeld über Mord, Diebstahl und Raub zu Grabschändung, Korruption und Steuerflucht, um nur eine Auswahl zu nennen. […] Nicht anders als heute gingen in römischer Zeit einzelne Personen, aber auch organisierte Gruppen illegalen Machenschaften nach."[2] Auch wenn Kriminalität nur selten explizit Thema antiker Literatur ist, bedeutet das nicht, dass sie nicht exis-

---

1 Or 26,104, Klein: Romrede 1981. Die Rede wird auf 143 n. Chr. datiert. Sie ist somit fast ein Jahrhundert nach dem Brief des Paulus an die Gemeinde in Rom verfasst worden, die beschriebenen Verhältnisse sind aber in dieser Zeit nahezu ungebrochen stabil, unabhängig von den jeweiligen Kaisern, die an der Macht waren. Die Rede zeigt die Perspektive der von der römischen Herrschaft profitierenden Oberschicht und gibt die römische Staatspropaganda wieder. Eine kritische Auseinandersetzung mit den Lobpreisungen Roms durch Aelius Aristides im Vergleich zur Lebensrealität der Menschen, die zur Unterschicht gehörten, bietet Wengst: Pax Romana 1986.
2 Schiavone: Strafverfolgung 2013, 225.

tierte, „die Dunkelziffer war sehr hoch, nicht zuletzt, weil es keine staatliche Strafverfolgungsbehörde gab. Anzeige, Ermittlung und Beweissicherung waren Privatsache"[3], so Karl-Wilhelm Weeber. Gewalt war für die Menschen im Römischen Reich eine alltägliche Erfahrung, insbesondere in einer großen Stadt wie Rom. Besonders nachts waren die Straßen gefährlich, Überfälle durch Banden sind vielfältig dokumentiert. Die Sicherheitsvorkehrungen waren massiv. Auch wenn es keine Polizei im heutigen Sinne gegeben hat, so waren in Rom dauerhaft Militäreinheiten stationiert, die deren Aufgaben innehatten und damit in der Stadt sehr präsent waren.[4] Ein weiterer Hinweis auf die Gefährdung durch Kriminalität ist die Architektur: „In unsicheren Zeiten zogen sich die Bürgerinnen und Bürger nach innen zurück. Die Architektur wird geschlossener, nach außen abweisender."[5] Hohe Mauern, kleine Fenster und vielfältige Schlösser zum Absperren von Häusern und Räumen zeigen, dass die Furcht vor Diebstahl allgegenwärtig war.[6] Im Eingangsbereich wachte ein Sklave als Türhüter, in den Nächten ein Wachhund.

Die Strafen für Verurteilte waren hoch, was auch zur Abschreckung dienen sollte. Für Versklavte war es schon gefährlich, als Zeugen vernommen zu werden, denn dies bedeutete in der Regel Folter.[7] Hinrichtungen wurden in der Öffentlichkeit vorgenommen:[8] Verurteilte wurden erschlagen, von Felsen gestürzt, in Säcken zusammen mit Schlangen und anderen Tieren im Tiber versenkt, lebendig begraben, mittels der *furca* („Gabelkreuz") hingerichtet, mit einem Beil oder Schwert enthauptet, erdrosselt, gekreuzigt, wilden Tieren vorgeworfen (*ad bestias*) und zerfleischt oder bei lebendigem Leib verbrannt. Das alles fand vor den Augen der Bevölkerung statt, entweder im Rahmen von öffentlichen Hinrichtungen oder aufwändig inszeniert während offizieller „Gladiatorenspiele" (*munera*) in den Arenen. Diese hatten oft drei Teile: Am Morgen die Tierhetzen, dann kamen Hinrichtungen zum Tode Verurteilter und am Nachmittag die Gladiatorenkämpfe. Die „Spiele" waren szenisch ge-

---

3 Weeber: Rom 2017, 238.
4 Vgl. Tacitus, Historien II 93,2; Digesten I 12,1,12.
5 Kienzle: Wohnen 2013, 3.
6 Vgl. Müller: Schlüssel 2013, 35.
7 Vgl. Liebs: Rechtsprechung 2011, 255.
8 Zum Folgenden vgl. Schmitz: Hinrichtungen 2013, 319–340.

staltet – die Verurteilten erhielten eine Rolle in Stücken aus der griechisch-römischen Mythologie oder stellten historische Schlachten nach.[9] Im Gegensatz zu Schauspielen in den Theatern waren die Tötungen real, Menschen wurden auf verschiedene Weisen hingerichtet, gekreuzigt oder von wilden Tieren zerrissen. Wesentlicher Teil der Strafe war die öffentliche Erniedrigung und das Zufügen von Schmerzen.[10]

In seiner Studie über die Kreuzigung in der antiken Welt untersucht Martin Hengel eine Vielzahl unterschiedlicher Quellen und kommt zu dem Schluss, dass die Kreuzigung eine erstaunliche Verbreitung hatte und sich die Ausführenden ihrer Grausamkeit bewusst gewesen seien.[11] Sie war eine politische und militärische Strafe und wurde vor allem an Mitgliedern unterer Schichten angewendet, an Versklavten, Gewaltverbrecher:innen und „unruhigen Elementen" rebellischer Provinzen. Er resümiert: „Der Hauptgrund für ihre Anwendung war die – angeblich – unüberbietbare *abschreckende Wirkung* ihres öffentlichen Vollzugs. Der Gekreuzigte galt in der Regel als ein Übeltäter, der seine gerechte, notwendige Strafe erhalten hatte."[12] Mit der Kreuzigung gingen Folterungen einher. „Mit relativ geringem Aufwand und großer Wirkung konnten die Delinquenten in unsagbarer Weise tagelang zu Tode gefoltert werden."[13]

Diese öffentlichen Tötungen hatten zum einen die Funktion der Abschreckung, zum anderen dienten sie auch der Darstellung staatlicher Macht. Thomas Wiedemann sieht ihre Funktion darin, „dass hier symbolisch Bedrohungen des zivilisierten Lebens überwunden wurden. Mit den Hinrichtungen wurde den Zuschauenden die Sicherheit gegeben, dass die gesellschaftliche Ordnung garantiert sei. Zwar habe auch in der Antike die Tötung von Menschen ambivalente Gefühle ausgelöst, doch wurde deren Inszenierung oft so kostspielig und pompös gestaltet, dass diese Empfindungen zurückgedrängt werden konnten: „Der Schrecken, den die Hinrichtungen so in der Gesellschaft hervorrufen, kann gemindert werden, wenn das Opfer gar nicht als Person wahrgenommen wird, als nicht der Gesellschaft zugehörig, sondern als ‚fremd' oder unmenschlich oder

---

9 Vgl. Augustus, Res gestae 22–23; zur Inszenierung von Seeschlachten in den Arenen vgl. Wiedemann: Gladiatoren 2001, 86.98ff.
10 Vgl. Wiedemann: Gladiatoren 2001, 79–80.
11 Vgl. Hengel: Kreuzigung 1976, 178f. Zur aktuellen Forschung zum Thema Kreuzigung vgl. Cook: Crucifixion 2014.
12 Hengel: Kreuzigung 1976, 178.
13 Hengel: Kreuzigung 1976, 179.

einfach – wie in der modernen Kriegsführung – als Objekt, deren Zerstörung ein technisches und kein moralisches Problem darstellt."¹⁴ Diese Gewaltexzesse garantierten damit den Bestand der gesellschaftlichen Ordnung. In den Arenen wurde jeder Person ein Platz in der Hierarchie zugewiesen – durch Kleidung, die Sitzordnung in den Rängen und den Zwang, hinsehen zu müssen. Brigitte Kahl nennt sie „Megachurches of Imperial Religion", um deutlich zu machen, dass die Abläufe bewusst inszeniert wurden, um zu demonstrieren, dass das hier vollstreckte Recht religiöse, kosmische Dimensionen habe: „The arena taught people that this strictly hierarchial, competitive, and violenceobsessed order of inclusion and exclusion is not only universal but also beneficial: after a day of games even the lowest ranking and most marginalized spectator had been elevated above someone more inferior and outcast: the victims in the arena."¹⁵ Das römische „Wir" werde dadurch konstituiert, dass sich die Menschen auf den Rängen von den Verurteilten in der Arena äußerlich und innerlich distanzieren, sie zu Objekten, zu „den Anderen" machten.¹⁶ Menschen werden zum einen an die Zurschaustellung von Gewalt gewöhnt, sie werden dazu erzogen, den Blick von den Opfern abzuwenden und zugleich leben sie mit der dauerhaften Bedrohung, ihr selbst ausgeliefert zu werden.¹⁷

Aus dieser kurzen Skizze der Allgegenwärtigkeit von Gewalt in unterschiedlichen Lebenszusammenhängen wird deutlich, dass diese im Römischen Reich nicht allein auf die weit verbreitete (oft armutsbedingte) Kriminalität beschränkt ist, sondern vor allem als strukturell bedingt zu verstehen ist. Mit struktureller Gewalt bezeichnet Martin Ebner „die politischen Strukturen, die über den Faktor Macht Organisationsformen steuern, die Bewegungsräume einengen, Freiheitsrechte einschränken, gewohnte Abläufe außer Kraft setzen, kurz: institutionell Mechanismen generieren, durch die der Einzelne in Zugzwang gerät. Entweder er beugt sich dem Systemdruck – und kann dann vielleicht sogar profitieren. Oder er verweigert sich, opponiert und leistet sogar Widerstand – und hat dann mit entsprechenden Sanktionen zu rechen."¹⁸ Der römische Friede, die Pax romana, wurde durch militärische Überlegenheit in vielfältigen

---

14 Wiedemann: Gladiatoren 2001, 100.
15 Kahl: Galatians 2010, 155.
16 Vgl. Elliott: Performance 2004, 78.
17 Vgl. Janssen: Beschämung 2018.
18 Ebner: Strukturen der Gewalt 2013, 87.

Kriegen gesichert, die Erinnerung daran und vor allem an die siegreichen Eroberungen war durch zahlreiche Statuen, Inschriften und Tempel in der Stadt gegenwärtig. Das Militär sorgte auch im Inneren für Ordnung. Die Soldaten waren oft selbst auch Opfer von Prügelstrafen und Amtsmissbrauch, viele von ihnen trugen traumatische Erfahrungen aus den Feldzügen und Belagerungen in sich, in denen sie mit Ausbrüchen exzessiver Gewalt konfrontiert waren.[19]

Neben der durch staatliche Interessen geförderten strukturellen Gewalt war diese auch in den familiären Zusammenhängen präsent. Die Historikerin Anke Seifert konstatiert, dass Sexualdelikte und häusliche Gewalt in der Forschung jedoch kaum thematisiert werden: „Die seltene Erwähnung des Themas mag wohl auch am meist intimen Charakter dieser Verbrechen liegen; ferner daran, dass die meisten Vergewaltigungsopfer vermutlich Sklavinnen waren, deren Person in der Überlieferung kaum eine Rolle spielte und bei denen eine Vergewaltigung nicht als Verletzung ihrer Persönlichkeit gesehen wurde."[20] Die Macht des *pater familias* galt nahezu uneingeschränkt und die Strafbarkeit einer sexuellen Handlung und deren Bestrafung sei immer abhängig vom sozialen Status und vom Vermögen der beteiligten Person gewesen, so Seifert.[21]

In der Millionenstadt Rom lebten Menschen unterschiedlicher Herkunft mit vielen verschiedenen Muttersprachen und unterschiedlichem sozialen Status. Einer kleinen Oberschicht standen ca. 90% der Bevölkerung gegenüber, die zu den Unterschichten gehörten und von denen ca. 70% knapp oberhalb, aber auch unterhalb des Existenzminimums lebten.[22] Sie setzte sich aus Menschen zusammen, die aus unterschiedlichen Ländern und Kulturen stammten oder deren Vorfahren durch Arbeitsmigration, als Veteranen oder durch Versklavung in die Stadt gekommen sind.[23] Die Bevölkerung der römischen Großstädte bestand zu einem Drittel aus Sklav:innen, die in allen Bereichen des alltäglichen Lebens dienend tätig waren.[24] Eine Untersuchung römischer Statuen und Münzen unter Genderaspekten zeigt, dass es ein sich durchziehendes Muster in der Dar-

---

19 Vgl. Speidel: Römische Soldaten 2013, 218.
20 Seifert: Häusliche Gewalt 2013, 147.
21 Vgl. Seifert: Häusliche Gewalt 2013, 156.
22 Vgl. Friesen: Ungerechtigkeit 2007.
23 Vgl. Solin: Herkunft 2008.
24 Vgl. Hermann-Otto, Sklaverei 2009; Martin: Sklaven 2007, 258.

stellung fremder Völker in der römischen imperialen Ideologie gibt: Römischer Frieden entsteht durch Eroberung und Unterwerfung, und Geschlecht ist das Mittel, um die Machtbeziehungen und Hierarchien verständlich zu machen, so Davina Lopez. Die Unterwerfung der nicht-römischen Völker (*ethnē*) werde durch die Unterwerfung von Frauen symbolisiert.[25] Von den Eroberten wurde diese Darstellung verstanden, sie hatten es zum Teil am eigenen Körper erfahren, was konkret mit einer solchen Unterwerfung verbunden ist. In den Feldzügen kam es zu Massenversklavungen und damit auch zu Vergewaltigungen und sexueller Gewalt gegen Frauen, Männer und Kinder in großer Zahl. Die Menschen in den von den Truppen eingenommenen Städten zählten als „bewegliche Beute".[26] Neben der körperlichen Gewalt erlebten sie zugleich die Zerstörung ihrer Familien- und Sozialstrukturen. In den römischen Haushalten waren Versklavte Besitz ihrer Herrschaften, im bürgerlichen Recht gelten sie als Sache (*res*) und Eigentum, nicht als Person (*personae*).[27] Es ist davon auszugehen, dass viele versklavte Frauen und auch Männer bereits in ihrer Kindheit und Jugend sexuell missbraucht wurden.[28] Sowohl in den Haushalten als auch in den Bordellen waren sie der Verfügungsgewalt ihrer Herrschaften ausgesetzt.[29] Die Vielzahl von Texten im Neuen Testament, die die Frage der Sklaverei behandeln, zeigt, dass diese auch in den Gemeinden zahlreich vertreten waren.[30] Welche Gewalterfahrungen sich mit dieser Herkunft verbinden, lässt sich nur erahnen.

---

25 Vgl. Lopez: Apostle 2008, 32: „Ethnic stereotyping through gender constructs served the purpose of historicizing and legitimating hierarchical relations of conquest and assimilation on patriarchal terms.".
26 Vgl. Volkmann: Massenversklavungen 1961, 7-9; vgl. auch die Studie von Doblhofer: Vergewaltigungen 1994.
27 Vgl. Kaser: Römisches Privatrecht 1989, 78ff.
28 Zur sexuellen Ausbeutung von Kindern vgl. Laes: Children 2011, 222-277.
29 Vgl. Glancy: Slavery 2010; Briggs: Gender, 2010.
30 Vgl. u. a. 1 Kor 7,21-24; Gal 3,38; Philemon; Eph 6,5-9; Kol 3,22-4,1; 1 Tim 6,1-2; 1 Petr 2,18-25.

2. Die Messias-Gemeinde in Rom

Die Grußliste in Röm 16 ermöglicht einen Blick auf die Vielfalt derjenigen, die zur Nachfolgegemeinschaft des Messias Jesus gehörten.[31] Sie waren vermutlich im heutigen Stadtviertel Trastevere jenseits des Tibers (Transtiberum) und in der Niederung an der Via Appia angesiedelt, Orte an den Rändern Roms, in denen es auch schon früh jüdische Gemeinden gab.[32] Trastevere/Transtiberum war ein dicht besiedeltes Hafenviertel. Aufgrund seiner morastigen Lage und häufiger Überflutungen gehörte es zu den Malaria-Gebieten in dieser Zeit.[33] Dazu kam, dass der Tiber durch Abfälle verschmutzt war. Es gab hier keine Versorgung mit fließendem Wasser wie an anderen Orten in Rom. Die Menschen lebten in großen, oft fünf- sechsstöckigen Mietskasernen (*insulae*), es gab oft Brände; Korruption im Baugewerbe wurde vielfach beklagt.[34] Die Menschen in den Messias-Gemeinden waren in verschiedener Hinsicht marginalisiert und von struktureller Gewalt betroffen:[35] aufgrund der Herkunft der überwiegenden Zahl ihrer Mitglieder aus nichtrömischen Völkern (ethnē), der Zugehörigkeit zu den stets unter dem Verdacht der Illoyalität stehenden jüdischen Gemeinden, der Beteiligung vieler Versklavter und deren damit verbundenem niedrigen Status in einem von absoluter Armut geprägtem Lebensumfeld. Zudem gehörten viele Frauen auch in leitender Funktion zu den Gemeinden, die unabhängig von ihrem sozialen Status aufgrund ihres Geschlechts benachteiligt und besonders von Gewalt bedroht waren.

Aktuelle Forschungen widmen sich der Frage, wie solche Erfahrungen struktureller Gewalt sich auf die betroffenen Menschen auswirken und beziehen sich dabei auch auf Forschungen aus dem Kontext postkolonialer Studien. In dem von Shelly Matthews und E. Leigh Gibson herausgegebenen Band „Violence in the New Testament" wird untersucht,

---

31 Zur Vielsprachigkeit und dem Aufeinandertreffen verschiedener Kulturen in den Gemeinden vgl. Ehrensperger: Crossroads 2013; Kobel: Vermittler 2019.
32 Vgl. Lampe: Rom 2010, 133f.; auch antike Schriften berichten über Juden in diesen Vierteln, vgl. z. B. Juvenal Satiren III, 12; Martial XII, 57.
33 Zu den in Rom grassierenden Krankheiten und Seuchen vgl. Aldrete: Daily Life 2004, 100–103.
34 Vgl. Kunst: Wohn- und Lebenswelten 2000.
35 Vgl. Janssen, Andere Frage 2022.

wie sich die Erfahrungen von Rom kolonisierter Menschen in den neutestamentlichen Texten widerspiegeln, die in ganz unterschiedlichen Regionen des Imperiums entstanden. Diese zeugten von imperialer Gewalt und zeigten zugleich, dass auch die Kolonisierten an den Gewaltstrukturen partizipieren und zu Mittäter:innen werden: „The violence of colonizer over colonized and the subsequent inward turn of violence among the colonized are exposed in canonical gospel, Apocalypse, and Acts."[36] Auch die Briefe des Paulus machten dies deutlich. Die Manifestationen imperialer Gewalt spiegelten sich in seiner Sprache, die selbst auch gewalttätige Züge aufweise, so John G. Gager, wenn er z. B. vom Mitgekreuzigt-Sein mit Christus spreche (so in Röm 6,6): „Here was a violence on a massive scale – ranging from the brutal spectacle of public games to the gruesome display of public crucifixions. Public crucifixion in particular represented a form of state violence that served not only to punish miscreants of all sorts but also to warn others of Rome's readiness to deal with dissent by systematic application of arbitrary measures cloaked in the garb of a judicial process."[37] Als Verfolger der Gemeinden habe Paulus sich selbst an Gewalttätigkeiten beteiligt, später als Verfolgter unter solchen gelitten und drücke diese Gewalterfahrungen auch theologisch aus: „Suffering and participation in the violent act of crucifixion is his way of participating in Christ."[38] In einem Kontext der grausam inszenierten und im Alltag stets präsenten Gewalt ist niemand von ihr frei, alle sind verstrickt in ihre Schreckensherrschaft.[39] Die Menschen in der Nachfolge des als Aufrührer gekreuzigten Juden Jesus von Nazareth mussten in vielen Situationen neu untereinander aushandeln, wieviel Anpassung nötig und wieviel Widerstand möglich ist.[40]

---

36 Matthews, Shelly / Gibson, E. Leigh: Violence 2005, 5.
37 Gager: Violent Acts, 2005, 13.
38 Gager: Violent Acts, 2005, 19.
39 Vgl. dazu Schottroff: Schreckensherrschaft 1990. Den von Paulus im Röm vielfach verwendeten Begriff *hamartia* deutet sie als strukturelle Sünde, die die Menschen versklavt und zugleich zu ihren Werkzeugen macht. Diese habe deutliche Bezüge auf die römische Herrschaft.
40 Vgl. Stegemann: Anpassung 2014.

3. Aus der Perspektive Gottes auf Gewalt schauen (Röm 1,28–32)

Am Schluss des ersten Kapitels des Briefs an die Gemeinde in Rom findet sich eine Auflistung von Gewalttaten, die den Alltag einer Großstadt prägen. Auch wenn Paulus noch nie selbst in Rom war, weiß er durch seine Kontakte sehr viel über das Leben dort. Er schreibt den Brief aus Korinth, der Hauptstadt der Provinz Makedonien, die ebenfalls zu den Großstädten des Römischen Reiches gehörte und vergleichbare Strukturen aufwies. Vieles von dem, was er in seinem Alltag erlebt, fließt in die Beschreibung ein und entspricht den Erfahrungen der Menschen in Rom:

> [28]Weil sie es nicht für wert hielten, sich an Gott zu orientieren, überließ Gott sie [ihrem] wertlosen Denken, das sie dazu führte, Dinge zu tun, die [der göttlichen Weisung gemäß] nicht angemessen sind, [29]vollgefüllt mit jeglicher Ungerechtigkeit, Bösartigkeit, Habgier, Schlechtem, strotzend von Missgunst, Morden, Streitsucht, Täuschung, Verschlagenheit. Sie denunzieren, [30]sind gottverlassen, tun anderen Gewalt an, geben überheblich damit an. Sie stecken voll krimineller Energie, achten die Eltern nicht, [31]sind dabei ohne Einsicht, unberechenbar, skrupellos, unbarmherzig. [32]Sie kennen die gerechte Ordnung Gottes genau, nach der diejenigen, die so handeln, der Macht des Todes ausgeliefert sind. Trotzdem tun sie es nicht nur selbst, sondern schenken auch anderen Beifall, die so handeln.

In der exegetischen Literatur wird der Abschnitt Röm 1,28–32 „Lasterkatalog" genannt.[41] Laster- bzw. Tugendkataloge „sind listenartige Zusammenstellungen von Begriffen ethisch-moralischer Art. Je nach Kontext finden sie sich getrennt oder einander gegenübergestellt. Die Begriffe benennen allg. oder spezielle Verhaltensweisen oder Gesinnungen, deren Interpretation im Rahmen übergeordneter Konzeptionen erfolgt."[42] So lautet die Definition Hans-Dieter Betz. Oft wird auf die Herkunft der „katalogartigen" Belehrungen in der Tradition des hellenistischen Judentums verwiesen, die diese aus der griechischen Ethik rezipiert habe.[43] Die

---

41 Ähnliche Aufzählungen gibt es bei Paulus auch an anderen Stellen: Gal 5,19–23; Röm 13,13; 1 Kor 5,10f.; 6,9f.; 2 Kor 12,20f. wie auch in verschiedenen anderen neutestamentlichen Schriften.
42 Betz: Lasterkataloge 2015, Consulted online on 29 August 2023; vgl. auch Wibbing: Tugend- und Lasterkataloge 1959.
43 Sapientia Salomonis 14,22–28; Tacitus, Agricola 30,3–31,1; vgl. Horn: Ethik 2011.

rhetorische Funktion bestehe darin, Vollständigkeit darzustellen, solchen Katalogen komme es also nicht auf die einzelnen „Laster" an, sondern auf den Gesamteindruck.[44] Diese formale Einordnung führt dazu, dass die aufgeführten Taten („Laster") in der Kommentarliteratur selten im Einzelnen analysiert werden, sondern als Gesamtbild wahrgenommen werden: als Beschreibung der „Situation der gesamten Menschheit vor Gott"[45] oder als „Schilderung des religiös-moralischen Elends der Menschheit"[46] und deren Versagen gegenüber Gott. Da es vielfältige religionsgeschichtliche Parallelen, vor allem in der stoischen Ethik gibt, an denen sich Paulus bis in die Wortwahl hinein orientiert, wird davon ausgegangen, dass er sich nicht an persönlichen Erfahrungen oder römischen Verhältnissen orientiere.[47] „Die Leser, für die Paulus diesen Text geschrieben hat, sind ja die Christen in Rom, mit denen er sich einig ist, dass alles, was er über den ‚Menschen' schreibt, sie selbst nicht betrifft. Paulus legt Christen die Situation der nichtchristlichen Menschheit dar. Dementsprechend verlangt er nicht, dass die Leser, für die er den Brief geschrieben hat, sich in seiner Darstellung wiedererkennen und sie auf sich beziehen." So argumentiert Michael Wolter.[48]

Einen anderen Akzent setzt Klaus Wengst. Er schließt die Adressat:innen des Briefes als Beteiligte an den Unrechtstaten nicht aus, sondern verweist auf den Gesamtzusammenhang der paulinischen Argumentation in Röm 1,18–32. Der Abschnitt thematisiere den göttlichen Zorn über alles widergöttliche Unrechtshandeln und stelle ab V. 28 das Tun im Einzelnen dar. Dieses resultiere nach Paulus daraus, dass die Menschen sich nicht an der Erkenntnis Gottes orientierten, die aus den Werken der Schöpfung allen möglich sei (V. 19) „Er findet das aufgezählte Fehlverhalten in der Welt vor, und er macht die Schuldhaftigkeit dessen an möglicher Gotteserkenntnis fest. Daran wird deutlich, dass sich die einzelnen aufgezählten lasterhaften Taten als Verletzung der Mitgeschöpflichkeit verstehen lassen."[49] Noch konkreter bezieht Mark Nanos die aktuelle Situation der römischen Gemeinde in seine Deutung ein. Er stellt die paulinische Ablehnung der Verehrung eines Geschöpfes anstelle Gottes (Röm

---

44 So Wolter: Römer 2004, 160.
45 So Wilckens: Römer 1978, 116.
46 Haacker: Römer 1999, 54.
47 So explizit Käsemann: Römer 1973, 45.
48 Wolter: Römer 2004, 160.
49 Wengst: Freut euch 2008, 160.

1,21–23) in den Kontext zeitgenössischer jüdischer Kritik am römischen Kaiserkult:[50] „Die Wahrheit über Gott als Schöpfer wird untergraben, indem stattdessen Geschöpfe angebetet werden (Weisheit 13,1–9). Als Kontrastfolie ist wohl an römische Machthaber zu denken [...]. Viele der aufgezählten unredlichen Taten werden mit Kaisern der damaligen Zeit in Verbindung gebracht."[51] Die in den Versen Röm 1,26–32 aufgeführten Anklagen können seiner Auffassung nach auf die Lebensführung der römischen Kaiser bezogen sein. Auf diese politischen Anspielungen in Röm 1 hat Gerd Theissen bereits 1998 in einem kurzen Aufsatz hingewiesen. Er ordnet die Verse 1,28–32 in den größeren Kontext der Gerichtsrede ein, die ab 1,18 beginnt. Diese habe seiner Deutung nach zwar die allgemeine Situation aller Menschen im Blick, es sei aber nicht ausgeschlossen, dass Paulus hier vor allem die römischen Herrscher kritisieren wolle: „All diese ‚Laster' passen besonders gut auf eine politische Elite, die ihre Machtkonflikte mit Mord und Totschlag austrägt, dabei auch nicht vor Verstößen gegen die Familienpietät zurückschreckt und deren Treiben von den kleinen Leuten als ‚Frevel und Übermut' erlebt wurde. [...] Bei den in Röm 1,28ff zusammengestellten Lastern könnte eine politische Elite im Blick sein – weniger ihre konkreten Taten, wohl aber ihr usuelles Verhalten!"[52]

Dieser kurze Überblick zeigt, dass die konkrete gesellschaftliche von Gewalt geprägte Alltagssituation der römischen Gemeinden in den Ausführungen nicht den Blick kommt. Auch diejenigen, die den aktuellen politischen Kontext in die Deutung einbeziehen, gehen nicht auf die einzelnen Gewalttaten und die Bedeutung für das (Über-)Leben in der Stadt ein. Die formgeschichtliche Einordnung der Ausführungen in Röm 1,28–32 als „Lasterkatalog" führt augenscheinlich dazu, dass diese im Einzelnen nicht auf ihre Aussage hin untersucht werden, unabhängig davon, ob die Auslegungen hier die Situation der gesamten Menschheit vor Gott, das Fehlverhalten in der Welt gegenüber Gott als Schöpfer oder die Taten einer politischen Elite als Hintergrund der aufgezählten „Laster" sehen. Das ist umso bemerkenswerter als die vorangehenden Verse 1,26f. wirkungsgeschichtlich bis in die Gegenwart mit hoher Bedeutung aufgeladen

---

50 In diesem Zusammenhang bezieht sich Nanos auf die Weisheit Salomos, eine Schrift, die in die römische Zeit zwischen Augustus und Caligula datiert wird und den Habakuk Pescher aus Qumran (1QpHab 3–7).
51 Nanos: Römer 2021, 307.
52 Theissen: Auferstehungsbotschaft 1998, 67f.

wurden. Möglicherweise ist es der Begriff „Katalog", der eine Vorstellung von Realität hinter den aufgeführten Unrechtstaten verblassen lässt. Auch ist die Frage zu stellen, ob die Kategorie „Laster" angemessen ist, die offene und latente Gewalt, die hier aufgezeigt wird, zu erfassen. Ich plädiere deshalb dafür, auf die Bezeichnung „Lasterkatalog" fortan zu verzichten. Paulus greift in seiner Aufzählung der Gewalttaten auf geprägte Vorbilder zurück, wie u. a. ein Vergleich mit WeishSal 14 zeigt. Das bedeutet allerdings nicht, dass keine realen Erfahrungen dahinter stehen. Die geprägte Form ermöglicht es ihm, Alltagserfahrungen verdichtet darzustellen und diese in seine theologische Argumentation einzubinden: Das Schicksal der Leidenden lässt Gott nicht unberührt.

Für die Auslegung ist es wichtig, in der Aufzählung erwähnte konkret erfahrbare Gewalttaten zu analysieren und zugleich die Ebene der strukturellen Gewalt einzubeziehen, in die alle Menschen eingebunden sind – auch wenn um ihre zerstörerische Wirkung wissen und sich nicht beteiligen wollen (vgl. Röm 3,10–18; 7,14ff).[53] Paulus schreibt nicht aus der Distanz, sondern ist wie seine Adressat:innen betroffen von Gewalt, als Täter, Opfer und Mittäter. Im Folgenden soll der Frage nachgegangen werden, was bedeutet, in einer Welt der Gewalt von Gott zu sprechen.

4. Die Weigerung, sich an den Weisungen Gottes zu orientieren (Röm 1,28–29)

In der Einleitung der Unrechtstaten, die ab V. 29 aufgeführt werden, greift Paulus einen zentralen Begriff der stoischen Ethik auf: „das, was nicht angemessen ist" (*ta mē kathēkonta*).[54] Diese Handlungen resultieren nach seiner Auffassung daraus, dass die Menschen die Erkenntnis Gottes, die allen durch die göttlichen Schöpfungswerke möglich ist, nicht wertschätzen und anderen Gottheiten folgen, einen korrupten Menschen (wie den Kaiser) anstelle des Schöpfers verehren (vgl. 1,23–25). Im Buch der Weisheit wird dies explizit so benannt: „Anfang der Unzucht nämlich

---

53 Luise Schottroff deutet Röm 3,10-18 als Klagepsalm der Mittäter:innen am römischen Unrechtssystem, vgl. Schottroff: Lieder 2001; zu Röm 7,14ff vgl. Janssen, Sünde 2006.
54 Vgl. die Ausführungen bei Wolter: Römer 2014, 155f.

(war) das Ersinnen von (Götzen)bildern, ihre Erfindung aber Verderbnis von Leben [...] Sodann genügte (ihnen) das Irregehen in Bezug auf die Erkenntnis Gottes nicht, sondern, während sie in einem großen Krieg von Nichterkenntnis lebten, bezeichneten sie das so große Übel (auch noch) als Frieden [...] Sie bewahren weder Lebensführung noch Ehen rein; einer tötet hinterhältig den anderen oder verletzt ihn durch Ehebruch. Alles aber ist ein Gemisch von Blut und Mord, Diebstahl und Betrug, Verderbnis, Treulosigkeit, Verwirrung, Meineid, Unruhe der Guten, Vergessen von Geschenktem, Befleckung der Seelen, Vertauschung des Geschlechts, Unordnung der Ehen, Ehebruch und Ausschweifung. Die Verehrung der namenlosen (Götzen)bilder nämlich ist Anfang von allem Bösen und Ursache und Ende."[55]

Paulus versteht die Ablehnung, sich an den Weisungen Gottes zu orientieren, als aktive Entscheidung: *dokimazō* beschreibt den Vorgang der Prüfung, des Abwägens: „Sie", die Menschen, deren ungerechten Taten er in V.18 das Zorngericht Gottes ankündigt, lehnen es ab, sich an Gottes Weisung zu orientieren. Damit erweist sich ihr Denken, ihr Verstand (*vous*) aus Sicht des Paulus als unbrauchbar, als wertlos (*adokimos*). Sie weigern sich das zu tun, was sie als richtig einschätzen (müssen), weil es ihnen von Gott offenbart wurde (V. 19). „Ihr uneinsichtiges Herz wurde dunkel" umschreibt er diesen Vorgang in V. 21. Am Schluss der Offenbarungsrede in V. 32 betont er erneut, dass hinter dem Zuwiderhandeln eine bewusste Entscheidung steht: „Sie kennen die gerechte Ordnung Gottes genau, nach der diejenigen, die so handeln, der Macht des Todes ausgeliefert sind. Trotzdem tun sie es nicht nur selbst, sondern schenken auch anderen Beifall, die so handeln." Der Raum, den die Erkenntnis Gottes einnehmen sollte (Röm 15,14), ist nun ausgefüllt mit Ungerechtigkeit, Bösartigkeit, Habgier, Schlechtem, Missgunst, Morden, Streitsucht, Betrug und Verschlagenheit.[56] Auffällig ist, dass Gott das handelnde Subjekt ist, auch wenn die geschilderten Handlungen den göttlichen Weisungen widersprechen: Gott überlässt die Menschen ihrem wertlosen Denken (V.28), dessen Folgen sich in ihrem zerstörerischen Tun ausdrücken, das sie sehenden Auges in den Tod treibt (V. 32).

---

55 SapSal 14, 12.22–27. Übersetzung: Septuaginta deutsch.
56 Auf den Unterschied zu Parallelen in der stoischen Ethik (Bsp: Diogenes Laertius 7,108) verweist Wolter: Römer 2014, 156. Paulus beschreibe keine Handlungen, sondern charakterisiere Personen.

Sie sind angefüllt mit jeglicher Ungerechtigkeit (*adikia*), gegen die sich nach 1,18 Gottes Zorn richtet. Alle müssen sich für ihr Handeln vor Gottes gerechtem Gericht verantworten (vgl. 2,6.16), davon ist niemand ausgenommen weder jüdische noch nicht-jüdische Menschen, weder die, die auf den Gott Israels vertrauen noch der Kaiser in Rom oder andere Menschen aus der römischen Elite, für die durch ihre soziale Position und ihr Vermögen das Recht käuflich ist.[57] Das Unrecht steht in einer Reihe mit weiteren Ausdrücken für bösartiges Tun: Schlechtigkeit, Habgier (*pleonexia*) und Bosheit. Aus diesen grundsätzlichen Beschaffenheiten erwachsen die Beweggründe, anderen zu schaden: „Missgunst, Morden, Streitsucht, Betrug und Verschlagenheit." Mit der Bezeichnung „Ohrenbläser" (so die Übersetzung der Lutherbibel von *psithyritēs*), beginnt eine neue Reihe mit Bezeichnungen von Personen, die ungerechte Taten begehen, hier: üble Nachrede betreiben, gegen andere intrigieren.

Die Verse 28-29 bieten eine Analyse der gesellschaftlich erfahrbaren Gewalt. Grundsätzlich basiert diese nach Paulus' Deutung auf der Weigerung, Gottes Weisungen zu folgen und der bösartigen Absicht, anderen Unrecht zuzufügen und sich zu bereichern. Diese Haltung führt dann zu den konkreten Motivationen für Gewalttaten, zu denen neben Neid und Missgunst die Habgier (*pleonexia*) gehört. Diese gilt als grundlegende Sünde und Wurzel des Bösen, denn sie bedeutet eine unersättliche und zerstörerische Orientierung am Geld statt an Gottes Weisung.[58] Die *pleonexia* beschreibt ein strukturelles Phänomen des Alltags in den Gemeinden, die durch ökonomische Auseinandersetzungen gefährdet sind.[59] Das Problem der ökonomischen Gier ist deshalb auch ein zentrales theologisches Problem: „Wenn es bei der Frage der Habgier um nicht weniger als die Frage nach Gott geht und Habgier kein bloß individuelles Fehlverhalten ist, das sich leicht abstellen ließe, sondern das strukturelle Problem einer ganzen Gesellschaft darstellt, dann kann die Reaktion darauf nicht in einem Appell an die Einzelnen bestehen, doch etwas weniger habgierig zu sein. Und in der Tat sieht die biblische Lebensordnung, die Tora, mit dem Sabbat eine gesellschaftliche Einrichtung vor, die der Gier in diesem Sinn

---

57 Vgl. Clauss: Der römische Kaiser 2013; Dig 48,20,6 (Ulp.), Philo, In Flaccum 127–134, dazu: Haensch: Korruption 2013, 129f.
58 Vgl. Mt 6,19–24; Eph 5,5; Kol 3,5; 1 Tim 6,10; vgl. auch Pred 5,9; Dtn 6,4f. Zum Folgenden vgl. Schottroff: Habgier 1986.
59 Mk 4,19; Lk 12,15; 1 Kor 6,7; 2 Kor 7,2; 9,5.

eine Grenze setzen soll."[60] Diese Regelung gehört zu der gerechten Ordnung Gottes (*dikaiōma tou theou*), die Paulus in Vers 32 als Alternative zur Herrschaft der Gewalt präsentiert.

5. Strukturelle Gewalt wird konkret (Röm 1,29c–31)

Die Menschen, die sich von diesen gewalttätigen Motivationen leiten lassen, werden zu Täter:innen. Die Verse 29c–30a bestehen aus einer Reihe von Bezeichnungen für Menschen, die Gewalt ausüben und geradezu zu deren Personifikationen werden. Ich habe in der Übersetzung die Nomen verbal aufgelöst, um die Haltungen und Handlungen sichtbar werden zu lassen, die sich dahinter verbergen: „Sie intrigieren, denunzieren, sind gottverlassen, tun anderen Gewalt an, sind überheblich und prahlen mit ihren Taten." Es folgt eine weitere Reihe von Bezeichnungen, die die Menschen und ihr Tun charakterisieren: „Sie stecken voll krimineller Energie (wörtlich: sind Erfinder:innen von Bösem) und achten die Eltern nicht." Vers 31 setzt die Reihe fort: „Sie sind ohne Einsicht, unberechenbar, skrupellos und unbarmherzig."

Die Reihe beginnt mit übler Nachrede und Denunziation, die schwerwiegende Gefährdungen der Gemeinden bedeuteten. Luise Schottroff beschreibt in ihrem Kommentar zum ersten Brief an die Gemeinde in Rom die gängige Praxis der Denunziation, die mangelnde Loyalität dem Kaiser und staatlichen Autoritäten gegenüber offenlegt: „‚Die Augen des Kaisers' (der Ausdruck stammt von Libanius, Or. 18, 140) waren überall. Ein System von Spitzelei und Anzeige funktionierte perfekt – oft war dabei Geld im Spiel. Denunzianten wurden vom Kaiser als ‚Hüter des Rechtes' verstanden."[61] Deutlich wird die Überheblichkeit derer, die sich auf der Seite der Macht wissen, denn sie fühlen sich in ihrem Tun unangreifbar.[62]

---

60 Kessler / Janssen: Habgier 2009, 237.
61 Schottroff: Korinth 2021, 215f. Vgl. auch Tacitus, Agricola 2,2; Annalen 6,7.30; Cassius Dio 55,18,5–19,5; Epiktet 4,1,79. 4,13,5.
62 Zu Bestechlichkeit und Korruption römischer Amtsträger vgl. Haensch: Korruption 2013.

6. Hoffnung auf das gerechte Gericht Gottes als Strategie gegen die Gewalt (Röm 1,32)

Die auf Gott Vertrauenden leiden unter der Gewalt, das wird an vielen Stellen im Brief an die Gemeinde in Rom sichtbar. Paulus ermutigt dazu, Gewaltstrukturen auch in den eigenen Gemeinschaften zu überwinden, eine solidarische Praxis zu entwickeln und gewaltlos Widerstand zu leisten (vgl. Röm 12,(9–)21): „Lass dich nicht vom Bösen besiegen, sondern besiege Böses mit Gutem". Seine Auferstehungsbotschaft sagt der Zerstörung und Gewalt ein Ende an, aus dieser Hoffnung sollen die Menschen Kraft schöpfen, mit widerständiger Geduld (*hypomonē*, vgl. Röm 5,3; 8,25) das Eingreifen Gottes erwarten. Denn: Gott verurteilt die Gewalt – das ist die Hoffnungsbotschaft, die sich hinter der in ihrer komprimierten Zusammenstellung kaum erträglichen Präsentation von Unrecht, triumphaler Überheblichkeit, Bösartigkeit und konkreten Gewalttaten in Röm 1,28–31 verbirgt. Das berechnende Tun wird nicht ungestraft bleiben, denn die Konsequenzen sind bekannt: „Sie kennen die gerechte Ordnung Gottes genau, nach der diejenigen, die so handeln, der Macht des Todes ausgeliefert sind (wörtlich: den Tod verdienen *axioi thanatou eisin*). Trotzdem tun sie es nicht nur selbst, sondern schenken auch anderen Beifall, die so handeln."

Im letzten Vers dieses Abschnitts sagt Paulus denjenigen, die Gewalt ausüben, das Gericht an. Die Perspektive ist eine endzeitliche: Sie müssen sich vor Gott verantworten und werden im Gericht nicht bestehen. Auch hier argumentiert Paulus ähnlich wie die Weisheit. Dort heißt es: „Da sie nämlich ihr Vertrauen auf unbelebte (Götzen)bilder gesetzt haben, erwarten sie nicht, wenn sie falsch schwören, Schaden zu erleiden. Für beides aber wird ihnen das Gerechte zukommen: denn sie haben falsch gedacht über Gott, indem sie (Götzen)bildern ihre Aufmerksamkeit zuwandten, und sie haben unrecht geschworen mit Falschheit, indem sie Heiligkeit verachteten. Nicht die Macht derer nämlich, bei denen geschworen wird, sondern das (strafende) Recht der Sündigen überkommt immer die Übertretung der Ungerechten."[63] Das strafende Recht ist das göttliche Recht, diesem können sich die Ungerechten nicht entziehen. Eine grundlegende Strategie der Überwindung von Gewalt in biblischen Traditionen

---

63 WeishSal 14,29–31. Übersetzung Septuaginta Deutsch.

beschreiben Walter Dietrich und Moisés Mayordomo mit der Überschrift: „Der Gewalt ‚in den Arm fallen'". Indem ein Eingreifen Gottes in der Endzeit ausgemalt wird, das das Unrecht vergilt, werde persönliche Rache unterbunden (Mt 5,38f., Röm 12,17).[64] Auch Richard Horsley versteht die Gerichtspredigt Jesu, wie sie in den Evangelien überliefert wird, als eine Gegenstrategie gegen die brutale militärische Gewalt Roms: „Jesus' mission of healing the traumatic and disintegrative effects of imperial violence can be seen particularly in his practice of exorcism understood in its historical context of Roman Palestine and in his attempt to renew village community life. The anticipation of divine counterviolence can be seen in Jesus' prophetic pronouncement of God's judgment of Roman imperial rule and rulers."[65]

Stellt sich Paulus ein gewalttätiges Eingreifen Gottes im endzeitlichen Gericht vor? Die Formulierung „den Tod verdienen" ist an dieser Stelle missverständlich. Paulus malt sich keine Verurteilung oder gar Hinrichtung entsprechend der römischen Praxis aus. Der Weg in den Tod ist aus seiner Sicht vorgezeichnet, weil Gott die Menschen ihren Taten überlässt, den todbringenden Konsequenzen ihres eigenen Tuns, das Gottes ins Leben führende Weisung missachtet.

Literatur

Aldrete, Gregory S.: Daily Life in the Roman City: Rome, Pompeii, and Ostia, Westport/London 2004.
Backhaus, Ralph: Im Dienste des Rechts – Römische Juristen, in: Reuter, Marcus / Schiavone, Romina (Hrsg.), Gefährliches Pflaster. Kriminalität im Römischen Reich, Xanten 2011, unverändert. Nachdruck 2013, 289–298.
Briggs, Sheila: Gender, Slavery, and Technology: The Shaping of the Early Christian Moral Imagination, in: Bernadette J. Brooten (Hrsg.), Beyond Slavery. Overcoming Its Religious and Sexual Legacies, New York 2010, 159–176.
Clauss, Manfred: Der römische Kaiser – an keine Gesetze gebunden? in: Reuter, Marcus / Schiavone, Romina (Hrsg.), Gefährliches Pflaster. Kriminalität im Römischen Reich, Xanten 2011, unverändert. Nachdruck 2013, 281–286.
Cook, John Granger: Crucifixion in the Mediterranean World, Wissenschaftliche Untersuchungen zum Neuen Testament 327, Tübingen 2014.

---

64 Vgl. Dietrich/Mayordomo: Gewalt 2009, 212f.
65 Horsley: Imperial Violence, 2005, 61.

Dietrich, Walter / Mayordomo, Moisés: Art.: Gewalt, in: Sozialgeschichtliches Wörterbuch zur Bibel, Frank Crüsemann u. a. (Hrsg.), Gütersloh 2009, 210–215.

Doblhofer, Georg: Vergewaltigung in der Antike, Stuttgart/ Leipzig 1994.

Ebner, Martin: Strukturen der Gewalt in Palästina zur Zeit Jesu. Jesuanische Wahrnehmungen und sozialgeschichtliche Daten, in Reinhold Zwick (Hrsg.), Religion und Gewalt im Bibelfilm, Marburg 2013, 83–104.

Ehrensperger, Kathy: Paul at the Crossroads of Cultures – Theologizing in the Space-Between, London / New York 2013.

Elliott, Neil: The Apostle Paul's Self-Presentation as Anti-Imperial Performance, in: Richard A. Horsley (ed), Paul and the Imperial Order, Harrisburg 2004, 67–88.

Friesen, Steven J.: Ungerechtigkeit oder Gottes Wille: Deutungen der Armut in frühchristlichen Texten, in: Die ersten Christen. Sozialgeschichte des Christentums Bd. 1, Richard A. Horsley (Hrsg.), Gütersloh 2007, 271–292.

Gager, John Goodrich / Gibson, Elizabeth Leigh: Violent Acts and Violent Language in the Apostle Paul, in: Matthews, Shelly / Gibson, E. Leigh (ed.), Violence in the New Testament, New York / London 2005, 13–21.

Glancy, Jennifer A.: Early Christianity, Slavery, and Women's Bodies, in: Bernadette J. Brooten (Hrsg.), Beyond Slavery. Overcoming Its Religious and Sexual Legacies, New York 2010, 143–158.

Haacker, Klaus: Der Brief des Paulus an die Römer, ThHK 6, Leipzig 1999.

Haensch, Rudolf: Omnibus pariter corruptis – Korruption und Amtsmissbrauch in den Stäben der kaiserzeitlichen römischen Provinzverwaltung, in: Reuter, Marcus / Schiavone, Romina (Hrsg.), Gefährliches Pflaster. Kriminalität im Römischen Reich, Xanten 2011, unverändert. Nachdruck 2013, 129–133.

Hengel, Martin: 'Mors turpissima crucis. Die Kreuzigung in der antiken Welt und die "Torheit" des "Wortes vom Kreuz"', in Rechtfertigung, FS für Ernst Käsemann, Johannes Friedrich/ Wolfgang Pöhlmann /Peter Stuhlmacher (Hrsg.), Tübingen1976, 125–84.

Hermann-Otto, Elisabeth: Sklaverei und Freilassung in der griechisch-römischen Welt, Hildesheim 2009.

Horn, Friedrich-Wilhelm: Ethik (NT), in: Wissenschaftliches Bibellexikon im Internet (erstellt: Jan. 2011) https://www.bibelwissenschaft.de/stichwort/47913/ (Abruf 11.10.2023).

Horsley, Richard: "By the Finger of God": Jesus and Imperial Violence, in: Matthews, Shelly / Gibson, E. Leigh (ed.), Violence in the New Testament, New York / London 2005, 51–80.

Janssen, Claudia: „Die andere Frage stellen". Eine intersektionale Perspektive auf den Brief an die Gemeinde in Rom, in: Theologische Aufbrüche. Perspektiven für Theologie und Kirche im 21. Jahrhundert. Festschrift 75 Jahre Augustana-Hochschule, Daniel Hoffmann u. a. (Hrsg.), Stuttgart 2022, 231–246.

– „Ich schreibe das nicht, um euch zu beschämen" (1 Kor 4,14). Beschämung und Scham im Kontext antiker Genderdiskurse und in den paulinischen Gemeinden, in: Die verborgene Macht der Scham. Ehre, Scham und Schuld im alten Israel, in seinem Umfeld und in der gegenwärtigen Lebenswelt, Alexandra Grund-Wittenberg / Ruth Poser (Hrsg.), Neukirchen-Vluyn 2018, 159–182.

- Hat die Sünde ein Geschlecht? Anfragen an das paulinische Sündenverständnis in Röm 7, in: Hat das Böse ein Geschlecht? Theologische und religionswissenschaftliche Verhältnisbestimmungen, Helga Kuhlmann / Stefanie Bossert (Hrsg.), Göttingen 2006, 100–108.

Jung, Patrick: *Latrones!* – Wegelagerei und Räuberunwesen im Römischen Reich, in: Reuter, Marcus / Schiavone, Romina (Hrsg.), Gefährliches Pflaster. Kriminalität im Römischen Reich, Xanten 2011, unverändert. Nachdruck 2013, 173–185.

Kahl, Brigitte: Galatians Re-Imagined. Reading with the Eyes of the Vanquished, Minneapolis 2010.

Käsemann, Ernst: An die Römer (HNT 8a) Tübingen 1973.

Kessler, Rainer / Janssen, Claudia: Art.: Habgier/Begierde, in: Sozialgeschichtliches Wörterbuch zur Bibel, Frank Crüsemann u. a. (Hrsg.), Gütersloh 2009, 236–237.

Kienzle, Peter: Introvertiertes Wohnen – Spuren des Sicherheitsdenkens in der römischen Architektur, in: Reuter, Marcus / Schiavone, Romina (Hrsg.), Gefährliches Pflaster. Kriminalität im Römischen Reich, Xanten 2011, unverändert. Nachdruck 2013, 3–17.

Klein, Richard: Die Romrede des Aelius Aristides, Darmstadt 1981.

Kobel, Esther: Paulus als interkultureller Vermittler. Eine Studie zur kulturellen Positionierung des Apostels der Völker, Leiden u. a. 2019.

Kraus, Wolfgang / Karrer, Martin (Hrsg.): Septuaginta Deutsch. Das griechische Alte Testament in deutscher Übersetzung, Stuttgart 2009.

Krause, Jens-Uwe: Kriminalgeschichte der Antike, München 2004.

Kunst, Christiane: Römische Wohn- und Lebenswelten. Quellen zur Geschichte der römischen Stadt, Darmstadt 2000.

Laes, Christian: Children in the Roman Empire: Outsiders Within, Cambridge 2011.

Lampe, Peter: Juden und Christen in Rom. Sozialhistorische Aspekte, in: BiKi 3 (2010) 132–136.

Liebs, Detlef: Vor den Richtern Roms – Rechtsprechung, Gesetze, Strafen, in: Reuter, Marcus / Schiavone, Romina (Hrsg.), Gefährliches Pflaster. Kriminalität im Römischen Reich, Xanten 2011, unverändert. Nachdruck 2013, 255–267.

Lopez, Davina C.: Apostle to the Conquered. Reimagining Paul's Mission, Minneapolis 2008.

Martin, Clarice J.: Es liegt im Blick – Sklaven in den Gemeinschaften der Christus-Gläubigen, in: Die ersten Christen. Sozialgeschichte des Christentums Bd. 1, Richard A. Horsley (Hrsg.), Gütersloh 2007, 251–270.

Matthews, Shelly / Gibson, Elizabeth Leigh (ed.): Violence in the New Testament, New York / London 2005.

Müller, Martin: Schlüssel und Schloss im römischen Alltag Ausgewählte Funde aus der Colonia Ulpia Traiana, in: Reuter, Marcus / Schiavone, Romina (Hrsg.), Gefährliches Pflaster. Kriminalität im Römischen Reich, Xanten 2011, unverändert. Nachdruck 2013, 19–40.

Nanos, Mark D.: Der Brief des Paulus an die Römer, in: Das Neue Testament jüdisch erklärt, Wolfgang Kraus u. a. (Hrsg.), engl. Ausgabe: Amy-Jill Levine / Marc Zwi Brettler (Hrsg.), Stuttgart 2021, 304–341.

Schiavone, Romina: Agens at latrunculum – Strafverfolgung im Römischen Reich, in: Reuter, Marcus / Schiavone, Romina (Hrsg.), Gefährliches Pflaster. Kriminalität im Römischen Reich, Xanten 2011, unverändert. Nachdruck 2013, 225–239.

Schmitz, Dirk: *Ad supplicium ducere* – Hinrichtungen in römischer Zeit, in: Reuter, Marcus / Schiavone, Romina (Hrsg.), Gefährliches Pflaster. Kriminalität im Römischen Reich, Xanten 2011, unverändert. Nachdruck 2013, 319–340.

Schottroff, Luise: Der erste Brief an die Gemeinde in Korinth, Theologischer Kommentar zum Neuen Testament Bd. 7, Stuttgart 2013, 2. Aufl. 2021.

– Die Befreiung vom Götzendienst der Habgier, in: Wer ist unser Gott? Beiträge zu einer Befreiungstheologie im Kontext der „ersten" Welt, Luise und Willy Schottroff (Hrsg.), München 1986, 137–152.

– Die Lieder und das Geschrei der Glaubenden. Rechtfertigung bei Paulus, in: Paulus: umstrittene Traditionen – lebendige Theologie. Eine feministische Lektüre; Claudia Janssen/ Luise Schottroff/ Beate Wehn (Hrsg.), Gütersloh 2001, 44–66.

Schottroff, Luise: Die Schreckensherrschaft der Sünde und die Befreiung durch Christus nach dem Römerbrief des Paulus (1979), in: dies., Befreiungserfahrungen. Studien zur Sozialgeschichte des Neuen Testaments, München 1990, 57–72.

Seifert, Anke: Strafbar oder nicht? – Sexualdelikte und häusliche Gewalt, in: Reuter, Marcus / Schiavone, Romina (Hrsg.), Gefährliches Pflaster. Kriminalität im Römischen Reich, Xanten 2011, unverändert. Nachdruck 2013, 147–160.

Solin, Heikki: Die Herkunft der römischen Sklaven, in: Heinz Heinen (Hrsg.), Menschenraub, Menschenhandel und Sklaverei, Stuttgart 2008.

Speidel, Michael Alexander: Römische Soldaten auf Abwegen – Amtsmissbrauch, Korruption und Fahnenflucht Amtsmissbrauch, Korruption und Fahnenflucht, in: Reuter, Marcus / Schiavone, Romina (Hrsg.), Gefährliches Pflaster. Kriminalität im Römischen Reich, Xanten 2011, unverändert. Nachdruck 2013, 213–221.

Stegemann, Ekkehard Wilhelm: Anpassung und Widerstand. Anmerkungen zu einer neuen imperiumskritischen Lektüre des Paulus, in: KuI 29. Jg. Heft 1 (2014) 4–17.

Theissen, Gerd: Auferstehungsbotschaft und Zeitgeschichte. Über einige politische Anspielungen im 1. Kapitel des Römerbriefs, in: Auferstehung hat einen Namen. Biblische Anstöße zum Christsein heute, FS für Hermann-Josef Venetz, Sabine Bieberstein/Daniel Kosch (Hrsg.), Luzern 1998, 59–68.

Volkmann, Hans: Die Massenversklavungen der Einwohner eroberter Städte in der hellenistisch-römischen Zeit, Wiesbaden 1961.

Weeber, Karl-Wilhelm: Das antike Rom. Eine Kulturgeschichte in Quellen, Darmstadt 2017.

Wengst, Klaus: „Freut euch, ihr Völker, mit Gottes Volk!" Israel und die Völker als Thema des Paulus – ein Gang durch den Römerbrief, Stuttgart 2008.

– Pax Romana, Anspruch und Wirklichkeit: Erfahrungen und Wahrnehmungen des Friedens bei Jesus und im Urchristentum, München 1986.

Wibbing, Siegfried: Die Tugend- und Lasterkataloge im Neuen Testament und ihre Traditionsgeschichte unter besonderer Berücksichtigung der Qumran-Texte, BZNW 25, Berlin 1959.

Wiedemann, Thomas: Kaiser und Gladiatoren. Die Macht der Spiele im antiken Rom, Darmstadt 2001.

Wilckens, Ulrich: Der Brief an die Römer, 1. Teilbd. Röm 1–5, EKK Bd. VI/1, Neukirchen-Vluyn 1978.

Wolter, Michael: Der Brief an die Römer I. Röm 1–8, EKK 6/1, Neukirchen 2014.

„Gewalt und Gegenmacht" – Überlegungen zum 1. Petrusbrief als Gebrauchstext für christliche Gemeinden heute

Carsten Röhr

A. Die Fragestellung: Der Gebrauch von Bibeltexten

Die Überschrift mag überraschen: Ein biblisches Buch als ein „Gebrauchstext"? Eine sicher ungewöhnliche Formulierung, die erläuterungsbedürftig ist. Ich schreibe diese Überlegungen aus der Perspektive eines Gemeindepfarrers einer evangelischen Landeskirche. Eine Kirchengemeinde ist immer noch einer der Hauptschnittpunkte von theologischer Theorie und Praxis und der Ort, wo man der Frage nach der Anwendbarkeit wissenschaftlicher Erkenntnisse der Universitäten nicht mehr ausweichen kann.

So möchte ich mit dieser Untersuchung der Frage nachgehen, inwieweit der Gebrauch der Bibeltexte in der Gemeindearbeit mit dem übereinstimmt, wie die Texte von sich aus angewendet werden wollen. Als grundlegende Prämisse jeder Exegese darf gelten: Bibeltexte wollen etwas bewirken und zielen auf eine Veränderung bestehender Realitäten ab. Dieser Anspruch gilt bis heute. Darum reichen historisch-literarische Untersuchungen allein zum Verständnis eines Textes nicht aus, vielmehr erfolgt dessen vollständige Erkenntnis erst in der praktischen Anwendung und in der dadurch gewonnenen, neuen Erfahrung. So steht die Kirche jederzeit neu vor der Herausforderung, Bibeltexte nicht nur (in welcher Weise auch immer) zu gebrauchen, sondern sich von ihnen gebrauchen zu lassen, das heißt sich von ihnen in Anspruch nehmen, leiten, strukturieren und verändern zu lassen. Wo gelangt man aber theologisch hin, wenn man einen Bibeltext tatsächlich als „Gebrauchsanweisung" für kirchliches Handeln ernst nimmt? Und welche Folgerungen ergeben sich daraus für die Praxis der Kirche auf Gemeindeebene?

B. Der 1. Petrusbrief und das Thema „Gewalt"

Um die „Gebrauchsfähigkeit" eines Bibeltextes zu beleuchten, ist das Thema „Gewalt" ein echter Prüfstein. Denn Gewalt wirkt – das ist ihre Haupteigenschaft. In allen ihren Formen als physische, psychische oder strukturelle Gewalt hat sie zum Ziel, Einfluss auf das Verhalten oder den Zustand von Menschen zu nehmen. Mit Gewalt – und sei es auch bloß in Form ihrer Androhung – wollen Menschen Macht über andere ausüben und deren Freiheiten beschränken, um ihre eigenen Möglichkeiten zu erweitern. Die Reaktion auf Gewalt besteht entweder aus Formen der Gegengewalt, womit sich eine gewaltimmanente Eskalationsspirale mit allen zerstörerischen Folgen eröffnet; oder es kommt zu einem resignativen, ohnmächtigen Erleiden von Gewaltsituationen ohne Gegenreaktion. Will man diese gewalt-analogen Reaktionsformen vermeiden, braucht es eine andere Form von Gegenmacht.

Gewalt wirkt. Eine Theologie, die dem etwas entgegensetzen möchte, muss – in Theorie und Praxis – eine entsprechende Gegenwirkung erzielen. Der 1. Petrusbrief im Neuen Testament, den ich für diese Überlegungen auswähle, darf als Versuch gelten, die durch Jesu Weg ans Kreuz vorgelebte und durch seine Auferstehung als gültig bestätigte Form eines entschiedenen Gewaltverzichts als Gegenmacht für den Umgang mit erlittener Gewalt seitens der angesprochenen Christengemeinden nutzbar zu machen.

Zur Untersuchung greife ich auf zwei neuere Publikationen zum 1. Petrus zurück:
– Zum einen auf die Monographie „Autorschaft und Sklavenperspektive im Ersten Petrusbrief" von Jisk Steetskamp, der in überzeugender Weise die Sklavenperspektive als eine von Gewalt seitens des römischen Imperiums geprägte Hintergrunderfahrung der Adressat:innen und gleichzeitig als das entscheidende theologische Motiv des Textes herausgearbeitet hat. Er erkennt darin ein „Programm des Shaloms", bei dem der Verfasser „unter der Oberfläche eines scheinbar dem imperialen Wertesytem angepassten religiösen Dokumentes (…) seine intendierten Leserinnen und Leser zur widerständigen Gerechtigkeit"[1] ermutigt.

---

1 Steetskamp: Autorschaft 2020, 50.6.

– Zum anderen auf den Kommentar „Der erste Petrusbrief" von Gerald Wagner und François Vouga, die im 1. Petrus eine „offensive Strategie zur Gewaltlosigkeit" entfaltet sehen, die sich auf eine „originelle Christologie" stützt, die den Begriff der Leiden vom Opfer-Sein zu einer „positiven Haltung" umdefiniert und als eine „aktive Verhaltensweise" versteht mit dem Ziel: „Die Welt wird verändert"[2].

C. Aspekte des 1. Petrusbriefes

Der 1. Petrus liest sich weniger als ein Brief an bestimmte Gemeinden, in dem aktuelle Einzelprobleme behandelt werden, sondern eher als eine durchkomponierte theologische Programmschrift. Entstanden in der Zeit von 90 – 120 n. Chr. als eine an die Gemeinden Kleinasiens adressierte und dem Apostel Petrus zugeschriebene, aber sicher pseudepigraphische Schrift, kommen als Autor:innen gebildete jüdische Sklav:innen in Frage, die für mehrheitlich Heidenchrist:innen schreiben. Er zeichnet sich zum einen durch zahlreiche kreative Wort- und Bildschöpfungen aus, die sonst nirgends im NT zu finden sind, (zum Teil mit beeindruckender Wirkungsgeschichte wie „Haus der lebendigen Steine" oder „Priesterschaft der Gläubigen"), sowie zum anderen durch eine tiefe Verankerung in atl. Theologie, die durch ungewöhnlich viele Zitate, Bilder und Anspielungen zur entscheidenden Deutungsebene wird.[3]

Die im Folgenden dargestellten Aspekte des Textes sollen den darin intendierten Aufbau einer wirkungsvollen Gegenmacht zu den damals vorherrschenden Gewaltphänomenen transparent machen, wobei die Fülle des Textes nur in Auswahl und ohne Anspruch auf Vollständigkeit wiedergegeben werden kann.

---

2 Wagner/Vouga: Erster Petrus 2020, 4.6.34. – Die Textübersetzungen, die ich verwende, sind den beiden genannten Büchern entnommen sowie der „Bibel in gerechter Sprache" und der „Lutherbibel" (von 2017).
3 Vgl. Steetskamp: Autorschaft 2020, 66.107–109.173.223.277f. Vgl. Wagner/Vouga: Erster Petrus 2020, 5f.

1. „Sklavendienst": Die Anknüpfung und das Vorbild

Die Sklavenparänese (2,18–25) als erste und längste der Paränesen darf mit Steetskamp als „Mitte und Herzstück des 1. Petrus" angesehen werden.[4] Die Lebenserfahrung der Sklav:innen stellt hier den theologischen Anknüpfungspunkt an die damalige Sozialwelt dar. So findet sich innerhalb der Sklavenparänese ein Christus-Hymnus (2,21–25), der eine „Sklaven-Christologie" entfaltet und damit den entscheidenden theologischen Impuls setzt: „Denn in dieses Leben seid ihr berufen: Weil auch Christus für euch litt, euch hinterließ er das Vorbild, damit ihr seinen Spuren folgt" (2,21). Dass die Leiden Christi tatsächlich als Sklavenleiden angesehen werden können, wird untermauert zum einen durch die Gestaltung der nachfolgenden Verse 2,22–25 mittels Motiven eines Gottesknechtsliedes (Jesaja 52,13–53,12)[5], sowie zum anderen durch den ausdrücklichen Verweis auf sein „körperliches Leiden und Sterben am Holz" (2,24), das allen Hörenden als häufig praktizierte Sklavenhinrichtung durch die römische Obrigkeit nur allzu bekannt gewesen sein dürfte. Durch dieses vergleichbare Schicksal werden die angesprochenen Sklav:innen mit Christus zu einer solidarischen „Leidensgemeinschaft"[6] verbunden. Diese konkrete Anknüpfung an den Weg Christi bietet den Angesprochenen die Grundlage für Glaube und Vertrauen und lässt eine tragende Christus-Beziehung entstehen: „Ihn [Christus] habt ihr nicht gesehen und habt ihn doch lieb; und nun glaubt ich an ihn, obwohl ihr ihn nicht seht" (1,8). Doch dabei bleibt der Text nicht stehen.

Die Wendung „für euch" (ὑπὲρ ὑμῶν) (in 2,21) hat hier eine doppelte Bedeutung: Zum „Euch zum Trost und zur Stärkung" kommt das „Euch zum Vorbild und zum Nachahmen" hinzu. Die Sklaven-Christologie wird zu einer „Vorbild-Christologie", bei der „Christus etwas tut, was Christen genauso tun können"[7] und sollen: Er verzichtet darauf, Gewalt mit Gewalt, Drohen mit Drohen und Schmähung mit Schmähung zu beantworten (2,22–23). Das Wort „Sünde" (ἁμαρτία) bezeichnet im 1. Petrus die

---

4   Vgl. Steetskamp: Autorschaft 2020, 59.
5   Vgl. Steetskamp: Autorschaft 2020, 181–183 mit ausführlicher Synopse.
6   Vgl. Wagner/Vouga: Erster Petrus 2020, 95.
7   Wagner/Vouga: Erster Petrus 2020, 95. „Vorbild" (ὑπογραμμός) ist hier die einzige Belegstelle im NT und beinhaltet als Bild das Durchpausen eines Buchstabens (vgl. ebd., 96).

„Verfehlung", das Böse nachgeahmt zu haben und damit aus der Gottesbeziehung herausgefallen zu sein. Wer dagegen im Sinne Christi gewaltfrei bleibt und körperliche Leiden erträgt, „hat aufgehört mit der Sünde" (4,1).

Dieser andere Begriff vom Leiden bringt schließlich die Verwandlung der leiderfahrenen Sklav:innen in „neugeborene Gläubige" hervor: Es wird gesagt, dass Christus – anders als sie selbst bisher – das Leiden ganz bewusst und mit Sinn und Ziel auf sich genommen hat. Sein Leiden am Kreuz hat folglich nichts mit Passivität zu tun, sondern erweist sich als höchste Aktivität in zweifacher Beziehungsausrichtung: Erstens auf Gott hin, dem er es überlässt, „gerecht zu richten" (2,23); und zweitens auf andere Menschen hin, denen er so die „Tür zum Raum der Gnade" und des Menschlichen offenhalten will.[8]

So wird Christus zum Vorbild, der in seiner Sklavenrolle „unsere Sünde selbst hinaufgetragen hat an seinem Leibe auf das Holz, damit wir, der Sünde abgestorben, der Gerechtigkeit leben" (2,24). Die Einmaligkeit Christi als dem „leitenden Vorausgänger" („Hirte und Bischof", 2,25) wird hier aber nicht mit einer ausschließenden Exklusivität verbunden, sondern ganz im Gegenteil: Es gehört laut 1. Petrus gerade zum Konzept Christi, möglichst viele andere zur Nachahmung zu befähigen. Das bedeutet: Alle Gläubigen sollen wie er durch ihren eigenen Gewaltverzicht die Verfehlungen der „Noch-Gewaltbereiten" aushalten und sie durch ihr Zeugnis in das eigentlich von Gott gemeinte „Mensch-Sein in Gerechtigkeit" rufen.

Gerade die Sklav:innen werden so durch ihre Gewalterfahrungen als erste in diese Nachfolge gerufen und damit selbst zum „Typos und Vorbild" für alle anderen Gläubigen: Als von Gott „Befreite" sollen sie ab jetzt allen anderen Menschen (vgl. 2,17) als „Knechte Gottes" (δοῦλοι) dienen und sie aus ihren „Gefangenschaften" befreien (2,16). Im Hintergrund steht das Bild vom „Exodus der aus der Sklaverei befreiten Israeliten", auf das an vielen Stellen im 1. Petrus angespielt wird (siehe unten).

---

8   Vgl. Steetskamp: Autorschaft 2020, 62f.226.254.

2. „Wiedergeburt": Die neue Identität

Die Botschaft von der „Auferstehung Christi" bewirkt mitten im Leben „Wiedergeburt" bei den Gläubigen: Waren die Adressat:innen, vor allem die Sklav:innen, bislang „wie tot" in ihrer Angst, Ohnmacht und Perspektivlosigkeit, so erfahren sie nun vom gottbestimmten Weg Jesu, der trotz Leid und Hinrichtung gerade nicht „in den Tod", sondern von Gott bestätigt „ins Leben" geführt hat. Die Metapher der „Geburt" bezeichnet einen passiven Vorgang: Man kann nur durch andere geboren werden. So werden sie hier durch die neue Gottesbeziehung, in die sie durch Christus hineingenommen sind, „wiedergeboren (ἀναγεννήσας) zu einer lebendigen Hoffnung" (1,3).

Sklavendienst bedeutete damals oft den „sozialen Tod", ohne Vergangenheit und Zukunft, ohne Familie und ohne eigene kulturelle und soziale Identität: eine Herabwürdigung des Menschseins zu einem Objekt, über das ein Besitzender verfügen konnte, oft verbunden mit schweren gewalttätigen Misshandlungen.[9] Hier nun werden sie von einer Weltordnung, in der allein Gold und Silber und ihr „Kaufpreis" auf dem Sklavenmarkt zählen (1,18), erlöst und durch das „Blut Christi", d. h. durch seine Beziehungsaufnahme und sein Liebeszeugnis, in eine lebendige, neue Gottes- und Christus-Beziehung hineingestellt (1,2.19), die ihnen niemand, auch der Tod, nicht nehmen kann, weil sie „unvergänglich" ist (1,23). Sie erhalten Würde und Anerkennung durch den Zuspruch von „Erwählung" (1,2) und „Heiligkeit" (1,15) und werden als „Gottes Volk" zum „Dienst an der Welt" berufen (2,9f).

So erleben sie mitten im Leben „Auferstehung" vom „Tod" zu einem neuen Menschsein. Diese neue Identität als „Wiedergeborene" wird weiter bildlich ausgeführt in der Bezeichnung Gottes als „Vater Jesu Christi" (1,3), zu dessen „gehorsamen Kindern" (1,14), „neugeborenen Kindern" (2,2) und „auserwähltem Geschlecht und Gottesvolk" (2,9) die Gläubigen nun selbst geworden sind.

---

9 Vgl. Steetskamp: Autorschaft 2020, 187f.201–208. Vgl. auch Schottroff: Erster Korinther 2013, 108–111.

3. „Lebendige Hoffnung": Die Zukunftsperspektive

Die „Wiedergeborenen" bekommen durch die Mithineinnahme in das Christusgeschehen wieder Zukunft, bezeichnet als „lebendige Hoffnung (ἐλπίδα ζῶσα)" (1,3 – vgl. auch 1,21; 3,5.15). Das Attribut „lebendig", das 1. Petrus an mehrfachen Stellen hinzufügt (1,23; 2,4.5), kann als „wirksam" und damit lebensverändernd verstanden werden.[10] Diese neue Zukunftsperspektive der „Hoffnung" wird als „unvergängliches Erbe", das für die Gläubigen „im Himmel aufbewahrt" wird (1,4), beschrieben. Die per se von jedem Besitz und Erbe ausgeschlossenen Sklav:innen werden nun „erbberechtigt" und erhalten damit Stand und Würde. Das Bild vom „Erbe" beschreibt dabei exakt die Situation der Hoffenden, die etwas „unverbrüchlich sicher" haben, ohne es jetzt schon „in Händen zu halten". Inhaltlich geht es dabei nicht um ein „Privat-Erbe für sich selbst", sondern um die „Teilhabe am Mensch-Sein vor Gott in Gerechtigkeit",[11] die allen Menschen ein „gutes Leben" ermöglicht, vergleichbar mit der heutigen Formulierung der „universellen Menschenrechte", die bereits wirken, obwohl sie noch lange nicht verwirklicht sind. Mit dieser Ausrichtung haben die Christ:innen schon jetzt Anteil an der anderen „göttlichen Wirklichkeit" inmitten einer Welt aus Gewalt, was ihnen Handlungs- und Widerstandsfähigkeit verleiht. Wer für sich eine Zukunft sieht, kann die Gegenwart gestalten.

4. „Exodus in die Fremde": Der Aufbruch

Zum Motiv der „Wiedergeburt" gehört notwendig ein Bruch mit dem vorherigen, alten Leben dazu: „Wie Kinder, die Vater und Mutter gehorchen, sollt ihr euren Lebenswandel nicht mehr gierig an den Reizen orientieren, welche die Umwelt euch bietet. Das würde eurem früheren Leben entsprechen, als ihr Gott nicht gekannt habt" (1,14). 1. Petrus benennt die Gläubigen als erlöst von der „von den Vätern überlieferten Lebensweise" (ἀναστροφή πατροπαράδοτος), die als „nichtig und leer" (μάταιος) ge-

---

10 Vgl. Wagner/Vouga: Erster Petrus 2020, 30.
11 Steetskamp: Autorschaft 2020, spricht von der „Menschwerdung von Sklaven" mit dem Ziel der Menschwerdung aller (225f).

kennzeichnet wird (1,18). Nach Steetskamp handelt es sich bei dieser wiederum nirgends sonst im NT belegten Vokabel um den römischen „Brauch der Väter" (den „mos maiorum"), d. h. um den ungeschriebenen, aber überall im römischen Reich gültigen Sitten- und Verhaltenskodex.[12] Dazu zählte sowohl die gewalttätige, brutale Unterwerfung eroberter Völker und ihre strukturell im „normalen" Alltag verankerte Ausbeutung als Sklav:innen durch die römischen Herr:innen, als auch die umfassende Praxis des Kaiserkultes aus öffentlichen Umzügen, Kaiserhuldigungen, Treuegelöbnissen, Opferungen, Volksbelustigungen, Arena-Wettkämpfen oder kostenlosen Essensgelagen[13], die sich in der Bemerkung widerspiegeln mag: „Denn es ist genug, dass ihr die vergangene Zeit zugebracht habt nach heidnischem Willen, als ihr ein Leben führtet in Ausschweifung, Begierden, Trunkenheit, Fresserei, Sauferei und greulichem Götzendienst" (4,3).

Um den Bruch mit der tradierten Verhaltensnorm der Mehrheitsgesellschaft zu beschreiben, greift 1. Petrus auf Motive der israelitischen Exoduserzählung zurück und kreiert damit das Bild von einem „Auszug in die Fremde": „Umgürtet die Lenden eures Verstandes und seid nüchtern" (1,13) erinnert an den Vorabend des Auszuges (Ex 12); „Ihr sollt heilig sein" (1,16) an das „Heiligkeitsgesetz" (Lev 19); „Seid begierig nach der wortgemäßen Milch wie die neugeborenen Kinder" (2,2) an die „Stillung" der Israeliten durch göttliches Wasser und Manna in der Wüste; und die „Erwählung zum Gottesvolk" (2,9) an den „Bundesschluss am Sinai".[14] Als „Befreite", die doch nicht einfach fliehen können, erleben sie sich nun gegenüber ihrer Umwelt als „Fremde" (πάροικοι) (1,1; 2,11) an ihren jeweiligen Orten, die bei anderen auf „Befremden" stoßen, da sie nun nicht mehr „mit dem allgemeinen Strom mitschwimmen" (4,4), was Anstoß erregt und zu zusätzlichen Schmähungen und Misshandlungen aufgrund ihres Christseins führt (4,12–19).[15]

---

12 Vgl. Steetskamp: Autorschaft 2020, 51.154f.252.
13 Vgl. Steetskamp: Autorschaft 2020, 250f.
14 Vgl. Steetskamp: Autorschaft 2020, 39.223f.
15 Vgl. Wagner/Vouga: Erster Petrus 2020, 78f.142f.

5. „Auserwählte Priesterschaft": Die Beauftragung

Mit dem „Exodus in die Fremde" als Bruch mit der Gesellschaft ist die Beziehung der Christ:innen zu ihrer Umgebung als ein „großes Thema" des 1. Petrus „sowohl auf praktischer wie auf theologischer Ebene"[16] allerdings erst zur Hälfte beschrieben, denn dieser Exodus erweist sich auf der anderen Seite gerade als ein bewusster „Aufbruch in die (oftmals feindlich gesinnte) Gesellschaft" hinein. Ihre neue Identität und Freiheit ist unauflöslich mit der „Beauftragung zu einem Dienst für Gott in dieser Welt" als einem Dienst an anderen Menschen verbunden: „Ihr aber seid das auserwählte Geschlecht, die königliche Priesterschaft, das heilige Volk, das Volk des Eigentums, dass ihr verkündigen sollt die Wohltaten dessen, der euch berufen hat von der Finsternis zu seinem wunderbaren Licht" (2,9).

Die Funktion der „Priesterschaft" am zweiten Jerusalemer Tempel, die seit seiner Zerstörung durch die Römer nicht mehr existiert, wird hier nun auf die „Christianer" (4,16) übertragen: Sie sollen „geistliche Opfer" darbringen (2,5), die vor allem in „guten Taten" bestehen, die den „Willen Gottes" in dieser Welt bezeugen (2,12.15). Was sie durch ihre „Neuwerdung" durch Christus an Erkenntnis, Würde, Lebensperspektive, Kraft, Licht und Liebe geschenkt bekommen haben, wird für sie zu keinem Privatbesitz, den sie für sich behalten wollten, sondern den sie im Auftrag Gottes jetzt an alle weitergeben. Der christlichen Geschwisterschaft schreibt der 1. Petrus die Aufgabe und Verpflichtung ins Stammbuch, ein „Segen für die Mehrheitsbevölkerung"[17] zu sein: „Wenn ihr die segnet, die euch verleumden, entsprecht ihr eurer Berufung. Denn ihr seid ausgewählt, um den Segen zu erben" (3,9).

Dieses Segens- und Erwählungsverständnis entspricht ganz der jüdischen Thora, nach der in Abraham „alle Völker auf Erden" gesegnet sein sollen (Gen 12,3) und nach der die Erwählung Israels im Bundesschluss am Sinai letztendlich den Sinn und die Ausrichtung hat, durch dieses eine Volk am Ende alle Völker in den „Gerechtigkeits-Raum" der Weisungen Gottes einzubinden (vgl. Jesaja 2). Im Sinne dieser gesamtbiblisch intendierten, eschatologischen Völkervereinigung verlieren dann auch theologische Streitigkeiten zwischen jüdischen und christlichen Zugängen

---

16 Steetskamp: Autorschaft 2020, 44.
17 Steetskamp: Autorschaft 2020, 44.

zur Wahrheit an Bedeutung, wovon 1. Petrus ein bemerkenswertes Zeugnis ablegt: Obwohl hier eine durch und durch jüdisch-geprägte Stimme für mehrheitlich Heiden-Christ:innen schreibt, fehlt doch jede Art von gegenseitiger Abgrenzung oder Konkurrenz.[18]

6. „Haus Gottes": Die neue Ordnung

Alles Leben und Tun der Gläubigen wird im 1. Petrus mit dem Bild vom „Haus Gottes" (οἶκος τοῦ θεοῦ) (4,17) in eine neue Ordnung eingebunden, ein Bild, das breit entfaltet wird.[19]

Aufbauend auf dem atl. Motiv des „Ecksteins" als Hausfundament (Jesaja 28,16), das wie bereits in den Evangelien (vgl. Mt 21,42) auf Christus übertragen wird, heißt es: „Zu ihm kommt als zu dem lebendigen Stein, der von den Menschen verworfen ist, aber bei Gott auserwählt und kostbar. Und auch ihr als lebendige Steine erbaut euch zum geistlichen Hause und zur heiligen Priesterschaft" (2,4–5). Hier wird die alte Vorstellung vom Jerusalemer Tempel als Wohnort Gottes abgelöst von der Idee der gesamten Welt als „Haus Gottes" als der umfassende Bezugsrahmen, der alle Menschen miteinschließt. Für die Christengemeinschaft als beauftragte „Tempeldienerschaft" gilt es, dieses „Gottes-Haus für alle", in dem alle ungeachtet ihrer Stellung nach menschlicher Ordnung ihren Platz haben, nach und nach aufzubauen und schon jetzt konkret zu leben. Mit dieser Vorstellung als neuen Ordnungsrahmen entstehen für die Gläubigen Handlungsfähigkeit und Gestaltungsmacht im Hier und Heute. Auch hier gilt, dass die mitgeteilte Christologie auf Exklusivität verzichtet und die Gläubigen nicht ausschließt, sondern gerade aktiv mit einbindet: So wie die Christ:innen auf Christus als „Eckstein" aufbauen können, so sollen alle anderen nun auf dem Vorbild der Gläubigen aufbauen dürfen, die damit für andere zu „tragenden Steinen" werden.

---

18 Steetskamp: Autorschaft 2020, weist darauf hin, dass der „neue Bund" im 1. Petrus „weder erwähnt noch angedeutet wird" (40) und merkt an: „Der Erste Petrusbrief bietet (...) keinen Anlass zu identitätsbezogenen Abgrenzungen, sondern bewahrt vielmehr innerhalb der Diversität frühchristlicher Positionen (...) die Bindung an Israel" (263).

19 Vgl. Wagner/Vouga: Erster Petrus 2020, 65. Zum Bildfeld (Oikos = Haus) gehören: Haus, Haus-Fremde, Haussklaven, Hausbauer/Bauherren, Haushälter und zusammenhausen/-wohnen.

„Gewalt und Gegenmacht"

In dieses gewichtige Bild passt, dass der 1. Petrus die Sklav:innen stets als „Haussklav:innen" (οἰκέται) (2,18) anspricht, die ihren Dienst in den Herrenhäusern der „Despoten" verrichten, welche damit zum Gegentypos zum „Haus Gottes" und gleichzeitig zum Bewährungsort dieser Vorstellung werden. So leben die Gläubigen dialektisch sowohl im „Hause Gottes" als auch in der „Fremde", die wörtlich mit „außer Haus" (παροικία) (1,17) zu übersetzen wäre.[20] Innerhalb dieses „Hauses Gottes" sollen – anders als in den Welten des römischen Imperiums – Gerechtigkeit, Gewaltlosigkeit, Respekt und Liebe nach Gottes Willen herrschen. Dazu bedarf es einer besonderen „Hauswirtschaft" (Ökonomie), getragen von den Gläubigen als „gute Haushälter (Ökonomen: οἰκονόμοι) der vielfältigen Gnade Gottes" (4,10). Hier deutet sich eine solidarische Gemeinwohl-Ökonomie an, die dem auf Gewalt basierenden Privateigentum der römischen Herrschaftsklasse entgegensteht. So entwirft der 1. Petrus das Bild vom „Haus Gottes" als Angebot eines die Menschen zusammenfügenden, gewaltfreien Raumes, in den alle eintreten dürfen und in dem die Gläubigen schon jetzt Schutz, Geborgenheit und neue „Heimat" finden, die ihnen keiner mehr nehmen kann.[21]

7. „Tun des Guten": Der Lebenswandel

Der Auftrag der „Neugeborenen" gemäß der „Ordnung des Hauses Gottes" konkretisiert sich als veränderter „Lebenswandel" (ἀναστροφή) – wiederum ein breit ausgeführtes Thema im 1. Petrus (1,15.17.18; 2,12; 3,1.2.16). Bei der Abkehr vom „nichtigen Lebenswandel nach der Väter Weise" (1,18 – siehe oben) geht es um ganz konkretes Handeln (weniger ums Reden) als der „sichtbaren Seite" ihrer befreiten Identität,[22] immer in direkter Beziehung und „Ehrfurcht" vor Gott (1,17).

Der neue Lebenswandel wird inhaltlich beschrieben als „Tun des Guten" (ἀγαθοποιΐα), wiederum eine Vokabel, die im NT nur im 1. Petrus vorkommt (2,14.15.20; 3,6.11.17;4,19). Ausgehend vom Vorbild Christi soll das Böse nicht nachgeahmt und Gewalt nicht mit Gewalt beantwortet

---

20 Vgl. Wagner/Vouga: Erster Petrus 2020, 49.
21 Vgl. Wagner/Vouga: Erster Petrus 2020, die ihren gesamten Kommentar mit dem schließen, was die „erwählten Fremden in der Diaspora" nun bei Christus gefunden haben: „Heimat" (166).
22 Vgl. Wagner/Vouga: Erster Petrus 2020, 81.

werden (2,21–24): „Vergeltet nicht Böses mit Bösem und üble Nachrede mit übler Nachrede! Im Gegenteil: Wenn ihr die segnet, die euch verleumden, entsprecht ihr eurer Berufung." (3,9). Nur Gutes kann im Sinne Gottes Gutes hervorbringen. Konsequenterweise zählt daher auch die Bereitschaft zum Aushalten von Leiden elementar zum „Tun des Guten" dazu (siehe unten). Inhaltlich benennt 1. Petrus das „Gute" als „Gerechtigkeit", die nach Gottes Willen allen Menschen gleichermaßen zusteht (vgl. 2,24; 3,14), und orientiert sich dabei an den „Schriften Israels" (ersichtlich u. a. an dem ausführlichen Rückgriff auf Psalm 34 in 3,9–12, sowie am „Gehorsam zur Wahrheit", die sich laut Jesaja-Zitat im unvergänglichen „Wort Gottes" mitteilt, siehe: 1,22–25).[23]

Das „Tun des Guten" soll Wirkung erzielen und überzeugen durch „Offenheit, Aufrichtigkeit, Mitgefühl, Barmherzigkeit, Demut und Verzicht auf Drohgebärden" (vgl. 3,8), und darf nicht als „Deckmantel von bösen Taten" benutzt werden (vgl. 2,16; 4,15). „So ist der Wille Gottes: Bringt guthandelnd das Unverstehen der törichten Menschen zum Verstummen" (2,15). Damit zählt das „Gut Handeln" in gewalttätigen Zusammenhängen auch zu den Formen des aktiven Widerstandes und lässt sich als überraschende, „paradoxe Intervention" begreifen, da die erwartete „normale" Reaktion (aus verbalen oder körperlichen Gegenschlägen) ausbleibt. So vollzieht sich hier eine „Umkehr der Handlungsrichtung": „Vom Opfer des Konflikts wandelt der Christ sich (...) zum Gestalter"[24]. Dabei bleibt der Appell zur geistigen „Nüchternheit, Besonnenheit und Wachheit" (1,13; 4,7; 5,8) am Ende der Hauptgarant dafür, dass die Gläubigen vor einem Rückfall in den alten, imperialen Lebenswandel bewahrt werden.

8. „Unterordnung": Die Strategie

Nach all den Ausführungen über die Wiedergeburt, die Befreiung, den Exodus, die Beauftragung und den veränderten Lebenswandel der angesprochenen Gläubigen kann die Aufforderung zur „Unterordnung" (ὑποτάσσομαι), die immer wieder Anlass zu missverständlichen Deutungen des 1. Petrus gegeben hat, imgrunde nicht mehr verwechselt werden

---

23 Vgl. Steetskamp: Autorschaft 2020, 167.
24 Wagner/Vouga: Erster Petrus 2020, 116.

mit einer unterwürfigen und billigenden Anerkennung der bestehenden Strukturen, zu denen man eben noch mit einem neuen „Gottesbewusstsein" (2,19; 3,21) in eine entschiedene Opposition gegangen ist. Wird den „Haussklav:innen" (2,18), den „Ehefrauen" (3,1) und allen Gläubigen (2,13) empfohlen, „sich unterzuordnen", kann es sich sinnvollerweise nur um eine Strategie innerhalb des Veränderungsprozesses handeln, zu dem sie berufen worden sind, versuchsweise besser zu übersetzen mit: „Geht jetzt neu und mit Bewusstsein in die Strukturen und Lebensvollzüge hinein, in denen ihr bereits steht! Ordnet euch ein, mischt euch ein! Gestaltet die Beziehungen! Lebt eure Freiheit so, dass auch andere etwas davon haben und durch euch zur Freiheit gerufen werden! Denn alle lebensfeindlichen Strukturen werden getragen von Menschen, deren Menschlichkeit verdeckt ist, die es aber – genau wie ihr – verdient und nötig haben, zum Mensch-Sein vor Gott zurückgeführt zu werden."

So verstanden, ginge es bei der „Unterordnung" um einen „Akt der Überzeugung, Befreiung und Mission in (widerständiger) Solidarität" in Bezug auf die unmittelbaren Mitmenschen.[25] Dass folglich niemand von dieser „Gnade Gottes" ausgeschlossen sein soll, zeigt sich an der Forderung innerhalb der Unterordnungs-Paränesen: „Ehrt alle, liebt die Geschwisterschaft, habt Ehrfurcht vor Gott, ehrt den König" (2,17), mit der nicht zu überhörenden Nuance, dass der König (bzw. Kaiser) hier statt am Anfang erst am Ende genannt wird. Er wird auf sein menschliches Maß zurückgestuft und muss sich in die „neue Ordnung des Hauses Gottes" einordnen lassen, die ihm und seinen Statthaltern durchaus eine positive Rolle zur Durchsetzung des Guten in der Welt zuweist (2,14).

9. „Leidensbereitschaft": Die Bewährung

Der 1. Petrus nimmt die Adressat:innen mit in eine andere Sichtweise auf das Leiden hinein, wie sie Christus vorgelebt hat: Das Ertragen von körperlichen Leiden wird nicht wie sonst als Ausdruck von Ohnmacht und Schwäche, sondern als „Zeichen von Macht und Stärke" begriffen, indem es eine Funktion bekommt und eingebunden ist in einen Prozess „auf dem Weg der Offenbarung für andere", nämlich der „Welt aus Gerechtigkeit"

---

25 Vgl. Steetskamp, Autorschaft 2020, 50; vgl. Wagner/Vouga: Erster Petrus 2020, 117.

nach dem Willen Gottes.²⁶ So wird das Aushalten von Gewalt zu einer ganz bewussten und „aktiven Verhaltensweise" der Gläubigen, die zum „Tun des Guten" elementar dazu gehört und als „Bewährung" im Sinne einer „Bewahrheitung" des Geglaubten verstanden wird. Die dazu notwendige Energie wird den Christ:innen durch den Verweis auf das große, gemeinsame Ziel der „Welt Gottes" geschenkt, das sie schon jetzt mit „unaussprechlicher Freude und Herrlichkeit" erfüllen soll (1,8.11; 4,13). Die Leidensbereitschaft wird den Gläubigen somit zu einer Quelle der Resilienz, die ihnen die Angst vor Leid, Schmerzen und sogar vor dem Tod nimmt und die Überwindung von Gewalt erst ermöglicht.

10. „Geschwisterschaft": Die Verwirklichung

Den inneren Zusammenhalt der christlichen Gemeinschaft benennt der 1. Petrus mit dem Begriff „Geschwisterschaft" (ἀδελφότης) (2,17; 5,9), der wiederum nur hier im NT zu finden ist, und vermeidet damit die paulinische Bezeichnung „Ekklesia".²⁷ Ausgehend vom Bild der „Wiedergeburt" und „Kindschaft zu Gott" ermöglicht diese gelebte, geistige „Geschwisterschaft" den Sklav:innen nun „verwandtschaftliche Beziehungen", von denen sie gemeinhin ausgeschlossen waren.²⁸ Diese Gemeinschaft, in der es im Gegensatz zur römischen Umwelt keine „Herrschaft" (5,3), aber eine „solidarische Haushalterschaft" (4,10), geprägt von „Geschwisterliebe" (φιλαδέφια) (1,22; 3,8), geben soll, stellt für die Gläubigen eine schon jetzt erfahrbare „Verwirklichung" des „Hauses Gottes" dar und gibt ihnen damit den notwendigen Halt, in ihren jeweiligen aktuellen römischen Hausgesellschaften ihre christliche Haltung tatsächlich durchzuhalten.

---

26 Vgl. Wagner/Vouga: Erster Petrus 2020, 33 und 6: „Leiden erscheint im Brief als direkter, offensiver Gegensatz zum Opfer-Sein."
27 Nach Steetskamp: Autorschaft 2020, bezeichnete „Ekklesia" damals die „Versammlung der freien Bürger in der hellinistischen polis", die für Sklav:innen nicht zugänglich war und deshalb hier als Gemeindebegriff ausschied (84).
28 Vgl. Steetskamp: Autorschaft 2020, 87.89.

11. „Demut": Die innere Haltung

Die innere Haltung, mit der die „Wiedergeborenen" ihrem Auftrag nachgehen sollen, beschreibt der 1. Petrus mit dem Wort „Demut" (ταπεινοφροσύνη). Sie gilt als „Sklaventracht", d. h. als übliche Unterordnungshaltung von Sklav:innen gegenüber ihren Herren – und erhält hier eine völlig andere Bedeutung. Demut als „Unterordnung" vollziehen die Gläubigen allein gegenüber Gott („Demütigt euch unter die gewaltige Hand Gottes", 5,6). Die „Haltung der Demut", die sowohl innerhalb der Geschwisterschaft („Lasst euch alle die Demut als Sklavenschurz im Verhältnis zueinander umknoten", wie der Vers 5,5b wörtlich übersetzt werden muss[29]) als auch nach außen gelebt werden soll („Seid allesamt demütig", 3,8), beinhaltet dagegen einen „solidarischen Dienst" für andere. Letztendlich ist mit der Demut ein „Macht-Verzicht" gemeint: Der bewusste Verzicht darauf, durch Gewalt, Gegengewalt oder andere Herrschaftsformen „Macht über andere" zu erlangen. Die „Wiedergeborenen" nutzen ihre neue Freiheit ausschließlich als „Macht zum Guten" und zum Wohle aller, ohne dass es zu Gewinnern und Verlieren kommt, von 1. Petrus benannt als „Haltung der Demut".

12. „Gericht Gottes": Die Macht-Frage

Mit ihrem Gewaltverzicht, zu dem der 1. Petrus die Gläubigen aufruft, sollen diese aber keineswegs das Unrecht der Gewalttätigen akzeptieren, sondern es vielmehr – nach dem Vorbild Christi (2,23) – dem gerechten „Gericht" Gottes (κρίμα) (4,17) überantworten, vor dem sich alle „Lebenden und Toten" mit ihrem Tun verantworten müssen (4,5; 1,17). Gott die alleinige „Macht" (κράτος) in dieser Welt zuzusprechen (4,11; 5,11) und sich ihr zu unterstellen (5,6), befreit vom Drang zur Gegengewalt und Rache und beinhaltet gleichzeitig die „Entgöttlichung des römischen Imperiums" und die „Befreiung vom Herrschaftsanspruch" der Sklavenbesitzenden.[30] Mit ihrer provokativen „Nicht-Reaktion" auf das Unrecht und

---

29 Übersetzung nach Steetskamp: Autorschaft 2020, 143.
30 Vgl. Steetskamp: Autorschaft 2020, 51 und 130: „Sklaven, Sklavinnen, die sich unter die starke Hand Gottes begeben, entziehen sich dem Machtanspruch, den die Hand ihres Besitzers symbolisiert."

dem „Bleiben beim Guten" werden die Gläubigen nun selbst zu „Steinen des Anstoßes" (2,8), die die Nicht-Gläubigen zu einem Umdenken herausfordern, sodass gesagt wird, das „Gericht Gottes" (letztendlich verstanden als ein „Veränderungsprozess" vom Bösen zum Guten und vom Tod zum Leben, vgl. 4,6) geht nun von den „Mitgliedern des Hauses Gottes" aus (4,17), wobei ihre Leiden den Peinigern zum Gericht werden.

Zusammenfassung

Die besprochenen Aspekte des 1. Petrus, die letztlich alle ineinandergreifen, beeindrucken durch ihre kräftige Bildsprache und intensive Argumentation. Auch wenn vorauszusetzen ist, dass viele der Mahnungen mitgeteilt werden, weil sie in den Gemeinden noch nicht vollkommen verankert sind, dürfen wir annehmen, dass dieses „umfassende Programm einer offensiven Strategie der Gewaltlosigkeit" nicht nur schriftlich verfasst, sondern auch – in welcher Form und mit welchem Erfolg auch immer – in der Praxis ausprobiert und umgesetzt worden ist. Es überzeugen die Anknüpfung an die Lebenswelt der Adressat:innen durch die Sklavenperspektive, die Darstellung einer neuen Gottesbeziehung und Identität in Christus, die Gemeinschaftsbildung als ermutigende Verwirklichung im Heute, die Eröffnung von Zukunft angesichts eines übermächtigen Imperiums, die Beauftragung zum Dienst an anderen mit gezielten Hinweisen zur Lebensführung, die Ermöglichung konkreter Selbstwirksamkeit im Alltag und nicht zuletzt das neue Machtverständnis, das aus dem ohnmächtigen Leiden ein aktives Handeln aus Freiheit und Stärke macht. Man kann sich vorstellen, dass Gläubige mit einem solchen Programm in den Köpfen und Herzen genügend „Gegenmacht" aufbauen konnten, um Gewaltbedrohungen begegnen und überwinden zu können.

D. Folgerungen für heute

Nüchtern müssen wir feststellen: Der heutige Gebrauch des 1. Petrus (bzw. anderer Bibeltexte) in Form einmaliger, flüchtiger Zitierung einzelner Verse in Lesungen und Predigten für Gottesdienste, Bibelkreise oder Unterrichtseinheiten, zumeist ohne weitere gemeinschaftliche Auseinandersetzung, unterscheidet sich deutlich von den benannten Intentionen der biblischen Autor:innen. Weder erwächst daraus eine Bearbeitung heutiger Gewaltphänomene noch eine erhöhte Leidensbereitschaft, noch sind die Aussagen von „Wiedergeburt", „Erbe im Himmel" oder „heiliger Priesterschaft" von irgendeiner echten Relevanz für den Alltag der Zuhörenden. Die Texte bleiben wirkungslos und damit weit hinter dem zurück, wofür sie einst geschrieben worden sind. Es herrscht unverkennbar ein Defizit im Gebrauch, bei dem der „Gebrauchswert" und das Potential eines Textes aufgrund zu geringer theologischer Auseinandersetzung nicht erkannt und nicht genutzt wird.

Das wiederum wirft konstruktiv die Frage auf: Welche Voraussetzungen müssten gegeben sein, damit es – ausgehend von einem Text wie 1. Petrus und dem sehr konkreten Thema „Gewalt" als Prüfstein – überhaupt zu einer „Theologie mit Wirkung" kommen könnte? Anders gefragt: Wo würde uns ein solcher Bibeltext hinführen, wenn wir uns tatsächlich von ihm „in Gebrauch nehmen ließen"? Dazu folgende stichwortartige Überlegungen:

1. Kultur der Gewaltlosigkeit

Die Intensität der theologischen Argumentationen des 1. Petrus lässt erahnen, welcher Anstrengung es bedarf, um Gewaltphänomenen gegenüber eine wirksame Gegenmacht aufzubauen. Das gelingt nur durch den längerfristigen Aufbau einer in Gemeinschaft eingeübten „Lebensweise und Kultur der Gewaltlosigkeit", mit Gesichtspunkten wie: Erkennen von Gewaltphänomenen, Entschlossenheit zum Widerstand und zur Leidensbereitschaft, Beziehungsarbeit nach Innen und Außen durch Aufbau von Vertrauen und Abbau von Bedrohungen, Anstreben von gerechten Beziehungen in zwischenmenschlicher, kultureller, politischer und wirtschaftlicher Hinsicht.[31] Alle nachfolgenden Aspekte lassen sich als Bedingungen zur Ermöglichung einer solchen „Kultur der Gewaltlosigkeit" innerhalb der Kirche verstehen.

---

31 Zu den Aspekten, die der 1. Petrus in diesem Sinne präsentiert, lassen sich Parallelen zu modernen Entwürfen von gewaltlosem Widerstand erkennen, wie z. B. in jüngster Zeit: Timothy Snyder: Tyrannei. Zwanzig Lektionen für den Widerstand 2017, der den Umgang mit heutigen antidemokratischen Populist:innen behandelt.

2. Handlungsfähigkeit der Gläubigen

Die „Verkündigung der Wundertaten Gottes" (2,9) geschieht im 1. Petrus bezeichnenderweise vornehmlich gerade nicht durch Worte, sondern durchs eigene Handeln, sprich durch das „Tun des Guten". Nur durch Handeln wird das Geglaubte im Leben verwirklicht und erhält nach außen hin Glaubwürdigkeit und Überzeugungskraft, damals wie heute.[32] „Rede nur von Gott, wenn man dich fragt. Aber lebe so, dass man dich fragt", lautet eine bekannte, christliche Maxime, die direkt auf 1. Petrus 3,15 zurückgeführt werden kann.[33] Die darin sich ausdrückende selbständige Handlungsfähigkeit der Gläubigen ist die Kategorie, an der es sich letztendlich entscheidet, ob sich das Geglaubte in der Welt ereignet oder nicht. Sie ist die große Herausforderung aller Theologie, denn zur „Theologie im Vollsinn" kommt es erst durchs Handeln, ohne Praxis aber bleibt sie unvollständig. Das Christsein sollte daher noch deutlicher als „Lebensform" beschrieben werden, bei der allerdings die Inhalte und Ziele zu klären sind.[34]

3. Sprachfähigkeit im Glauben

Die selbständige Handlungsfähigkeit der Gläubigen hängt elementar von ihrer „Sprachfähigkeit im Glauben" ab. Der 1. Petrus gibt Zeugnis von einer sehr hohen Sprachfähigkeit innerhalb der „Geschwisterschaft", für die der Brief geschrieben ist, die dann aber jederzeit auch auf Nachfrage nach außen praktiziert werden kann (3,15). Heutzutage dagegen scheint die oft zu beobachtende „Sprachohnmacht"[35] der Kirchenmitglieder in Glaubensdingen die große theologische Schwachstelle der Evangelischen

---

32 Sabrina Müller: Gelebte Theologie 2019, führt die erfolgreiche Ausbreitung des frühen Christentums auf dessen überzeugende Lebensführung zurück: „Das frühe Christentum hat seine Theologie so überzeugend gelebt, dass andere Menschen davon angezogen wurden. In diesem Prozess ließ sich das Was (Inhalt und Lehre) und das Wie (Verkündigung, Leben) nicht trennen und unterscheiden." (71)
33 Vgl. Voss: Lebe so, dass man dich fragt 1992, 7.
34 Grethlein: Christsein als Lebensform 2018, hat mit seinem Buch einen wichtigen Anstoß zu diesem oftmals unterbelichteten Thema gegeben.
35 Kathrin Frey: Erwachsen glauben 1991, 105. Vgl. Müller: Gelebte Theologie 2019, 30.

Kirche zu sein. Der Konfirmandenunterricht ist das einzige verlässliche theologische Angebot an die Kirchenmitglieder im gesamten Lebenszyklus. Kirche aber auf dem theologischen Bewusstsein 14-Jähriger aufzubauen zu wollen, kann nur als großer Irrtum bezeichnet werden. Es mangelt an einer verlässlichen und in allen Gemeinden vorhandenen theologischen Erwachsenenbildung sowie einer damit verbundenen „Sprachschule des Glaubens"[36], die ein selbständiges Christenleben erst ermöglicht.

4. Lebenserfahrung als theologische Kompetenz

Bei der „Sprachfähigkeit im Glauben" kann es nicht darum gehen, mit Worten der christlichen Tradition etwas Angelerntes wiederzugeben, sondern vielmehr Worte für den eigenen Lebenssinn gefunden zu haben. Den damaligen Sklav:innen wird im 1. Petrus durch ihre Leiderfahrung eine „theologische Kompetenz" zugesprochen, mit der sie das Zeugnis Christi besser als andere verstehen können, wodurch sie zum „Vorbild" (Typos) für alle anderen Gläubigen werden. Biblische Texte kommen von Erfahrung her und wollen in neue Erfahrung hineinführen. Darum ereignet sich Theologie im Vollsinn erst, wenn beide theologische Kompetenzen aus Bibel-Kenntnis und Lebenserfahrung zusammenkommen.

5. Gemeinschaftsbildung als Schlüssel

Alle Bemühungen um Handlungsfähigkeit, Sprachfähigkeit oder die Entdeckung theologischer Kompetenzen funktionieren nur in Beziehung und in Gemeinschaft. Im 1. Petrus gibt es keinen einzigen Gedanken, der einem „Einzelnen vor Gott" gilt.[37] Alle Aussagen gelten Gläubigen, die Gemeinschaft als „Geschwisterschaft" nach innen leben und allen Menschen als „Haus Gottes" nach außen anbieten. Christsein gibt es nur im

---

36 Vgl. Müller: Gelebte Theologie 2019, 72. Ähnlich Huber: Zeitenwende 1999, 136; Hofmann: Sich bilden 2013, 458. – Die bestehenden Angebote an „Glaubenskursen" jedenfalls erreichen in ihrer derzeitigen, auf die Gesamtkirche bezogen wenig strukturierten Form deutlich zu wenige Kirchenmitglieder, um verändernd wirken zu können.

37 Einzige Ausnahme: 1. Petr 4,18, weil es ein Zitat aus Sprüche 11,31 ist.

Plural. – Dennoch steht heutzutage die „Individualisierungsthese" oftmals im Zentrum der Praktischen Theologie und der bzw. die Einzelne „coram deo" im Fokus kirchlichen Denkens und Handelns.[38] Bei aller Wertschätzung jeder Individualität sollte der derzeit gesellschaftlich vorangetriebene Prozess zu immer mehr Individualisierung (oft aus ökonomischen Gründen der Konsumsteigerung und Gewinnmaximierung und mit vielen schädlichen Folgen für das Wohlbefinden, die Psyche, das soziale Miteinander und für die Umwelt) doch kritisch hinterfragt werden.[39] Theologisch gilt jedenfalls: Ohne Gemeinschaftsbildung kann der christliche Glaube nicht gelebt und die Kirche nicht wirksam werden.

6. Doppelter Mut zur Theologie

Der 1. Petrus vertritt eine Theologie, die sich gesellschaftlich einmischt und Wirkung erzielen will. Dazu braucht es einen doppelten Mut: Erstens den Mut, die Aussagen der Bibel auf sich selbst zu beziehen und zu sagen: „Es geht um uns". Und zweitens den Mut, Aussagen der Bibel auf heutige Problemlagen anzuwenden, die über den historischen Kontext hinausgehen, und zu sagen: „Es geht um Heute". Jede Rezeption und Anwendung biblischer Texte verändert sie und führt sie weiter: Das macht uns der 1. Petrus in aller Deutlichkeit vor, indem er atl. Texte nicht nur zitiert, sondern für sich in Anspruch nimmt und neu interpretiert (vgl. 1,10–12; 4,17 u. ö.). Diesen doppelten Mut, biblische Texte in kreativer Weise weiterzuschreiben und auf die brennenden Probleme der Gegenwart anzuwenden, braucht jede Christengeneration aufs Neue, so auch wir heute.

---

38 Vgl. als Beispiel: Martina Kumlehn: Religion und Individuum 2017. – Die Kirche strebt dabei aus Akzeptanzgründen mehr und mehr die Rolle einer „Dienstleisterin für die Bedürfnisse Einzelner" an.
39 Vgl. Duchrow: Gieriges Geld 2013: „Da auch in der Geld-Marktwirtschaft, anders als in der gemeinschaftlichen Versorgungswirtschaft, letztlich jeder auf sich selbst gestellt ist, verstärkt sich verständlicherweise auch das Konkurrenzverhalten und die Ichbezogenheit des zum Privateigentümer werdenden Menschen." (26) – Zu einer Gesellschaft, die immer mehr auf Individualismus statt auf Gemeinschaftlichkeit setzt, bemerkt Jo Eckardt: Miteinander 2022: „Was Menschen vor allem brauchen, um sich den Herausforderungen des Lebens zu stellen, ist Unterstützung und Nähe von anderen Menschen. Verbundenheit und Gemeinschaft sind nicht nur elementare Bedürfnisse, sondern halten auch gesund." (97) „Demgegenüber macht Einsamkeit krank." (98)

7. Welt-Sorge statt Kirchen-Sorge

Nicht das „Überleben der Christianer" ist das Thema des 1. Petrus, sondern das Eintreten für das Wohl der Menschengemeinschaft insgesamt als das zentrale Anliegen Christi. „Leidensbereitschaft" in seinem Sinne heißt gerade nicht, für sich selbst zu kämpfen, sondern für alle im Sinne der Verheißung des „Reiches Gottes" als einer Welt in Gerechtigkeit, Würde und Frieden, in der Gewalt und Sklaverei überwunden sind (vergleichbar dem Anliegen der heutigen „Allgemeinen Erklärung der Menschenrechte"). – Auch wenn die Kirchen mittlerweile zu Großorganisationen mit eigenen institutionellen Selbsterhaltungsproblemen geworden sind: Der Sinn der ganzen Unternehmung „Kirche" liegt zuerst und zuletzt in der Teilnahme an und der Bearbeitung von heutigen Weltproblemen wie zum Beispiel der globalen Öko-Krise, der zunehmenden Gewalt und gesellschaftlichen Spaltung oder den millionenfachen sklavenähnlichen Arbeitsverhältnissen in aller Welt, aus denen viele der Produkte stammen, die wir täglich gebrauchen, um nur einige Problemlagen zu benennen.[40] Die Welt gibt der Kirche die Themen vor, um die sie sich im Namen Gottes zu sorgen hat.

8. Kirche als „Kontrastgesellschaft" und „Wandel-Motor"

Die Kirche steht immer vor der Herausforderung, vom „Reich Gottes" als einer gerechteren Welt nicht nur zu reden, sondern sie auch in irgendeiner Form anzustreben und selbst zu leben – und damit (ob sie will oder nicht) in einen „Kontrast" zumindest zu Teilen der übrigen Gesellschaft zu treten, wie damals der 1. Petrus, der ermahnt, „nicht besinnungslos im Mehrheitsstrom mitzuschwimmen" (4,3-4). Neben dem möglichen Kontrast-Modell der „Absonderung", wie sie sektenartige Gemeinschaften praktizieren, droht in einer „Volkskirche" dieser Kontrast-Aspekt hinter dem Modell der „gesellschaftlichen Stabilisierung" (Stichwort: „Kirche als Wundpflaster") beinahe unterzugehen, sodass er kaum diskutiert

---

40 Steetskamp: Autorschaft 2020, Vorwort, weist auf Schätzungen von weltweit derzeit ca. 40 Millionen Menschen in sklavenähnlichen Arbeitsverhältnissen hin – es dürften noch wesentlich mehr sein.

wird.[41] Der 1. Petrus findet eine andere Antwort darauf, indem er den eigenen Werte-Wandel (als „Auszug") mit einem ganz bewussten Engagement in der Gesellschaft (als „Einzug") verbindet, mit dem Ziel des Aufbaus einer gerechteren, solidarischen Lebensweise zum Wohle aller. Dieses andere Modell ließe sich als „Kirche als Wandel-Motor" beschreiben (ähnlich wie „Salz der Erde" und „Licht der Welt"), bei dem die Christengemeinden, zusammen mit anderen zivilen Gruppen, die Gesellschaft konstruktiv und werteorientiert mitgestalten, auch mit der Bereitschaft, Anstoß zu erregen oder Widerstand zu leisten (vgl. 1. Petrus 2,8).

9. Notwendigkeit einer „Gemeinde-Theologie"

Theologie ist in neuerer Zeit zu einer „Wissenschaft-Theorie", sprich einem Universitätsfach, geworden, der gegenüber die gelebte Praxis in den Gemeinden als weniger wichtig erscheint und oft als bloße „Religion" bezeichnet wird. Die Anwendung der Theorie bleibt dabei in der Regel unterbelichtet, was zu einem Relevanzverlust von Kirche und Theologie führt. Der 1. Petrus dagegen hält Theorie und Praxis zusammen, indem er den Zuspruch von neuer Identität der Gläubigen eng zusammendenkt mit ihrem Auftrag in der Welt und der konkreten Umsetzung im Alltag. Gotteslehre und Handlungsstrategien gehören hier gleichermaßen zur Theologie dazu. Daraus ist zu lernen: Theologie muss ins Leben und bleibt ohne Handlung unvollständig. Das wiederum bedeutet: Die Theorie-Theologie der Universität, die unverzichtbar bleibt, reicht allein nicht aus, sondern benötigt eine Erweiterung in Form einer „Praxis-Theologie".

Dazu gibt der 1. Petrus wichtige Anstöße, indem er – wie gezeigt – den von Gewalt Betroffenen, aber letztlich allen Menschen, eine „theologische Kompetenz" durch ihre Lebenserfahrung zueignet. Das meint, sie verstehen durch ihre Erfahrung etwas besser von Gott oder Christus, als es jemals durch ein theoretisches Studium allein verstanden werden könnte, und haben so eher eine Vorstellung davon, wie man es im Leben umsetzen kann. Sie benötigen nur einen Zugang zu den biblischen Motiven (durch die andere Kompetenz der Bibel-Kenntnis), durch die ihre Erfahrungen diese Deutung erhalten. Von „Theologie im Vollsinn" kann erst gesprochen werden, wenn beide Kompetenzen aus „Bibel-Kenntnis"

---

41 Vgl. Huber: Zeitenwende 1999, 100f.

und „Lebens-Kenntnis" zusammenkommen (wie „Samenkorn" und „Erde" laut Gleichnisrede der Evangelien, vgl. Mk 4,8.20 par). Das „Priestertum aller Gläubigen", das auf 1. Petrus zurückgeführt wird (2,5.9), muss daher konsequent als „Theologentum aller Gläubigen" weitergedacht werden. Denn wer im Glauben sprach- und handlungsfähig ist, agiert selbstverständlich theologisch. Das entspricht auch der ntl. Theologie insgesamt, die sich – in Abkehr von einem „wirkungsarmen Schriftgelehrtentum" (Mk 1,22) – bewusst als „Laien-Theologie" verstanden hat. Das „Schriftgelehrtentum" (als Theorie) bleibt dabei weiterhin unerlässlich, wie man an den ntl. Texten und einer Schrift wie dem 1. Petrus erkennen kann, aber es steht jetzt in einer unterstützenden Funktion auf das „Reich Gottes" als Praxis des Lebens hin (vgl. Mt 13,52).

Dazu gibt es längst Analysen und Konzepte, von denen zwei erwähnt seien: Sabrina Müller hat mit dem treffenden Begriff „Gelebte Theologie" sowohl die Notwendigkeit einer praxisbezogenen Theologie als auch das „Theologentum aller Gläubigen" beschrieben.[42] Und Kathrin Frey hat schon vor längerer Zeit in demselben Sinne ein überzeugendes Erwachsenenbildungskonzept einer „Theologie aus Glaubenserfahrung" im katholischen Bereich vorgelegt mit dem Ziel der „Lebenshilfe durch Glaubenshilfe".[43] Was fehlt, ist eine Umsetzung.

Aus der Perspektive eines Gemeindepfarrers möchte ich für diese Praxis-Theologie den Begriff „Gemeinde-Theologie" (im Gegenüber zur „Universitäts-Theologie") vorschlagen, da mit „Gemeinde" sowohl der Ort als auch das Subjekt dieser Form von Theologie benannt ist. Es geht um eine „Theologie zum Mitmachen" für alle und von allen interessierten Gemeindegliedern im Sinne der oben angesprochenen Themen, die zur

---

42 Müller: Gelebte Theologie, 89: „Es geht dabei darum, dass Menschen, die nicht Theologie studiert haben, als Repräsentantinnen und Repräsentanten Gelebter Theologie wahr- und ernst genommen werden, damit sie selbst zu einem konstitutiven Teil kirchlicher und theologischer Praxis werden können."
43 Frey: Erwachsen glauben 1991: „Ausgehend von der Kompetenz aller Gläubigen in ihrer theologischen Relevanz und von dem gemeinsamen Heilsauftrag der Kirche versucht eine Theologie aus Glaubenserfahrung reale Antworten auf aktuell bestehende Fragen und Probleme zu finden." (116) „Die Anbindung der Theologie an die Glaubenserfahrung in einer Theologie der Erfahrung ist auch [...] die Voraussetzung dafür, dass Theologie nicht auf ein rein abstraktes Wissen reduziert wird, sondern bei der Wirklichkeitserfahrung des Menschen ansetzt und sich als Deutung menschlicher Erfahrungen und als Anleitung zur Lebensbewältigung bewährt." (160). Zur „Lebenshilfe durch Glaubenshilfe" vgl. 162.

Selbständigkeit der Gläubigen im Reden und Handeln und zur Wirksamkeit von Theologie in den Bezügen des Alltags führen soll. Dabei wird die Gemeinde zum Ort von Rezeption, Produktion und Erprobung von Theologie, bei der es neben der dazu nötigen Intensivierung der Erwachsenenbildung auch zu einer verstärkten Gemeinschaftsbildung kommt.[44]

Schlussfolgerungen

Als theologische Theorie mögen diese Bestimmungen genügen, aber nicht für eine „Theologie der Praxis", zu der notwendigerweise die Ausarbeitung einer konkreten Umsetzung gehört, damit es eben nicht bei einer bloßen Theorie bleibt. Als Hinweis, dass hier etwas zu tun, aber auch etwas zu tun möglich ist, möchte ich am Schluss wenigstens beispielhaft die folgenden, stichwortartigen Anregungen geben:

- Die gängige Praxis, dass alle Pfarrer:innen und Gemeinden die Umsetzung der wissenschaftlichen Theorien in theologische Arbeit jeweils für sich selbst „erfinden" müssen, ist nicht wirkungsvoll. Es bräuchte die Einrichtung einer gemeindeübergreifenden und personenunabhängigen Struktur, die die theologische Arbeit trägt (ähnlich der verbindlichen Struktur des Konfirmanden-Unterrichtes, der bundesweit mit Erfolg angeboten wird, auch wenn die Durchführung jeweils unterschiedlich sein mag).
- Der Schlüssel liegt ohne Zweifel im Aufbau einer flächendeckenden, theologischen Erwachsenenbildung, an der es in der Evangelischen Kirche, wie erwähnt, eklatant mangelt. Sie ist die „große Lücke" in der theologischen Arbeit der Kirche.
- Das Format der Glaubenskurse war gut gedacht, hat aber nicht zu der erwünschten Wirkung geführt,[45] und bräuchte eine Erneuerung etwa

---

44 Mir ist bewusst, dass der Begriff „Gemeinde-Theologie" einerseits etwas unspezifisch ist, andrerseits auch bereits für Theorien des Gemeindeaufbaus verwendet wurde. Dennoch bietet er sich besonders als Identifikationsbegriff zur Stärkung des theologischen Selbstbewusstseins der Gemeindeglieder an, die zu Subjekten dieser Theologie werden. „Gemeinde-Theologie" meint eine reflektierte, aber lebensbezogene und anwendbare Form von Theologie, die alle Gläubigen einbezieht und sie mitmachen lässt.

45 Vgl. dazu die treffende Analyse von Beate Hofmann: Sich im Glauben bilden 2013, besonders 451–474. Sie betont die Notwendigkeit echter, partizipatorischer „Kommunikation über das Evangelium" (457), die zu einer „Auseinandersetzung und Verknüpfung mit der eigenen Erfahrung" (462) führt. Genau das ist mit dem Format der „Lebenskurse" gemeint.

in Form von „Lebenskursen", zu denen alle erwachsenen Kirchenmitglieder von allen Gemeinden regelmäßig (z. B. alle zehn Jahre) nach Altersgruppen persönlich eingeladen würden, woraus eine ganz neue Kultur der Begegnung und des Austauschs mit den eigenen Mitgliedern hervorginge. Im Vordergrund stünden dabei nicht wie sonst die klassischen Themen christlicher Dogmatik, sondern ganz im Gegenteil die persönlichen Lebensthemen und gemeinsamen Gesellschaftsthemen der Teilnehmenden, die dann im „Lichte der Bibel" gemeinsam bearbeitet würden, wobei die Theologie-Bildung und Gemeinschaftsbildung Hand in Hand gingen. Diese Kurse wären ganz unterschiedlich durch Austausch, Feier und Unternehmungen zu gestalten und fänden eine Fortsetzung in der sonstigen Gemeindearbeit.

- In diesen Formaten gäbe es kein „Wissens- und Glaubensgefälle", sondern es käme zu einem Lernen aller in der Frage des Umgangs mit heutigen Lebenslagen in christlicher Ausrichtung. Eine solche theologische Arbeit bräuchte beispielhaftes, in der Praxis erprobtes Material, das laufend neu ausgearbeitet würden müsste (z. B. zu Themen wie „Gewalt erkennen und überwinden: im Alltag, an der Arbeit, in der Gesellschaft").[46]
- Die Trägerschaft einer solchen Arbeit müsste in Händen eines Verbundes aus interessierten Gemeindepfarrer:innen einer Landeskirche liegen (unterstützt von den Kirchenverwaltungen und begleitet von Lehrkräften der Universitäten), die dann endlich das tun dürften, wofür sie einmal ausgebildet worden sind: intensiv Theologie treiben.
- Für diese Arbeit wäre die Einrichtung konkreter Begegnungsorte auf Gemeindeebene nötig, z. B. „Orte bzw. Zentren für Gemeinde-Theologie", angeschlossen an Räumen geeigneter Gemeinden, wo ehrenamtliche Multiplikator:innen aus den Gemeinden einer Region (z. B. eines Sprengels) ausgebildet werden könnten.[47]

---

46 Für eine solche Struktur theologischer Arbeit gäbe es erprobte Vorbilder z. B. aus dem Bereich der Befreiungstheologie, die uns auf dem Feld der „Praxis-Theologie" immer noch voraus ist, wie das „Zentrum für Bibelstudien" (CEBI) in Brasilien, das dezentral über das ganze Land verteilt auf vielen Ebenen bis hin zu kleinen Gemeinden sehr effektiv Multiplikator:innen ausbildet und Materialien erstellt. Vgl. Schürger: Theologie auf dem Weg der Befreiung 1995.
47 Ähnlich Kumlehn: Bildungs-Räume 2014, 349f, die den Bedarf an „Orten religiösen Lernens" auf der Ebene der Gemeinden beschreibt, die zu übergemeindlichen

— Mit dieser theologischen wie auch beziehungsfördernden Arbeit als Grundlage, könnte der eigentliche „Schatz" der Kirche, ihre immer noch millionenfachen Mitglieder, zu einer ganz anderen „Wirksamkeit" von Kirche führen.[48] Denn tatsächlich handlungsfähig und damit auch wirksam wird eine Kirche nur durch ihre aktiven Mitglieder.

Zusammenfassung

Gewalt wirkt, das ist ihre Haupteigenschaft. Als Gegenmacht braucht es eine Theologie mit Wirkung. Dazu braucht es Menschen, die sie zu leben verstehen. Um das zu ermöglichen, braucht die Kirche Konzepte, die wirken. Hier könnte die Theologie des 1. Petrus eine Hilfe sein. Erscheint die Differenz zwischen dem „Gebrauchswert" dieses Bibeltextes und unserem kirchlichen Gebrauch nach erster Durchsicht doch als sehr groß, so hätte 1. Petrus auf der anderen Seite gerade dadurch das Potential, entscheidende Impulse zur Erneuerung von Theologie und Kirche heute zu geben – wenn wir uns von ihm in Gebrauch nehmen ließen. Vor Augen steht das Ziel einer „Kultur und Lebensweise der Gewaltlosigkeit", zu der die Kirche durch ihre Theologie und ihre große Mitgliederschaft einen wirksamen Beitrag leisten könnte.

Das Anliegen des 1. Petrus könnte man dabei zusammenfassend in folgenden Worten Leonardo Boffs wiederfinden: „Der Glaube zeigt einen Weg der Befreiung auf: das Leben – auch das völlig kaputte Leben – in die Hände Gottes legen, in der Hoffnung auf eine spirituelle Befreiung. Unsere Herausforderung besteht nicht darin, die Zahl der Christen zu vermehren, sondern aufrechte, humane, solidarische, mitfühlende, der Natur und anderen mit Respekt begegnende Menschen zu formen. Auf diese Weise wird die Sache Jesu Wirklichkeit."[49]

„Bildungs-Räumen" erweitert werden könnten. „Religiös" sollte hier allerdings selbstbewusst durch „theologisch" ersetzt werden. Der Begriff „Theologie" kann eben gerade nicht der akademischen Form von Theologie allein überlassen werden.

48 Vgl. Wegner: Wirksame Kirche 2019, der der Kirche in pointierter Form ihr immer wieder problematisches Verhältnis zur eigenen „Wirksamkeit" vorhält, während sie gleichzeitig unter ihrer oftmaligen „Wirkungslosigkeit" leide (vgl. 16–23). Kirche aber hat ohne Zweifel den Auftrag zur Wirksamkeit.

49 Boff/Zoja: Wahrheit 2016, 140f.

Literatur

Boff, Leonardo/Zoja, Luigi: Die Wahrheit ist größer. Der Weg eines unbequemen Theologen, Kevelaer 2016.

Duchrow, Ulrich: Gieriges Geld. Auswege aus der Kapitalismusfalle. Befreiungstheologische Perspektiven, München 2013.

Eckhardt, Jo: Das neue Miteinander. Eine Psychologie der solidarischen Gemeinschaft, Bielefeld 2022.

Frey, Kathrin: Erwachsen glauben. Konzeption einer zeitgemäßen theologischen Erwachsenenbildung, Essen 1991.

Grethlein, Christian: Christsein als Lebensform. Eine Studie zur Grundlegung der Praktischen Theologie, Leipzig 2018.

Hofmann, Beate: Sich im Glauben bilden. Der Beitrag von Glaubenskursen zur religiösen Bildung und Sprachfähigkeit Erwachsener, Leipzig 2013.

Huber, Wolfgang: Kirche in der Zeitenwende. Gesellschaftlicher Wandel und Erneuerung der Kirche, Gütersloh 3. Auflage 1999.

Kumlehn, Martina: Gemeindliche Bildungs-Räume, in: R. Kunz/Th. Schlag (Hrsg.): Handbuch für Kirchen- und Gemeindeentwicklung, Neukirchen-Vluyn 2014, 347–356.

Kumlehn, Martina: Religion und Individuum, in: K. Fechtner/J. Hermelink/M. Kumlehn/U. Wagner-Rau (Hrsg.): Praktische Theologie. Ein Lehrbuch, Stuttgart 2017, 46–54.

Müller, Sabrina: Gelebte Theologie. Impulse für eine Pastoraltheologie des Empowerments, Zürich 2019.

Schottroff, Luise: Der erste Brief an die Gemeinde in Korinth, Stuttgart 2013.

Schürger, Wolfgang: Theologie auf dem Weg der Befreiung. Geschichte und Methode des Zentrums für Bibelstudien in Brasilien, Erlangen 1995.

Snyder, Timothy: Über Tyrannei. Zwanzig Lektionen für den Widerstand, München 3. Auflage 2017.

Steetskamp, Jisk: Autorschaft und Sklavenperspektive im Ersten Petrusbrief. Wissenschaftliche Untersuchungen zum Neuen Testament 2. Reihe, Tübingen 2020.

Voss, Reinhard: Lebe so, dass man dich fragt. Alltag und Glaube in ökumenischer Verantwortung, Hildesheim 1992.

Wagner, Gerald/Vouga, François: Der erste Brief des Petrus. Handbuch zum Neuen Testament 15/II, Tübingen 2020.

Wegner, Gerhard: Wirksame Kirche. Sozio-theologische Studien, Leipzig 2019.

„Sollen wir dreinschlagen?" – Betrachtungen zu Lukas 22,47–53[*]

Silke Niemeyer

Dieser Beitrag ist entstanden aus einer Anfrage der Göttinger Predigtmeditationen, die die Verfasserin kurz nach Beginn des Ukrainekrieges erreichte, per Zufall also. Von Gott reden in Zeiten der Gewalt – das war also ganz buchstäblich die Aufgabe, besser gesagt: Für die Rede von Gott in Zeiten der Gewalt einiges Handwerkszeug zu liefern. Es handelt sich um die Perikope, die am Sonntag Okuli 2023 als Predigttext auf dem Programm stand. In ihr erzählt Lukas die Gefangennahme Jesu im Garten Getsemane. Je tiefer man in den Text eindringt, desto mehr fasziniert, desto mehr fesselt er. Zumal der exegetische Pfad zu einem verstörenden Jesuswort führt: „Wer einen Geldbeutel hat, der nehme ihn, desgleichen auch eine Tasche, und wer's nicht hat, verkaufe seinen Mantel und kaufe ein Schwert." (Lk 22,36). Es ist dieses weder präsent im volkskirchlichen Gemeindewissen noch in der gegenwärtigen friedensethischen Diskussion. Das provokative lukanische Plädoyer dafür sich zu bewaffnen ist verschwunden hinter Jesu griffigem Befehl im Matthäusevangelium: „Stecke dein Schwert an seinen Ort, denn wer das Schwert nimmt, der wird durchs Schwert umkommen." (Mt 26,52).

Im Folgenden wird die lukanische Erzählung in ihren Spezifika bedacht. Der Text enthält viel Bekanntes beziehungsweise vermeintlich Bekanntes, das sich aber bei näherer Betrachtung als irritierend, befremdend oder gar verstörend herausstellen wird. Die Perikope reflektiert viele Facetten der Gewalt, um einige zu nennen: eine Denunziation unter Freunden, eine bewaffnete Festnahme, die Frage nach militanter Verteidigung, ein Machtgefälle. Es ist unschwer zu erkennen: Dieser Text ist selbst Rede von Gott in Zeiten der Gewalt. Und er hat Gewalt befördert.

---

[*] Der Text wurde von der Autorin zuerst als Predigtbesprechung für den Sonntag Okuli (12.03.2023) unter dem Titel: Lk 22,47–53. Raus aus der Entweder-Oder-Falle in: Göttinger Predigtmeditationen 77 (2023), Göttingen, 178–184, veröffentlicht. Der Wiederabdruck in diesem Band erfolgt in leicht überarbeiteter Form und mit freundlicher Genehmigung der Vandenhoeck & Ruprecht Verlage.

Der sprichwörtliche „Judaskuss" hat die Phantasien antijudaistischer Auslegung und antisemitischer Volksfrömmigkeit gefüttert. Beide haben sich den Text mit Hingabe einverleibt und sich seiner als Nahrung bedient für verbale und handgreiflich Brutalität gegen jüdische Menschen. Das ist die Gefahr der Predigt über Texte, die von Gott in Zeiten der Gewalt reden. Sie können der Gewalt einen Echoraum verschaffen, sie anfeuern und reproduzieren. Doch das ist nicht das Schicksal solcher Erzählungen, das darf nicht ihr Schicksal sein. Es wäre dies ein Verrat an der lukanischen Geschichte über den Verrat am Messias Jesus.

Lukas 22,47-53 – ein gewaltiges Stück Bibel

47 Er sprach noch, da, seht, eine Schar Menschen war da und derjenige, der Judas hieß, einer, der Zwölf, ging ihnen voran. Er näherte sich Jesus, um ihn zu küssen. 48 Jesus aber sprach zu ihm: „Judas, mit einem Kuss lieferst du mich aus?" 49 Als aber die um ihn herum sahen, was bevorstand, sagten sie: „Herr, sollen wir mit dem Schwert dreinschlagen?" 50 und einer von ihnen schlug nach dem Sklaven des Hohenpriesters und hieb ihm das rechte Ohr ab. 51 Da, antwortete Jesus und sprach: „Lasst es damit genug sein!" Und er berührte das Ohr und heilte ihn. 52 Jesus sagte aber zu den Hohenpriestern und Hauptleuten des Tempels und den Ältesten, die zu ihm herangekommen waren: „Ihr seid ausgezogen mit Schwertern und Stöcken wie gegen einen Aufständischen. 53 Als ich täglich bei euch im Tempel war, habt ihr nicht Hand an mich gelegt. Aber dies ist eure Stunde, und es herrscht die Finsternis." *(Bibel in gerechter Sprache)*

Was für eine Wut: Einer von den Zwölfen!

Judas hat Jesus ausgeliefert, „einer von den Zwölfen". Das ist hinreichend bekannt. Warum diese Redundanz? Weil man nur unzureichend die Fassungslosigkeit ausdrücken kann, dass es einer aus dem innersten Kreis der Vertrauten ist, der Jesus verrät. Als müsste man immer und immer wieder sagen, was unbegreiflich bleibt: Einer von den Zwölfen! Darin klingen jähes Erschrecken, ungläubige Erschütterung und brennende Wut – die auch. Während der Verleugner Petrus sehr gnädig angeschaut wird, schlägt dem Verräter Judas lodernder Hass entgegen.

Diese Wut hat Ausdruck in der Volksfrömmigkeit gefunden, im „Judasverbrennen", das heute nicht mehr besonders verbreitet ist, aber z. B. noch in Polen, Griechenland, Mexiko, und auch in Süddeutschland veranstaltet wird.[1] Da werden Puppen aus Stroh oder Pappmaché, „Judaspuppen", angezündet oder sogar mit Feuerwerkskörpern in die Luft gejagt. Als würde das tragische Ende nicht ausreichen, das die die neutestamentlichen Schriften Judas andichten. Im Matthäusevangelium erhängt er sich in verzweifelter Reue, die keine Vergebung findet. In der Apostelgeschichte berichtet Petrus: Judas „erwarb einen Acker von dem ungerechten Lohn und stürzte vornüber und barst mitten entzwei, und alle seine Eingeweide quollen hervor." (Apg 1,18)

Im Zusammenhang mit dem brachialen Brauch des Judasverbrennens kam es zu gewalttätigen Ausbrüchen gegen Juden, die sich in der Osterzeit nicht selten aus Furcht versteckten.[2]

Die (antisemitische) Wut auf Judas hat sich auch in der Kunst ausgetobt, in Gemälden und Reliefs, die Judas als abstoßenden Selbstmörder – ich benutze den stigmatisierenden Ausdruck hier bewusst – präsentieren, dem die Zunge aus dem Hals und die Gedärme aus dem Leib und die Seele aus der Brust quellen. Letztere wird die Beute von Teufeln, die gierig ihre Klauen nach ihr ausstrecken.[3] Mit so einem hat man als Betrachterin all seinem Elend zum Trotz kein Mitleid. Appelliert wird ans Rachegefühl, appelliert wird auch an die Angst: Wehe dir, wenn du von Christus abfällst.

Ist die ungnädige Abrechnung mit Judas die heftige Abwehr gegen meinen eigenen Abgrund an Niedertracht, gegen die Ahnung, dass auch ich da, wo ich Christus besonders nah bin, ihn verraten könnte? „Doch

---

1 https://de.wikipedia.org/wiki/Judasverbrennen.
2 Im 19. Jahrhundert wurden Judasfeuer häufig „ewiger Jude", „alter Jude", „wandernder Jude", „roter Jude", „der Judd" oder „de Jud verbrenne" genannt – Bezeichnungen, denen die antisemitische Schlagseite der Judasfigur innewohnt, siehe: https://www.brauchwiki.de/judasfeuer.
3 Exemplarisch: https://commons.wikimedia.org/wiki/File:La_Brigue_-_Chapelle_Notre-Dame-des-Fontaines_-8.JPG.

nicht ich?" fragen die Jünger einer nach dem anderen am Abendmahlstisch, als Jesus ankündigt, einer werde ihn verraten. So überliefern es Markus und Matthäus (Mt 26,22; Mk 14,19). Doch, auch ich! Nichts als diese beklemmende Erkenntnis liegt ja in der bangen Frage.

Im Lukasevangelium, das den Kontext unseres Predigttextes stellt, ist die Szene allerdings anders, mit einer leichten Perspektivverschiebung, konstruiert. Da fragen die Jünger nicht Jesus, sondern sie rätseln untereinander, wer aus ihrer Mitte es sein könnte (Lk 22,23). Hier erschrickt die lukanische Gemeinde darüber, dass sie gemeinsam das Herrenmahl feiert und einen Verräter mit am Tisch haben könnte: „Einer von uns?" lautet implizit die Frage hier. Man darf das als Echo auf historische Erfahrungen der Gemeinschaft deuten, für die Lukas am Ausgang des ersten Jahrhunderts schreibt. Es ist eine reale Gefahr und wahrscheinlich bittere Erfahrung, dass in es im innersten Kreis welche gibt, die Spitzel sind und andere denunzieren. Solchen Vertrauensbruch haben die christlichen Gemeinden in der DDR erlebt, die Stasi-Leute unter den Ihren hatten, und das immer wussten – nur nicht, wer es war, wie zersetzend für eine Gemeinschaft! So erfahren es Gemeinden, die nicht die Toleranz von offenen Gesellschaften und den Schutz der Religionsfreiheit genießen, bis heute. Wie schafft man es, die Erosion der Gemeinschaft zu verhindern, wissend: der uns verrät, ist mit am Tisch? Schafft man es ohne kategorische Verteufelung derer, die schwach werden und sich hinreißen lassen zum Vertrauensbruch?

Ausgeliefert oder überliefert – was hat Judas getan?

Es fuhr aber der Satan in Judas (Lk 22,3), erklärt Lukas. Aber damit ist eben nicht alles erklärt. Lukas erkennt die Ambivalenz des Verrats, die später Walter Jens in seinem Buch „Der Fall Judas" ausbuchstabiert hat: Judas hat Jesus verraten. Doch muss Jesus ja genau diesen Weg zum Kreuz gehen, um sein heilvolles Werk zu tun, weiß die nachösterliche Gemeinde. Wehe dem Menschen, der dies vollbringt (Lk 22,22), heißt es, damit kein Zweifel an der Schuld des Judas aufkommt; Lukas nennt ihn an einer Stelle ausdrücklich prodotes – Verräter (Lk 6,16). Sonst aber wird das, was Judas tut, durchgängig mit dem Verb paradidomi bezeichnet. Und das ist hochinteressant. Das Wort kann sowohl ausliefern als auch überliefern heißen.[4] Judas hat Jesus ausgeliefert. Hat Judas Jesus auch überliefert? Doch auch. – Ein inspirierender Gedanke: Judas als Tradent des Evangeliums. In aller Verstörung und Verachtung dessen, was Judas getan hat, blitzt in dieser Ambivalenz doch ein Verständnis dafür auf, dass nicht ausschließlich Destruktives in seinem Tun steckt.[5] Bei Lukas hat er es im Übrigen nicht um des Geldes willen getan, wie bei Matthäus. Es ist eine seltsam gebrochene Verdammung, die Judas trifft. Vielleicht deshalb: Verrat kann ein Motor des Fortschritts sein. Ohne „Verrat" am Alten, ohne Übertretungen dessen, was geboten ist, gibt es nichts Neues. Ohne Evas Griff nach der Frucht, gäbe es keine Erkenntnis. Ohne den Bruch eines Kopernikus mit dem überkommenen Weltbild gäbe es keine Aufklärung. Ohne Martin Luthers Ungehorsam gäbe es keine Reformation. Sie alle wurden als Verräter gebrandmarkt. Denn wer Verräter und wer Innovator ist, bestimmt der Standpunkt, bestimmt die Deutungsmacht, bestimmt die Geschichte. Es könnte ein spannendes Predigtprojekt sein, den Dissidenten nachzugehen.

Vor allem totalitäre Regime stecken Leidenschaft darein, Verräter zu identifizieren und zur Strecke zu bringen. Es ist ihr Markenzeichen. Denn sie verlangen unbedingte Gefolgschaft. Je mächtiger und autoritärer das Kirchenregime wurde, desto mehr musste Judas als Hochverräter geächtet und dämonisiert werden, desto weniger Gnade gab es für ihn.[6]

Das Judasbild im Wandel der Zeit ist ein Spiegel der Machtansprüche der Kirche und der wachsenden Judenfeindlichkeit. Bereits im zweiten Jahrhundert macht die Dämonisierung des Judas, die in Lukas 22,3 durchaus angelegt ist, große Sprünge. So schwelgt Papias von Hierapolis darin,

---

4   In dieser Bedeutung benutzt z. B. Paulus das Wort, wenn er vom Abendmahl schreibt „Denn ich habe vom Herrn empfangen, was ich euch *überliefert* habe" (1 Kor 11,23).
5   Vgl. zu diesem u. a. von Karl Barth in KD II/2 entfalteten Gedanken Matthias Käser-Braun, Judas Ischarioth: „Überlieferer" des Evangeliums. Karl Barths Erwählungstheologische Interpretation der Judasgestalt, Zürich 2018.
6   Dank an Claudia Keller für ihre Ausführungen dazu in ihrem inspirierenden Essay „Auch Verrat gehört zu einer Demokratie":
    https://www.tagesspiegel.de/politik/auch-verrat-gehoert-zu-einer-demokratie-3708541.html.

Judas als gottlosen und geilen, als stinkenden und ekelerregenden Madensack zu beschreiben.[7] Ihren Höhepunkt erreicht diese monströse Judas-Rezeption mit seiner hetzerischen Bildsprache und den antisemitischen Stereotypen vom geldgierigen, hinterhältigen Juden im nationalsozialistischen Stürmer.

Die große Sorge um Judas Ischariot

Im 20. Jahrhundert verändert sich die Sicht auf Judas. Einer der ersten, die Judas rechtfertigen und seine Motive als eschatologischen Aktivismus deuten, ist Schalom Ben-Chorin. 1935 veröffentlicht er noch unter seinem Geburtsnamen Fritz Rosenthal das Gedicht „Judas Ischariot". Es beginnt mit dem Satz „Er war der Gläubigste unter allen Jüngern" und fährt fort[8]:

> Er küsste ihn – der Kuss war nicht Verrat,
> War Abschied nur und Demut und Entsagen:
> „Du musst das Kreuz – ich muss die Schande tragen,
> doch unser Meister, unser ist die Tat!"[9]

Nehmen wir diesen Perspektivwechsel zum Anlass wieder in den Predigttext zu blicken. Hier wird es bei genauerem Hinsehen nämlich spannend: Hat er, oder hat er nicht? „Siehe, da kam eine Schar; und einer von den Zwölfen, der mit dem Namen Judas, ging vor ihnen her und nahte sich Jesus, um ihn zu küssen." Lukas, ein gewiefter Erzähler, irritiert mich, und das wohl mit voller Absicht. Er lässt es merkwürdig in der Schwebe, ob Judas Jesus tatsächlich küsst. Judas naht sich Jesus, um ihn zu küssen, doch der unterbricht ihn, fast als wolle er den Freund vor sich selbst beschützen und, wenn man es wohlwollend auslegt, zumindest ein Stück der Freundschaft retten: „Judas", spricht er ihn an, „mit einem Kuss lieferst du den Menschensohn aus" – das ist keine Frage. Das ist ein Stoppschild.

---

7 https://www.bibelwissenschaft.de/wibilex/das-bibellexikon/lexikon/sachwort/anzeigen/details/judas-iskarioth/ch/87311509863494532bc01866bf341815/#h2.
8 https://oer-musik.de/data/openbooks/bach/addenda/UrsulaHomann-Judas.pdf, ab Seite 5 eine Liste literarischer Werke zu Judas.
9 https://opus.bibliothek.uni-augsburg.de/opus4/frontdoor/deliver/index/docId/53139/file/Langenhorst_53139.pdf, 228f.

„Sollen wir dreinschlagen?"

Diese Beobachtung nährt Helmut Gollwitzers steilen Satz: „Das Neue Testament ist das Buch der Sorge um Judas Ischarioth, ist gute Botschaft für Judas Ischarioth."[10] Im Laufe der letzten fünfzig Jahre hat Judas immer mehr gewonnen, die ihn verteidigen. Bis hin zu Papst Franziskus findet man viele, die ihn ins Licht der Barmherzigkeit stellen und seinen Verrat mit kritischer Selbstreflexion betrachten. Hat man diesen Perspektivwechsel vollzogen, so findet man auch in der Kunstgeschichte einige wenige, dafür aber beeindruckende Zeugnisse der Sorge um Judas Ischariot. Die romanische Kirche Santa Maria la Real in Sangüesa räumt am Eingangsportal der Figur des erhängten Judas immerhin seinen Platz neben den Aposteln Petrus und Paulus ein.[11] Noch erstaunlicher ist das Säulenkapitell in der Kathedrale Sainte Marie-Madeleine in Vézelay im Burgund aus dem 12. Jahrhundert.[12] Auf der einen Seite hängt Judas mit aufgerissenen Augen und weit heraushängender Zunge am Baum. Auf der anderen Seite steht ein junger Mann, der einen Toten auf seinen Schultern trägt wie der Hirt das verlorene Schaf. Die Deutung ist umstritten, doch es liegt nahe, darin den guten Hirten zu sehen, der sich über Judas erbarmt – und sich an ein Diktum von Jaques Derrida erinnern zu lassen: „Das Vergeben verzeiht nur das Unverzeihbare. […] Es kann nur möglich werden, wenn es das Un-Mögliche tut."[13]

Dass das Pendel in der Beurteilung des Judas nun von Verurteilung umschlägt in Verteidigung, ist erfreulich, vor allem, da damit verbunden auch das antisemitische Klischee nur noch in Schwundformen auftaucht. Aber man darf sich nicht über dessen Langlebigkeit gerade in der Volkskirchenfrömmigkeit täuschen. Insofern gilt es tapfer weiter dagegen zu halten in der Predigt über Judas. Allerdings: Es tut der Predigt gewiss nicht gut, allzu geschmeidig auf die andere Seite zu wechseln und den Verräter Jesu nur als tragische und bemitleidenswerte Person zu inszenieren. Dass er das Vertrauen Jesu, das Vertrauen seiner engsten Freunde ausgenutzt, sie getäuscht und hintergangen hat, ist kein Kava-

---

10 Helmut Gollwitzer, Krummes Holz – aufrechter Gang. Zur Frage nach dem Sinn des Lebens, München ⁵1972, 283.
11 https://www.portalsaeule.de/index.php?cat=Portale%2C%20Kapitelle%20und%20Fassaden%2FRomanik%2FSpanien&page=Sanguesa.
12 https://www.pius-kirchgessner.de/07_Bildmeditationen/4_Christus/Judas.htm
13 Jacques Derrida: Das Jahrhundert der Vergebung. Verzeihen ohne Macht – unbedingt und jenseits der Souveränität, in: Lettre international 48 (2000), S. 11f.

liersdelikt. Es ist dies auf der Seite der Verratenen eine der schmerzhaftesten und bittersten Erfahrungen, die man machen kann – für Jesus eine mit tödlichem Ausgang. Dies darf die Predigerin nicht irgendwie weichspülen oder wegreden, dies muss sie klar benennen, wenn sie sich am Sonntag Okuli fürsorglich des Judas annimmt.

Sollen wir dreinschlagen?

Aber vielleicht mag die Predigerin sich lieber mit den Jüngern fragen: „Sollen wir mit dem Schwert dreinschlagen?" und sich den Dilemmata der Friedensethik stellen, die seit dem 24.02.2022 unerbittlich deutlich werden.

Die Frage hat eine Vorgeschichte – und auch die ist irritierend. Sie beginnt damit, dass Jesus seine Jünger zum Waffenkauf ermuntert: „Wer einen Geldbeutel hat, der nehme ihn, desgleichen auch eine Tasche, und wer's nicht hat, verkaufe seinen Mantel und kaufe ein Schwert." (Lk 22,36) ermahnt Jesus seine Schüler, als sie noch am Abendmahlstisch liegen. „Herr, schau, hier sind zwei Schwerter!" (Lk 22,38), antworten sie eifrig. Da schau her! Wer hätte das gedacht? Die Jünger haben sich offenbar schon welche angeschafft. Und in unserem Predigttext kommt eines von ihnen auch gleich dramatisch zum Einsatz. Einer der Jünger, wartet die Antwort auf die Frage, ob dies jetzt die Situation sei, mit dem Schwert dreinzuschlagen, nicht ab. Er haut dem Sklaven des Hohenpriesters das rechte Ohr ab.

Und Jesus? Auch formuliert Lukas bemerkenswert unscharf. „Es ist genug", sagt Jesus, als sie die zwei Schwerter vorzeigen. Weil zwei genug sind? Oder weil er genug von ihnen und ihrem militanten Eifer hat? Ähnlich eindeutig zweideutig ist Jesu Reaktion, als einer der Jünger seine Waffe einsetzt: „Lasst es damit genug sein." (So sollte man V. 51 übersetzen).[14] Scharfe Zurechtweisung klingt anders. Eher scheint eine gewisse Ironie in der unscharfen Feststellung zu liegen. Lukas' Jesus verurteilt den Versuch der bewaffneten Verteidigung nicht, unterbricht ihn aber und

---

[14] Die Übersetzung der Lutherübersetzung „Lasst ab! Nicht weiter!", folgt der Tendenz, Jesus vom berühmten Diktum des Matthäusevangeliums aus zu interpretieren: „Wer zum Schwert greift, wird durch das Schwert umkommen."

stellt ihn in seiner ganzen Ohnmacht und Jämmerlichkeit dar. Ist er ohnehin angesichts der Übermacht der bewaffneten Schar zum Scheitern verurteilt und kann nur ins selbstmörderische Desaster führen, so trifft der Hieb auch noch die ärmste Socke unter den Gegnern, den Sklaven – den Jesus sogleich heilt, so wie die anderen, die unter die Räder der Gewalt kommen.

Raus aus der Ja-Nein-Alternative

Jesus mahnt die Jünger zum Abschied, sie sollten ihre Ressourcen robuster machen, sich also mit Geldbeutel, Vorratstasche und Schwert ausstatten, weil die Zeiten bedrohlich werden für Anhänger eines hingerichteten Aufständischen. Liest man Auslegungen, so stößt man auf allgemeinen Widerwillen. Portemonnaie und Rucksäcke lässt man noch durchgehen, nicht aber Schwerter; die seien metaphorisch zu verstehen. Es ist eine jüdische Auslegerin, Amy Jill-Levine, die dafür plädiert, Jesus hier beim Wort zu nehmen. „There is no reason they should be easy targets", verteidigt sie die Bewaffnung der Jünger und differenziert: „The issue is not the right to bear arms; the motto is not ‚welcome to church, lock and load'. The disciples are to act as servants, not as thugs."[15] Wenn Jesus selbst nicht mit dem Schwert verteidigt werden wolle, so würden seine Jünger zwei Mal darüber nachdenken, dies für sich zu tun.

Das Lukasevangelium erzählt von der Legitimität sich mit Waffen wehrhaft zu machen. Es erzählt aber auch, in welche Gewaltdynamik ihr Gebrauch führt.

An dieser Stelle ist das Lukasevangelium sensationell aktuell. Es wäre ein gutes Vorhaben es auf seinen friedensethischen Beitrag für die Diskussion im Jahr 2023 hin zu befragen – nicht, weil es Antworten gibt, sondern weil es sich der einfachen Antworten enthält. Seine Uneindeutigkeit ist keine Schwäche, sondern seine Stärke. Das Lukasevangelium ist kurz nach dem Morden des Jüdischen Krieges entstanden. In einer Welt voller Gewalt ringt es um die Frage nach dem Schwert, ohne fertige Antworten zu haben. Hier wird nicht meinungsstark eine Position vertreten. Davon

---

15 Amy-Jil Levine, Ben Witherington III, The Gospel of Luke (New Cambridge Bible Commentary), Cambridge 2018, 598f.

kann und sollte man lernen. Die Predigt über die Frage nach Waffen, könnte die einfache Ja-Nein-Alternative überwinden und sich darauf konzentrieren, die Dilemmata zu entfalten. Sie könnte so das eröffnen, was in der gefährlichen Debatte dringend nötig ist: Nichtwissen, Fehlbarkeit und Aporien zuzugeben, auf dass die Entscheidungen mündiger werden und ehrlicher.

Eine Predigt, die Ambivalenzen und Widersprüchlichkeiten gelten und stehen lässt, ob über Judas und den Verrat oder über Gewalt und den Gebrauch des Schwertes – die würde ich mir wünschen. Sie würde das Thema des Sonntags Okuli „Vom Ernst der Nachfolge" aus der „Entweder-Oder-Falle" der scheinbar einfachen Entscheidungen befreien.

Heutige Perspektiven

Die ersten vier Beiträge, die den zweiten Teil des Buches eröffnen, identifizieren vier Felder, in denen sie Gewalt ausmachen: Armut, Eigentum, sexuellen Missbrauch und das Recht auf Bestattung. Es handelt sich um Formen „stiller Gewalt"; anders als manifeste Kriminalität oder militärische Gewalt ist sie oft unsichtbar und wird und wurde vielfach gar nicht als Gewalt gesehen und anerkannt.

So verhält es sich mit der Armut, der sich *Franz Segbers* zuwendet. Sie stellt eine Form struktureller Gewalt dar, von der in Deutschland nach einer Meldung vom März 2024 über 14 Mio. Menschen, d. h. etwa 17% der Bevölkerung, betroffen sind, von weltweiter Armut ganz zu schweigen. Segbers bringt dagegen die biblischen Sozialgesetze und ihre Aufnahme und Weiterentwicklung in den sozialen Menschenrechten in Stellung und fordert eine Armutsbekämpfung durch das Recht.

Noch weniger als das Phänomen der Armut wird Eigentum von vielen als ein Ausdruck von Gewalt verstanden. *Axel Niemeyer* zeigt aus der Perspektive eines Juristen, wie Gewalterfahrungen durchaus mit Eigentumsverhältnissen zusammenhängen. Ein geläufiges Beispiel ist etwa das Verhältnis von privatem Wohneigentum zur Wohnungsnot breiter Schichten der Bevölkerung. Der Vergöttlichung des Eigentums in philosophischen Entwürfen und der Realität unserer Gesellschaft sind das Eigentumsrecht der Bibel (Lev 25), die Kritik an der Vergötzung materieller Werte und der Gedanke der Gottebenbildlichkeit des Menschen, der sich auch im Artikel 1 des Grundgesetzes niedergeschlagen hat, entgegenzustellen.

Dass der Missbrauch von Kindern und Jugendlichen eine Form von Gewalt darstellt, wurde lange Zeit missachtet oder kleingeredet. *Jürgen Kegler* arbeitet in konzentrierter Form den Missbrauch in den Kirchen auf, untersucht die Folgen für die Opfer, behandelt das Versagen von Kirchenleitungen und die unzureichenden Entschädigungsleistungen an die Betroffenen. Hinter all dem steht eine erschreckende Theologievergessenheit. Ohne die biblische Einsicht, dass der Missbrauch von Kindern ein Missbrauch Gottes ist, wird eine Aufarbeitung dieser Form von Gewalt nicht möglich sein.

Einer so gut wie nie beachteten Form von Gewalt wendet sich *Luise Metzler* zu. Es handelt sich um Gewalt gegen die wehrlosesten der Wehrlosen, nämlich tote Körper, denen eine Bestattung verweigert oder allenfalls eine entwürdigende Form von Sozialbestattung zugestanden wird. Dem treten in der Praxis Friedhofsgruppen entgegen, die sich den Behörden gegenüber für würdige Beisetzungen auch von Menschen in Armut und ohne Angehörige einsetzen. Sie können sich auf eine breit belegte biblische Hochschätzung der Bestattung berufen, worunter die Geschichte von Rizpa (2. Sam 21) herausragt, die dem König David die verweigerte Bestattung Hingerichteter abtrotzt und so für ihn zur Toralehrerin wird.

Die beiden nächsten Beiträge gehen von Hannah Arendt aus. Für *Kristian Hungar* gibt sie den Anstoß, den Fragen der vita activa, der Tätigkeiten des menschlichen Lebens, gleichberechtigt mit denen der vita comtemplativa nachzugehen. Zunächst liest er zentrale biblische Texte in eigener Strukturierung (Dekalog, Lev 19, Bergpredigt und Feldrede), um sie dann in einer überraschenden Wendung mit dem Denken von Thomas Hobbes in Beziehung zu setzen. Er versteht Hobbes als Vertragstheoretiker, der ausgehend von einer eigenständigen Bibellektüre den Weg vom Tötungsverbot zu einer Friedenspflicht für Vertragspartner geht. Die Forderung, den Standpunkt des Anderen einzunehmen, wird zum Mittel, Gewalt durch Vertragsschluss zu zähmen.

Der Beitrag von *Sabine Plonz* geht nicht nur von Hannah Arendt aus, sondern bleibt bei ihr. Der Hilflosigkeit gegenwärtiger theologischer Ethik angesichts des Krieges Russlands gegen die Ukraine, die zwischen dem Abschied von bisheriger Friedensethik und dem bemühten Festhalten an der in den Jahren nach dem 2. Weltkrieg eingeübten Friedfertigkeit schwankt und sich mit der Feststellung, dass man sich jedenfalls „schuldig mache", als politisch handlungsunfähig erweist, stellt sie Arendts Unterscheidung von Macht und Gewalt entgegen. Sie führt aus einer moralischen Betrachtung von Politik heraus und zeigt, dass Gewalt dann zunimmt, wenn Macht verloren geht. Unter Vermeidung Arendtscher Engführungen und gestützt auf biblisch orientierte Basisbewegungen ist die Entwicklung von Politikfähigkeit das erste Gebot christlicher Theologie und Voraussetzung einer Positionierung gegen kriegerische Gewalt.

Der letzte Beitrag des Bandes fällt doppelt aus dem Rahmen. Zum einen stellt er eine postume Veröffentlichung dar; denn *Renate Wind*, die

Autorin und langjährige Teilnehmerin des Heidelberger Arbeitskreises, ist im Januar 2023 verstorben. Zum andern handelt es sich um keinen wissenschaftlichen Aufsatz, sondern den Text eines Gedenkgottesdienstes für Rosa Luxemburg. Thematisch aber ist er Teil des Bandes. Rosa Luxemburg litt unter vielen Formen der Gewalt: der Gewalt des Zarenreiches gegen Polen, der Gewalt gegen das Proletariat, der Gewalt gegen Frauen. Sie übte Religionskritik als Kritik an einer Religion und Kirche, die diese Gewalt legitimierten. Zugleich eignete sie sich zunehmend die jüdische und christliche Überlieferung an und sah in ihr eine Kraftquelle für die notwendige Revolution. Ihre Ermordung und die Versenkung ihres Leichnams im Berliner Landwehrkanal unterstreichen die Bedeutung des Themas Gewalt an Toten, das im Beitrag von Luise Metzler beleuchtet wird.

Die Gewalt der Armut und das Recht der Armen

Franz Segbers

1. Die Rückkehr der Armut

Die Hunger- und Überlebenskrisen sind Alltag in vielen Ländern des Globalen Südens. Armut ist jedoch ein Phänomen, das sich auch in den reichen Ländern des Globalen Nordens ausbreitet. Im Zuge von Globalisierung und Neoliberalisierung kehrt Armut in die reichen Sozial- und Wohlfahrtsstaaten zurück, wo sie jahrzehntelang bekämpft worden war. Zugleich wächst explosionsartig der Reichtum. Nach einer Studie von Oxfam auf der Basis von Reichtumsberichten weltweit tätiger Banken verfügten im Jahr 2017 die acht reichsten Personen über das gleiche Vermögen wie die gesamte ärmere Hälfte der Menschheit von ca. 3,5 Mrd. Menschen.[1] Während allein im Corona-Jahr 2020 sich die Zahl der Milliardäre um 700 auf 2.700 erhöht hat, sind gleichzeitig in dem Jahr mehr als 100 Millionen Menschen in absolute Armut abgerutscht, sie müssen also von weniger als 1,80 Dollar oder 1,60 Euro pro Tag leben.[2] Deutschland bildet dabei keine Ausnahme: Nach einer Studie des DIW Berlin von 2020 verfügt das reichste Prozent der Deutschen über 35 Prozent der gesamten privaten Vermögen in Deutschland. Das ist etwas mehr, als 90 Prozent der Bevölkerung zusammen haben.[3] Da Armut gleichzeitig einen Höchststand erreicht, darf über Reichtum nicht schweigen, wer über Armut reden will.

In diesem Beitrag will ich aufzeigen, dass Armut Ausdruck einer strukturellen Gewalt ist.[4] Es gibt jedoch offenkundig in den Sozialwissenschaften eine Scheu, Armut als strukturelle Gewalt anzusprechen. Das

---

1   Oxfam: UmSteuern 2023, 9.
2   Fratzscher: Superreiche 2023.
3   Schröder/ Bartels / Göbler / Grabka / König: MillionärInnen 2020, 511–521.
4   Der Beitrag bezieht sich auf die Armut in einem reichen Land wie Deutschland, nicht auf die Problematik weltweiter Armut.

war in den 70er Jahren noch anders, als Johan Galtung sein damals viel beachtetes Buch mit dem Titel „Strukturelle Gewalt" veröffentlichte.[5] Darin definiert Galtung Gewalt folgendermaßen: „Gewalt liegt dann vor, wenn Menschen so beeinflusst werden, dass ihre aktuelle somatische und geistige Verwirklichung geringer ist als ihre potentielle Verwirklichung."[6] Strukturelle Gewalt ist also „die vermeidbare Beeinträchtigung grundlegender menschlicher Bedürfnisse"[7]. Das Begriffspaar „strukturell" und „Gewalt" impliziert, dass Menschen vermeidbarerweise an Entbehrung, Hunger, Not oder gesellschaftlicher Exklusion leiden, obwohl kein objektiver Mangel vorliegt. Armut wird also offensichtlich von Strukturen oder Institutionen gemacht und abgesichert. Wer über Armut als strukturell bedingt spricht, beschreibt diese nicht distanziert neutral, sondern formuliert eine starke moralisch-ethische Komponente: Verhältnisse und Institutionen, die Armut schaffen, sollen nicht sein.

Wie berechtigt ist auf diesem Hintergrund die Forderung des Alttestamentlers Frank Crüsemann, „dass unbeschadet des historischen Abstandes allein die Tora die Grundlage einer biblisch orientierten christlichen Ethik sein kann"[8]? Ich möchte aufzeigen, dass für die Armutsbekämpfung die Tora mit ihrem „Recht der Armen"[9] eine normative Leitidee formuliert, die auch der Allgemeinen Erklärung der Menschenrechte (AEMR) mit ihrem „Menschenrecht auf einen angemessenen Lebensstandard" (Art. 25) zugrunde liegt. Wenn Armut vermeidbar ist, muss eine gesellschaftliche Ordnung unter einer ethischen Perspektive nicht nur als ungerecht gelten, sondern auch als Verletzung elementarer sozialer Menschenrechte. Deshalb ist der Menschenrechtsansatz für eine biblisch argumentierende Ethik der Armut von besonderer Bedeutung.

---

5   Galtung: Gewalt 1975.
6   Galtung: Gewalt, 9.
7   Galtung: Gewalt, 12.
8   Crüsemann: Tora 1992, 424f.
9   Schwantes: Recht 1977.

2. Armutsbetroffen

In der Aktion *#IchBinArmutsbetroffen#* wurde im Herbst 2022 der folgende Tweet abgesetzt: „Man sagt: Wer von Hartz IV nicht leben kann, der kann nicht mit Geld umgehen. Ich war so wütend. Wir sind keine Hängemattenlieger. Wir sind nicht schuld daran, dass wir armutsbetroffen sind. Ein Großteil von uns ist krank. Ich bin auch nicht sozial schwach, sondern nur finanziell."

Der Tweet initiierte einen regelrechten viralen Aufstand. Er spricht eine anklagende Sprache und analysiert aus der Sicht von Betroffenen sehr präzise die Ursachen von Armut, den gesellschaftlichen und politischen Umgang mit ihr sowie deren Folgen für arme und armgemachte Menschen. Da er in wenigen Worten markiert, was Armut aus Betroffenensicht ausmacht, ist er geeignet, ein Raster für das zu geben, was Armut bedeutet:

„Ich war so wütend"

Am Anfang steht die Wut über das, was „man" sagt. Das zeigt: Es gibt offensichtlich eine verletzende Diskrepanz zwischen der Wahrnehmung von Armut von außen und aus der Betroffenenperspektive. Denn was „man" sagt, unterscheidet sich von dem, was für die Betroffenen Armut ist. Eingeklagt wird die eigene Deutungshoheit der Betroffenen. Der Tweet empört sich über den Skandal, dass Armut in einer reichen Gesellschaft kein Naturereignis ist.

„Wir sind nicht schuld daran, dass wir armutsbetroffen sind."

Armut ist kein Naturereignis, sie wird gemacht. Deshalb gibt es keinen Grund zur Fatalität, sondern zu fragen ist, wer für die Schieflage der Verteilung verantwortlich ist. Wenn in den letzten fünfzehn Jahren das Pro-Kopf-Bruttoinlandsprodukt um 46 Prozent gewachsen ist, aber seitdem auch der Anteil der von Armut betroffenen Menschen von 14,3 (2008) auf einen Höchststand von 16,9 (2021) gestiegen ist, so ist das ein Indiz für eine Scherenentwicklung. Von Armut betroffen waren damit 14,1 Millionen Menschen, die von der allgemeinen wirtschaftlichen Entwicklung ausgeschlossen sind.[10] Dieser Widerspruch ist ein Indiz für gesellschaftliche Machtverhältnisse und lässt nach Interessengruppen fragen, die Armut schaffen und sicherstellen, dass Einkommen, Vermögen, Bildung oder Lebenschancen ungerecht und ungleich verteilt werden.

„... nicht sozial schwach, sondern nur finanziell."

Der Tweet empört sich darüber, dass man arme Menschen „sozial schwach" zu nennen pflegt. Diese in Forschung, Politik und Medien zunehmend geläufige Zuschreibung suggeriert fälschlicherweise einen Zusammenhang zwischen Armut und sozialen Defiziten. Eine solche Zuschreibung ist nicht nur diffamierend und diskriminierend, sie erfüllt auch die gesellschaftliche Funktion, zu verschleiern, was Armut wirklich ist. Wenn Armut mit vermeintlich sozialer Schwäche in Verbindung gebracht wird, werden die von Armut Betroffenen als verantwortlich für ihre defizitäre Lage angesprochen, und der Blick wird von der gesellschaftlichen Verteilung, die Armut produziert, weggelenkt. Denn ansonsten müssten Fragen nach der gerechten Verteilung der Ressourcen gestellt werden. Doch darüber, dass Armut ungerecht verteilter Reichtum ist, will man nicht reden, sondern spricht lieber von den vermeintlich sozialen Schwächen der Armen. Die Preisgabe von Klasse als analytischer Kategorie hat zu einer fatalen Kulturalisierung von Ungleichheit geführt, die nicht mit Unkenntnis zu erklären ist, sondern Ausdruck von Machtverhältnissen ist.

Armut ist ein umkämpfter Begriff. Sozialwissenschaftlich ist zwischen absoluter und relativer Armut zu differenzieren. Absolute Armut ist dadurch gekennzeichnet, dass die Betroffenen am physischen Existenzminimum leben und ihre Grundbedürfnisse, wie Nahrungsaufnahme, Bekleidung, Unterkunft oder medizinische Basisversorgung nicht befriedigen können. Relative Armut liegt hingegen dann vor, wenn die Betroffenen von einer gleichberechtigten Teilnahme am gesellschaftlichen, kulturellen und politischen Leben ausgeschlossen sind. Eine solche Armut in einem reichen Land hat weniger mit der augenfälligen Not oder

---

10 Deutscher Paritätischer Wohlfahrtsverband (DPWV): Zwischen Pandemie und Inflation 2023.

Die Gewalt der Armut und das Recht der Armen

dem Elend zu tun, die sich vor allem bei sog. Randgruppen wie Obdachlosen oder Drogenabhängigen zeigen, als mit einem überbordenden Reichtum.

Als der Deutsche Paritätische Wohlfahrtsverband (DPWV) im Jahr 2022 seinen Armutsbericht veröffentlichte und auf einen neuen Höchststand der Armutsentwicklung hinwies, kommentierte die „Süddeutsche Zeitung" nur scheinbar verständnisvoll. Unter der Überschrift mit der Feststellung „Deutschland hat ein Armutsproblem" fragte der Kommentar: „Fast 14 Millionen Menschen leben unter dem Existenzminimum? Klingt erschreckend, stimmt aber so nicht. Und dieser Alarmismus schadet vor allem jenen, denen er eigentlich helfen soll: den Armen."[11] Gegenstand der medialen und politischen Kritik ist regelmäßig die wissenschaftlich eingeführte und anerkannte Armutsdefinition.[12] Nach dieser EU-Definition gilt eine Person als armutsgefährdet, wenn sie über weniger als 60 % des mittleren Einkommens der Gesamtbevölkerung verfügt. 2022 lag der Schwellenwert für eine alleinlebende Person in Deutschland bei 1.250 Euro im Monat.

Hinter der Kritik am relativen Armutsbegriff steht ein unausgesprochenes Bild von Armut, das stark vom Massenelend des Globalen Südens geprägt ist. Nur dann, wenn Menschen obdachlos sind und hungern, wenn sie in den Fußgängerzonen betteln und in Mülltonnen nach Essensresten oder Pfandflaschen suchen, sollen sie als arm gelten dürfen. Der relative Armutsbegriff hält an der normativen Vorstellung sozialer Gleichheit fest. Darin ist er politisch unbequem, denn er bemisst sich am Gegenteil der Armut, nämlich dem Reichtum, und stellt die Frage, wie viel eine Gesellschaft bereit ist, vom erwirtschafteten gesellschaftlichen Wohlstand für die Verhinderung oder Behebung von Notlagen eines Teils der Bevölkerung abzugeben. Dass Geld die zentrale, aber nicht einzige Größe zur Bestimmung, Vermessung und Bekämpfung von Armut ist, will diese Kritik am relativen Armutsbegriff nicht thematisieren.

Armutsbetroffen sind nicht nur Erwerbslose, sondern auch prekär beschäftigte Erwerbstätige, die trotz Arbeit arm sind.[13] Auch wenn Einkommensarmut zweifelsfrei ein zentraler Bestandteil von Armut ist, um-

---

11 Süddeutsche Zeitung vom 15.7.2022.
12 Schneider: Armut kann man nicht skandalisieren 2015, 12–50.
13 Castel: Metamorphosen 2000, 359.

fasst ein multipolarer Armutsbegriff weitere Aspekte wie Wohnung, Bildung, Gesundheitsversorgung, Einfluss in einer Gesellschaft, Teilhabe an Rechten ebenso wie soziale Ausgrenzung und Stigmatisierung. Die EKD hat in ihrer Armutsdenkschrift 2006 deshalb Armut „als mangelnde Teilhabe" definiert.[14] Im Vorwort zur Armutsdenkschrift hat Wolfgang Huber unmissverständlich klargestellt, dass Teilhabe und Chancengleichheit nicht in einem Gegensatz zur Verteilungsgerechtigkeit stehen und festgehalten: „Ohne materielle Verteilungsgerechtigkeit läuft Chancengleichheit ins Leere."[15] Gern wird Investition in Bildung gegen gerechte Sozialleistungen ausgespielt. Dabei aber wird unterschlagen, dass gute Bildungschancen auch finanziert werden müssen. Vor allem aber lösen sie nicht die derzeitige Armut armer Menschen, sondern wollen zukünftige Armut verhindern. Wer von Armut spricht, muss deshalb auch über das andere Ende der Verteilungsskala, den Reichtum, sprechen. Von dem gesamten Vermögenszuwachs, der zwischen 2020 und 2021 in Deutschland erwirtschaftet wurde, gingen 81 Prozent an das reichste Prozent, während die restlichen 99 Prozent der Bevölkerung nur 19 Prozent des Vermögenszuwachses erhielten.[16]

„Wer von Hartz IV nicht leben kann …"

Georg Simmel betont in seiner Theorie der Armut, dass Armut kein objektiv beschreibbarer Zustand ist, sondern eine gesellschaftliche Zuschreibung, denn nicht „der persönliche Mangel [macht] den Armen [...]", sondern erst „der um des Mangels willen Unterstützte [ist] dem soziologischen Begriffe nach der Arme". [17] Mit der Zuschreibung, dass arm ist, wer sozial unterstützt wird, wird Armut zu einer gesellschaftlichen und politischen Kategorie. Es ist auch die Politik, die mit ihren gesetzlich festgelegten Hartz-IV-Regelsätzen (bzw. dem Bürgergeld) dafür verantwortlich zu machen ist, wenn diese unterhalb der Armutsgrenze liegen. Nach Berechnungen der Diakonie Deutschland liegt der Regelsatz für Hartz IV (2020) unter der Armutsgrenze und ist um 183 Euro oder 40 Prozent im

---

14 Rat der EKD: Gerechte Teilhabe 2006, 8.
15 Huber: Vorwort, in: EKD: Teilhabe 2006, 16.
16 Oxfam: UmSteuern 2023, 9.
17 Simmel: Der Arme [1908], in: ders., Untersuchungen Frankfurt 1992, 555.

Monat zu niedrig.[18] Hartz IV ist somit eine politisch gemachte und verantwortete Unterversorgung armer Menschen.

3. Gewalt, das Recht der Armen und die neuzeitlichen Menschenrechte

Der britische Soziologe Tony Judt spricht von einer „Welt, die wir verloren haben"[19]. Er meint eine Zeitepoche von ca. 1950 bis 1980, die in Deutschland „Wirtschaftswunder", in den USA die „Golden Thirties" und in Frankreich „Trente glorieuses" genannt wurde. Bis in die siebziger und achtziger Jahre des letzten Jahrhunderts hinein gab es bei allen Defiziten doch ein durchaus erfolgreiches Reformprojekt, das Armut und soziale Ungleichheit zu einem Randphänomen gemacht hatte, anständige Löhne und eine insgesamt ausgeglichenere Verteilung des Sozialproduktes erreichen konnte. Altersarmut wurde beseitigt. Kündigungs- und Arbeitsschutz sowie Mitbestimmungsrechte und verbindliche tarifliche Normen galten allenthalben. Es gab ein Gesetz zur Festlegung von Mindestarbeitsbedingungen; doch angewandt werden musste es nie. Niedriglöhne waren im Grunde unbekannt, die Arbeitsplätze und die Rente sicher. Leiharbeit blieb bis 1972 gänzlich verboten und wurde danach streng reguliert, Befristung von Arbeitsverträgen waren bis 1985 nur unter sehr strengen Auflagen möglich, geringfügige Beschäftigungsverhältnisse gab es ebenfalls nur in äußerst überschaubaren Ausmaß. Der Westen erlebte Jahrzehnte von Wohlstand und sozialer Sicherheit. In die strukturell von Unsicherheit geprägte Lage der Arbeitnehmerinnen und Arbeitnehmer waren Stützpfeiler gezogen worden. Das verlieh der Arbeit wenigstens einen gewissen Grad an Würde. Armut gab es nur jenseits von Arbeit, nicht aber trotz Arbeit.

Mit Margret Thatcher in Großbritannien und Ronald Reagan in den USA erfolgte mit den zentralen politischen neoliberalen Politiken der Deregulierung, Privatisierung und Liberalisierung eine durchgreifende Kehrtwende. Ein Zeitalter der Angst vor Arbeitslosigkeit, von sozialem

---

18 Becker / Held: Regelbedarfsmessung, 2020.
19 Judt: Land, 2011: 43–70.

Abstieg und Armut, der Angst, den Verhältnissen ausgeliefert zu sein, kehrte zurück.

Inwiefern strukturelle Gewalt ein entscheidendes Strukturelement dieses Paradigmenwechsels ist, erscheint zunächst keineswegs einleuchtend. Vielmehr verschwindet sie hinter der Konstruktion des „Förderns und Forderns" als einer scheinbar harmlosen ökonomischen Anreiztheorie. So begründet der Wirtschaftsweise Christoph Schmidt den aktivierenden Sozialstaat damit, dass zu üppige rechtlich abgesicherte Sozialleistungen dazu führen würden, „die Bemühungen um einen neuen Arbeitsplatz ein[zu]schränken."[20] Aus dieser ökonomischen Sicht sind Erwerbslose rationale Nutzenmaximierer, die nüchtern abwägen, ob es sich bei üppigen Sozialleistungen überhaupt lohne zu arbeiten. Armut wird im Konzept des aktivierenden Sozialstaates als Folge des individuellen Kalküls armer oder erwerbsloser Menschen gedeutet. Deshalb soll Arbeitslosigkeit möglichst ungemütlich gestaltet werden, um so den Anreiz für eine rasche Arbeitsaufnahme zu erhöhen. Dabei ist, wie Klaus Dörre nachgewiesen hat, das ökonomische Theorem passiver Erwerbsloser, die zur Arbeitsaufnahme genötigt werden müssten, empirisch keineswegs nachweisbar.[21] Es ist vielmehr ein „Klassenprojekt ‚von oben'"[22], ein „Herrschaftsmodus"[23].

Die Sozialhilfe wurde bis zur Einführung von Hartz IV als das Recht eines jeden in der Bundesrepublik rechtmäßig Lebenden verstanden, das zu gewährleisten sei. Im aktivierenden Sozialstaat wird aber die bisherige Gewährleistung einer Hilfe bei Unterstützungsbedarf in ein Tauschverhältnis von Leistung und Gegenleistung umgeformt. Die Inanspruchnahme sozialstaatlicher Leistungen erfüllt dann kein Solidaritätsrecht mehr, sondern ist eine Gegenleistung für eine erbrachte Leistung.[24] Aus dem Recht auf Unterstützung wird eine Pflicht zur Gegenleistung. Der Rückgriff auf Rechte ist der einzige Weg, paternalistische Tendenzen zu überwinden. Das Recht ist jedoch nicht verhandelbar, es muss respektiert werden. Deshalb ist das Recht das entscheidende Instrumentarium zur „Begrenzung der Gewalt"[25].

---

20 Zit. in: Welt online, 8.8.2010.
21 Dörre / Scherschel / Booth: Bewährungsproben 2013, 122, 204.
22 Dörre / Scherschel / Booth: Bewährungsproben 2013, 382.
23 Dörre / Scherschel / Booth: Bewährungsproben 2013, 367.
24 Segbers: Menschenbild 2016, 696–698.
25 Menke: Rechte 2015, 403.

Im Folgenden soll dargestellt werden, wie das gewaltbegrenzende Recht der Armen der gemeinsame Ausgangspunkt der Sozialgesetze der Tora wie auch der neuzeitlichen Menschenrechte, besonders in der Gestalt der sozialen Menschenrechte, ist.[26]

Vom Recht der Armen in den biblischen Sozialgesetzen

Die Hebräische Bibel spricht differenzierter über Armut als die deutsche Terminologie. Für das, was im Deutschen unter dem Begriff „arm" zusammengefasst wird, verwendet das Hebräische mehrere Begriffe.[27] Mit *rāš* wird die ökonomisch soziale Lage der Armen beschrieben. *Dal* lenkt den Blick auf den Armen, der unter Mangel leidet. *Ebjôn* betont besonders den materiellen Aspekt der Armut und bei *anî* steht der Aspekt der Unterdrückung im Vordergrund. Diese differenzierende Begrifflichkeit drückt eine Multiperspektivität aus: Armut ist Resultat verschiedenster Symptomatiken, wobei allerdings die materielle Not den Kristallisationspunkt darstellt.

Als sich im ganzen Mittelmeerraum ab der Mitte des 8. Jahrhunderts tiefgreifende ökonomische und soziale Änderungen abzeichneten, wurde auch in Israel und Juda seit dem 8. Jh. eine Entwicklung sichtbar, die den Zusammenhalt der Gesellschaft bedrohte. In dieser Zeit wurden erstmals Rechtssätze kodifiziert, die unter anderem die Funktion hatten, dieser Entwicklung zu einer antagonistischen Klassengesellschaft entgegenzusteuern.[28] Verschuldung ist das strukturelle Kernproblem antiker bäuerlicher Gesellschaften. Das Schuldrecht lässt sich nach dem Althistoriker Moses Finley als Indikator für die Einstellung gegenüber den Armen verstehen. „Wenn man die Grundeinstellung zu den Armen begreifen will, muss man nicht die gelegentlichen Menschenfreundlichkeiten betrachten, sondern das Schuldrecht [...]. Dieses Recht war einheitlich hart und gnadenlos."[29] David Graeber verortet die Entstehung von Armut sehr präzise in diesem Kontext als Ergebnis eines gewaltförmigen Zentralkonfliktes zwischen Arm und Reich, der ein „Konflikt zwischen Schuldnern und

---

26 Segbers: Soziale Gerechtigkeit 2016.
27 Vgl. dazu: Berges / Hoppe: Arm und reich 2009, 11–14; Schwantes, Recht 1977, 16–52. 277ff.
28 Kippenberg: Typik antiker Entwicklung 1977, 9–62.
29 Finley: Antike Wirtschaft 1993, 314.

Gläubigern"³⁰ ist. Die biblischen Schriften zeichnen diesen Konflikt deutlich: Die Propheten beschreiben, wie Häuser und Felder enteignet werden und die Reichen „sie an sich reißen" (Mi 2,2, auch Jes 5,8–10; Am 8,4–7). Jesaja klagt: „Ihr seid es, die den Weinberg abgeweidet haben, das den Elenden Geraubte ist in euren Häusern" (Jes 3,14). Opfer sind die klassischen *personae miserae*: die Witwen und Waisen (Ez 22,7; Jes 1,17.23; Jer 5,28), die Fremden (Ez 22,7.29). In der Folge dieses Grundkonfliktes bildete sich auf der einen Seite eine Klasse von ökonomisch potenten Grundbesitzern heraus, die in der Lage sind, Kredite zu geben und die Kreditnehmer in Abhängigkeit von sich zu bringen, und auf der anderen Seite geraten immer mehr Bauernfamilien in eine Abwärtsspirale von Verschuldung und Armut. Jeremia nennt die, andere in Schuldsklaverei versetzen und deren Rechtsansprüche niederhalten, unmissverständlich „Gewalttäter" (Jer 5,26–28).

Um den Enteignungsprozess analytisch fassen zu können, reicht der Begriff der persönlichen, individuellen Gewalt nicht aus. Vielmehr ist es ein gesellschaftlicher Vorgang, der „im Wesentlichen auf ökonomischer Eigengesetzlichkeit beruht".³¹ Wer einem in Not geratenen Menschen ein Darlehen leihen kann, gewinnt Macht über den wirtschaftlich Schwächeren: Das Schuldrecht gestattet ihm, für Darlehen Zinsen nehmen zu können und eine tödliche Spirale zu befördern: Überschuldung führt zu Landverlust und schließlich in die Schuldsklaverei (Jes 5,8; 3,14, Mi 2,2). Die bäuerlichen, eher egalitären Gesellschaften entwickeln sich durch das Kreditwesen zu einer Klassengesellschaft. Es gibt also einen Grundwiderspruch zwischen Gläubiger und Schuldner, den die Spruchweisheit so auf den Punkt bringt: „Reiche Menschen herrschen über Arme; wer etwas ausleiht, muss denen dienen, die verleihen" (Spr 22,7). Es ist also eine strukturelle, ökonomische Gewalt, gegen die in der Antike und auch im Alten Israel immer wieder Klassenkonflikte entbrannten und revolutionäre Bewegungen Schuldentilgung und Landverteilung einforderten.

Auch die Sozialgesetze des Deuteronomium reagieren auf die ökonomischen und sozialen Konflikte des vorexilischen Juda. Sie nehmen frühere Sozialgesetze aus dem Bundesbuch auf und führen Veränderungen und Ergänzungen ein, die für die konkrete historische Situation im 7. Jh. v. Chr. von Bedeutung war. Sie verdanken sich aber nicht einer

---

30 Graeber: Schulden 2011, 14.
31 Kessler: Staat und Gesellschaft 1992, 121.

Die Gewalt der Armut und das Recht der Armen

Einsicht der Eliten, sondern sind das Resultat einer breiten gesellschaftlichen Reformbewegung von unten.[32] Es lassen sich drei Kategorien von biblischen Sozialgesetzen unterscheiden: erstens Rechte zum Schutz der Armen, zweitens Rechte zur Verhinderung von Verarmung und drittens Maßnahmen, die in die Ökonomie eingreifen. Zur ersten Kategorie von Regelungen zum Schutz der Armen gehören u. a. eine Sozialsteuer für Landlose, Arme, Fremde, Waisen und Witwen (Dtn 14,29ff.; auch Dtn 26,12ff.), der Rechtsschutz für Waisen, Witwen und Fremde (Dtn 10, 18; auch Dtn 24,17; 27,19), das Sabbatgebot als Recht auf einen arbeitsfreien Tag (Dtn 5,12ff.; auch Ex 20,8ff.; 23,12), die tägliche Ausbezahlung des Lohnes an die Tagelöhner (Dtn 24,14f.) oder ein Recht auf humane Behandlung bei der Arbeit (Dtn 24,15; 23,17; vgl. auch Lev 25,43.46.53; Ex 21,20f.26f.). Zur zweiten Kategorie der Rechtsbestimmungen zur Verhinderung von Verarmung gehören insbesondere der Schuldenerlass (Dtn 5,21; Lev 25,1ff.). Den Schritt zu einem regulierten Sozialen Sicherungssystem gehen Dtn 14,28f.; 26,12, wo festgelegt wird, dass der Zehnte der Jahresernte in jedem dritten Jahr für eine Art „Sozialhilfe" für Fremde, Landlose und Arme zu verwenden ist. Zur dritten Kategorie der Rechte, die in ökonomische Prozesse greifen, gehören insbesondere das Zinsverbot (Dtn 23,20f, auch Ex 22,24; Lev 25,35–38;) sowie das Jobeljahr mit der Landreform (Lev 25,10ff.).[33] So lässt sich im Buch Deuteronomium eine durchdachte Sozialgesetzgebung ausmachen, „die darauf abzielt, dass die Arbeitenden das von ihnen Produzierte selbst zu essen vermögen, wo aber zugleich die daran partizipieren, denen eigenes Produzieren nicht möglich ist."[34] Nicht vorrangig von Barmherzigkeit und Fürsorge für die Armen wird die Bekämpfung von Armut erhofft, sondern davon, dass die ökonomische Macht der Vermögenden begrenzt wird und die Armen in eine Position versetzt werden, in der sie Rechte haben. Es geht um Rechtsansprüche des Armen, nicht um „milde Gabe der Reichen"[35]. Das Recht stärkt die Stellung des Armen und gibt ihnen das Recht, ihren Anspruch

---

32 Crüsemann: Tora 1992, 248f.
33 Segbers: Hausordnung 1999, 171ff.
34 Crüsemann: „... damit er dich segne" 1983, 102.
35 Schwantes: Recht 1977, 81.

einzufordern und einzuklagen.[36] Das einklagbare, juridische Recht ist eingebettet in das „Recht der Armen auf wirtschaftliche und persönliche Existenz"[37].

Das armutspolitische Leitbild der Sozialgesetze lautet: „Es darf keine Armut unter euch geben" (Dtn 15,4). Entworfen wird eine Gesellschaft ohne Arme. Armut soll bekämpft und durch Rechtssatzungen verhindert werden. Da die Verschuldung das Zentralproblem für die Entstehung von Armut ist, wird ein Recht formuliert, das den Grundkonflikt der antiken Ökonomie zwar nicht grundsätzlich behebt, wohl aber in einem verlässlichen Rhythmus korrigiert: der Schuldenerlass (Dtn 15,1–10). Auch wenn Armut ein andauerndes Phänomen war und ist, redet die biblische Tradition nicht von Fatalität gegenüber Armut, sondern mahnt, die Rechte zu achten, um Verarmung zu verhindern (Dtn 15,5). Die Armen werden zu Rechtsträgern, und Armut wird als Rechtsverletzung gedeutet. Armut erscheint somit als gesellschaftlicher Konflikt, der lösbar ist. Wenn aber Armut aus dem Land nicht verschwindet (so Dtn 15,10), dann ist das Folge einer Rechtsverletzung durch die Reichen, wenn sie den Schuldenerlass nicht praktizieren oder sich weigern, Darlehen zu geben. Die zentrale ethische Leitvorstellung einer Gesellschaft ohne ausgeschlossene und an den Rand gedrängte Gruppen wird in eine Rechts- und Sozialordnung der Tora übersetzt, welche die Armen mit den Mitteln des Rechts schützt. Somit wird Armut als eine von Menschen gemachte Realität gedeutet, die durch das Mittel des Rechts prinzipiell überwunden werden kann.

Vom Recht der Armen in den sozialen Menschenrechten

Die für die Nachkriegszeit so wirksame Idee der sozialen Menschenrechte war eine innovative Antwort auf das Desaster der Großen Weltwirtschaftskrise Ende der 20er Jahre. Programmatisch wurde die Formel „frei von Not und Furcht" in der „Allgemeinen Erklärung der Menschenrechte" im Jahr 1948 aufgenommen. Die Programmformel „Soziale Sicherheit" (Art. 22) enthält das Leitbild einer allgemeine Teilhabe gewährleistenden Gesellschaft, das in einzelnen Rechten durchbuchstabiert wird: ein Recht auf Arbeit (Art. 23), ein Recht auf angemessene Entlohnung und beruflichen Zusammenschluss (Art. 23), ein Recht auf Erholung

---

36 Schwantes: Recht 1977, 278.
37 Schwantes: Recht 1977, 278.

(Art. 24), ein Recht auf einen angemessenen Lebensstandard in Bezug auf Nahrung, Kleidung, Wohnung, ärztliche Versorgung und das Recht auf soziale Sicherheit (Art. 25).

Unter einer Menschenrechtsperspektive sind arme Menschen Bürger:innen, die moralische Ansprüche und Rechte gegenüber einer gesellschaftlichen Ordnung haben, in der sie frei von Not und Furcht leben können. Armut wird deshalb als Mangel an Menschen- und Bürgerrechten verstanden, nicht nur als Mangel an Einkommen. In diesem Sinne ist auch für die frühere Generalsekretärin von Amnesty International Irene Khan nicht die materielle Not die größte Herausforderung für Arme, „sondern dass die Menschen in Armut vor allem mehr Rechte brauchen".[38] Deshalb schuldet die Gesellschaft den Armen eine Umverteilung, die sich nicht allein auf Vermögen und Einkommen bezieht, sondern auch auf Rechte. Weit davon entfernt, nur Bedürftige zu sein, die auf Sozialleistungen angewiesen sind, sind arme Menschen Bürger:innen, denen Rechte vorenthalten werden, auf die sie ein Recht haben.

Was die Tora mit dem „Recht der Armen" (Milton Schwantes) meint, lässt sich paradigmatisch an der Zielvorstellung der Sozialgesetze des Dtn aufzeigen: „Es darf keine Armut unter euch geben" (Dtn 15,4). Dieselbe normative Leitidee formuliert auch die Allgemeine Erklärung der Menschenrechte (AEMR) mit dem „Menschenrecht auf einen angemessenen Lebensstandard" in Art. 25, einem Recht also, das Armut ausschließt. Das biblische Wirtschafts-, Sozial- und Arbeitsrecht greift Themen auf, die auch die neuzeitlichen sozialen Menschenrechte zum Inhalt haben. So ist das Sabbatgebot ein uraltes Recht auf einen freien Arbeitstag, das wie auch Art. 24 AEMR ein Recht auf Begrenzung der Arbeitszeit und auf Feiertage kennt. Das Recht auf die tägliche Ausbezahlung des Lohnes an die Tagelöhner (Dtn 24,14f.) oder das Recht auf humane Behandlung (Dtn 24,14) findet seine Entsprechung in Art. 23 AEMR im Recht auf humane Arbeit. Das Recht auf soziale Sicherheit, das Recht auf einen angemessenen Lebensstandard und das Recht auf ausreichende Ernährung in Art. 22 und Art. 25 AEMR drücken einen Anspruch aus, den auch die biblischen Regeln kennen, wenn sie den Zehnten den Witwen, Waisen, Leviten und Fremden (Dtn 14,29ff.; auch Dtn 26,12ff.) zugutekommen lassen.

---

38 Khan: Wahrheit. Armut 2002, 27.

Die folgende Auflistung führt gemeinsame Anliegen und Motive auf, die sich in der Allgemeinen Erklärung der Menschenrechte und dem Arbeits-, Wirtschafts- und Sozialrecht der Tora niedergeschlagen haben.[39]

Rechte	Allgemeine Erklärung der Menschenrechte (AEMR)	Sozial-, Wirtschafts- und Arbeitsrecht der Tora
Verbot der Sklaverei	Art. 4	zeitliche Befristung der Sklaverei: Dtn 15,12–18; Dtn 5,14; 15,12–18;16,11.14; 23,16f; Sklavenhandel: Dtn 21,14; 24,7
Anerkennung als Rechtsperson	Art. 6	Dtn 1,16f.; 16,18f.; 15,16; Jer 22,15f.
Recht auf Rechtsschutz	Art. 8	Dtn 10,18; 17,8–13; 19,16–21; 24 17; 26,12
Recht auf Arbeit	Art. 23	Dtn 20,12
Recht auf soziale Sicherheit	Art. 22 / 25	Dtn 14,22-29; 15,1–6; 23,25
Recht auf gerechte Arbeit	Art. 5 /23	Dtn 24,14; Lev 25,43ff.; 23, 17
Recht auf gerechten Lohn	Art. 23	Dtn 24,5
Recht auf Begrenzung der Arbeitszeit	Art. 24	Dtn 5,12; Ex 23,12; 20,8
Recht auf Nahrung	Art. 25	Dtn 14,28f; 10,18; 24,19
Schutz der Frauen / Witwen	Art. 16 / 25	Dtn 14,29; Dtn 15,12–18
Recht auf eine Sozialordnung	Art. 28	Dtn 4,4–8

Menschenrechte stellen genauso wie die Rechtsregeln der Tora eine Antwort auf die Universalität von vermeidbarem, weil menschengemachtem Leid und Ungerechtigkeit dar. Dass die biblischen Sozialgesetze und die neuzeitlichen sozialen Menschenrechte substanziell gleichen Inhalt haben, ist kein erstaunlicher Befund, speisen sie sich doch aus einer gemeinsamen Quelle, nämlich der Erfahrung der erniedrigten und beschädigten Würde des Menschen. Sie stellen jeweils für ihre Zeit den Versuch dar, ungerechte soziale, politische und wirtschaftliche Verhältnisse umzugestalten, damit die Armen durch Recht zu ihrem Recht kommen. Zentral

---

39 Ausführlicher in: Segbers: Ökonomie 2015, 142.

ist der Perspektivwechsel von Bittstellern zu Rechteinhabern. Arme Menschen fordern demnach keine Wohltaten ein, sondern ihre Rechte. Jürgen Habermas erkennt zu Recht in den Menschenrechten „unmittelbar ein Erbe der jüdischen Gerechtigkeits- und christlichen Liebesethik"[40]. Zu diesem biblischen Erbe gehört aber vor allem, dass Armut als eine Rechtsverletzung zu verstehen ist.

4. Armutsbekämpfung durch das Recht

Allen Menschen ohne Unterschied gleiche Rechte zukommen zu lassen und für die ökonomisch Schwachen eine besondere Verantwortung zu übernehmen, ist ein universalistischer Gedanke der Gleichheit aller, der kulturell keineswegs selbstverständlich ist, sondern ein spezifisch jüdisch-christliches Erbe darstellt. Dieser zentrale Gedanke hat nach dem Kieler Philosophen Hauke Brunkhorst seine Wurzeln keineswegs im antiken Athen oder Rom: „Europa begann nicht bei Salamis, sondern in Jerusalem."[41] Eine universelle Ethik, die sich jedem, auch dem Feind zuwendet, kennt die klassische Idee der attischen Demokratie nicht. Sie wurzelt nach Brunkhorst im biblischen Gedanken der Gottebenbildlichkeit. Ähnlich spricht auch Jürgen Habermas der christlich-jüdischen Tradition eine besondere Prägung zu: „Das Christentum ist für das normative Selbstverständnis der Moderne nicht nur eine Vorläufergestalt oder ein Katalysator gewesen. Der egalitäre Universalismus, aus dem die Ideen von Freiheit und solidarischem Zusammenleben, von autonomer Lebensführung und Emanzipation, von individueller Gewissensmoral, Menschenrechten und Demokratie entsprungen sind, ist unmittelbar ein Erbe der jüdischen Gerechtigkeits- und christlichen Liebesethik. In der Substanz unverändert, ist dieses Erbe immer wieder kritisch angeeignet und neu interpretiert worden."[42] Es ist jener biblisch tief verankerte Universalismus der gleichen Würde aller, der immer wieder aufleuchtete: von der mittelalterlichen Armutsbewegung über die Bauernkriege, die Aufklärung bis zu die frühen Menschenrechtsdeklarationen und den sozialen

---

40 Habermas: Übergänge 2001, 174f.
41 Brunkhorst: Solidarität 2002, 89.
42 Habermas: Übergänge 2001, 174f.

Menschenrechten. So auch in den ersten Sozialgesetzen in Preußen, die unter Reichskanzler Bismarck religiös begründet wurden. Bismarck nannte sie „praktisches Christentum in gesetzlicher Betätigung"[43]. Ein Reichstagsabgeordneter nahm gar die Tora in den Debatten über die Einführung von Sozialgesetzen mit den Worten zum Vorbild: „Wenn das die mosaische Gesetzgebung getan hat, wie viel größer und tiefer muss die Erkenntnis der Pflicht des christlichen Volkes sein, Fürsorge zu treffen durch die Gesetzgebung für diejenigen, die der Fürsorge bedürfen."[44] Auf diesem Hintergrund deutet der Soziologe Franz-Xaver Kaufmann eine durch eine universelle jüdisch-christliche Ethik tiefengrammatische angelegte kulturelle Prägung, die sogar außerhalb der Kirchen „als Ferment oder Katalysator"[45] in der wohlfahrtsstaatlichen Entwicklung zur Armutsbekämpfung wirksam werden konnte.[46] Vieles spricht dafür, dass es dem Christentum gelang, ein spezifisches gesellschaftsprägendes Potenzial in der Ausbildung von Sozialstaaten und sozialen Grundrechten zu entfalten.

Die Rolle der Religionen wurde in der Sozialstaatsforschung lange ausgeblendet. Erst neuere Forschungen haben diese blinde Stelle freigelegt.[47] So konnten die Soziologen Stephan Leibfried und Elmar Rieger in ihren kulturvergleichenden Studien aufzeigen, dass die westliche Sozialpolitik in letzter Instanz zu einem großen Teil ihrem jüdisch-christlichen Hintergrund geschuldet ist.[48] Dieser bietet zwar keine sozialen und wirtschaftlichen Lösungen; doch ohne ihn gibt es weder ein Motiv zur Lösung des Armutsproblems noch einen Maßstab, dieses zu lösen. Dabei soll keine Zwangsläufigkeit behauptet werden, denn immer gab es ein Ensemble von Faktoren. Es ist aber diese empirisch nachweisbare Sonderstellung des Sozialstaates, die einer Erklärung bedarf, denn weder im konfuzianisch-taoistischen Kulturbereich noch im buddhistischen, noch im Islam kam es zur Herausbildung von Sozialstaaten zur Bekämpfung von Armut und Ausgrenzung.

Dass dem Christentum als Ganzem eine rechtebasierte wohlfahrtsstaatliche Entwicklung zuzusprechen sei, ist jedoch zu unspezifisch. Es

---

43 Zit. in: Erli: Nachtwächterstaat 2008, 258.
44 Zit. in: Erli: Nachtwächterstaat 2008, 264.
45 Kaufmann: Sozialstaat als Kultur 2015, 174.
46 Vgl. auch: Segbers: Soziale Gerechtigkeit, 79–87.
47 Kahl: Roots 2005.
48 Rieger/ Leibfried: Kultur versus Globalisierung 2004, 206.

gab vielmehr in den von der lutherischen Ethik bestimmten Staaten spezifische Bedingungen, die zur Herausbildung von universellen Rechten für jedermann beigetragen haben. Da Martin Luther die Sorge für die Armen auf den Staat übertragen hatte, wurde dieser nicht nur zum Träger einer Verantwortung für die Armen. Armutsbekämpfung wurde zudem aus der Sphäre der individuellen Wohltätigkeit herausgenommen und zu einer öffentlichen und somit rechtlichen Angelegenheit, wie die diversen Kastenordnungen zeigen. Die Zuweisung sozialer Verantwortung an die Obrigkeit hat wie in den lutherisch geprägten Staaten Skandinaviens zur Etablierung der ersten Sozialstaaten mit universellen sozialen Rechten geführt.[49] Der Sozialstaatsforscher Franz-Xaver Kaufmann spricht von einem „Saatbeet ... in den vom Luthertum geprägten Staaten"[50], in dem das ethische Potenzial des Christentums zur Entstehung des Sozialstaates wirksam werden konnte. Denn konfessionell andere Sozialkulturen, wie z. B. die USA mit ihrer reformiert-calvinistischen Prägung oder die römisch-katholisch geprägten Länder, haben diesen Weg zu einer staatlichen Verantwortung nicht oder erst sehr spät beschritten. So lassen sich, wie Sigrun Kahl in ihrer Studie herausgearbeitet hat, „viele der nationalen Kontinuitäten in der Einstellung gegen Armut auf religiöse Wurzeln zurückführen"[51].

In der Staatsförmigkeit der Sozialverantwortung wirkt der Ansatz des biblischen Rechts tiefengrammatisch fort. Nur das Recht ist stark genug, den Armen einen wirksamen Schutz gegen die strukturelle Gewalt der Armut bieten zu können. Auch wenn die Menschenrechte in vielen Fällen politisch unzureichend geschützt und rechtlich zu wenig durchsetzbar sind, sind sie in der Lage, als ethische Orientierung für die weitere humane und gerechte Entwicklung der Weltgesellschaft wirksam werden zu können. Die Verantwortung für eine Ordnung, die dem Willen Gottes entspricht und auf „Gerechtigkeit, Barmherzigkeit und Vertrauen" (Mt 23,20) beruht, wird dann aber zu einer moralischen Pflicht.

---

49 Vgl. dazu: Segbers: Europa 2010, 24–29.
50 Kaufmann: Christentum und Sozialstaat 2015, 65.
51 Kahl, Roots: 2005, 123 (eigene Übers., F. S.).

Literatur

Becker, Irene / Held, Benjamin: Regelbedarfsmessung – eine Alternative zum gesetzlichen Verfahren. Berechnungen auf Basis der EVS 2018 unter Berücksichtigung von normativen Vorgaben der Diakonie Deutschland. Projektbericht im Auftrag der Diakonie Deutschland, Riedstadt / Heidelberg, 2020.

Berges, Ulrich / Hoppe, Rudolf: Arm und reich. Die neue Echter Bibel, Themen Bd. 10, Würzburg 2009, 11–14.

Brunkhorst, Hauke: Solidarität. Von der Bürgerfreundschaft zur globalen Rechtsgenossenschaft, Frankfurt a. M. 2002.

Castel, Robert: Die Metamorphosen der sozialen Frage. Eine Chronik der Lohnarbeit, Konstanz 2000.

Crüsemann, Frank: Die Tora. Theologie und Sozialgeschichte des alttestamentlichen Gesetzes, München 1992.

- „... damit er dich segne in allem Tun deiner Hand..."(Dtn 14,29). Die Produktionsverhältnisse der späten Königszeit, dargestellt am Ostrakon von Mesa Hashavjahu, in: Luise Schottroff / Willi Schottroff (Hrsg.), Mitarbeiter der Schöpfung. Bibel und Arbeitswelt, München 1983, 71–104.

Deutscher Paritätischer Wohlfahrtsverband (DPWV): Zwischen Pandemie und Inflation. Paritätischer Armutsbericht, Berlin aktual. 2. Aufl. 2023.

Dörre, Klaus / Scherschel, Karin / Booth, Melanie (Hrsg.): Bewährungsproben für die Unterschicht? Soziale Folgen aktivierender Arbeitsmarktpolitik, Frankfurt a. M. 2013.

Emmenegger, Patrick / Marx, Paul: The Politics of Inequality as Organised Spectacle: Why the Swiss Do Not Want to Tax the Rich, in: New Political Economy, 2019, Vol. 24, No. 1.

Erli, Peter: „Nachtwächterstaat" oder „Praktisches Christentum". Religiöse Kommunikation innerhalb der parlamentarischen Diskussion im Deutschen Reichstag um die Einführung der Sozialversicherung 1881–1889, Gütersloh 2008.

Finley, Moses I.: Die antike Wirtschaft, 3. Aufl. München 1993.

Fratzscher, Marcel: Superreiche könnten den Staat retten, in: DIE ZEIT vom 16. Juni 2023, zit. nach: https://www.zeit.de/wirtschaft/2023-06/vermoegen-milliardaere-steuern-ungleichheit-deutschland?utm_referrer=https%3A%2F%2Fwww.google.com%2F. (Zugriff am 28.7.2023).

Galtung, Johan: Strukturelle Gewalt. Beiträge zur Friedens- und Konfliktforschung, Reinbek bei Hamburg 1975.

Graeber, David: Schulden. Die ersten 5000 Jahre, München 2011.

Habermas, Jürgen: Zeit der Übergänge. Kleine politische Schriften, Bd. 9, Frankfurt 2001.

Huber, Wolfgang: Vorwort, in: Gerechte Teilhabe. Befähigung zur Eigenverantwortung und Solidarität, Hannover 2006.

Judt, Tony, Dem Land geht es schlecht. Ein Traktat über unsere Unzufriedenheit, München 2011.

Kahl, Sigrun: The Religious Roots of Modern Poverty Policy: Catholic, Lutheran, and Reformed Protestant Traditions Compared, in: European Journal of Sociology, Vol. 46, Issue 01, April 2005, pp 91–126.

Kaufmann, Franz-Xaver: Christentum und Sozialstaat, in: Gerhard Wegner (Hrsg.): Legitimität des Sozialstaates. Religion – Gender – Neoliberalismus, Leipzig 2015, 63–74.

- Sozialstaat als Kultur. Soziologische Analysen II, Wiesbaden 2015.

Kessler, Rainer: Staat und Gesellschaft im vorexilischen Juda. Vom 8. Jahrhundert bis zum Exil, Leiden 1992.

Khan, Irene: Die unerhörte Wahrheit. Armut und die Menschenrechte, Frankfurt a. M. 2002.

Kippenberg, Hans G.: Die Typik antiker Entwicklung, in: Hans G. Kippenberg (Hrsg.): Die Entstehung der antiken Klassengesellschaft, Frankfurt a. M. 1977, 9–62.

Manow, Philipp: Religion und Sozialstaat. Die konfessionellen Grundlagen europäischer Wohlfahrtsstaatsregime, Frankfurt a. M. 2008.

Menke, Christoph: Kritik der Rechte, Berlin 2015.

Oxfam: UmSteuern für soziale Gerechtigkeit! 2023, in: https://www.oxfam.de/system/files/documents/oxfam_factsheet_davos-2023_umsteuern.pdf (Zugriff am 11.08.2023).

Rat der EKD: Gerechte Teilhabe. Befähigung zur Eigenverantwortung und Solidarität, Hannover 2006.

Rieger, Elmar / Leibfried, Stephan: Kultur versus Globalisierung. Sozialpolitische Theologie im Konfuzianismus und Christentum, Frankfurt m. M. 2004.

Schneider, Ulrich: Armut kann man nicht skandalisieren, Armut ist der Skandal, in: ders. (Hrsg.), Kampf um die Armut. Von echten Nöten und neoliberalen Mythen, Frankfurt a. M. 2015, 12–50.

Schröder, Carsten / Bartels, Charlotte / Göbler, Konstantin / Grabka, Markus M./ König, Johannes: MillionärInnen unter dem Mikroskop. Datenlücke bei sehr hohen Vermögen geschlossen – Konzentration höher als bisher ausgewiesen, in: DIW Wochenbericht 29 / 2020, 511–521.

Schwantes, Milton, Das Recht der Armen, Frankfurt a. M. 1977.

Segbers, Franz, Die Hausordnung der Tora. Biblische Impulse für eine theologische Wirtschaftsethik, Luzern 1999.

- Soziale Gerechtigkeit und die Sakralität des Menschen. Vom biblischen Impuls der Menschenrechte, in: Michael Brie / Klaus Fuchs-Kittowski (Hrsg.), Ringen um Gerechtigkeit im weltanschaulichen Dialog. Im Andenken an den Antifaschisten Emil Fuchs, RLS Papers, Berlin 2016, 79–87.
- Das Menschenbild von Hartz IV: Die Pädagogisierung von Armut, die Zentralität von Erwerbsarbeit und autoritärer Sozialstaat, in: Roland Anhorn / Marcus Balzereit (Hrsg.): Handbuch Therapeutisierung und Soziale Arbeit, Wiesbaden, 2016, 696–698.
- Europa braucht die Stärkung des Sozialstaatsgedankens in lutherischer Tradition, in: Jahrbuch Gerechtigkeit, Bd. IV, Oberursel 2010, 24–29.

- Ökonomie, die dem Leben dient. Die Menschenrechte als Grundlage einer christlichen Wirtschaftsethik, Kevelaer / Neukirchen-Vluyn 2015.

Simmel, Georg, Der Arme, [1908], in: ders., Untersuchungen über die Formen der Vergesellschaftung, Frankfurt a. M. 1992, 512–555.

Eigentum und Menschenwürde

Axel Niemeyer

Dieser Beitrag eines Juristen will nachweisen, dass menschliche Gewalterfahrungen auch damit zu tun haben, welche Eigentumsordnung herrscht, dass ein bestimmtes Gottesbild diese Ordnung hervorbringt und erhält, und dass wir dem ein anderes, biblisches Gottesbild entgegensetzen können, welches dieses Gewaltverhältnis zum Wohle aller Menschen verändert.

Zwei Artikel unsres Grundgesetzes bestimmen das Verhältnis zwischen dem Staat und seinen Bürgern sowie seiner Bürger untereinander wie kein anderer. Sie sind sehr unterschiedlich in ihrer Struktur und stehen zueinander in einer Spannung, die eine eingehende Betrachtung lohnt. Es handelt sich um den Artikel 1 Absatz 1, den Schutz der Menschenwürde, und den Artikel 14, den Schutz des Eigentums und des Erbrechts. Schaut man in den führenden Großkommentar des Grundgesetzes[1], so fällt auf, dass der Schutz des Eigentums dort auf 428 Seiten abgehandelt wird, während für den Schutz der Menschenwürde 74 Seiten reichen. Das ist bemerkenswert, wenn man bedenkt, dass der erste Artikel des Grundgesetzes gemäß Artikel 79 Abs. 3 Grundgesetz - anders als Artikel 14 - nicht einmal mit einer Zweidrittelmehrheit der Mitglieder des Bundestags geändert werden kann. Der Schutz des privaten Eigentums auch über den Tod des Eigentümers hinaus hat aber eine weitaus höhere praktische Relevanz und bestimmt unser tägliches Leben in einer Weise, dass wir hiermit anfangen müssen, um später umso deutlicher erkennen zu können, welche Auswirkungen die herrschende Eigentumsordnung auf unser aller Persönlichkeit und deren Wesenskern, nämlich die Menschenwürde hat.

---

1 Dürig, Günter / Herzog, Roman / Scholz, Rupert: Grundgesetz-Kommentar.

1. Artikel 14 Grundgesetz

Beginnen wir also mit Artikel 14 Grundgesetz:

> „Das Eigentum und das Erbrecht werden gewährleistet. Inhalt und Schranken werden durch die Gesetze bestimmt.
> Eigentum verpflichtet. Sein Gebrauch soll zugleich dem Wohle der Allgemeinheit dienen.
> Eine Enteignung ist nur zum Wohle der Allgemeinheit zulässig. Sie darf nur durch Gesetz oder auf Grund eines Gesetzes erfolgen, das Art und Ausmaß der Entschädigung regelt. Die Entschädigung ist unter gerechter Abwägung der Interessen der Allgemeinheit und der Beteiligten zu bestimmen."

Was ist eigentlich „Eigentum"? Das Grundgesetz definiert das nicht. Artikel 14 Abs. 1 Satz 2 sagt lapidar: *„Inhalt und Schranken werden durch die Gesetze bestimmt."* Hier gilt immer noch, was sich der Gesetzgeber des Deutschen Kaiserreichs im Jahr 1899 unter Eigentum vorgestellt hat und was bis heute in § 903 Satz 1 BGB steht:

> „Der Eigentümer einer Sache kann, soweit nicht das Gesetz oder Rechte Dritter entgegenstehen, mit der Sache nach Belieben verfahren und andere von jeder Einwirkung ausschließen."

Diese Vorschrift hat das deutsche Kaiserreich, die ihr folgende Weimarer Republik, das Terrorregime der Nazis, die Gründung der Bundesrepublik und den Beitritt der DDR mit Staatseigentum an fast allen Produktionsmitteln unverändert überstanden.

1.1 Die rechtswissenschaftliche Kommentierung

Hans-Jürgen Papier, ehemaliger Präsident des Bundesverfassungsgerichts und Professor an der Universität München, und sein Kollege *Fahroud Shirvani*, Professor an der Universität Bonn, haben im April 2018 eine umfassende Kommentierung des Artikels 14 des Grundgesetzes im „Dürig / Herzog / Scholz" vorgelegt. Das ist der führende Kommentar zum Grundgesetz, der nach seinem Begründer Günter Dürig benannt ist, vom ehemaligen Bundespräsidenten Roman Herzog und vom ehemaligen Bundesminister Rupert Scholz fortgeführt wird und sieben dicke Bände umfasst. Was hier steht, bezeichnen Juristen gemeinhin als „herrschende Meinung", es ist Richtschnur ihres beruflichen Handelns.

Papier und Shirvani schreiben geradezu eine Liebeserklärung an das Eigentum.[2] Und die liest sich zusammengefasst so:

Das Eigentum verleihe dem Individuum die notwendige Unabhängigkeit und Freiheit, um das Leben autonom zu gestalten, und sei Mittel und Ausdruck der individuellen Selbstverwirklichung. Die Freiheit des Individuums bliebe ohne das Eigentum eine leere Hülse, weil dem Menschen dann die materiellen Voraussetzungen selbstständiger und eigenverantwortlicher Daseinsgestaltung fehlten. Daher gelte die Leitformel: Ohne Eigentum keine Freiheit. Das Eigentum sei die materialisierte Freiheit. Es sei auch das Resultat der Freiheitsausübung. Derjenige, der sich im Erwerbsleben angestrengt habe und erfolgreich gewesen sei, könne vermögenswerte Güter sein Eigen nennen. Der Einzelne werde durch das Eigentumsrecht in seiner Position gegenüber dem Staat gestärkt und könne diesem selbstbewusst und auch unbequem gegenübertreten, nicht zuletzt, weil er von staatlicher Fürsorge und hoheitlicher Bevormundung weniger abhängig sei. Die konkrete Eigentumsordnung habe also eine Indikatorfunktion für die Freiheitlichkeit des Gemeinwesens.[3]

Das Eigentum habe aber auch eine soziale Bedeutung. Seine soziale Funktion bestehe für die beiden darin, dass es letztlich eine Leistung für alle erbringe. Es sichere zum einen die ökonomischen Grundlagen des Sozialstaats, zum anderen sei es auch Grundlage für karitative und gemeinnützige Zuwendungen durch Private und stärkt damit die innergesellschaftliche Solidarität.[4]

Das Recht des Eigentumserwerbs und die Verteilung der Eigentumsgegenstände, insbesondere der Produktionsmittel, auf eine Vielzahl von Personen verhinderten Machtakkumulationen in der Hand des Staates oder wirtschaftlicher Monopole. Das Eigentum wirke also auch dezentralisierend. Es verhindere, dass politische Herrschaft und unbeschränkte ökonomische Macht in der Hand des Staates zusammenfielen. Es sichere dem Einzelnen einen Anteil an der Wirtschafts- und Sozialgestaltung.[5]

---

2 Papier, Hans-Jürgen / Shirvani Navid: in: Maunz, T. / Dürig, G. / Herzog, R.: a. a. O., Artikel 14 GG, 83. EL, April 2018.
3 Ebd., Randnr. 2.
4 Ebd., Randnr. 8.
5 Ebd., Randnr. 9.

Das Privateigentum gehöre neben der Privatautonomie und der Berufsfreiheit zu den Eckpfeilern der Marktwirtschaft. Die Eigentümer träfen ihre Entscheidungen dezentral, während der Markt die erforderliche Koordination übernehme. Auf dem Markt bildeten sich der Preis und damit der Wert des Eigentums. Das Eigentum habe dabei Antriebs- bzw. Anspornfunktion, weil es die Bereitschaft des Einzelnen erhöhe, durch individuelle Anstrengung vermögenswerte Güter zu erhalten und möglichst zu mehren. Dieser Mechanismus führe zu einer sich verbessernden Marktversorgung und diene den Interessen der Verbraucher. Der Eigentümer trage die Risiken seiner Entscheidungen und müsse für etwaige Fehlentscheidungen die Verantwortung übernehmen und haften.[6]

Soweit der Kommentar.

Richtig daran ist, dass individuelle Freiheit privates Eigentum zwingend voraussetzt, sofern man unter Freiheit nur die Unabhängigkeit von staatlicher Bevormundung versteht. Richtig ist auch, dass die Marktwirtschaft als Organisationsprinzip für die Produktion und Verteilung der notwendigen und angenehmen Güter und Dienste nur funktioniert, wenn die konkurrierenden Anbieter und Nachfrager über privates Eigentum verfügen können. Bemerkenswert an der Kommentierung ist aber, dass das Eigentum hier zu einer transzendenten Kraft überhöht wird, die – im Gegensatz zum Staat und als Schutzmacht vor dem Staat – das Gemeinwesen und seine Mitglieder schützt und trägt, segnet und erhält.

In dieser Kommentierung feiert sich der Liberalismus des besitzenden Bürgertums. Es fängt an mit den drei Floskeln Eigentum verleiht Freiheit – ohne Eigentum keine Freiheit – Eigentum ist das Resultat der Freiheitsausübung. Wenn man schon darauf hinweist, dass es keine Freiheit ohne Eigentum gibt, müsste man eigentlich auch die Konsequenz ziehen, dass es dann erstens vornehmste Pflicht aller staatlichen Akteure sein muss, jedem Menschen ein Mindestmaß an Eigentum zu verschaffen und zu erhalten, welches *conditio sine qua non* (unbedingte Voraussetzung) für ein freies, einigermaßen selbstbestimmtes Leben ist.

Zweitens muss man dann auch das Räuberische des privaten Eigentums zur Kenntnis nehmen, wenn es zu Kapital in einem ungezügelten Kapitalismus wird und der überwiegende Teil der Bevölkerung das zu spüren bekommt, der lediglich dasjenige sein Eigen nennt, womit man

---

6 Ebd., Randnr. 11.

Eigentum und Menschenwürde

sich kleidet, was sich in der Wohnung befindet und womit man sich fortbewegt. Mit Glück hat man auch noch ein kleines Guthaben auf der Bank oder den Wohnraum selbst zu Eigen. Denn wenn der Staat sich nicht darum kümmert, dass die Besitzlosen ein dauerhaftes ausreichendes Einkommen aus Erwerb und eine auskömmliche Rente haben, sobald sie nicht mehr arbeiten können, sind sie auf Gedeih und Verderb darauf angewiesen, dass sie sich bei privaten Eigentümern der Produktionsstätten gegen Entlohnung zu Marktpreisen verdingen und Anwartschaften bei privaten Banken und Versicherungen sammeln können, die sie dann im Alter hoffentlich verzehren können. Oder sie sind zurückgeworfen auf die innerfamiliäre Solidarität.

1.2 Zwei journalistische Bewertungen

Um die gegenwärtigen sozialen Auswirkungen des privaten Eigentums, insbesondere auf die in prekären Verhältnissen lebenden Menschen einzubeziehen, wenden wir uns von der rechtswissenschaftlichen zur journalistischen Kommentierung zweier prominenter Journalisten der Süddeutschen Zeitung, *Marc Beise* und *Heribert Prantl*, beide gelernte Juristen und beide Meinungsmacher des öffentlichen Diskurses. Sie wenden das Eigentumsrecht auf zwei der großen gesellschaftlichen Probleme der Gegenwart an; Beise auf die Wohnungsnot und Prantl auf die Mindestsicherung. Dabei erfahren wir weiteres Interessantes aus der Entstehungsgeschichte des Artikels 14 Grundgesetz.

In der Festbeilage der Süddeutschen Zeitung zum 70. Geburtstag des Grundgesetzes hat sich deren damaliger Leiter der Wirtschaftsredaktion und Jurist *Marc Beise* mit den Artikeln 14 und dem ihm und aus ihm folgenden Artikel 15 auseinandergesetzt.[7] Er macht sich zusammengefasst folgende Gedanken dazu:

Es sei in einer Demokratie nicht hinnehmbar, wenn Haushalte mit normalen Einkommen in Großstädten keine Bleibe mehr fänden. Die Marktmacht der Eigentümer und Vermieter habe sich zulasten der Mieter deutlich verschoben. Dafür gebe es viele Gründe, übrigens vor allem: staatliches Versagen.

---

7 Beise, Marc: Yin und Yang.

Beise fragt deshalb sich oder seine Leser: „Kann das Grundgesetz helfen?" Wir erfahren weiter:

Laut Artikel 15 könnten Grund und Boden, Naturschätze und Produktionsmittel in Gemeineigentum oder in andere Formen der Gemeinwirtschaft überführt werden. Für die Entschädigung gelte das dazu in Artikel 14 Gesagte entsprechend. Noch nie sei Artikel 15 bisher angewandt worden, eine ausgefeilte Rechtsprechung des Bundesverfassungsgerichts dazu fehle daher.

Lange siebzig Jahre habe der Artikel 15 warten müssen, bis er im April 2019 plötzlich populär geworden sei. Die Demonstranten in Berlin und anderen deutschen Großstädten seien nämlich für mehr und preiswerteren Wohnraum unter diesem Banner auf die Straße gegangen. Es gehe explizit um Grund und Boden, mit dem spekuliert werde, um Mietwucher und um Konzerne wie jener, der 167.000 Wohnungen besitze, an der Börse notiert sei und mehrere starke amerikanische Investoren habe. Der US-amerikanische Kapitalismus sei im konkreten Geschäftsgebaren strikter, härter und unbedingter als in Deutschland üblich.

Am Ende von Artikel 15 werde auf Artikel 14 verwiesen, und das nicht von ungefähr. Denn die beiden Normen seien Gegensätze, die sich anzögen. Und genau so sei das auch gemeint gewesen, damals 1948/49, als erst Verfassungsexperten auf Herrenchiemsee und dann der Parlamentarische Rat in Bonn eine Verfassung geschrieben hätten. Artikel 14 und 15, das sei der in Normen gefasste ideologische Streit zwischen Kapitalismus und Kommunismus: Im Artikel 14 die Eigentumsgarantie und Erbrecht, auch die an Grund und Boden und an den Produktionsmitteln. Im Artikel 15 das glatte Gegenteil, der Weg, wenn der Gesetzgeber es denn wolle, zu einer Überführung der Produktionsmittel ins Gemeineigentum.

Dies sei eines der Geheimnisse der deutschen Verfassung: dass die provisorisch gedachte Verfassung namens Grundgesetz – anders als die Weimarer Verfassung 1919 – keine Wirtschaftsordnung habe explizit vorgeben wollen. Mit SPD und KPD auf der einen Seite und CDU und FDP auf der anderen hätten sich zwei in dieser Frage grundlegend unterschiedliche Lager gegenübergestanden, die ihren Rückhalt in der Bevölkerung erst noch hätten erfahren müssen: Der erste Bundestag sei erst am 14. August 1949 gewählt worden. Daher hätten die Verfassungsgeber um einen Kompromiss gerungen und schließlich beide Extrempositionen mit Einschränkungen ummantelt.

Eigentum und Menschenwürde

Eigentum und Erbrecht würden gewährleistet, heiße es zunächst in Artikel 14, aber dann komme Absatz 2: „Eigentum verpflichtet. Sein Gebrauch soll zugleich dem Wohle der Allgemeinheit dienen." Diese Gemeinbindung ist Beise zufolge eine erklärte Absage an den klassischen, den unbegrenzten, den Alles-ist-erlaubt-Kapitalismus angelsächsischer Prägung. Der Staat sei verpflichtet, für eine gerechte soziale Ordnung zu sorgen; diesen Geist atme das Grundgesetz auch anderswo. Und daraus sei die real existierende soziale Marktwirtschaft geworden. In den Beratungen habe es sogar eine Weile Spitz auf Knopf gestanden, ob nicht sogar nur das der persönlichen Lebenshaltung oder der eigenen Arbeit dienende Eigentum geschützt werden sollte, diese Fassung sei denkbar knapp (mit Stimmengleichheit!) abgelehnt worden.

Artikel 15 habe die Unterlegenen befrieden sollen. Aber auch diese Sozialisierung sei nur gegen Entschädigung zulässig. Man dürfe also den Kapitalisten ihre Maschinen nehmen, aber sie behielten ihr Kapital - so stark wirke die Eigentumsgarantie dann doch. Das sei, rein finanziell betrachtet, das Problem an den Forderungen der Demonstranten. Würden die Wohnungsgesellschaften in Berlin enteignet, wären schätzungsweise zwischen zehn und 30 Milliarden Euro fällig.

Vor diesem Hintergrund werde wohl die theoretisch überaus spannende Frage offen bleiben, ob das Bundesverfassungsgericht eines Tages die Arbeit der Verfassungsgebenden Versammlung vollenden und entscheiden müsse, ob sich aus der Fülle der Gesetze in Deutschland eben doch ein klares wirtschaftspolitisches Leitbild ergebe, das Enteignungen und Vergesellschaftung besonders enge Grenzen setze. Sicher ist für Beise dagegen, dass sich seit der Wahl des CDU-Mannes Konrad Adenauer zum ersten Bundeskanzler am 15. September 1949 die politische Mehrheit immer für die freie Marktwirtschaft und gegen jedwede Form eines Sozialismus im Sinne des Artikel 15 entschieden habe, und es auch nicht so aussehe, als würde sich das auf absehbare Zeit ändern.

Eine Antwort auf seine eingangs selbst gestellte Frage (kann das Grundgesetz bei der Behebung der Wohnungsnot helfen?) bleibt uns Beise schuldig. Immerhin lernen wir, dass die Auseinandersetzung um die 2019 in der SPD und bei den Linken aufgeworfenen Enteignungsthesen eine wichtige für die Gesellschaft, aber angesichts des geltenden Rechts eine Schattendebatte war. Denn mit der Vergesellschaftung des privaten

Wohnungsbestands bliebe die Zahl der Wohnungen gleich, drohte der Staat aber in den Bankrott zu geraten.

Schärfer und kritischer ist die journalistische Sicht des anderen Juristen auf den verfassungsrechtlichen Schutz des Eigentums: Heribert Prantl, Kolumnist der Süddeutschen Zeitung, hat 2020 seine kleine Streitschrift „Eigentum verpflichtet"[8] herausgebracht. Er legt das Augenmerk auf die demokratieschädigende Eigentums- und Einkommensungleichheit in Deutschland und setzt sich mit dem historischen und aktuellen Kontext komprimiert so auseinander:

Jede der 940 Tafeln[9] in Deutschland zeige, dass der Satz „Eigentum verpflichtet" nicht den Rang habe, der ihm im Staat des Grundgesetzes eigentlich gebühre. Dieser kleine große Satz im Artikel 14 Absatz 2 sei ein Kernsatz des Grundgesetzes. Er sei die kürzeste Kurzfassung der Einsicht, dass Demokratie nur in und mit einem Sozialstaat zu machen sei. Man könne nicht sagen, dass die deutsche Politik die zwei Wörter aus Artikel 14, mit denen das gemeint sei, in den vergangenen siebzig Jahren als Kernsatz behandelt habe. Eigentum verpflichte. Wozu? Reiche es, Lebensmittel, die sonst im Müll landeten, einer Organisation zu übergeben, die sie dann an Bedürftige verteile? Es wäre nach Prantl ein Skandal, wenn es diese Tafeln nicht mehr gäbe. Es sei aber auch ein Skandal, dass es sie geben müsse.

Was solle man von einem Sozialstaat halten, in dem Menschen ihrer Armut wegen Schlange stehen müssten, um billige oder kostenlose Lebensmittel zu bekommen? Was solle man von einem Sozialstaat halten, der sich darauf verlasse, dass es Tafeln gebe, an denen den Bedürftigen eine Art Gnadenbrot serviert werde? Da ständen Obdachlose neben Leuten, die sich gerade noch die Miete leisten könnten; da ständen Rentnerinnen, die von der Rente nicht leben könnten, neben Flüchtlingen, die das Asylbewerberleistungsgesetz sehr knapp hakte. Die Nutzer der Tafeln seien keine Randgruppe, weil Millionen von Menschen keine Randgruppe seien. Die Reform der Mindestsicherung habe der deutschen Gesellschaft die Grundsicherheit genommen, die Sicherheit darüber, dass es in Deutschland eine ausreichende, soziale Basis-Sicherung gebe. An den Tafeln

---

8   Prantl, Heribert: Eigentum verpflichtet.
9   Das sind wohltätige private Einrichtungen, in denen Bedürftige kostenlose oder stark verbilligte, meist von Supermärkten gespendete Lebensmittel erhalten.

könne man studieren, wie sich die Ungleichheit der Gesellschaft verändere. Nicht nur Arbeitslose kämen dahin, sondern auch Leute, die vom Lohn ihrer Arbeit nicht leben könnten. Die Spaltungslinien der Gesellschaft verliefen nicht mehr nur zwischen arbeitenden und arbeitslosen Menschen. Sie verliefen kreuz und quer. Auf diesem Kreuz-und-Quer ständen die Tafeln.
Der Artikel 14 Absatz 2, „Eigentum verpflichtet", verlange Phantasie. Dieser Satz halte Wirtschaft und Staat gleichermaßen an, für eine Sozialverträglichkeit bei der Ausübung des Eigentumsrechts zu sorgen. Dazu komme Artikel 1 Grundgesetz mit seinem unbedingten Postulat, die Würde jedes Menschen zu wahren, sowie Artikel 3 Grundgesetz, der die Gleichbehandlung sowie Gleichstellung aller Menschen nicht nur in rechtlicher Hinsicht fordere. Daraus folge, dass es Ziel des Sozialstaats sei, Menschen ein würdiges Leben zu ermöglichen, soziale Ungleichheit zu beheben und soziale Gerechtigkeit herzustellen. Dies alles seien Maßstäbe, die sich gegenseitig verstärkten und stets mitgedacht werden müssten, wenn es um die Prüfung gehe, ob der Staat seiner Aufgabe als Sozialstaat bei der Gemeinwohlbindung des Eigentums hinreichend nachgekommen sei – oder ob er unter seinen Möglichkeiten und Pflichten geblieben sei.

Marc Beise und Heribert Prantl eint der Glaube an das gute Leben und das gute Zusammenleben in der herrschenden kapitalistischen Marktwirtschaft, wenn und solange sie von einem sozialen Rechtsstaat im Zaum gehalten wird. Der Unterschied zwischen ihren Positionen: Beise verschließt die Augen davor, wer in der Realität von wem gezäumt und geführt wird. Prantl nennt die offensichtlichen Missstände in der gesellschaftlichen Wirklichkeit deutlich beim Namen und sieht in fast schon zärtlicher Zuneigung zur Verfassung deren Ungleichheit und Gewalt reduzierendes Potenzial längst nicht ausgeschöpft.
Die Journalisten Beise und Prantl kommentieren aktuelle Erscheinungsformen der Eigentumsordnung innerhalb des Grundgesetzes und seiner herrschenden Auslegung. Wir kommen nicht umhin, tiefer zu graben und noch jemanden zu Wort kommen zu lassen, der bereits vor gut 150 Jahren die Wurzel freigrub und radikal offenlegte, warum der theoretische Anspruch, die Menschenwürde zu schützen, und die praktische Umsetzung dieser Theorie in der gegebenen Eigentumsordnung so weit voneinander entfernt sind.

1.3 Eine philosophische Bewertung

Damit sind wir beim Philosophen *Karl Marx*. In einer Schrift mit dem knappen Titel „*Zur Judenfrage*"[10] erklärt er uns:
Die bürgerliche Freiheit sei das Recht, alles zu tun und zu treiben, was keinem anderen schade. Die Grenze, in welcher sich jeder unschädlich für andere bewegen könne, sei durch das Gesetz bestimmt, wie die Grenze zwischen zwei Feldern durch den Zaun bestimmt sei. Es handele sich um die Freiheit des Menschen, verstanden als isolierte und auf sich zurückgezogene Monade. Dieses Menschenrecht der Freiheit basiere nicht auf der Verbindung des Menschen mit dem Menschen, sondern vielmehr auf der Absonderung des Menschen von dem Menschen. Es sei das Recht dieser Absonderung, das Recht des beschränken, auf sich beschränkten Individuums.

Die praktische Nutzanwendung des Menschenrechts auf solche Freiheit sei das Menschenrecht des Privateigentums, also das Recht, willkürlich, ohne Beziehung auf andere Menschen, unabhängig von der Gesellschaft, sein Vermögen zu genießen und über dasselbe zu verfügen, das Recht des Eigennutzes. Sie lasse jeden Menschen im anderen Menschen nicht die Verwirklichung, sondern vielmehr die Schranke seiner Freiheit finden.

Dieser Mensch, das Mitglied der bürgerlichen Gesellschaft, ist für Marx die Basis und Voraussetzung des politischen Staats. Der Bürger sei vom Staat als solcher anerkannt in den Menschenrechten. Die Freiheit des egoistischen Menschen und die Anerkennung dieser Freiheit sei aber die Anerkennung der zügellosen Bewegung der geistigen und materiellen Elemente, die seinen Lebensinhalt bilde. Der Mensch sei daher nicht von der Religion befreit worden, er habe nur die Religionsfreiheit erhalten. Er sei nicht vom Eigentum befreit worden, er habe nur die Freiheit des Eigentums erhalten. Und er sei nicht vom Egoismus des Gewerbes befreit worden, er habe nur die Gewerbefreiheit erhalten.

Erst wenn der wirkliche individuelle Mensch den abstrakten Staatsbürger in sich zurücknehme und als individueller Mensch in seinem empirischen Leben, in seiner individuellen Arbeit, in seinen individuellen Verhältnissen ein Gattungswesen geworden sei, erst wenn der Mensch seine eigenen Kräfte als gesellschaftliche Kräfte erkannt und organisiert

---

10 Marx, Karl: Zur Judenfrage, 34.

und daher die gesellschaftliche Kraft nicht mehr in der Gestalt der politischen Kraft von sich trenne, erst dann sei die menschliche Emanzipation vollbracht.

Karl Marx hat damals in seiner äußerst brutalen, egoistischen Welt mit ganz wenigen Gewinnern und ganz vielen entsetzlich leidenden Verlierern darauf gesetzt, dass nach der erhofften Revolution eine kommunistische Gesellschaft entsteht, in der sich die Menschen nicht mehr als Konkurrenten, sondern nur noch als Gefährten begegnen, die ihr Leben und Zusammenleben zu ihrem gemeinsamen Wohl organisieren. Wie das genau organisiert werden sollte, hat er – nach unsrer Kenntnis – nicht näher ausgeführt. Nach zwei Weltkriegen und nach dem grandios gescheiterten kommunistischen Projekt im Weltmaßstab – immerhin ein Fünftel der festen Erdoberfläche hatte sich von der freien Marktwirtschaft mit überwiegend privaten Produzenten und Händlern verabschiedet – hat diese Vision kaum noch Anhänger. Marx kannte noch keinen Staat wie den unseren, der zumindest darum bemüht ist, seine Angehörigen nicht nur als auf sich selbst bezogene Individuen, sondern als gesellschaftsfähige, auf Gesellschaft angewiesene und sich dessen bewusste Subjekte zu behandeln.

Dass die schiere Abschaffung der Religion, des Eigentums und des privaten Gewerbes zu wirklicher Freiheit führe, wird heute keiner mehr ernsthaft behaupten können. Das sozialistische Staatsmodell, das jedem Menschen zuteilt, was er braucht, und die kommunistische Utopie der klassenlosen Gesellschaft, die letztlich zur Auflösung des Staates führt, sind erledigt. Das andere Extrem ist der sich zurücknehmende Staat, wie ihn sich die Marktliberalen vorstellen und auf den sie Europa nach dem Zusammenbruch des Sowjetimperiums hin entwickeln wollten, in dem nur die Reichen und Erfolgreichen in den Genuss der Freiheit und die Armen nicht aus den prekären Verhältnissen kommen. Es hat den Anschein, dass die jüngsten Entwicklungen, die Corona-Pandemie, die Inflation infolge des Ukraine-Kriegs und die beginnenden negativen Auswirkungen des Klimawandels auf das alltägliche Leben auch bei den Wohlhabenderen und den richtig Reichen, die bisher in staatlicher Einmischung und Steuerung der Wirtschaft die Wurzel aller Übel sahen, die Erkenntnis hat reifen lassen, dass ein gut organisierter und intervenierender Staat in der Not im wahrsten Sinne notwendig ist und dass Vermögen allein kein sicheres und angenehmes Leben garantiert. Ohne die staatlichen Milliardenprogramme und die Aussetzung der Schuldenbremse wären die Demokratie und der Markt diesen Krisen nicht gewachsen gewesen.

1.4 Eine theologische Bewertung

Neben Marxens Kritik an der staatlichen Garantie privaten Eigentums gibt es die jüdisch-christliche Tradition einer Kritik, die sich aus den biblischen Quellen speist. Sie bezieht die positiven Kräfte der Religion – zugleich religionskritisch – mit ein. Sie eröffnet uns einen anderen Blickwinkel und lässt uns zugleich verstehen, wo der bürgerlich-liberale Geist, der wie gesehen auch noch die gegenwärtige Rechtswissenschaft durchtränkt, seinen Ursprung hat.

Der niederländische Theologe *Ton Veerkamp* hat herausgearbeitet, welche Eigentumsordnung die Tora vorsieht, die fünf Bücher Moses im Alten Testament, und nennt sie die Dominante der Heiligen Schrift. Er lehrt uns:[11]

Der Erbbesitz sei das, was der Gott Israels, was seine Rechtsordnung den einzelnen Familien zum Nießbrauch überlasse, es sei nicht das Eigentum der Familien, sie könnten und dürften es nicht verkaufen, auch wenn sie es wollten. Sondern der Eigentümer sei, jedenfalls nach der Tora, der gestaltlose, unvorstellbare Gott.

Lev 25,23 sei so zu übersetzen:

> „Das Land kann nicht unwiderruflich verkauft werden.
> Mein [des Namens / JHWH] ist das Land;
> Ihr seid [rechtlich] verglichen mit mir nur Gastarbeiter oder Pächter."

Akkumulationsverbot und die Einzigkeit Gottes seien der Kern der Rechts- und somit der Eigentumsordnung im biblischen Israel; daraus ergebe sich die Einzigartigkeit – und die Anstößigkeit – seiner Gesellschaftsordnung.

Dem großen Philosophen des deutschen Idealismus, *Georg Wilhelm Friedrich Hegel*, sei dies aufgefallen. Sowohl in seinen sogenannten theologischen Jugendschriften Ende des 18. Jahrhunderts als auch in der Niederschrift der *„Vorlesungen über die Philosophie der Religion"*, 1828, habe er

---

11 Veerkamp Ton: Vom Widerspruch – Zur Lektüre, 9.

ausgeführt, dass das Judentum sich mit diesem Akkumulationsverbot und der Herausnahme des Grundbesitzes aus dem Marktmechanismus „außerhalb der Zugehörigkeit zur Völkerfamilie" stelle. Hegel habe, wie er es selbst genannt habe, das „Sklavischste" dieses Volkes im Fehlen von Eigentum gesehen. Grundbesitz sei, so habe er gespottet, im alten Judäa den bäuerlichen Familien nur zum Nießbrauch überlassen gewesen. Sie hätten nicht über ihren Grundbesitz frei verfügen können, sie hätten ihn nicht verkaufen dürfen, sie seien keine Eigentümer gewesen. „Alles ist nur geliehen", habe Hegel in seiner Frankfurter Schrift über den „Geist des Judentums" geschmäht, weil Eigentum und Freiheit sich nach seiner Ansicht gegenseitig voraussetzen. In seinen Vorlesungen über die Religionsphilosophie heiße es:

> „Hier *[in der jüdischen Religion]* hingegen ist dieser Besitz als solcher identisch mit der Zuversicht *[der Existenzsicherung durch Gott]* ... Gott, die absolute Idee, das Eigentum und der Besitz sind drei verschiedene Stufen. Hier fällt die bindende Mitte *[zwischen Gott und den Besitzern]*, das Eigentum, weg, und es ist unmittelbar der Besitz aufgenommen in den göttlichen Willen; dieser empirische einzelne Besitz ist es, der als solcher und als so Berechtigtes gelten soll und der freien Bestimmung des Einzelnen – der ihn nicht verkaufen, sondern nur für einige Zeit, immer bis zum Jubeljahr, verpfänden kann – entzogen ist."[12]

Der Besitz werde nach Hegel durch das Eigentum vermittelt, durch das, was dem Menschen zu Eigen sei und ihn erst eigentlich zu einem Menschen, zur freien Persönlichkeit mache; frei ist für Hegel die Persönlichkeit, wenn sie über ihr Eigentum frei – also ohne Beschränkung – verfügen könne. Im Alten Testament sei nur der Gott Eigentümer, der Mensch könne nicht frei über seinen Besitz verfügen, er habe nur den Nießbrauch; rechtlich sei der Mensch dem Eigentümer Gott gegenüber nur [auf Hebräisch:] ger w'toschab, Gastarbeiter oder Pächter, Lev 25,23, keine im libertären Sinne freie Persönlichkeit. Dies sei der Grund für Hegels Behauptung, Freiheit und jüdische Religion schlössen sich aus.

Für Hegel sei Freiheit nur bürgerliche Freiheit; nur das freie Verfügungsrecht macht Besitz zum Eigentum, und den Menschen frei. In der bürgerlichen Gesellschaft sei nur das Recht, Privateigentümer sein zu können, der harte Kern der bürgerlichen Freiheit und mache so die Ge-

---

12 Hegel, Georg Wilhelm Friedrich: Vorlesungen über die Philosophie der Religion, 88.

sellschaft zu einer Zweckgemeinschaft von Privateigentümern. Die altjüdische Gesellschaft sei für Hegel der absolute Gegensatz zu allem gewesen, was ihm, Hegel, teuer gewesen sei: das freie Eigentum. Aus diesem Geist heraus prägen und verkünden die meisten Juristen bis heute die herrschende Meinung über die Bedeutung und den Schutz des Eigentums.

2. Artikel 1 Grundgesetz

Wir kennen jetzt den geschichtlichen Hintergrund der bis heute wirkenden Vergöttlichung des privaten Eigentums. Wie fügt sich Artikel 1 des Grundgesetzes darin ein? Er lautet:

> „Die Würde des Menschen ist unantastbar. Sie zu achten und zu schützen ist Verpflichtung aller staatlichen Gewalt."

2.1 Die rechtswissenschaftliche Kommentierung

Wieder schauen wir zunächst in den meinungsleitenden Großkommentar Dürig / Herzog / Scholz[13]:

Matthias Herdegen, Professor für öffentliches Recht an der Universität Bonn, kommentiert dort im Mai 2009 den Artikel 1 Abs. 1 des Grundgesetzes zusammengefasst so:[14]

Die rechtlich verfasste Gemeinschaft finde ihre letzte Rechtfertigung in Achtung und Schutz des Menschen als Person gegenüber staatlicher Gewalt und anderen Mitgliedern der Gemeinschaft.[15] Die anthropozentrische [also den Menschen in den Vordergrund stellende] Relativierung des Staates und seiner Zwecke sei dem Achtungsanspruch des selbstbestimmten Individuums verpflichtet.[16] Die Menschenwürdegarantie lasse ein

---

13 S. Fußnote 1.
14 Herdegen, Matthias: in: Düring G. / Herzog, R. / Scholz, R.: Grundgesetz-Kommentar, Artikel 1 Abs. 1, 57. EL, Januar 2010.
15 Ebd., Randnr. 1.
16 Ebd., Randnr. 2.

verfassungsrechtliches Menschenbild erkennen, das stark von der Achtung eines selbstbestimmten Lebensentwurfes und einem Mindestmaß an Solidarität geprägt sei. Der Verantwortungssinn des Einzelnen gegenüber Staat und Mitmenschen verbleibe auf der Ebene der dem Grundgesetz vorausliegenden Verhaltenserwartungen.[17]

Es fällt auf, dass auch hier wieder der Drang Ausdruck findet, den Staat in seine Grenzen zu weisen, fast in Verruf zu bringen. Wie sonst ist es zu verstehen, dass der Staat (und nichts Anderes kann Herdegen mit der rechtlich verfassten Gemeinschaft meinen) verpflichtet sein soll, einzelne Menschen vor allem vor staatlicher Gewalt (also doch vor ihm selbst) zu schützen? Warum sonst soll das der Verfassung zugrundeliegende Menschenbild besonders stark selbstbestimmte Lebensentwürfe achten, bei der Solidarität, also dem einander beistehenden Zusammenhalt der Menschen aber nur ein Mindestmaß zulassen?

Und warum schließlich soll der Verantwortungssinn des Einzelnen gegenüber Staat und Mitmenschen eine Verhaltenserwartung sein, der vor der Ebene des Grundgesetzes (also eigentlich außerhalb dessen) liegt? Herdegen fehlen die Phantasie und die Leidenschaft, den erhabensten Artikel des Grundgesetzes dafür zu nutzen, dass keiner auf der Strecke bleibt und eine Schattenexistenz am Rande der Gesellschaft führen muss. Ohne dass die Gesellschaft dann über ihre Verhältnisse lebte. So hält man Verhältnisse aufrecht, in denen der Großteil der Menschen weit unterhalb seiner Möglichkeiten und im größten Teil der Welt sogar unterhalb seiner existenziellen Bedürfnisse verharren muss.

Bei dem Versuch, den Inhalt der Menschenwürde näher zu bestimmen, konstatiert Herdegen, dass sich der Begriff nur von der Verletzung her mit Inhalt füllen lässt: Die Menschenwürde ist betroffen, wenn der konkrete Mensch zum Objekt, zu einem bloßen Mittel, zu einer verwertbaren Größe herabgewürdigt wird.[18] Das ist die ganze Lehre, die er aus der Zeit des Naziterrors gezogen hat: dass niemand bloß Mittel, sondern auch Zweck staatlicher Aktivitäten zu sein hat. So weit war Immanuel Kant schon ohne die leidvollen Erfahrungen seiner späten Nachfahren im 20. Jahrhundert, dem „Zeitalter der Extreme"[19].

---

17 Ebd., Randnr. 28.
18 Ebd., Randnr. 36.
19 Hobsbowm, Eric: Das Zeitalter der Extreme.

2.2 Eine journalistische Bewertung

Einen ganz anderen Akzent setzt der Journalist *Wolfgang Janisch*, auch Jurist, in der bereits zitierten Festbeilage der Süddeutschen Zeitung zum 70. Geburtstag des Grundgesetzes[20]. Er meint, dass der grundgesetzliche Schutz der Menschenwürde, aus der Hölle geboren sei. Artikel 1 rücke im ersten Satz den Menschen ins Zentrum der staatlichen Existenz. Der nächste Satz: „Sie zu achten und zu schützen ist Verpflichtung aller staatlichen Gewalt", mache die Menschenwürde für ihn zum Betriebssystem des Staates. Das verdeutliche auch ein Satz des Herrenchiemseer Entwurfs, der leider nicht ins Grundgesetz übernommen worden sei, aber das Wesentliche erkläre: „Der Staat ist um des Menschen willen da, nicht der Mensch um des Staates willen." Damit habe die Verfassung einen Eid auf den Menschen abgelegt.

Dignitas, Würde, gebühre nicht mehr Ämtern oder Amtsträgern, sondern jedem einzelnen Menschen, eben und nur weil er Mensch sei.

Und dann erinnert Janisch an die Entscheidung des Bundesverfassungsgerichts, in der es den Grundsatz der Menschenwürde in Bezug auf das menschenwürdige Existenzminimum konkretisiert hat.[21]

Das Gericht sichere jedem Hilfsbedürftigen die materiellen Voraussetzungen, die für seine physische Existenz und für ein Mindestmaß an Teilhabe am gesellschaftlichen, kulturellen und politischen Leben unerlässlich seien. So hätten in Karlsruhe die Verfassungshüter am 9. Februar 2010 entschieden; die Hartz-IV-Sätze hätten deshalb neu berechnet werden müssen. Menschenwürde lasse sich also in Quadratmetern messen. Oder in Euro umrechnen.

Janisch fasst sinngemäß zusammen:

Die Menschenwürde verspreche kein sorgloses Leben, keinen unbeschränkten Raum zur Selbstverwirklichung, keinen Komplettschutz vor staatlicher Belästigung. Sie verspreche nur, dass vom Menschsein auch dann noch etwas bleiben müsse, wenn die Freiheit auf die Größe einer Nussschale geschrumpft sei.

Freiheit von der Größe einer Nussschale – wie wenig! Der verfassungsmäßige Schutz der Menschenwürde wird auch hier auf einen winzigen

---

20 Janisch, Wolfgang: Aus der Hölle geboren.
21 Bundesverfassungsgericht, Urteil vom 09.02.2010, Aktenzeichen: 1 BvL 1/09.

Wirkbereich zusammengestutzt, weit unterhalb seiner Möglichkeiten. Das ist aber immer noch besser als die offene Abneigung gegen den gestaltenden und gewährenden Staat in der Auslegung von Herdegen.

2.3 Eine philosophische Bewertung

Einen weitaus größeren Horizont der Menschenwürde erschließt uns der 2023 verstorbene Ökonom und Theologe *Franz-Josef Hinkelammert* mit seinen Betrachtungen zu einem, wie er es nennt, Humanismus der Praxis.[22] Wir erfahren von ihm:

Der Humanismus der Französischen Revolution sei noch reduziert auf den eines abstrakten Menschen gewesen, der als Eigentümer gesehen werde. Diese Revolution, die letztlich eine rein bürgerliche Revolution gewesen sei, habe aber Menschen zu einem weit umfassenderen Humanismus inspiriert, die dafür mit ihrem Leben bezahlt hätten: Olympe de Gouges, die die Rechte der Frauen vertreten habe und deshalb hingerichtet worden sei; Francois Babeuf, der wegen seines Einsatzes für das Assoziationsrecht der Arbeiter das gleiche Schicksal erlitten habe, und Toussaint Louverture, der Sklavenbefreier in Haiti, der an seinen Haftbedingungen gestorben sei.

Deren neuer Humanismus habe den lebenden Menschen erstmals als Subjekt aufgefasst, egal welches Geschlecht, welche Hautfarbe oder welches Vermögen er habe, und sei der Gegenentwurf zum bürgerlichen Humanismus mit seiner Beschränkung auf den Humanismus von Eigentümern als Subjekten auf dem Markt gewesen, der bereits die Tendenz gehabt habe, nur ein Menschenrecht anzuerkennen, nämlich das Eigentumsrecht.

Letzteren sieht Hinkelammert bis heute am Werk, wenn der Markt und das private Eigentum totalitär auftreten. Er arbeitet heraus, welche herausragende Rolle Karl Marx bei der theoretischen Gründung dieses neuen Humanismus zukommt:

Bereits in der Vorrede zur Dissertation von 1841 habe er die damals etablierte Philosophie zu einer solchen weiter entwickelt, die ihren

---

22 Hinkelammert, Franz-Josef: Kritik der politischen Ökonomie.

„Spruch gegen alle himmlischen Götter [gesetzt habe], die das menschliche Selbstbewusstsein nicht als die oberste Gottheit anerkennen"[23]. Und in seiner Kritik der Hegelschen Rechtsphilosophie habe er drei Jahre später formuliert: „Die Kritik der Religion endet mit der Lehre, dass der Mensch das höchste Wesen für den Menschen sei, also mit dem kategorischen Imperativ, alle Verhältnisse umzuwerfen, in denen der Mensch ein erniedrigtes, ein geknechtetes, ein verlassenes, ein verächtliches Wesen ist"[24].

Auch Marx habe hier im Grunde gesagt: Gott sei Mensch geworden. Aber nicht im religiösen, sondern im anthropologischen Sinn. Und er sage auch, was der Mensch tue, wenn der Mensch zum höchsten Wesen – wenn man so will, zum Gott – für den Menschen werde: er werfe dann alle Verhältnisse um, in denen der Mensch ein erniedrigtes, ein geknechtetes, eine verlassenes, ein verächtliches Wesen sei. In dieser Praxis werde eine andere, eine bessere Welt möglich, in der sich der Mensch selbst verwirkliche.

Marx sei aber nicht bei dieser theoretischen Fundierung des neuen Humanismus stehengeblieben. Er habe in späteren Jahren zusammen mit Friedrich Engels auch noch ein Kriterium für das praktische Handeln entwickelt: „An die Stelle der alten bürgerlichen Gesellschaft mit ihren Klassen und Klassengegensätzen tritt die Assoziation, worin die freie Entwicklung eines jeden die Bedingung für die freie Entwicklung aller ist."[25]

Die freie Entwicklung eines jeden sei die Bedingung für die freie Entwicklung aller. Dieses Kriterium setze Marx dem Rationalitätskriterium der bürgerlichen Gesellschaft entgegen, das da laute: Ich werde ich selbst, indem ich andere besiege und unterwerfe. Oder klassisch griechisch: Ich beweise, dass ich frei bin, indem ich beweise, dass ich Sklaven habe. Damit liefert Marx ein Kriterium, wie man falsche Götter vom wahren Gott unterscheide: Falsche seien diejenigen, in deren Namen es geschehe und legitimiert werde, dass der Mensch ein erniedrigtes, ein geknechtetes, ein verlassenes, ein verächtliches Wesen sei. Dort wo und solange wie Menschen das erlitten, seien falsche Götter am Werk. Die lateinamerikanische Befreiungstheologie wende dieses Kriterium an und weerde deswegen bis heute verfolgt. Der in seiner Kirche ermordete Erzbischof Romero habe

---

23 Marx, Karl: Differenz der demokritischen und epikureischen Naturphilosophie. Vorrede.
24 Marx, Karl: Zur Kritik der Hegelschen Rechtsphilosophie. Einleitung, 385.
25 Marx, Karl / Engels, Friedrich: Manifest, 482.

Eigentum und Menschenwürde

sich das Motto des Irenäus von Lyon aus dem II. Jahrhundert zu eigen gemacht: Gloria Dei vivens homo (die Ehre Gottes ist es, dass der Mensch lebt). In Marx'scher Diktion: Zur Ehre Gottes gereiche es, wenn der Mensch das höchste Wesen für den Menschen sei. Die christliche Orthodoxie habe sich den Weg zu dieser Erkenntnis mit ihrer Dogmatik versperrt, welche verkünde, dass Jesus als eingeborener, sogar einziger Sohn Gottes selbst Gott sei, der Menschenform angenommen habe. Er sei Sohn Gottes unter andern Menschen, die nicht Mensch gewordene Kinder Gottes seien. Darin könne der Mensch nicht nach Jesu Vorbild das höchste Wesen für den Menschen sein, sondern Gott bleibe das höchste Wesen für den Menschen und die Kirche bestimme, was der Mensch zu sein habe. Der Weg zum neuen Humanismus, zur Veränderung der Gesellschaft im Sinne des humanen kategorischen Imperativs sei dann versperrt.

Max Weber habe Unrecht, wenn er meine, dass die so genannte Säkularisierung im Zuge der französischen Revolution zu einer Entzauberung der Welt geführt habe. Sie habe einige Götter entzaubert, um die Welt dann mit neuen Göttern des Marktes, des Geldes und des Kapitals wieder zu verzaubern. Und weil wir immer noch in einer verzauberten Welt lebten, müssten wir sie weiter entzaubern, damit wir den Menschen als das höchste Wesen für den Menschen ansehen könnten. Wir müssten uns diese Freiheit nehmen angesichts der irdischen Götter, die Freiheit zwar verkündeten, aber den Menschen gefangen hielten und die Welt zu seinem Gefängnis machten.

2.4 Eine theologische Bewertung

Diese humanistische Kritik an der christlichen Orthodoxie finden wir auch bei *Martin Buber*, der schreibt:

„Deshalb wurde die urchristliche Bewegung unfruchtbar, als sie aus der wahrhaft jüdischen Verkündigung Jesu, jeder könne durch unbedingtes Leben Gottes Sohn werden, die Lehre machte, allein der Glaube an den eingeborenen Sohn Gottes könne dem Menschen die Ewigkeit gewinnen."[26] Und weiter: „Gott ist das Ziel des Menschen, das Ursein, dessen

---

26 Buber, Martin: Vom Geist des Judentums, 55f.

Ebenbild zu werden er streben soll."[27] Und schließlich: „Gott ist umso wirklicher, je mehr er von den Menschen in der Welt verwirklicht wird. [...] Gott ist das Ziel des Menschen; so fließt jede Gewalt menschlicher Entscheidung dem Meere göttlicher Kraft zu."[28]

3. Zusammenfassung

Für den Staat und seine Repräsentanten ließe sich aus Artikel 1 also der humanistische kategorische Imperativ ableiten, alle Verhältnisse zu reformieren, in denen Menschen immer noch erniedrigt, ausgebeutet, verlassen oder verächtlich gemacht werden, und dafür zu sorgen, dass wirklich jeder Mensch im Geltungsbereich der Verfassung die Voraussetzungen dafür vorfindet, dass er sich frei entfalten kann, ohne andere daran zu hindern, dasselbe zu tun. Bedingung dafür wäre, in theologischer Diktion, eine Religionskritik am vergöttlichten Eigentum und seinen ideologischen Hervorbringungen. Hierin sehen wir eine wichtige, weil die Demokratie fördernde und Gewalt hemmende Aufgabe der Theologie und der Kirche. Sie können die falschen Götter zum Vorschein bringen, die uns daran hindern, menschenwürdig zu leben, und den wahren Gott zu verkünden, dessen Ehre darin besteht, dass jeder Mensch menschenwürdig leben kann.

Literatur

Beise, Marc: Wie Yin und Yang, in: 70 Jahre Grundgesetz, Beilage Süddeutsche Zeitung, Wochenendausgabe 4. Mai 2019.
Buber, Martin: Vom Geist des Judentums, Leipzig 1916.
Bundesverfassungsgericht: Urteil vom 09.02.2010, Aktenzeichen: 1 BvL 1/09.
Dürig, Günter / Herzog, Roman / Scholz, Rupert: Grundgesetz-Kommentar (Loseblatt), Stand: 100. EL Januar 2023.
Hegel, Georg Wilhelm Friedrich: Vorlesungen über die Philosophie der Religion, Frankfurt am Main 1986, Band II.

---

27 Ebd., 57.
28 Ebd., 58f.

Herdegen, Matthias: in: Düring, G. / Herzog. R. / Scholz, R.: Grundgesetz-Kommentar, Artikel 1 Abs. 1, 57. EL, Januar 2010.

Hinkelammert, Franz-Josef: Kritik der politischen Ökonomie, Religionskritik und Humanismus der Praxis, Vortrag am 29.05.2010 in Münster, Manuskript im Internet abrufbar unter:
https://www.linksnet.de/sites/default/files/pdf/Hinkelammert%20-%20Kritik%20der%20politischen%20%C3%96konomie%2C%20Religionskritik%20-%20-%20-.pdf (letzter Zugriff am 03.12.2023).

Hobsbowm, Eric: Das Zeitalter der Extreme – Weltgeschichte des 20. Jahrhunderts, 1998.

Janisch, Wolfgang: Aus der Hölle geboren, in: 70 Jahre Grundgesetz, Beilage Süddeutsche Zeitung, Wochenendausgabe 4. Mai 2019.

Marx Karl: Zur Judenfrage, in: Karl Marx / Friedrich Engels, Studienausgabe, Bd. I, Philosophie, hrsg. von Iring Fetscher, erg. Neuausgabe Frankfurt/M 1990, 34–62.

- Differenz der demokritischen und epikureischen Naturphilosophie. Vorrede. Marx Engels Werke (MEW) Ergänzungsband, Erster Band, Berlin 1956ff., 261ff.
- Zur Kritik der Hegelschen Rechtsphilosophie. Einleitung. MEW I, 378ff.

Marx, Karl / Engels, Friedrich: Manifest, MEW 4, 459ff.

Papier, Hans-Jürgen / Shirvani, Navid: in: Maunz, T. / Dürig, G. / Herzog, R., Grundgesetz-Kommentar, Artikel 14 GG, 83. EL, April 2018.

Prantl, Heribert: Eigentum verpflichtet – Das unerfüllte Grundgesetz, München 2019.

Veerkamp Ton: Vom Widerspruch – Zur Lektüre der Heiligen Schrift, Texte & Kontexte Heft 161/162 (2019), 9–24.

Missbrauch von Kindern und Jugendlichen durch kirchliche Amtsträger – Gott wird missbraucht

Jürgen Kegler

1. Biblisch-theologische Grundlagen

„Da rief Jesus ein Kind herbei, stellte es in ihre Mitte und sagte: Amen, das sage ich euch: Wenn ihr nicht umkehrt und wie die Kinder werdet, könnt ihr nicht in das Himmelreich kommen. Wer so klein sein kann wie dieses Kind, der ist im Himmelreich der Größte. Und wer ein solches Kind um meinetwillen aufnimmt, der nimmt mich auf" (Mt 18,2–5; vgl. Lk 9,47–48).[1]

Wenn die Kirchen Kinder in die Gemeinde aufnehmen, dann nehmen sie sie um Christi willen auf – damit ist eine besondere Beziehung zwischen jedem Getauften und Christus begründet. Und was die Glieder der Kirche ihnen geben oder nehmen, das geben oder nehmen sie Christus.

„Wisst ihr denn nicht, dass Ungerechte das Reich Gottes nicht erben werden? Täuscht euch nicht! Weder Unzüchtige noch Götzendiener, weder Ehebrecher noch Lustknaben, noch Knabenschänder, noch Diebe, noch Habgierige, keine Trinker, keine Lästerer, keine Räuber werden das Reich Gottes erben" (1 Kor 6,9–10).

Diese Ethik des Apostel Paulus bedeutet, dass kein Gemeindeglied, erst recht kein Pfarrer, Diakon oder Vikar, der Kinder und Jugendliche missbraucht, Anteil an Gottes Reich hat.

Und schließlich die matthäische Vision vom Weltgericht (Mt 25,31–46): Gutes den Geringsten antun, ist Gutes Christus antun, und umgekehrt: Schlechtes den Geringsten antun, ist Schlechtes Christus antun.

---

1   Bibelzitate nach der „Einheitsübersetzung der Heiligen Schrift. Die Bibel. Gesamtausgabe. Psalmen und Neues Testament. Ökumenischer Text, Katholische Bibelanstalt GmbH, Stuttgart 1980".

Dies sind sehr klare Aussagen der Bibel, die den erschreckend hohen sexuellen Missbrauch von Minderjährigen durch kirchliche Amtsträger theologisch deuten: Sie schließen vom Reich Gottes aus, sie schließen vom ewigen Leben aus und schlimmer noch, sie sind ein Vergehen gegen Christus und Gott selbst. Missbrauch von Kindern ist Missbrauch Gottes.

Diese theologische Dimension der Bewertung der Missbräuche sowohl in der katholischen als auch in evangelischen Kirchen ist bisher bei der Aufarbeitung der Taten nicht explizit genannt worden. Nach dem Corpus Iuris Canonici (CIC) wurde sexueller Missbrauch in der katholischen Kirche unter dem 6. Gebot (du sollst nicht ehebrechen) subsumiert2. Das nimmt diesen Taten die eigentliche theologische Schärfe. Ehebruch gibt es nur zwischen verheirateten Menschen, der Missbrauch von Kindern und Jugendlichen ist ein Vergehen gegen Gott.

2. Missbrauch in den Kirchen

Erschreckend ist nicht nur die Theologievergessenheit in den Kirchen, erschreckend ist die Zahl der Missbrauchstäter und der Missbrauchten, erschreckend ist auch der Umgang mit den Tätern und Taten. Noch längst

---

2 C.2359 § 2 CIC/1917 „Si delictum admiserint contra sextum decalogi praeceptum cum minoribus infra aetatem sexdecim annorum, vel adulterium, stuprum, bestialitatem, sodomiam, lenocinium, incestum cum consanguineis aut affinibus in primo gradu exercuerint, suspendantur, infames declarentur, quolibet officio, beneficio, dignitate, munere, si quod habeant, priventur, et in casibus gravioribus deponantur."
Übersetzt: „Hat sich ein solcher Kleriker mit Minderjährigen unter sechzehn Jahren schwer versündigt, oder sich des Ehebruchs, der Notzucht, der Bestialität, der Sodomie, der Kupplerei, der Blutschande mit Verwandten oder Verschwägerten im ersten Grad schuldig gemacht, dann soll er suspendiert, als infam erklärt, jedes Amtes, jedes Benefiziums, jeder Dignität, überhaupt jeder Anstellung enthoben und in schweren Fällen mit Deposition belegt werden." (zit. nach Jone, Gesetzbuch der lateinischen Kirche / 3, 2. Aufl. 1953] c. 2359 § 2).
S. auch Pfannkuche, Sabrina: Die Sünde gegen das sechste Gebot – eine Analyse der geltenden Rechtordnung der katholischen Kirche und der jüngeren Rechtsgeschichte, in: Hallermann, Heribert / Meckel, Thomas / Pfannkuche, Sabrina / Pulte, Matthias (Hg.), Der Strafanspruch der Kirche in Fällen von sexuellem Missbrauch, Echter Verlag, Würzburg 2012, 242–278.

sind nicht alle Taten aufgedeckt und in vielen Fällen sind die Täter bereits verstorben oder die Taten sind verjährt, was eine Aufarbeitung erschwert. Und auch die Akten sind nicht immer vollständig oder enthalten keine Hinweise auf Verfahren gegen Missbrauchstäter.

Bei sexuellem Missbrauch unterscheidet man zwischen „hands-on" und „hands-off"-Handlungen. Zu den hands-off-Handlungen gehören: Besitz oder Konsum von Kinderpornografie, sexuelle Handlungen vor Personen (z. B. Masturbation, Entkleiden), Vorführen von Pornografie, Aufforderung, sexuelle Handlungen an sich oder anderen durchzuführen, Fotos oder Videos von Personen in intimen Situationen (z. B. unter der Dusche) machen.

Hands-on-Handlungen sind: Unangemessene Berührungen über der Bekleidung (z. B. Umarmungen), Küssen auf den Mund, gegenseitige Masturbation, Berührungen am Gesäß, an der Brust oder am Genital über der Bekleidung, Berührungen am Gesäß, an der Brust oder am Genital unter der Bekleidung, Manipulation am Genital der betroffenen Person, Manipulation am Genital des Geistlichen, Masturbation an Betroffenem durch Beschuldigten, gegenseitige Masturbation, Oralverkehr am Genital der betroffenen Person, vaginal oder anale Penetration der betroffenen Person, Oralverkehr am Genital des Geistlichen, anale Penetration des Geistlichen.[3]

Damit ist das Feld umrissen, das heute mit dem Begriff „sexueller Missbrauch" bezeichnet wird. Nur langsam begann ein Prozess der Aufarbeitung der Missbrauchsfälle durch kirchliche Institutionen. Einige Bistümer haben Gutachten in Auftrag vergeben, mit dem Ziel, unabhängigen Gutachtern Akteneinsicht zu ermöglichen: Aachen (2020), Berlin, Köln (2021), Hildesheim (2021), München und Freising (2022). Im Bereich der evangelischen Kirche in Deutschland ist eine Studie in Arbeit (ForuM)[4], die Ende 2023 veröffentlicht werden soll. Die beiden umfangreichsten Gutachten aus katholischen Bistümern sind die MHG-Studie vom 24. September 2018[5], benannt nach den drei Orten, aus denen die Gutachter

---

3   Sexuelle Übergriffe durch katholische Geistliche in Deutschland. Eine Analyse forensischer Gutachten 2000–2010. Abschlussbericht 2012 von Norbert Leygraf, Andrej König, Hans-Ludwig Kröber, Friedemann Pfäfflin.
4   Forschung zur Aufarbeitung von sexualisierter Gewalt und anderen Missbrauchsformen in der Evangelischen Kirche und Diakonie in Deutschland.
5   Sexueller Missbrauch an Minderjährigen durch katholische Priester, Diakone und männliche Ordensangehörige im Bereich der Deutschen Bischofskonferenz, 2018.

kommen: Mannheim, Heidelberg, Gießen und das WSW-Gutachten, benannt nach den Rechtsanwälten Westphahl, Spilker und Wastl vom 20. Januar 2022 aus München.[6] Nicht nur quantitativ haben die Gutachten das Ausmaß der Missbrauchshandlungen erstmals erfasst, sie haben auch die erschütternden Verhaltensweisen der Leitungsverantwortlichen aufgezeigt, die sich durch fehlende Empathie für die Betroffenen, aber durch große Bemühungen, das Ansehen der Kirche zu schützen, auszeichnete. Im 2021 veröffentlichten Gutachten von Redeker – Sellner – Dahs ist zu lesen: „Zudem ist vor 2002 aus vielen der untersuchten Akten zumindest „zwischen den Zeilen" herauszulesen, dass es das wesentliche Bemühen der Verantwortlichen im (Erz-)Bischöflichen Ordinariat war, Schaden von der Institution abzuwenden."[7] „Über die oben bereits geschilderte Erkenntnis hinaus, dass insbesondere in den 1950er und 1960er Jahren eine deutlich größere Empathie mit den Beschuldigten zu erkennen war als mit den Betroffenen, und aus der weiteren, den von uns untersuchten Akten zu entnehmenden Erkenntnis, dass es das Bemühen der Verantwortlichen im (Erz-)Bischöflichen Ordinariat insbesondere in diesen Jahrzehnten war, Vorwürfe sexuellen Missbrauchs nicht öffentlich werden zu lassen, um Schaden von der Institution abzuwenden, haben sich bei mindestens zwei Beschuldigten konkrete Indizien für den Versuch eines Bemühens ergeben, die bekannt gewordenen Fälle sexuellen Missbrauchs zu vertuschen."[8] Die von Missbrauch Betroffenen kämpfen bis heute mithilfe von Zusammenschlüssen um die Anerkennung ihrer seelischen Verletzungen. Da sich die meisten Gutachten auf die Akten beziehen, die ihnen von den Ordinariaten zur Einsichtnahme zur Verfügung stellten, ist das Ausmaß der Verletzungen der Betroffenen nur rudimentär erfasst. Eine Ausnahme bildet die MHG-Studien, in die Interviews mit Betroffenen eingeflossen sind.

---

6   Sexueller Missbrauch Minderjähriger und erwachsener Schutzbefohlener durch Kleriker sowie hauptamtliche Bedienstete im Bereich der Erzdiözese München und Freising von 1945 bis 2019, von Westphahl, Spilker und Wastl, 2022.
7   Redeker – Sellner – Dahs: Sexueller Missbrauch an Minderjährigen durch katholische Priester, Diakone und männliche Ordensangehörige im Bereich des Erzbistums Berlin seit 1946, Gutachten im Auftrag des Erzbischofs von Berlin, vorgelegt von Rechtsanwalt Prof. Dr. Peter-Andreas Brand, Rechtsanwältin Sabine Wildfeuer, Berlin, 2021, 487f.
8   A. a. O. 491f.

3. Gravierende Folgen für die Betroffenen

Daraus ergibt sich ein Bild der psychischen Folger der Misshandlungen. In erster Linie wurden hier Scham- und Schuldgefühle genannt, aber auch die Angst, unglaubwürdig zu sein. Das hängt u. a. damit zusammen, dass Priester in streng gläubigen katholischen Familien eine hohe Wertschätzung genossen, die es den Betroffenen fast unmöglich machte, von dem Missbrauch zu sprechen. Wenn sie es taten, wurde ihnen meist nicht geglaubt oder ihre Darstellung als Phantasie geschmäht. Auch die Angst vor der Reaktion der Person, der sie sich anvertrauen wollten, und die Angst vor der Reaktion des Beschuldigten wurden häufig als Gründe für Verschweigen genannt. Schließlich fürchteten viele auch eine Bestrafung. Relativ viele Betroffene hatten auch keine Kenntnis über die Bedeutung des ihnen Angetanen, oder sie wollten den Beschuldigten schützen. Die Zahl der Traumatisierten ist entsprechend hoch.[9] Betroffene berichteten auch davon, dass der Priester seine Amtsautorität oder die emotionale Bindung des missbrauchten Kindes oder des Jugendlichen an den Missbrauchstäter ausnutzte. Mitunter spielten auch Geschenke oder Vergünstigungen eine Rolle, um eine emotionale Bindung zu verstärken. Teilweise wurde von Seiten des Täters gezielt nach vernachlässigten Kindern gesucht, sogar körperliche Gewalt, der sie ausgesetzt wurden, wurde von Betroffenen genannt. Mitunter wurde auch suggeriert, es müsse eine gesundheitliche Untersuchung am Kind / Jugendlichen durchgeführt werden. Die Mischung von ausgeübtem psychischem Druck und Androhung von Nachteilen einerseits und Gewährung von Privilegien, Geldgeschenken, Schmeicheleien, Komplimenten oder die religiöse Verbrämung der Tat[10] andererseits, wirkten auf die Betroffenen extrem einengend. Das führte bei vielen zu gesundheitlichen Problemen.

Die Liste der genannten Gesundheitsschäden ist erschütternd. Genannt wurden u. a.: Ängste, Depressionen, Misstrauen, sexuelle Probleme, Kontaktschwierigkeiten, Albträume, Schlafstörungen, Suizidgedanken bis hin zu einem Suizidversuch, Panikanfälle, Stimmungsschwankungen, Konzentrationsstörungen, Unruhe, Gereiztheit, Schmerzen und bei Jugendlichen übermäßiger Alkoholkonsum, Drogenkonsum, Ess- und

---

9   A. a. O. 271.
10 A. a. O. 286.

Brechsucht, Magersucht, Medikamentenmissbrauch, starkes Übergewicht und Selbstverletzungen. Jedes einzelne dieser von Betroffenen genannte Problem als Folge des sexuellen Missbrauchs ist für die Entwicklung eines Kindes oder Jugendlichen gravierend, viele haben das Erlebte auch nur mit Hilfe von Therapien bearbeiten können, in jedem Fall ist dadurch eine lebenslange Belastung entstanden. Es ist nicht nachzuvollziehen, weshalb die verantwortlichen Leitungsgremien die Augen vor diesen massiven somatischen Reaktionen auf Missbrauch nicht gesehen haben oder sehen wollten. Das Wohl des Kindes war nicht im Blick.

Die gravierenden lebenslangen Folgen des Missbrauchs werden unter Neurologinnen und Neurologen sowie Psychiaterinnen und Psychiatern intensiv diskutiert. Eine gute Einführung findet sich im Netz unter dem in der Anmerkung genannten Link.[11] Wenn ein missbrauchtes Kind mit niemandem über die Geschehnisse sprechen kann, fühlt es sich hilflos, allein, dem Missbraucher schutzlos ausgeliefert. Sexueller Missbrauch setzt das Kind traumatischen Erfahrungen aus, durch die seine sexuellen Gefühle und Vorstellungen in einer Weise beeinflusst werden, die seinem Entwicklungsstand und der Qualität seiner Beziehungen nicht entsprechen. Zugleich wird das Kind in seinem Vertrauen zutiefst erschüttert, wenn es entdeckt, dass eine Person, die es gernhat oder eine Autorität ausstrahlt, es missbraucht und verletzt. Findet das Kind bei seinem Versuch sich mitzuteilen und sich dem Missbrauch zu entziehen zudem durch seine Umwelt keinen Glauben und keine Unterstützung, wird die ganze Situation noch verschärft. Genau das haben viele Betroffene durchleben müssen. Sie waren in der Regel gezwungen, alles geheim zu halten. Die Schädigung des Selbstvertrauens, die Einsamkeit und das Gefühl der Hilflosigkeit zusammen bewirken ein „gravierendes traumatisches Erlebnis."[12]

„Nach Einschätzung vieler Experten sind die Schädigungen umso schwerwiegender je größer der Altersunterschied (z. B. Generationenunterschied) zwischen Täter und Opfer ist; sexuelle Übergriffe durch Autoritäts- und Vaterfiguren werden als besonders gravierend eingestuft je länger der Missbrauch andauert; je jünger und weniger weit entwickelt das Kind zu Beginn des Missbrauchs ist; je mehr Gewalt angedroht und

---

11   https://www.neurologen-und-psychiater-im-netz.org/kinder-jugendpsychiatrie-psychosomatik-und-psychotherapie/risikofaktoren/sexueller-missbrauch/psychische-folgen/.
12   Ebd.

angewendet wird; je vollständiger die Geheimhaltung ist; je weniger sonstige schützende Vertrauensbeziehungen, etwa zur Mutter, Geschwistern, Gleichaltrigen oder einer Lehrerin bestehen [...]. Eine Gewichtung der einzelnen Faktoren lässt sich kaum vornehmen. Fest steht: der sexuelle Missbrauch ist ein häufig traumatisches und damit lebensbestimmendes Ereignis."[13]

4. Täter und Geschädigte

Erschreckend groß ist die Zahl der Missbrauchstäter. Das MHG-Gutachten rechnet deutschlandweit in der Zeit von 1946 bis 2014 mit 1.670 Klerikern, die des sexuellen Missbrauchs beschuldigt wurden bzw. sind. Die WSW-Studie, die sich auf das Erzbistum München und Freising beschränkt, findet in den Akten Unterlagen über sexuellen Missbrauch von 235 Personen, die einschlägig beschuldigt beziehungsweise verdächtig sind, darunter 173 Priester, ferner 62 Personen, die als Diakone (9), Pastoral- und Gemeindereferenten bzw. -rinnen (5), Religionslehrer und -lehrerinnen (18) und Erzieher bzw. Erzieherinnen innen (2). 180 Personen haben einen bzw. eine missbraucht, 48 zwei bis fünf, 5 Personen haben sechs bis zehn, 2 Personen sogar mehr als zehn missbraucht. Das Gutachten aus Münster gibt – über die Zahlen der MHG-Studie hinaus – 196 Kleriker an, die des Missbrauchs beschuldigt wurden.[14]

Die Mehrzahl der Missbrauchten waren Kinder und Jugendliche, mehrheitlich männlich.

Die Zahl der Geschädigten ist jedoch noch immer nicht vollständig erfassbar, weil oft die Scham zu groß oder die Meldung von Missbrauchstaten angstbesetzt ist. Die MHG-Studie zählt nach Durchsicht der Akten 3.677 Kinder und Jugendliche als von sexuellem Missbrauch Betroffene,

---

13 Ebd.
14 Macht und sexueller Missbrauch in der katholischen Kirche. Betroffene, Beschuldigte und Vertuscher im Bistum Münster seit 1945, Bernhard Frings, Thomas Großbölting, Klaus Große Kracht, Natalie Powronik, David Rüschenschmidt, Herder, Freiburg. Basel. Wien 2022, 317.

davon 51,6 Prozent männlich, 34,9 weiblich, bei 2,3 Prozent fehlt eine Geschlechtsangabe.[15] Im Kölner Gutachten[16] wird die Zahl der vom Missbrauch Betroffenen mit 178 männlichen und 119 weiblichen Geschlechts angegeben, aber zugleich auf eine mutmaßlich höhere Zahl hingewiesen. Das Berliner Gutachten[17] listet 26 männliche und 17 weibliche Betroffene auf. Für das Bistum Münster konstatieren die Autoren: „Die quantitative Auswertung der Daten in Hinblick auf die Gruppe der Betroffenen ergibt als wichtigstes Ergebnis, dass in der Summe von mindestens 610 Personen auszugehen ist, die geschätzt etwa 5 700 mutmaßliche Missbrauchshandlungen durch Kleriker des Bistums Münster in der Zeit von 1945 bis 2020 erdulden mussten. Diese Zahlen stellen anhaltbezogene Schätzungen dar. Ausgewertet haben wir Angaben zu 353 Betroffenen, aus denen sich dann Hinweise auf weitere Betroffene und weitere mutmaßliche Taten ergeben haben. Die Zahl der 353 Betroffenen gibt also das von uns untersuchte Hellfeld an, die Zahl der 610 Betroffenen hingegen das erweiterte Hellfeld, auf das wir schließen konnten. Das Dunkelfeld liegt vermutlich noch um ein Vielfaches höher." [18] Die Missbrauchstaten dauerten bei 25 Prozent der Betroffenen ein Jahr lang, bei 11 Prozent sogar länger als drei Jahre.

5. Unzureichende Entschädigungsleistungen

In den Evangelischen Landeskirchen in Deutschland hat es noch keine umfassenden Gutachten, die die Missbrauchstaten erfassen und untersuchten, gegeben. Laut EKD wurden den Anerkennungskommissionen

---

15 S. 5–6.
16 Pflichtverletzungen von Diözesanverantwortlichendes Erzbistums Köln im Umgang mit Fällen sexuellen Missbrauchs von Minderjährigen und Schutzbefohlenen durch Kleriker oder sonstige pastorale Mitarbeitende des Erzbistums Köln im Zeitraum von 1975 bis 2018, erstellt von Prof. Dr. Björn Gercke, Rechtsanwalt, Fachanwalt für Strafrecht, Dr. Kerstin Stirner, Rechtsanwältin, Fachanwältin für Strafrecht, Dr. Corinna Reckmann, Rechtsanwältin, Max Nosthoff-Horstmann, Rechtsanwalt. Unter Mitarbeit und Einbeziehung von: Herrn Prof. Dr. Dr. Helmuth Pree und Herrn Dr. Stefan Korta, 2021. 45.
17 Titel s. Anm. 7, 36.
18 Titel s. Anm. 14, 281.

der Landeskirchen bislang 881 Fälle sexualisierter Gewalt gemeldet, die sich ab den 1950er Jahren im Raum der evangelischen Kirche und der Diakonie ereignet haben; die Mehrzahl der Fälle stand im Zusammenhang mit Heimerziehung. Eine im Jahr 2020 von der Synode in Auftrag gegebene Studie soll nach den Planungen im Herbst 2023 vorliegen. Sie wird den Titel tragen: „ForuM – Forschung zur Aufarbeitung von sexualisierter Gewalt und anderen Missbrauchsformen in der evangelischen Kirche und Diakonie in Deutschland". Man könnte zwar aus den Zahlungen an Missbrauchte Rückschlüsse auf die Zahl der Betroffenen schließen, aber da es keine einheitlichen Kriterien zur finanziellen Unterstützung in den Landeskirchen gibt, ist auch dieser Weg nahezu ausgeschlossen. In den evangelischen Landeskirchen in Deutschland sind bisher 785 Fälle bekannt, bei denen Landeskirchen eine Entschädigungszahlung (offizielle Bezeichnung: „Zahlungen in Anerkennung des Leids") geleistet haben. Die Gesamtsumme der Entschädigungsleistungen ist jedoch nicht bekannt.

Grundsätzlich ist zu hinterfragen, ob Geldzahlungen auch nur ansatzweise den Schäden, die die Missbrauchstaten bei den Betroffenen verursacht haben, gerecht werden. Sehr kritisch hat sich der Betroffenenbeirat bei der Deutschen Bischofskonferenz im November 2022 zu Entscheidungen bezüglich des Systems zur Anerkennung des Leids geäußert: „Ein System wie das Anerkennungssystem an sich kann schon nicht Ausdruck einer Verantwortungsübernahme sein. In Anbetracht von niedrigen Leistungen, von zahlreichen Retraumatisierungen, u. a. durch Antragstellung und Bescheide ausgelöst, klingt eine solche Begründung für das erneute Festhalten am bestehenden Anerkennungssystem wie blanker Hohn und Zynismus. Zudem nimmt der Betroffenenbeirat diese Argumentation erstaunt zu Kenntnis, war er dem doch schon sehr deutlich in den zurückliegenden Gesprächen entgegengetreten. Auch hier zeigt sich, dass die Bischöfe nicht bereit sind, in entscheidenden und grundlegenden Fragen die Expertise der Betroffenen anzunehmen."[19] Das Landgericht Köln hat in einem Aufsehen erregenden Verfahren gegen das Erzbistum dem Betroffenen die Summe von 300.000 Euro als Entschädigung zugesprochen. Der Betroffenenbeirat kommentierte dieses Urteil am 16. Juni 2023: „Seit Inkrafttreten des Systems zur Anerkennung des Leids und der Einsetzung

---

19 Pressemitteilung des Betroffenenbeirats bei der Deutschen Bischofskonferenz vom 23.11.2021, 1.

der dafür zuständigen Unabhängigen Kommission für Anerkennungsleistungen (UKA) hat der Betroffenenbeirat immer wieder das intransparente Verfahren und die deutlich zu niedrigen Zahlungen kritisiert. Das Urteil des Landgerichts Köln, mit dem nun einem Missbrauchsopfer 300.000 € Schmerzensgeld zuerkannt wurden, bestätigt die Position des Beirats. Laut Aussage des Klägers wurden ihm im kirchlichen Anerkennungssystem nur 25.000 € zugesprochen; das Kölner Gericht liegt damit beim 12fachen dessen, was die UKA als Anerkennung des Leids für ausreichend definiert hat.

Dabei sind diese niedrigen Leistungshöhen kein Einzelfall. Die bisher geleisteten Zahlungen der katholischen Kirche gegenüber den zahllosen Missbrauchsopfern weichen eklatant vom Kölner Gerichtsspruch ab. Immer noch werden zumeist nur Beträge von 25.000 € und deutlich weniger zuerkannt. Nur ein kleiner Anteil liegt bei 50.000 € und höher. Die Deutsche Bischofskonferenz und die UKA betonen regelmäßig, dass sich die Leistungshöhen des Anerkennungssystems an vergleichbaren Urteilen weltlicher Gerichte orientieren. Wenn dem so ist, dann muss die Kölner Entscheidung zur Revision der bisherigen Spruchpraxis der UKA und der bislang ergangenen Bescheide führen. Dann muss jetzt endlich die Zeit der bisher verteilten Almosen zu Ende sein!"[20]

Im Erzbistum München und Freising lag die Höhe der Leistungen an Betroffene lange Zeit pauschal bei 5.000 Euro.

6. Versagen von Kirchenleitungen im Umgang mit Betroffenen

Erst nach 2010 hat sich die Haltung der Kirchenleitungen gegenüber Betroffenen geändert. Es wurden nicht nur Betroffenenbeiräte eingesetzt, sondern in fast jedem Bistum und auch in der EKD wurden Ansprechpartner bzw. Ansprechpartnerinnen für Betroffene benannt.

Wie es davor aussah, wurde von etlichen Gutachtern kritisch kommentiert. Exemplarisch seien einige Kommentare zitiert.

---

20 Pressemitteilung des Betroffenenbeirats bei der Deutschen Bischofskonferenz vom 16. Juni 2023, 1.

Aus Interviews mit Betroffenen: „Unter den Betroffenen bestand Einigkeit, dass zahlreiche Fälle sexuellen Missbrauchs Minderjähriger durch Priester, Diakone und Ordensangehörige in der katholischen Kirche lange hin-reichend bekannt waren und mit diesen häufig nicht angemessen umgegangen wurde – nahezu alle Betroffenen, die sich zu diesem Thema äußerten, gaben an, die Interessen der Beschuldigten und das öffentliche Ansehen der Kirche seien in aller Regel deutlich höher gewichtet worden als die Verantwortung gegenüber Betroffenen und Bemühungen um Prävention; die katholische Kirche habe sich vor 2010 vor allem um die Vertuschung von Missbrauchsfällen bemüht, Beschuldigte seien in vielen Fällen nur versetzt, nicht aber wirklich zur Verantwortung gezogen worden."[21]

Aus dem Fazit des Gutachtens von Münster: „Der Umgang der Kirchenleitung mit dem Gesamtproblem des sexuellen Missbrauchs in den eigenen Reihen offenbart über die Jahrzehnte ein eklatantes Führungs- und Kontrollversagen der Personalverantwortlichen: Bis in die 2000er Jahre überwogen Interessen des kirchlichen Institutionenschutzes sowie die Täterfürsorge die Anliegen der Betroffenen und die Prävention weiterer Taten. In den Akten haben wir kaum Anzeichen der Empathie und Sorge für die Betroffenen gefunden. Verantwortung empfanden die Entscheidungsträger des Bistums im Grunde nur für ihre Mitbrüder im priesterlichen Amt, nicht für die Kinder und Jugendlichen, die sich im Vertrauen auf die Güte der Gottesmänner Situationen ausgesetzt haben, welche die Täter in perfider Weise für sich ausnutzten. Diese konnten wiederum auf das Mitleid und die Solidarität ihrer Mitbrüder an der Bistumsspitze vertrauen, die in vielen Fällen den Beschuldigten deckten und die Tat vertuschten – bis hin zur aktiven Strafvereitelung.

Die Priorisierung des Wohls der Kirche, der Skandalvermeidung, des Schutzes für die Mitbrüder und die damit verbundene Nichtachtung der Betroffenen – das, was oben als Ekklesiozentrik bezeichnet wurde – hat zum Teil historisch gewachsene, zum Teil aber auch theologische, also das Selbstverständnis der Kirche betreffende Gründe. Durch lang zurückreichende, gesellschaftlich-politische Konflikte wie den Kulturkampf, den ‚Kirchenkampf' der NS-Zeit und die Auseinandersetzungen mit alternativen Weltanschauungen wie Atheismus und Kommunismus prägte

---

21 MHG-Studie, 125.

sich eine katholische ‚Wagenburgmentalität' aus, welche den katholischen Bevölkerungsteil von anderen Segmenten der Gesellschaft abzugrenzen versuchte. Zudem verstand sich die katholische Kirche selbst als Trägerin der göttlichen Verkündigung und damit als alleinige Stifterin des menschlichen Heils (*extra ecclesiam nulla salus*). Der Schutz der Kirche wurde so zum Selbstzweck, und diejenigen, die sexuellen Missbrauch benannten – also die betroffenen Kinder und Jugendlichen, Eltern oder andere Zeugen, aufklärungswillige kirchliche Akteure sowie die Medien –, wurden zur Bedrohung des Heilsauftrags der Kirche."[22]

Aus dem WSW-Gutachten: „Dass auch kirchlicherseits eine Kenntnis von den schwerwiegenden Folgen des sexuellen Missbrauchs für die Geschädigten gegeben war, folgt aus der Aussage eines Pfarrers aus den frühen 2000er Jahren zu dem Umstand, dass ein verurteilter Missbrauchstäter, hinsichtlich dessen es gerade neue Vorwürfe gegeben hatte, weiter in seiner Gemeinde bleiben durfte ... Dort heißt es: „[...] Machen wir uns nicht schuldig an den Jugendlichen und welchen Skandal wird es geben, wenn das an die Presse gelangt?" Umso unverständlicher erscheint es, dass die Verantwortlichen nicht bereit waren, sich eben diesen Geschädigten persönlich und seelsorgerisch zuzuwenden oder zumindest dafür Sorge zu tragen, dass weitere Geschädigte verhindert werden. Inwieweit die in der Folge veränderte Haltung gegenüber den Belangen der Geschädigten bei den kirchlichen Leitungsverantwortlichen auf einer tieferen inneren Einsicht und gesteigerten Empathie für das Leid der Geschädigten beruhte oder nur der Erfüllung einer Erwartungshaltung der Öffentlichkeit geschuldet war, ist jedoch eine der gutachterlichen Beurteilung entzogene Frage."[23]

Etliche Gutachten (Berlin, Münster, München-Freising) untersuchen die Rolle der Verantwortlichen in den Kirchenleitungen unter genauer Schilderung der verschiedenen Formen des Umgangs mit Beschuldigten. Darauf soll hier ausdrücklich hingewiesen werden. Allerdings geht es in diesem Aufsatz nicht um die Täter, sondern um die Betroffenen.

Die Münsteraner Studie gibt zumindest eine theologische Bewertung ab. Das Verhalten der Kirche sei geprägt durch Ekklesiozentrik. Als Wesensmerkmale nennt das Gutachten: das Wohl und den Schutz der Kirche,

---

22 Titel Anm. 14, 532.
23 Titel Anm. 6, 387.

die Vermeidung von Skandalen, den Schutz der Mitbrüder, das Selbstverständnis der Kirche als Trägerin der göttlichen Verkündigung und als Stifterin des Heils. Nicht im Blick hingegen ist der Schutz der Kinder und Jugendlichen vor Missbrauch. Da die meisten Gutachten von Rechtsanwälten erstellt wurden, erklärt sich die Zurückhaltung bei theologischen Aussagen.

Gerade das aber ist geboten. Sexueller Missbrauch von Schutzbefohlenen widerspricht allem, was das Wesen priesterlicher Aufgaben oder des Dienstauftrags von Pfarrern ist. Er widerspricht im tiefsten Kern der Gottesbeziehung und stellt damit das Amt in Frage. Wie Kinder werden: jeder Missbrauchstäter sollte sich in die Lage eines Kindes versetzen. Sollte sehen und empfinden, was ein Kind bei Missbrauch durchmacht. Die jesuanische Wertschätzung der Kinder, die geradezu Vorbildfunktion erhalten, weil sie dem Reich Gottes vertrauter sind als die Erwachsenen, und ihre besondere Schutzbedürftigkeit, die es den Erwachsenen zur Aufgabe machen, sie zu schützen und zu behüten, widerspricht es zutiefst, wenn sich Repräsentanten der Kirche dazu konträr verhalten. Sexuelle Handlungen an Kindern und Jugendlichen haben nichts damit zu tun, sie zu fördern und ihnen eine unbeschwerte Jugend zu ermöglichen, die zu Selbstvertrauen und Entwicklung einer eigenständigen Persönlichkeit führen, sondern sie zerstören Selbstvertrauen und beeinträchtigen die Entwicklung ein Leben lang. Offenbar war dies keinem der Beschuldigten auch nur ansatzweise bewusst. Theologisch gesprochen haben sie sich nicht nur an den Kindern und Jugendlichen vergangen, sondern sie haben Christus missbraucht. Denn die Kinder und Jugendlichen sind von den Kirchen „im Namen Gottes, des Vaters und des Sohnes und des Heiligen Geistes" aufgenommen worden. Und diese Aufnahme soll ihnen ermöglichen, die Liebe und die Versöhnung Gottes mit uns Menschen kennen zu lernen. Jede Missbrauchstat lehrt sie jedoch das Gegenteil: Kirchliche Mitarbeitende zerstören durch Missbrauch Lebenswege. Umso behutsamer, achtsamer und unterstützender müssen die kirchlichen Leitungspersonen mit Betroffenen umgehen. Natürlich sind Geldzahlungen für Therapien sinnvoll und notwendig, zugleich müssen Betroffene aber auch erleben können, dass mit ihnen wertschätzend und ihre Erfahrungen achtsam wahrnehmend umgegangen wird. Dass Missbrauchstäter teilweise nur versetzt oder für eine Zeit lang in Klöster geschickt wurden nimmt die Dimension dieser Taten in ihrer theologischen Tiefe nicht wahr: Ein Missbrauchstäter ist für den Dienst in der Kirche nicht mehr geeignet. Und: es darf bei Missbrauchstaten keine Verjährung geben, denn die Schäden spüren die Betroffenen ein Leben lang.

Links zu Missbrauch

https://correctiv.org/aktuelles/missbrauch-in-der-katholischen-kirche/2023/06/07/papst-prozess-in-traunstein-350-000-euro-fuer-missbrauch-in-der-kirche/
https://de.wikipedia.org/wiki/MHG-Studie#mw-head
https://de.wikipedia.org/wiki/Sexueller_Missbrauch_in_der_r%C3%B6misch-katholischen_Kirche_in_Deutschland
https://diesseits.theopodcast.at/missbrauch-kirche-theologie
https://www.aufarbeitungskommission.de/themen-erkenntnisse/folgen-bewaeltigung/
https://www.deutschlandfunk.de/katholische-kirche-missbrauch-strafverfolgung-100.html
https://www.donaukurier.de/lokales/landkreis-eichstaett/dioezese-eichstaett-greift-durch-kirchenrechtliche-prozesse-gegen-priester-10325188
https://www.faz.net/aktuell/gesellschaft/thema/missbrauch-in-der-kirche-p4
https://www.herder.de/hk/schlagwoerter/sexueller-missbrauch/
https://www.kirche-und-leben.de/betroffene-berichtet-in-brief-von-sexuellem-missbrauch
https://www.neurologen-und-psychiater-im-netz.org/kinder-jugendpsychiatrie-psychosomatik-und-psychotherapie/risikofaktoren/sexueller-missbrauch/psychische-folgen/
https://www.rnd.de/politik/umgang-mit-kindesmissbrauch-beauftragte-der-bundesregierung-kritisiert-evangelische-kirche-V5JFZCGXCNJKZP4XMI56LYUH6U.html
https://www.sueddeutsche.de/panorama/missbrauch-katholische-kirche-urteil-erzbistum-koeln-stefan-hesse-gericht-prozess-1.5536577
https://www.tagesschau.de/inland/gesellschaft/kirchenrecht-103.html
https://www.zdf.de/nachrichten/panorama/missbrauch-studie-mainz-katholische-kirche-100.html
https://www.zeit.de/2021/02/missbrauchsskandal-katholische-kirche-entschuldigung-bischoefe-schuld-sexueller-kindesmissbrauch?utm_referrer=https%3A%2F%2Fwww.google.com%2F
https://mam.erzbistum-koeln.de/m/2fce82a0f87ee070/original/Gut-achten-Pflichtverletzungen-von-Diozesanver-antwortlichen-im-Erzbistum-Koln-im-Um-gang-mit-Fallen-sexuellen-Missbrauchs-zwi-schen-1975-und-2018.pdf

Letzter Zugriff auf alle oben genannten Internetlinks am 22.09.2023.

Literatur

Damberg, Wilhelm: Missbrauch – Die Geschichte eines Skandals, in: Aschmann, Birgit (Hrsg.), Katholische Dunkelräume – Die Kirche und der sexuelle Missbrauch, Paderborn 2022, 3–22.

Dreßing, Harald: Das Ausmaß der Vertuschung, Herder Korrespondenz, Oktober 2020, 13–16.

Pfannkuche, Sabrina: Die Sünde gegen das sechste Gebot – eine Analyse der geltenden Rechtsordnung der katholischen Kirche und der jüngeren Rechtsgeschichte, in: Hallermann, Heribert / Meckel, Thomas / Pfannkuche, Sabrina /Pulte, Matthias (Hrsg.), Der Strafanspruch der Kirche in Fällen von sexuellem Missbrauch, Würzburg 2012, 242–278.

Reisinger, Doris / Röhl, Christoph: Nur die Wahrheit rettet. Der Missbrauch in der katholischen Kirche und das System Ratzinger, Köln 2021.

Scicluna, Charles: Ein Überblick über die Entwicklung des kanonischen Rechts im Bereich des sexuellen Missbrauchs durch Kleriker, in: Hallermann u. a. (Hrsg.), Der Strafanspruch der Kirche in Fällen von sexuellem Missbrauch, 2012, 325–328.

Ein umfangreiches Literaturverzeichnis findet sich auf den Seiten 559–573 des Gutachtens aus Münster (s. Anm. 14).

Das Recht Gestorbener

Luise Metzler

Gewalt hat ein vielfältiges Gesicht: Gewalt gegen Menschen, gegen Tiere, gegen die Natur, auch gegen Systeme (die Demokratie), gegen Gebäude, gegen ... Bei mir geht es um Gewalt gegen Menschen, und zwar gegen die Hilflosesten der Hilflosen: um tote Menschen. Denn hilfloser und schutzbedürftiger als nach dem Tod kann ein Mensch nicht sein. Keine Lebensäußerung ist mehr möglich. Nichts. Selbst ein zu früh geborenes Baby – eigentlich der Inbegriff von Schutzbedürftigkeit – kann sich äußern: durch Schreien. Durch Bewegen. Ein gestorbener Mensch ist von all dem abgeschnitten. Nichts geht mehr aus eigener Kraft. Solche Gewalt gegen tote Menschen erleben wir vielfältig, besonders im Kontext von Kriegen. Anfang April wurden in Butscha/ Ukraine mehrere Hundert Leichen in Massengräbern gefunden, Soldaten und Zivilpersonen, Frauen, Männer Kinder, viele gefoltert. Ähnliches Ende September in Isjum, dann im Oktober Massengräber in Lyman, grauenhafte Kriegsverbrechen, die an den Körpern der Getöteten nicht Halt machen, die sie wegschafften wie Müll.

Solche Gewalt gegen tote Menschen gibt es auch in subtilerer Form, und zwar bei Sozialbestattungen. In Deutschland muss jeder Mensch bestattet werden, auch solche, die mittellos sind und keine Angehörigen haben, die rechtlich verpflichtet sind, die Kosten zu tragen. Es betrifft viele Menschen, die am Rande der Gesellschaft leben, die verarmt sind, wohnungslos, darunter auch verarmte alte Menschen, die niemanden mehr haben. Die meisten Menschen haben Angehörige, die sich um sie kümmern, z. B. indem sie für ein angemessenes Begräbnis sorgen. Sie sind sogar gesetzlich dazu verpflichtet. Der Generationenvertrag unserer Gesetzgebung regelt das sehr genau. Ich bin froh darüber. Aber nicht alle Menschen haben solche Angehörige. Jede Person aber hat einen Anspruch auf Bestattung. Hier tritt der Staat ein. Das Wie ist allerdings sehr *schlicht*, um es vorsichtig auszudrücken. Das Ordnungsamt beauftragt ein Bestattungsinstitut damit, den Leichnam verbrennen zu lassen und die Urne irgendwo anonym zu bestatten, und zwar so kostengünstig wie möglich. Das kann in Usedom sein oder auch in der Schweiz, je nachdem, wo es am billigsten ist. Falls bekannt ist, dass die tote Person eine Erdbestattung wünschte, wird sie anonym in einem Erdgrab bestattet, wiederum am kostengünstigsten Ort irgendwo. Nur die Akten im Ordnungsamt geben noch Auskunft darüber, wo diese Menschen bestattet sind. Es gibt kein Schild, keinen Hinweis, nichts. Als habe es diese Frau, diesen Mann, dieses Kind nie gegeben.

Es gibt Gruppen, die sich für das Recht Gestorbener einsetzen. Eine davon ist die Friedhofsgruppe Minden, die 2013 für ihr Engagement mit dem Salzkornpreis der Evangelischen Kirche von Westfalen ausgezeichnet wurde. Die Frauen und Männer dieser Gruppe leisten eine beeindruckende Arbeit. Sie kümmern sich um die Hilflosesten der Hilflosen: um tote Menschen. Menschen wie die Mitglieder der Friedhofsgruppe Minden legen ein Veto ein, und zwar gemeinsam mit dem Ordnungsamt. In einer bewundernswerten Initiative haben sie es zu ihrer Aufgabe gemacht, – ich zitiere aus ihrem Flyer – „alleinstehenden Menschen, die keinen Kontakt mehr zu ihren Angehörigen haben, auf Wunsch eine würdige Beerdigung und Grabpflege zu ermöglichen, damit ihr Name und ihr Andenken bewahrt bleibt". Ich habe großen Respekt vor solcher Arbeit. Als Theologin sehe ich darin eine besondere Form der Nächstenliebe.

In meiner Dissertation zum Thema „Das Recht Gestorbener" habe ich untersucht, ob die Bibel etwas dazu zu sagen hat, wie mit gestorbenen Menschen umzugehen ist. Sie hat! Und zwar in eindeutiger Weise, die das Tun von Menschen wie denen der Friedhofsgruppe Minden unterstützt. Lassen Sie mich erzählen.

In der Hebräischen Bibel im 5. Buch Mose, steht folgende Vorschrift: (Dtn 21,22f.):

> Wenn bei einem Menschen ein Verbrechen geschieht, auf das das Todesurteil steht, und er/sie wird hingerichtet und du hängst ihn/sie an ein Holz, dann darf die Leiche nicht über Nacht an dem Holz bleiben. Du sollst sie unbedingt noch am selben Tag begraben. Denn Aufgehängte sind eine Entwürdigung Gottes.

Danach steht es jedem *hingerichteten* Menschen zu, begraben zu werden, egal was er getan hat, egal wie sie zur Verbrecher:in geworden ist. Schindanger wie bei uns im Mittelalter sind danach undenkbar.

Begründet wird das mit höchster Autorität: mit der Würde Gottes. Nicht bestattete Aufgehängte wären nämlich eine *qilelat elohim*. Das Wort, das ich wie Leopold Zunz mit „Entwürdigung" übersetze, ist im Hebräischen schillernd. Die Grundbedeutung ist „Leichtmachen/ Leichtnehmen". Im Klartext heißt das: Wenn ein Mensch nicht bestattet wird, sondern Tierfraß überlassen wird – dann schädigt das Gott selbst. Es nimmt Gott Würde und Gewicht. Denn der Mensch ist und bleibt Ebenbild Gottes. Das wird schon ganz am Anfang der Bibel betont. „*Gott schuf Adam, die Menschen, als göttliches Bild, im eigenen Bild, als Bild Gottes wurden sie geschaffen*" (Gen 1,27). Nachdem die Menschen den Garten Eden verlassen haben, kommt es zum Mord von Kain an seinem Bruder Abel (Gen 4). Die Menschheit entwickelt sich in furchtbarer Weise weiter. „*Adonaj sah, dass die Bosheit der Menschen auf der Erde groß war. Jede Verwirklichung der Planungen des menschlichen Herzens war durch und durch böse Tag für Tag. Da tat es Adonaj leid, die Menschen auf der Erde gemacht zu haben, es schmerzte mitten im Herzen.*" (Gen 6,5–6 BigS 2011) Angesichts der übermächtigen Gewalt auf der Erde entscheidet Gott sich, durch die Sintflut „alles Fleisch" (Gen 6,13) zu vernichten. Gott bleibt aber nicht konsequent, sondern rettet die Familie Noahs und von jeder Tiergattung ein Paar. Wissend, dass sich am Wesen der Menschen nichts geändert hat, gibt Gott der Menschheit direkt nach Verlassen der Arche Gebote, die das Leben regeln sollen. Gott segnet sie und betont: „*Als Bild Gottes sind sie gemacht.*" (Gen 9,6) Nicht einmal die überbordende Gewalt ändert etwas daran.

Die jüdische Tradition verbindet die Vorschrift, dass auch Verbrecher:innen bestattet werden sollen, ausdrücklich mit der Gottesebenbildlichkeit des Menschen. Im Kommentar des jüdischen Gelehrten Raschi ist zu der Begräbnisvorschrift zu lesen: „Es ist eine Geringschätzung des Königs [gemeint ist Gott], weil der Mensch im göttlichen Ebenbild geschaffen ist."[1] Ein anderer Gelehrter, Hertz[2], führt aus: „Die Menschenwürde muss im Verbrecher respektiert werden. Das Judentum lehrt, dass der *Tod* seine Sünde sühnt, und darum soll sein Körper so früh wie möglich dieselbe ehrenvolle Bestattung erfahren wie der jedes anderen Toten." Ein engeres Für-Wahr-Nehmen der Gottesebenbildlichkeit aller Menschen ist kaum denkbar. Selbst Verbrecherinnen und Verbrecher, die auf JHWHs Geheiß zu töten sind, steht post mortem diese Würde zu. Sie haben Anspruch auf diesen Schutz, denn sie repräsentieren bis in ihre Körperlichkeit hinein Gott selbst. Der Leib Gottes wird leicht gemacht, wenn Tiere

---

1 Zitiert nach Hertz, Josef Herman: Deuteronomium 1995, 268.
2 Hertz, Josef Herman: Deuteronomium 1995, ebd.

solche und andere Menschen fressen. Denn die jüdische Tradition weitet die Vorschrift auf jeden Menschen aus: Wenn es für Kriminelle gilt, um wie viel mehr dann für andere (Sanhedrin 46ab).[3]

Welch eine versöhnliche Vorschrift! Mit dem Tod endet die Verantwortung des Individuums. Menschen bleiben zeit*lebens* verantwortlich für ihre Taten *und Untaten*. Strafe soll sein, und in antikem Denken konnte es die Todesstrafe sein. Wenn ein Mensch aber handlungsunfähig ist – tot ist –, endet der strafende Zugriff auf diesen Menschen. Sein Leichnam ist genauso zu schützen wie der jedes anderen Menschen: durch ein würdiges Begräbnis.

Dieses Recht Gestorbener ist der jüdischen Tradition sehr wichtig. Nach ihr ruht die Welt auf der Bibel (der Tora), dem Gottesdienst und den Liebeswerken.[4] Zu Letzteren gehören neben Krankenbesuch, Beherbergen von Fremden, Ausstattung armer Hochzeitspaare, Trösten von Trauernden auch und betont *Bestattung*. Ich werde gleich zeigen, welch hohen Stellenwert die Bibel der Bestattung Gestorbener zumisst.

1. Begräbnis in der Bibel

Die Bibel thematisiert Begräbnis an zentralen Stellen. Einige werde ich nennen. In den ersten Kapiteln der Bibel ist keine Rede von Begraben, auch nicht bei Abel, der von seinem Bruder Kain erschlagen wird. Die spätere jüdische Tradition greift hier durch Midraschim ein. Gott selbst – so diese Texte – half der Menschheit, repräsentiert durch Eva und Adam, den ersten Toten zu begraben. Gott schickt Engelwesen, um Abel zu bestatten. Von ihnen lernen Eva und Adam den Ritus des Bestattens.[5] Nach anderen Überlieferungen lässt Gott Kain von Vögeln lernen, wie zu begraben sei:

Ich zitiere aus solch einer Erzählung (Midrasch Tanchuma):

> In der Stunde, da Kain den Abel getötet hat, war er [Abel] hingeworfen, und Kain wusste nicht, was er tun sollte. Der Heilige, er ist gesegnet, bestellte ihm zwei reine Vögel, und einer von ihnen tötete seinen Gefährten und scharrte

---

3 Vgl. Plaut, W. Gunther / Böckler, Annette M.: Dewarim 2004, 246.
4 Aboth 1,2, zitiert nach Strack, Hermann Leberecht/ Billerbeck, Paul: IV/1, 562.
5 Vgl. Böttrich, Christfried: Vögel des Himmels 1995, 15ff mit vielen Beispielen.

mit seinen Krallen und begrub ihn. Von ihm lernte Kain und scharrte und begrub den Abel, daher werden die Vögel gewürdigt, dass ihr Blut bedeckt ist.[6]

Bestattet zu werden ist ein solch grundsätzliches Recht – so diese Tradition –, dass es Vögel mit kultischer Reinheit auszeichnet. Gott selbst steht dafür ein: Gott bestellt die Vögel. Gott will, dass Menschen bestattet werden.

Das Judentum kennt viele Regeln für das tägliche Leben, die befolgt werden sollen. Dazu gehört auch, den Sabbat zu halten, auszuruhen, Kräfte zu sammeln. Aber was, wenn am Sabbat ein Mensch stirbt? Die Pflicht, Tote zu bestatten, setzt selbst diese hochgeachtete Vorschrift der Sabbatruhe außer Kraft. Begründet wird es so: „Groß ist die Ehre des Menschen, dass sie ein Verbot der Tora verdrängt."[7] Nichts ist höherwertiger als das Begraben von Menschen um deren Ehre willen, denn, so die jüdische Tradition, der Mensch ist als Ebenbild Gottes geschaffen. Diese Verpflichtung gilt nicht nur für Angehörige der Toten, sondern für jeden Menschen egal welcher Herkunft. Jeder Mensch hat dafür Sorge zu tragen, dass eine Leiche, der sich niemand annimmt, eine würdige Bestattung erhält, „und dieser Liebesdienst wurde auch tatsächlich ausgeübt"[8].

Ob Abel begraben wurde, davon schweigt die Bibel. Wo aber schweigt sie nicht? Welche Begräbnisse sind so wichtig, dass die Bibel davon erzählt? Dieser Spur gehe ich nach.

Von „Grab" / „Begraben" (*kabar*) wird biblisch erstmals in Gen 15,15 gesprochen, und zwar als Teil des großen Segens für Abraham. Gott veranlasst einen Ritus. Abraham legt paarweise halbierte Tiere einander gegenüber. Als Raubvögel auf die Leichen herabstoßen, verscheucht Abraham sie. Er führt hier an Tieren exemplarisch vor, was sonst für Menschen gilt: den Schutz davor, von Tieren gefressen zu werden.

Danach erhält Abraham neben anderem auch die Zusage: *„Du selbst aber gehst in Frieden zu deinen Vorfahren, wirst begraben (qabar) in hohem, glücklichem Alter."* (Gen 15,15) Dass Abraham hier von Gott versprochen

---

6   Tanch Ber § 10, zitiert nach Böttrich, Christfried: Vögel des Himmels 1995, 35, auf dessen Ausführungen und weitere Beispiele ich verweise.
7   Gemeint ist das Gebot, sich an diesem Tag nicht kultisch zu verunreinigen. Zitate und Inhalt aus: Goldschmidt: Der babylonische Talmud, 3. Band; Megilla I,i.ij, Fol 3b, 639.
8   Vgl. Krauss, Samuel: Talmudische Archäologie 1911, 61, samt Belegen in Fußnote 445.

wird, nach einem langen Leben begraben zu werden, wird in der Theologie so gut wie gar nicht wahrgenommen.[9] Im Gegensatz dazu lese ich im biblischen Text, dass in gutem Alter begraben zu werden ein hohes Gut ist, ein Segen, der damals wie heute nicht selbstverständlich ist.

Es beginnt mit der Erzmutter Sara. Sie stirbt in hohem Alter. Abraham verwendet viel Mühe darauf, ein Grundstück mit einem Felsengrab zu kaufen, um sie dort zu begraben. Der erste Landbesitz im verheißenen Land ist das Grab einer Frau. Ich war vor einigen Jahren in Palästina, in Hebron, an der Stelle, wo der Legende nach Sara und Abraham, Isaak und Rebekka sowie Jakob, Lea und Josef begraben worden sind. Ein beeindruckender Ort. Er gehört zu den wichtigsten Heiligtümern des Judentums, des Islam und auch des Christentums.

Beim Tod von Jakob und Josef, den Nachkommen von Sara und Abraham, wird es geradezu dramatisch. Jakob ist mit seiner Familie wegen Hungersnot nach Ägypten geflohen, ein Fluchtgrund, wie ihn auch heute viele Menschen besonders aus Afrika haben. Jakob und seine Familie haben Glück. Sie werden nicht wie die Boatpeople abgewiesen oder in Camps interniert. In Ägypten lebt ihr Sohn Josef, der sie versorgt. Nach einiger Zeit stirbt Jakob. Als er merkt, dass er sterben wird, lässt er Josef schwören: *"'Setze mich nicht in Ägypten bei! Bei meinen Vorfahren will ich liegen, du sollst mich aus Ägypten heraustragen und mich in ihrem Grab beisetzen!' Josef schwor es ihm"* (Gen 47,29ff). Jakob muss nicht darum bitten, würdevoll begraben zu werden. Darauf kann er vertrauen. Doch er ersehnt mehr. Er will nicht in Ägypten, sondern im Land seiner Vorfahren bestattet werden, und bindet Josef per Eid daran. Zusammen mit seinen Schwestern und Brüdern hält Josef sich an diese Zusage. Die Bibel erzählt am Ende des Buches Genesis sehr ausführlich, dass alle nach Kanaan ziehen und dass Jakob im Grab seiner Vorfahren feierlich bestattet wird. Es geht um die Würde des Gestorbenen, um seine Identität. So wie die Menschen sich in Minden dafür einsetzen, dass die Bestattungs-Vorschrift, wie es das Ordnungsamt vorsieht, nicht reicht, dass mehr nötig ist, dass der Wunsch und die Würde der gestorbenen Personen Leitschnur sind, dass sie dort bestattet werden sollen, wo sie sich zuhause fühlen.

---

9 So z. B. die Anchor Bible, 113 oder Plaut, W. Gunther / Böckler, Annette M.: Bereschit 1999, 172–175, hier 173. Eine Ausnahme ist Hertz, Josef Herman: Genesis 5698–1937 (s. Frage im Literaturverzeichnis), 55.

Bei Josefs Tod geschieht Vergleichbares. Wie Jakob stirbt auch Josef in Ägypten mit der Hoffnung auf ein endgültiges Grab im Land Kanaan. Josef stirbt und wird zunächst in Ägypten einbalsamiert. Nach Jahren fliehen die Israelitinnen und Israeliten aus Ägypten: Der Exodus des Volkes Israel beginnt unter Mitnahme der Gebeine Josefs und endet mit deren Begräbnis in Jos 24,32: „*Und Mose nahm die Gebeine Josefs mit sich, denn er hatte die Töchter und Söhne Israels schwören lassen: ‚Gott wird aufmerksam auf euch acht haben, dann bringt meine Gebeine mit euch von hier herauf*" (Ex 13,19).

Von besonderer Bedeutung ist das vorletzte Wort der Erzelternerzählung *arôn* (Gen 50$_{26}$). Außer hier wird *arôn* biblisch niemals im Sinne von Sarg verwendet. Es bezeichnet sonst – mit nur einer kleinen Ausnahme[10] – immer die Lade mit den Tafeln der Tora. Der Talmud legt es so aus, dass die Kinder Israels dadurch beides mit sich tragen können: den *arôn* mit Josef und den *arôn* mit den Tafeln der Tora. Nachdem die Gebeine von Jakob-Israel aus Ägypten heimgekehrt und in Kanaan im Grab seiner Vorfahren bestattet worden sind, wartet die Lade *(arôn)* mit den Gebeinen Josefs, des Sohnes Israels, in Ägypten auf die Heimführung in das gelobte Land. Davon werden die nächsten Bücher der Bibel berichten, in deren Mittelpunkt eine andere Lade steht, die Lade *(arôn)* der Tora.[11] Begraben zu werden und den Weg mit der Tora zu gehen, werden dadurch biblisch ganz eng aneinandergerückt. Die talmudische Tradition erklärt: „So zogen mit Joseph hinauf die [Bundes-]Lade *arun* u. die Sch^{e}khina u. die Priester u. die Leviten u. ganz Israel u. die sieben Wolken der Herrlichkeit. Und nicht bloß, dass die Lade *ha arun* [= Sarg] Josephs mit der Lade des ewig Lebendigen zog, man gab auch, wenn die Vorübergehenden sprachen: ‚Welche Bewandtnis hat s mit diesen beiden Laden?' zur Antwort: ‚Das ist die Lade eines Toten, und das ist die Lade eines ewig Lebenden.' Und fragten jene dann weiter: ‚Was hat es mit dem Toten auf sich, dass er mit der Lade des ewig Lebenden zieht?' so antwortete man: ‚Der in dieser Lade ruht, hat gehalten, was geschrieben steht in dem, was in jener Lade ruht' [d. h. in der Tora]."[12]

Wir haben es in der Bibel nicht mit Geschichtsschreibung im heutigen Sinne zu tun. Die Bibel will das, was geschieht, theologisch deuten.

---

10 In 2 Kön 12,11 steht *arôn* für einen Kollektenkasten im Tempel.
11 Vgl. Jacob, Benno: Genesis 2000, 945.
12 Mechilta zu Ex 1319, zitiert nach Strack Hermann Leberecht/ Billerbeck, Paul: II, Markus, Lukas 1924, 674. Vgl. auch Kadari, Adiel: Early Burial Practice 2010.

Dazu nutzt sie Mythen. Manchmal haben sie Anhalt an der Geschichte, oft aber auch nicht. Trotzdem sind sie auf anderer Ebene wahr, weil sie Lebens-Hilfe sind. Nehmen Sie einen Text aus 1. Könige 13. In meiner Dissertation habe ich dafür die Überschrift gewählt: *Die Schöpfungsordnung kehrt sich um, damit ein Mensch begraben wird (1 Kön 13)*. Bestattet zu werden, ist so sehr elementares Recht von Menschen, dass sogar zwischen Löwe und Esel Frieden herrscht, damit sie gemeinsam darüber Wache halten können. Ein Mann Gottes, so erzählt die Bibel, ist unterwegs, um die Menschen in Samaria von ihrem schlimmen Weg abzubringen. Durch einen Propheten aus Samaria hatte der Mann Gottes sich verführen lassen, bei diesem einzukehren, zu essen und zu trinken – gegen die Warnung Gottes vor solcher Kumpanei (1 Kön 13,11–19). Durch dieses Handeln hatte der Mann Gottes – so beschreibt es Klara Butting – „die für prophetische Rede tödliche Verstrickung, die wir im Sprichwort ‚wes Brot ich ess, des Lied ich sing' zur Sprache bringen, nicht ernst genommen. Er hatte die Warnung Gottes missachtet, in Samaria weder Brot zu essen noch Wasser zu trinken (1 Kön 13,9.17), und war unterwegs umgekommen. Ein Löwe hatte ihn angefallen und getötet (1 Kön 13,24). Doch jetzt geschieht Erstaunliches: Der Löwe frisst weder den getöteten Menschen noch dessen Reittier, den Esel. „*Seine Leiche lag ausgestreckt auf dem Weg. Der Esel stand neben ihr, und der Löwe stand neben der Leiche*" (1 Kön 13,24). Im Land Gottes soll es keine geben, deren Leichen von Tieren gefressen werden. Für dieses grundsätzliche Recht von Menschen stehen in dieser Erzählung Löwe und Esel ein, sogar gegen ihre Natur. Sie kehren ihre Natur um, einander zu fressen bzw. voreinander zu fliehen. Stattdessen beschützen sie einträchtig die Leiche. In ihrem Tun verwirklichen die Tiere die Forderung Gottes, dass Tote zu bestatten sind. Sie warten so lange gemeinsam, bis endlich ein Mensch kommt, um den Leichnam zu bergen und ihn im eigenen Grab zu bestatten. Das Grab dieses Gottesmannes aus Juda wird später zu einem Ort der Hoffnung, dass Israel trotz der Verlusterfahrung durch das Exil von Gott einen Ort der Ruhe im Land erhalten wird[13] – genauso wie das Grab der Erzeltern Sara und Abraham diese Hoffnung verkörpert.

---

13 Vgl. Butting, Klara: Prophetinnen 2001, 150f. sowie Metzler, Luise: Recht 2015, 302 ff.

2. Rizpa als Toralehrerin für David (2 Sam 21,1–14)

In einer weiteren Erzählung hängt das Wohl und Wehe des ganzen Landes davon ab, ob Tote geschändet oder ob sie bestattet werden. Es geht um David und Rizpa. David lässt aus politischen Kalkül sieben Söhne Sauls hinrichten, um eine Hungersnot zu enden. Danach überlässt er die Leichname der Gefahr, dass aasfressende Tiere sich auf sie stürzen. Rizpa ist die Mutter von zweien der Getöteten. Durch ihre Totenwache lernt David, dass Tote zu bestatten sind.

David steht hier in bedrängender Parallele zu Pharao, dem Unhold der Bibel schlechthin. Wie David, so trägt auch Pharao Verantwortung dafür, dass Menschen getötet und dann von Tieren gefressen werden. Josef hatte den Traum des Obersten der Bäcker gedeutet: „Noch drei Tage, dann wird Pharao dein Haupt von dir wegnehmen und *dich an ein Holz hängen und die Vögel werden dein Fleisch von dir wegfressen*" (Gen 40,19). Es ist bis in den Wortlaut hinein das Szenario, dem die biblische Vorschrift, dass Gestorbene zu begraben sind, ein Veto entgegenstellt.

Pharao und David lassen beide zu, dass die Körper Getöteter von Tieren gefressen werden. Rizpa, die Nebenfrau Sauls und Mutter zweier dieser Söhne, wacht über den Leichnamen, bis David durch Rizpa lernt, dass Tote zu bestatten sind und nicht den Tieren zum Fraß überlassen werden dürfen.

Ein genauer Blick in den hebräischen Wortlaut zeigt, dass Rizpa hier als eine Prophetin handelt, die David lehrt, sich der Weisung Gottes entsprechend zu verhalten. Rizpa wendet sich an Gott, und Gott solidarisiert sich mit Rizpa und den Getöteten. David nimmt wahr, was Rizpa tut, und lernt: Er lässt die Toten im Grab ihrer Vorfahren begraben. Danach, so die Bibel, „*lässt Gott sich für das Land erbitten*" (2 Sam 21,14).

Der Entschluss eines Einzelnen (David), gegen die Lebensordnung Gottes Menschen zu töten und sie unbegraben zu lassen, hatte die Hungersnot durch vom Himmel her stürzende Wasser verschärft. Das Eintreten einer Einzelnen (Rizpa) mit Gott an ihrer Seite hatte David gelehrt, von seinen Verfehlungen umzukehren und Gerechtigkeit zu üben. Diese Umkehr macht das Geschehene nicht ungeschehen. Getötete und Leid gab es viel zu viel. Diese Realität bleibt erinnert, auch indem es der Text 2 Sam 21 erzählt. Aber sie hat nicht das letzte Wort. Dieses hat Gott *in der*

Tat. Das Gerechtigkeitstun Rizpas, dem David sich anschließt, bewirkt, dass „*die Gottheit sich erbitten lässt*" (2 Sam 21,14). Jede Tat der Gerechtigkeit, so klein oder groß sie auch ist, kann Beginn von umfassender Gerechtigkeit Gottes sein.

3. Tod und Begräbnis im Buch Tobit

Im Buch Tobit, geschrieben kurz vor der Zeit Jesu, erhält Begraben als Tat der Gerechtigkeit eine besonders wichtige Funktion. Tote zu bestatten gilt als heilige Pflicht. Es geht darum, Menschen zu begraben, die gewaltsam getötet und dann liegengelassen worden sind. Im Zentrum des Buches stehen Tobit, seine Frau Hanna und ihr Sohn Tobias, die zusammen mit anderen Menschen aus Israel nach Ninive verschleppt worden sind. Von den Mitgliedern dieser Familie wird berichtet, dass sie sich ethisch vorbildlich verhalten. Sie werden als Vorbilder für eine gute, der Gemeinschaft dienende Lebensweise gezeichnet. Durchbuchstabiert wird das Ganze ausgerechnet am Verhalten gegenüber Toten.

Tobit spricht: „Bereits in den Tagen Salmanassars hatte ich meinen israelitischen Schwestern und Brüdern viel Gutes getan. Meine Speisen hatte ich den Armen gegeben und die Kleider den Nackten, und *wenn ich gesehen hatte, dass gestorbene Angehörige meines Volkes hinter die Mauer Ninives geworfen worden waren, hatte ich sie beerdigt*" (Tob 1,16f.). Während der Terrorherrschaft des Assyrerkönigs Sanherib gerät Tobit dadurch in Lebensgefahr. Er wird denunziert und muss fliehen, sein Besitz wird konfisziert: „Sanherib ließ in diesen Tagen in seinem Zorn viele Menschen aus meinem Volk töten. *Ich stahl die Leichname und beerdigte auch sie*. Sanherib ließ danach suchen, aber sie waren nicht zu finden. Jemand aus Ninive *denunzierte mich beim König, weil ich sie beerdigte*. Ich versteckte mich. Als ich aber erkannte, dass der König über mich Bescheid wusste und mich suchte, um mich zu töten, fürchtete ich mich und floh. Alles, was mir gehörte, wurde mir geraubt und dem königlichen Besitz einverleibt, außer meiner Frau Hanna und meinem Sohn Tobias" (Tob 1,18–20).

Das Thema wird im weiteren Verlauf des Buches entfaltet. Deutlich wird, welch überragende Funktion die Zuwendung zu den Hilflosesten der Hilflosen hat: zu Gestorbenen. Und wie brandgefährlich es in einem totalitären Staat ist, das zu tun. Denn dass Tote zur Abschreckung unbestattet bleiben, gehört bis heute zu Handlungen im Krieg.

4. Tod und Bestattung Jesu

Das Neue Testament thematisiert Bestattung an prominenter Stelle. Gleich nach seinem Tod, so berichten alle vier Evangelien in seltener Übereinstimmung, wird Jesus gemäß den Vorschriften der Tora bestattet. Die Repräsentanten der Herrschaft Roms setzten Kreuzigungen bewusst zur Unterdrückung politischer Unruhen ein. Die Hingerichteten starben langsam und qualvoll. Sie blieben in der Regel hängen, bis sie von Tieren gefressen waren. Wer sich, wie auch immer, und sei es nur durch Tränen angesichts des grausamen Sterbens, mit einer/m der hingerichteten Frauen oder Männer solidarisierte, geriet selbst in Lebensgefahr.[14] Trotz dieser Bedrohung überlassen jüdische Menschen den Körper des ermordeten Jesus nicht dieser Entwürdigung. Josef von Arimathäa erbittet von Herodes das Sonderrecht, Jesus bestatten zu dürfen.

Über das Mindestmaß hinaus, das die Bibel jedem gewaltsam getöteten Menschen zuspricht, nämlich durch ein Grab davor bewahrt zu werden, unter freiem Himmel zu verwesen und aasfressenden Tieren ausgesetzt zu sein, wendet Josef sich Jesu totem Körper mit weiteren Taten der Gerechtigkeit zu. Erst danach – so alle Evangelien (Mt 27,57ff; Mk 15,42ff; Lk 23,50ff; Joh 19,38ff) und 1 Kor 15,4 einmütig – lässt Gott Jesus auferstehen. Mit Blick auf die Vorschrift in Dtn 21,22f., dass Tote unbedingt zu bestatten sind, leuchtet bei Tod und Auferstehung Jesu ein, soweit ich sehe, in der Theologie bislang nicht wahrgenommener Aspekt auf. Die neutestamentlichen Texte hätten auch erzählen können, Gott habe Jesus direkt vom Kreuz her auferstehen lassen. Wenn sie aber einmütig davon sprechen, dass Jesus erst nach der Bestattung aufersteht, dann *kann* die Auferstehung Jesu auch als solidarische Antwort Gottes auf das Liebeswerk von Menschen, nämlich die Bestattung Jesu, gelesen werden.

---

14 Vgl. Sölle Dorothee / Schottroff Luise: Jesus 2000, 113ff.

5. Bestattung im antiken Judentum und in den darin beheimateten messianischen Gemeinschaften

Haben diese biblischen Erzählungen Anhalt an der Realität? Oder sind es nur Geschichten? Schauen wir uns zunächst die Zeit Jesu an: Die Bestattung Toter ohne Ansehen der Person gehörte im Judentum zu den unverzichtbaren Taten der Gerechtigkeit. Das Buch Tobit zeichnet dazu ein eindrückliches Bild. Während im Römischen Reich besonders arme Menschen oft unbestattet blieben, waren jüdische Menschen ebenso wie Angehörige der messianischen Gemeinschaften geradezu dafür verrufen, dass sie sich um Tote kümmerten, denen sich sonst niemand zuwandte und denen es drohte, von Tieren gefressen zu werden. Sie bestatteten sogar vom Meer angespülte Leichname. Mehrere antike Schriftsteller bestätigen diese Praxis. Als Begründung schreibt Lactantius: „Wir werden es nicht dulden, daß das Bild und Geschöpf Gottes den wilden Tieren und Vögeln als Beute hingeworfen wird, ... und auch an einem unbekannten Menschen das Amt seiner Verwandten erfüllen, an deren Stelle, wenn sie fehlen, die Humanität tritt."[15]

6. Bestattung im Christentum

Nach der Trennung vom Judentum veränderten sich im Christentum die Formen des Umgangs mit Gestorbenen. Nicht mehr jeder Mensch hatte Anspruch auf ein Begräbnis. Stattdessen entschied sein Verhalten zu Lebzeiten. Begründet wurde es theologisch. Der Grundsatz, dass der Tod die Sünde sühnt, und dass darum selbst Verbrecher:innen so früh wie möglich dieselbe ehrenvolle Bestattung erfahren sollen wie jeder andere Tote, galt nicht mehr. Menschen, die durch Suizid starben, wurde das Begräbnis verweigert. Ebenso erging es Kriminellen – manchmal beschränkt auf solche, die keine Reue zeigten –, Exkommunizierte, Menschen, die auf dem kirchlichen Index standen, und Andersgläubige. Teilweise gab es für

---

15 Inst. VI,12 zitiert nach Harnack, Adolf: Mission 1906, 144.

jüdische Menschen eigene Friedhöfe. Bis zum 16. Jahrhundert wurden Suizidale postmortal wie Kriminelle hingerichtet und ihre Körper weiter geschändet. Noch in der Neuzeit ist zu beobachten, dass ihnen mancherorts ein Begräbnis auf christlichen Friedhöfen verweigert wird. Die Vorschrift aus der Hebräischen Bibel ist im Christentum in Vergessenheit geraten. Wie gut, dass sich das heute fast überall geändert hat!

In der kirchlichen Praxis hat die Bestattung einen großen Stellenwert. Menschen werden in sorgfältig ausgearbeiteten Ritualen bestattet. Fraglich ist der Grenzbereich: Wer empfängt solche Zuwendung nicht? Aus welchen Gründen?[16] In Organisationen wie der Friedhofsgruppe Minden engagieren sich Menschen für Frauen, Männer und auch Kinder, die keine Angehörigen haben und auf eine staatliche Ersatzbestattung angewiesen sind. In den letzten Jahren wurden deutschlandweit ähnliche Initiativen gegründet – oft wie in Minden ökumenisch –, die Gottesdienste für „Unbedachte" – so heißt es im Ruhrgebiet – anbieten. Vielfach beteiligt sich die Ortspresse durch kostenlose Todesanzeigen. Städte stellen gratis Urnenfelder zur Verfügung, die von den Initiativen gepflegt werden. Spenden ermöglichen Namensschilder an Stelen. Die Evangelische Kirche von Westfalen hat im Oktober ihre Friedhofsgruppe Minden mit dem Förderpreis „Kreatives Ehrenamt in der Kirche", dem Salzkornpreis, ausgezeichnet. Denn alles geschieht ehrenamtlich und außerhalb der offiziellen Verantwortlichkeit der Kirchen.

Gottesdienste für solche anonym bestatteten Frauen, Männer und Kinder gehören bislang nicht zu den genuinen Aufgaben der Kirchen. Die biblischen Texte können hier einen wichtigen Anstoß geben. Während Dtn 21 nur die Bestattung als solche einfordert, gehen andere Erzählungen deutlich weiter. David lässt die in 2 Sam 21 getöteten Nachkommen Sauls in Würde im deren Familiengrab bestatten. Eine notdürftige Bestattung reicht nicht. Ebenso sollte es in unseren Kirchen selbstverständlich werden, es nicht ehrenamtlichen Initiativen zu überlassen, sich Menschen zuzuwenden, denen nur die würdelose anonyme staatliche Bestattung bleibt. Das Engagement von Gruppen wie der Friedhofsgruppe Minden ist sehr wichtig. Die Kirche sollte von ihnen lernen. Es sollte zu den Aufgaben von Kirchengemeinden gehören, die Würde auch dieser „unbedachten" Menschen ohne Ansehen der Person durch Trauerfeiern und Bestattung über den Tod hinaus zu wahren. Die Kirche sollte verstärkt

---

16 Vgl. Buttler, Judith: Frames 2009.

darauf drängen, dass Kirchengemeinden von den Standesämtern benachrichtigt werden, wenn Gemeindeglieder gestorben sind, selbst wenn dafür Verwaltungsvorschriften modifiziert werden müssen. Bislang erfahren die meisten Kirchengemeinden den Tod eines Menschen im Bereich ihrer Gemeinde nur durch Angehörige, die um Bestattung bitten. Darüber hinaus sollten Kirchengemeinden ihr Engagement auf alle Menschen ausweiten, die es nötig haben und es wünschen, egal ob sie zur Gemeinde gehören oder nicht. Selbstverständlich muss dabei auf die Wünsche der Gestorbenen eingegangen werden, besonders wenn sie der Religion kritisch gegenüberstehen. Auf diese Weise könnten die Kirchen auch hier nachhaltig daran erinnern, dass die Würde eines Menschen als Ebenbild Gottes nicht mit seinem Tod endet.

Literatur

Böttrich, Christfried: „Die Vögel des Himmels haben ihn begraben." Überlieferungen zu Abels Bestattung und zur Ätiologie des Grabes: SIJD 3, Göttingen 1995.
Butler, Judith: Frames of War. When is Life Grievable?, New York 2009.
Butting, Klara: Prophetinnen gefragt. Die Bedeutung der Prophetinnen im Kanon aus Tora und Prophetie: Erev Rav Hefte: Biblisch feministische Texte 3, Wittingen 2001.
Goldschmidt, Lazarus (Übersetzer): Der babylonische Talmud, 12 Bände, Berlin 1929–1936 (und reprints).
Harnack, Adolf: Die Mission und Ausbreitung des Christentums in den ersten drei Jahrhunderten: Band 1, Leipzig ⁴1924.
Hengel, Martin: Das Begräbnis Jesu bei Paulus und die leibliche Auferstehung aus dem Grabe, in: Avemarie, Friedrich/ Lichtenberger, Hermann (Hrsg.), Auferstehung. The Fourth Durham-Tübingen Research Symposium Resurrection, Transfiguration and Exaltation in Old Testament, Ancient Judaism and Early Christianity (Tübingen, September 1999), WUNT 135, Tübingen 2001, 119–184.
Hertz, Joseph H.: Pentateuch und Haftaroth: hebräischer Text und deutsche Übersetzung, Band 1: Genesis, London 5698–1937.
- Pentateuch und Haftaroth: hebräischer Text und deutsche Übersetzung, Band 5: Deuteronomium, Zürich 1995.
Jacob, Benno: Das Buch Genesis, Stuttgart 2000.
Kadari, Adiel: „This One Fulfilled What is Written in That one": On an Early Burial Practice in Its Literary and Artistic Contexts, 2010.
Krauss, Samuel: Talmudische Archäologie, 3 Bde; Leipzig 1 (1910); 2 (1911); 3 (1912); repr. Hildesheim 1966.

Metzler, Luise: Das Recht Gestorbener. Rizpa als Toralehrerin für David, Theologische Frauenforschung in Europa, Band 28, Münster 2015.
Plaut, W. Gunther / Böckler, Annette M.: Bereschit = Genesis, Gütersloh 1999.
- Dewarim = Deuteronomium, Gütersloh 2004.
Sölle, Dorothee/ Schottroff, Luise, Jesus von Nazaret, dtv Portrait 1650, München 2000.
Strack, Hermann L. / Billerbeck, Paul: Kommentar zum Neuen Testament aus Talmud und Midrasch. Band II: Das Evangelium nach Markus, Lukas und Johannes und die Apostelgeschichte, München 1924.
Strack, Hermann L. / Billerbeck, Paul: Kommentar zum Neuen Testament aus Talmud und Midrasch. Erläutert aus Talmud und Midrasch, Band IV/1: Exkurse zu einzelnen Stellen des neuen Testaments. Abhandlungen zur neutestamentlichen Theologie und Archäologie. München ⁷1978.

Nächstenliebe, Fremdenliebe, Feindesliebe und die Goldene Regel – Der lange Weg vom Tötungsverbot zur Friedenspflicht

Kristian Hungar

1. Biblisch Denken – Gedankengänge in biblischen Texten

Ich lese die biblischen Schriften nicht als heilige Schriften, sondern als Weltliteratur von – für menschliche Angelegenheiten – hohem aufschließenden Gewicht. Dazu angeregt bin ich durch das Denken von Hannah Arendt.[1] Mit ihrem Namen verbindet sich für mich die Emanzipation der vita activa von der vita contemplativa[2] und die Erschließung eines vom Erkennen unterschiedenen Denkens in einem Feld, das Kant meinte, für den Glauben freigehalten zu haben[3].

Die biblischen Schriften (Tora und Propheten, Psalmen; Evangelien) sind nun keine theoretischen Schriften, wie die Platons oder Aristoteles',

---

1 Arendt: Lessing 1989, 17–48. Sie las zudem als Weltbürgerin, was man aus ihrer Darstellung Karl Jaspers' schließen kann. Arendt 1989: Jaspers, 89–98.
2 „Mein Einwand gegen die Tradition besteht wesentlich darin, daß – durch das in der überlieferten Hierarchie der Kontemplation zuerkannte Primat – die Gliederungen und Unterschiede innerhalb der Vita activa verwischt oder nicht beachtet worden sind [...]. [...] und wenn ich von der Vita activa rede, so setze ich voraus, daß die in ihr beschlossenen Tätigkeiten sich nicht auf ein immer gleichbleibendes Grundanliegen ‚des Menschen überhaupt' zurückführen lassen, und daß sie ferner den Grundanliegen einer Vita contemplativa weder überlegen noch unterlegen sind." Arendt: Vita activa 1998, 27.
3 „Er [Kant] äußerte defensiv: ‚Ich mußte [...] das Wissen aufheben, um zum Glauben Platz zu bekommen' [...], doch er hatte nicht Platz für den Glauben gchaffen, sondern für das Denken, und er hatte nicht ‚das Wissen aufgehoben', sondern Erkennen und Denken voneinander geschieden." Arendt: Denken 1979, 24.

sondern pragmatische. Sie erzählen von menschlichen Angelegenheiten coram deo[4].

Erzählen ist eine Vorbereitung von pragmatischem Denken. Das zeigt sich an seiner Struktur. Zu fragen ist: Wie sind Erzählungen, Klagen[5], Gebotsreihen[6] strukturiert? Lässt sich an ihrer Struktur ein Gedankengang erkennen?

Und was bedeutet ihre Besonderheit? Sie sind Tora, gehörte Gottesrede. Aber Rede eines sehr besonderen ‚Gottes'. Eines Richters der Götter (Psalm 82). Eines, dessen Gebote mit Götter- und Bilderkritik[7] einsetzen (Dekalog). Eines, der beruft und zur Verantwortung zieht (Abraham als ersten), der liebt und hasst (Dekalog), der vernichtet / herausführt und Gebote dekretiert (Noah, Mose)[8]. Ein ‚Gott'-in-Beziehung[9] (Hosea)[10]. Einer, der als ‚Sohn', als Menschenkind unter die Menschen geht. Ein ‚lebendiger' ‚Gott'. Auch: ein ‚Gott', den Menschen unverhofft ‚Ich' sagen hören. Seine Weisungen gelten als Tora unerschütterlich: Sie kann nicht aufgelöst, aber ‚erfüllt' werden, wie Jesus nach Matthäus (Mt 5,17) erklärt hat.

Lässt sich ihre Pragmatik, besonders die Pragmatik des ‚Erfüllens' denken? Lässt sich dieses Denken lernen? Es kommt auf den Versuch an.

Und ich lese die biblischen Schriften auch nicht als Exeget vom Fach, der die alten Sprachen lesen und selber aus ihnen übersetzen kann. Ich bin angewiesen auf Übersetzungen der biblischen Texte in die westeuropäischen Sprachen: Deutsch, Englisch, Französisch. Übersetzungsvergleiche sind gelegentlich lehrreich. Sehr hilfreich ist die mit einem Glossar zu den Wort- und Begriffsfeldern ausgestattete Übersetzung der ‚Bibel in gerechter Sprache' von 2006 / 2011. Dies vor allem aus zwei Gründen: Weil sie die auf das Glossar hinweisenden sinntragenden Worte des hebräischen oder griechischen Urtextes am Seitenrand mitführt. Und weil

---

4 Genauer: coram altero/mundo, coram se ipso, coram deo. Nachdrücklich entfaltet bei Ebeling: Luther 2017, 219ff.
5 Westermann: Klage.
6 Crüsemann: Dekalog, Tora.
7 Geiger: Lieblingsbilder.
8 Ist dies die Konstellation in den selbstdiskreditierenden Konfessionskriegen des 16. und 17. Jahrhunderts?
9 Crüsemann: Beziehung.
10 Baumann: Liebe und Gewalt.

sie die übliche Bezugnahme auf ihren ‚Gott' als ‚Herr' auflöst zugunsten kontextbezogener Variationen des Namens.

Ich lese einerseits naiv, Satz für Satz – Subjekt, Prädikat, Objekt. Andererseits lese ich mit einer schon angedeuteten methodischen Hypothese im Kopf: Perikopen sind erzählte Gedankengänge, die eine erkennbare Struktur haben. Das Denken geht von einem Anfang aus, durch eine Passage, einen Kulminationspunkt, schließlich auf einen Schluss zu. Der zentrale Gedanke steht in der Mitte. Anfang und Schluss sind oft aufeinander bezogen oder anders als solche gut zu erkennen.

Um das sichtbar zu machen, drucke ich die sechs hier herangezogenen Texte im Anhang als *Passagen A bis F* in nach grammatischen Sätzen auseinandergezogener Form ab. Das soll den Vergleich des Strukturbildes mit den im Fließtext vorgetragenen Beobachtungen und Deutungen leichter machen, wenn nicht überhaupt erst ermöglichen.

Derart erschlossene Gedankengänge lassen sich auch gut vergleichen. Da es im Folgenden um die Weisung ‚Nächstenliebe (Fremdenliebe, Feindesliebe)' und um die Weisung ‚Goldene Regel' geht[11], untersuche ich sie als zentrale oder rahmende Gedanken in solchen Gedankengängen.

Ich verlasse mich auf die Darstellungsgewalt des letzten, aufschreibenden Hörers des Wortes Gottes. Ich diskutiere also beispielsweise die Bergpredigt so, wie Matthäus sie notiert hat, und die Feldrede so, wie sie bei Lukas steht. Sichtlich denkt jeder von ihnen das ihm Überlieferte eigenständig. Welche Akzente setzt er? Jedem Leser bleibt überlassen, festzustellen, welche Überzeugungskraft das so erschlossene Dargestellte hat.

Die ‚christliche' Nächstenliebe ist schnell in aller Munde. Vor allem in Kriegszeiten. Jesus und seine ersten Anhänger haben sie aber nicht erdacht, sondern im Kapitel 19 des dritten Buches der Tora (Leviticus) ihrer hebräischen Bibel vorgefunden, als ein Einzelgebot in zwei Fassungen. Dort stand sie als Entdeckung aus der Zeit der babylonischen Gefangenschaft.

---

11 Sie heißt weder in den biblischen Schriften, noch in der Reformation und auch für Thomas Hobbes nicht Goldene Regel, sondern ‚Regel Christi' oder ähnlich. Ein frühes Zeugnis für die neue Bezeichnung im Raum der deutschsprachigen Gelehrsamkeit ist Seckendorff (Teutscher Fürsten-Stat 1656, 62): „[...] daß er sich selbst nach Recht und Billigkeit weisen und gewinnen lasse / und nach der güldenen Regel des Herrn Christi / kein ander Recht begehre / oder anders mit den Leuten umbgehe / als er sich selbst gethan haben wolte."

2. Erfindung der Fremden- und der Nächstenliebe – Der Dekalog und seine Umdeutung in Leviticus 19

Ich experimentiere damit, die Weisungen in Lev 19 als Variationen, Umdeutungen des Dekalogs zu lesen. Variationen, die aus der Situation der Gefangenschaft in Babylon notwendig erschienen.[12]

2.1 Den Dekalog selbst lese ich als Gedankengang, als Passage.

Vergleiche im Anhang den Text des Dekalogs (Dtn 5,6-21), Passage A.

Kurz die wichtigsten Beobachtungen. Nach der autorisierenden Selbsteinbringung Jhwhs finden sich vier Doppelgebote (7/8, 12/16, 18/19, 21), ein klares, zentral gestelltes Einzelgebot (17: nicht töten), und – als eine Art innerer Rahmen – zwei Einzelgebote, die sich auf das Sprechen beziehen (11: den Namen nicht missbrauchen, 20: nicht als falscher Zeuge auftreten). Diese beiden ließen sich auch als ein weiteres Doppelgebot auffassen.

Die Doppelgebote haben in ihrer Struktur gemeinsam, dass sie sich einerseits jeweils auf die soziale (personale) Seite des zu Verbietenden oder zu Schützenden beziehen, dessen dingliche Seite andererseits: Fremdgötter und Bildnisse, Ehe des Nächsten und sein Eigentum.

Ein Doppelgebot enthält positive Weisungen (12: den Sabbat halten. 16: die Eltern ehren). Alle anderen enthalten Verbote. Diese beziehen sich auf die Beziehungen zwischen dem Haushalt des Angesprochenen und dem des Nächsten. Sabbat- und Elterngebot aber beziehen sich auf eines jeden Haushalts Binnenverhältnisse. Das wird später von größerer Bedeutung sein.

Angesprochen ist immer der landbesitzende, auf seinem Erbbesitz wirtschaftende Vollbürger.[13]

---

12 „Diasporaliteratur zur jüdischen Identitätsbildung", BigS 2011,182f.; Smith-Christopher: Landless 2015.
13 Crüsemann: Bewahrung 1983.

Nächstenliebe, Fremdenliebe, Feindesliebe

Genau diese Voraussetzung geht mit Gefangennahme und Deportation verloren. Zudem müssen sich die Deportierten in einer religiös und kulturell fremden Mehrheitskultur zurechtfinden. Der Sinn des Dekalogs kann nur durch eine erhebliche Neubestimmung seiner Weisungen durchgehalten werden. Die Situation muss neu definiert werden. Frage: Wie spiegelt sich das in den veränderten und neuen Geboten?

Lev 19 nun ist auf den ersten Blick schwer zu lesen. Es macht einen unfertigen, abgebrochenen Eindruck, den eines ‚work in progress'. Ich helfe mir, indem ich zwei Strophenfolgen unterscheide, sie einzeln untersuche und miteinander vergleiche: einerseits die, deren Strophen mit der Autorisierungsformel ‚Ich Adonaj' abgeschlossen werden; andererseits jene andere mit dem Abschluss ‚Ich Adonaj, Gott für euch.' Sie begegnen dort ineinandergeschoben. Einige wenige Strophen ohne einen solchen Abschluss lasse ich unbeachtet. Beide bringen als eine ihrer Innovationen die Postulierung eines Liebesgebotes.

2.2 Die Strophen ‚Ich, Adonaj': Nächstenliebe

Vergleiche im Anhang den vollen Text der sieben Strophen ‚Ich, Adonaj': Passage B.

Wie werden die Dekaloggebote auf die Situation des Exils eingestellt?

Erstens: Die beiden positiven Weisungen, den Sabbat zu halten und die Eltern zu ehren, werden alltagsnäher ausgedrückt (19,32 stehe auf ...) und mit der Aufforderung zum Erweis von Ehrfurcht verbunden (19,30 dem Heiligtum, 19,32b der Gottheit).

Zweitens: Das Tötungsverbot wird durch eine Lebensschonung (19,16b) ersetzt.

Drittens: Das Diebstahlsverbot (19,11) bleibt erhalten. Aber das Ehebruchsverbot geht in allgemeinen Warnungen unter (ebenfalls 19,11).

Viertens: Das Falsch-Zeugnis-Verbot bekommt eine allgemeinere Formulierung (19,16 Gehe nicht verleumderisch unter deinen Mitmenschen umher), das Namensmissbrauchsverbot wird auf einen konkreten Bereich eingeschränkt (19,12 Schwöre nicht bei meinem Namen).

Interessant ist fünftens der große Block sehr alltagsnaher Weisungen (18,13–18; außer 16), den das Liebesgebot abschließt.[14] Er zeigt, wie sorgfältig das Liebesgebot aus unterschiedlichen Perspektiven vorbereitet wird, und – wie es in diese Perspektiven hinein ausgelegt werden kann.

Sechstens: In den anfänglichen Strophen bis zum Liebesgebot dominieren Verbote, von da an bis zum Schluss Gebote. Mit dem Schluss der zweiten und der sechsten Strophe – ... *Ehrfurcht haben* – wird ein Rahmen dieser Gebotsreihe angedeutet.

Im Ganzen: Diese Exils-Tora zeigt deutlich die besonderen Merkmale biblischen Sozial- und Gerechtigkeitsdenkens. Man schenkt seine Aufmerksamkeit den wunden Punkten des Zusammenlebens, wo der Zusammenhalt gefährdet ist, und formuliert gezielte Abhilfe. Das Liebesgebot ist hier nicht wegen seiner Allgemeinheit am Platze, sondern eher als Sensorium für aufkommende Gefahren. Man könnte sagen: Da das vom überlieferten Dekalog in der Situation des Exils nicht zureichend geleistet wurde, wurde er fortgeschrieben, ‚novelliert'.

2.3 Die Strophen ‚Ich, Adonaj – Gott für euch': Fremdenliebe

Vergleiche im Anhang den vollen Text der Strophen ‚*Ich, Adonaj – Gott für euch*' – Passage C.

Diese Strophen weisen eine komplexe Symmetrie auf:

Der äußere Rahmen erklärt die Autorisierungsformel. Eingangs (19,2b) die Heiligkeit: „Ihr seid heilig, ja seid es, denn ich bin heilig." Ausgangs (19,35b) „Gott für euch, weil ich euch aus Ägypten herausgeführt habe."

Im Zentrum stehen zwei Regeln über Ernten und Pflanzen, eine soziale (19,9f.: Nachlese für die Armen und Fremden) und eine kultische (19,23–25: junge Früchte drei Jahre stehen lassen, die erste Ernte im vierten Jahr eine Festgabe für Adonaj).

Dazwischen oben zwei Anknüpfungen an den Dekalog: (19,3) an Eltern- und Sabbatgebot, (19,4) an das Fremdgötter- und Bilderverbot.

Dazwischen unten zwei Neuschöpfungen: (19,31) ein Verbot, sich nicht an Toten- und Wahrsagegeister zu wenden; sowie (19,33) das Gebot

---

14 Crüsemann: Tora 1992, 274–380.

der Fremdenliebe und (19,35) eines über das Verhalten in Gerichtsverhandlungen (Verdreht nichts an den Maßen), beide mit Ägyptenbezug. Finden sich in den ‚Ich Adonaj'-Strophen die Neuerungen in der ersten Hälfte der Komposition, so hier in den ‚Ich Adonaj, Gott für euch'-Strophen in der zweiten.

Vergleicht man den Kontext der Erfindung des Gebots der Nächstenliebe (19,17f.) mit dem der Erfindung des Gebots der Fremdenliebe (19,33f.), so trifft man auf ähnliche Grundgedanken, aber unterschiedliche Hinsichten und Argumentationen.

Jede argumentiert anders. Die ‚Ich, Adonaj'-Strophe (19,17f.) denkt an die Brüder (und Schwestern) des eigenen Volkes in fremder Umgebung. Sie denkt, soziologisch gesprochen, eher an Vergemeinschaftung[15]. Die ‚Ich Adonaj, Gott-für-euch'-Strophe (19,33f.) denkt an die Fremden im eigenen Land, damit eher an Vergesellschaftung. Beide finden zu der Forderung ‚Liebe sie als dich selbst.'

Bedenkenswert ist der klare Unterschied im Gottesbezug, in der ‚Theologie'. Die ‚Ich, Adonaj'-Strophen ignorieren das Götzen- und Bilderbot und positivieren das Namensmissbrauchsverbot zu einem Gebot der Namensheiligung (19,12 und 30). Die ‚Ich Adonaj, Gott-für-euch'-Strophen gehen in die Alternativposition: Sie ignorieren das Verbot des Missbrauchs des Namens, argumentieren aber mit dem Fremdgötter- und Bilderverbot (19,4). Soziologisch: Vergemeinschaftung tendiert zu einem anderen Gottesbezug als Vergesellschaftung.

Soviel zu den Unterschieden. Gemeinsam ist beiden Konzeptionen, dass sie Sabbat- und Elterngebot hochhalten (19,30.32 und 19,3), die beiden einzigen positiv formulierten, also zusammenhaltenden Weisungen des Dekalogs. Ist das die Klammer zwischen den beiden Konzeptionen?

Nur das Gebot der Nächstenliebe fand Eingang in das Doppelgebot der Gottes- und Nächstenliebe (Mk 12,28–31 par.), das der Fremdenliebe nicht. Bergpredigt (Matthäus) und Feldrede (Lukas) thematisieren beide die Nächsten- die Feindesliebe. Auch sie thematisieren nicht die Fremdenliebe. Umso bedeutsamer, dass im Lukasevangelium das Doppelgebot durch das Gleichnis vom barmherzigen Samariter veranschaulicht wird (Lk 10,29–37). Und da ist der Notleidende kein Feind, sondern ein Fremder.

---

15 Weber: Soziologie (1919–20) 2014,29 MWS I/23. Merton: Einflußmuster 1995, 372.

3. Umdeutung der Nächstenliebe: Feindesliebe – Aneignung der Goldenen Regel in den Evangelien

3.1 Die ‚Antithesen' der Bergpredigt (Mt 5,21-6,15)

Vergleiche im Anhang den Text der Bergpredigt in seiner Struktur: Passage D.

In seinen Eröffnungsworten macht Jesus erste Andeutungen. Der Text (Mt 5,17-20):

> [17] „Denkt nicht, ich sei gekommen, die Tora und die prophetischen Schriften außer Kraft zu setzen!
> Ich bin nicht gekommen, sie außer Kraft zu setzen, sondern sie zu erfüllen.
> [18] Wahrhaftig, ich sage euch: Bevor Himmel und Erde vergehen, wird von der Tora nicht der kleinste Buchstabe und kein einziges Häkchen vergehen, bis alles getan wird.
> [19] Wer nur ein einziges dieser Gebote außer Kraft setzt, und sei es das kleinste, und die Menschen entsprechend lehrt, wird in Gottes Welt <basileia> als klein gelten. Wer aber sie befolgt und lehrt, wird in Gottes Welt <basileia> groß genannt werden.
> [20] Denn ich sage euch: Wenn eure Gerechtigkeit nicht über die schriftgelehrte und pharisäische Gerechtigkeit hinausgeht, werdet ihr nicht in Gottes Welt <basileia> kommen." (BigS)

Es wird mich beschäftigen, was er mit ‚erfüllen' meint. Um die Herausarbeitung einer entsprechenden Deutung wird es gehen.

Einen ersten Anhaltspunkt gibt der Bezug auf die „*basileia des Himmels*" bzw. die „*basileia Gottes*".[16] Damit ist die Orientierung in der qualitativen Zeit angesprochen, hier bezogen auf Zukunft, auf Kommendes.

Hier komme ich auf das Denken Hannah Arendts zurück. Es geht um ihre pragmatische Fassung der Unterscheidung von Zukunft, Gegenwart und Vergangenheit. Nur in der Gegenwart kann gehandelt werden. Wie

---

16 Wobei meiner Auffassung nach für ‚Gott' mitgelesen werden muss, was ich oben zu diesem Thema notiert habe: Götter- und Bilderkritik, Präsenz in Beziehung. Ich lasse das griechische Wort *basileia* stehen, da die üblichen Übersetzungen (Reich, Königsherrschaft) auf unzureichende Traditionen zurückweisen, der Sinn des Wortes aber neu aufgeschlossen werden sollte, Hungar Götzenkritik, 168ff.

aber sieht (gegenwärtiges) Handeln in Bezug auf Vergangenheit oder auf Zukunft aus? Aus der Perspektive Hannah Arendts ist Jesu Verblüffung auslösende Lehre, dass Menschen Menschen vergeben können (Mt 6,14f.), politisch von weittragender Bedeutung. Vergebung befreit Gegenwart von Störungen aus der irreversiblen Vergangenheit. Arendt denkt das symmetrisch. Die unvorhersagbare Zukunft lässt sich durch etwas Anderes strukturieren: durch einander verpflichten auf Unterlassung von verletzenden Handlungen, durch Verträge. Das sind für Arendt die beiden selbstauferlegten Normen freien Handelns.[17] Wir werden unten sehen, dass Hobbes eine Vorform dieses Gedankens im *Leviathan* postuliert.[18] Merkwürdigerweise findet das bei Arendt keine Erwähnung, obwohl sie sich mit Hobbes mehrfach gründlich beschäftigt hat.[19]

3.2 Zurück zur Bergpredigt

Vergleiche im Anhang Passage D. Ich hebe dort die wegweisenden Ansagen hervor ('*Ich heute ...*').

Sieben Ansagen, was zu tun sei; was eine vertiefende, vergegenwärtigende Erfüllung der Tora sei. Ich konzentriere mich nun auf die Orientierung in der qualitativ verstandenen Zeit: Gegenwart zwischen Vergangenheit und Zukunft.

Vergangenheit: Was Hannah Arendt interessierte, Jesu Vergebungslehre, ist nur mittelbar Bestandteil der wegweisenden Ansagen: eine der Bitten jenes Gebetes, das Jesus nach Abschluss der Antithesen seinen Hörern ans Herz legt (Mt 6,12) und begründet (6,14). Vergeben nimmt vergangenen Taten die Virulenz, wird in der Gegenwart vollzogen, entlastet aber von Nachwirkungen.[20]

Zukunft: Bezogen auf den matthäischen Jesus muss man sagen, dass seine oft geäußerte *basileia*-Gewissheit ihn von Zukunftsvorsorge völlig enthebt, und er das auch lehrt. Hannah Arendt hat diesen Zug auf sich beruhen lassen. Sie orientiert sich am römischen Vertragsrecht. Zwar

---

17 Arendt: Vita activa 1981, §§ 33 und 34.
18 In seinen *Elementa* ebenso wie im *De Cive*.
19 Eine offene Frage der Arendt-Forschung. Auch bei Miehe: Herrschaft 2015, 110–120 findet sich dazu nichts. Vgl. Nordmanns wichtige Rezension 2018.
20 Heute ist an dieser Stelle unbedingt auch von Erinnern, Gedenken zu handeln.

war sie auch in der biblischen Überlieferung fündig geworden, verfolgte das aber nicht weiter: bei Abraham und dessen „Erprobung der Macht gegenseitiger Versprechen und der Ordnung, die sie in das Chaos der Menschenwelt tragen"[21].

Gegenwart: Ich wende ich mich nun dem Kulminationspunkt in Mt 5,38–42 zu:

> „Ihr habt gehört, dass Gott gesagt hat: Auge um Auge und Zahn um Zahn.
> Ich lege euch das heute so aus: Leistet dem Bösen nicht mit gleichen Mitteln Widerstand.
> Vielmehr, wenn dich jemand auf die rechte Backe schlägt, halte ihm auch die andere Backe hin.
> Und wenn jemand gegen dich prozessiert um dein Hemd zu bekommen, gib diesem Menschen auch deinen Mantel.
> Und wenn dich jemand zur Zwangsarbeit für eine Meile nötigt, gehe mit ihm zwei.
> Gib denen, die dich darum bitten;
> und wende dich nicht ab von denen, die etwas von dir borgen wollen." (BigS)

Für diese hochumstrittene Ansage schlage ich eine politische, auf Präsenz setzende Interpretation vor. Man darf nicht vergessen, dass ‚Auge um Auge' ... um rechtlichen Ausgleich besorgte Tora ist[22], und von Jesus nicht einfach abgeräumt werden soll. Was aber kann Jesus darüberhinausgehend meinen? Meint er blinde Nachgiebigkeit? Auch das wohl eher nicht.

Wie sähe verantwortete Nachgiebigkeit aus? Das würde heißen, die Angegangenen definieren die Situation für sich neu, bringen sich damit ‚auf Augenhöhe'. Und verändern damit auch für den Aggressor die Situation. Es hätte seine Entsprechung in der wenig später als „Schlußwort der ganzen Mahnreihe"[23] in die Bergpredigt eingebrachten ‚Regel Christi' (Mt 7,12):

> „Alles nun, das ihr wollt, das euch die Leute tun, tut es ihnen ebenso. Das sagen die Tora und die prophetischen Schriften." (BigS)

Mit dieser Regel hat es die Bewandtnis, dass sie die auch umlaufende Vermeidungsregel – „Was du nicht willst, das man dir tu, das füg auch keinem anderen zu" – auf sich beruhen lässt und allein die Initiativfassung der Re-

---

21 Arendt: Vita Activa (1958) 1981, 311.
22 Ex 21,24–25; Ex 21,23f EU; Lev 24,19f EU; Dtn 19,21f EU.
23 Schniewind: Matthäus 1936, 100.

gel in Tora und Propheten integriert. Damit integriert sie auch das Liebesgebot und verallgemeinert es zugleich zu einer gebrauchsfähigeren Aussage. Wie gesagt: eine deutliche Entsprechung zu dem eben diskutierten Umgang mit der Talionsregel. Die Zeichen stehen damit auf Präsenz, auf gegenwärtigem Handeln.

Das gilt nun auch für das einfache und deutliche Ja- oder Neinsagen (Mt 5,37), wie für die unmittelbar anschließend eingebrachte Feindesliebe (Mt 5,44–47). Es gilt für die Erinnerungen zu Eheverträgen (Mt 5,28.32), obwohl hier manches offenbleibt. Und es gilt hinsichtlich des Verzichtes auf Seiteneffekte beim Üben von Barmherzigkeit, Beten und Fasten (Mt 6,3.6.18).

Mit anderen Worten: Versucht man, die allen Weisungen der Bergpredigt gemeinsame Perspektive zu erfassen, so deuten sich drei Charakteristika an:

Erstens: Sich seine Reaktion nicht vorgeben lassen, sondern selbst die Initiative ergreifen und aus eigener Initiative und in eigener Verantwortung das Geforderte tun. Damit definiert *ego* die Situation neu und konfrontiert *alter* mit dieser neuen Definition.

Zweitens: Mit der Erwartung des Kommens der *basileia tou theou* verbunden ist der Ausschluss, die Überflüssigkeit jeder Zukunftsvorsorge.[24]

Drittens: Die Gegenwart, als die einzige Zeit, in der gehandelt werden kann, frei machen von nachwirkenden Belastungen aus der Vergangenheit, also: Anderen ihre Verfehlungen vergeben.

Die Perspektive der Bergpredigt lässt sich so erfassen als eine qualitative Zeitsensibilität; nämlich eine Präsenz, die von Zukunftssorge frei ist und Menschen ein Handeln zeigt, durch das sie sich selbst von Determinationen aus der Vergangenheit befreien können. Wenn man so will: Jesus predigt eine zeitsensible und in dieser Hinsicht befreiende Befreiungstheologie.

Zu beachten ist, dass hier von einem qualitativen Zeitverständnis die Rede ist, das die dem Handeln verschlossenen Zeitmodi ‚Vergangenheit' und ‚Zukunft' vom handlungsoffenen Zeitmodus ‚Gegenwart' unterscheidet. Es ist nicht die Rede von der derzeit weltbeherrschenden linearen,

---

24 Mit dem Folgenden versuche ich das Konzept der ‚präsentischen Eschatologie' aufzugreifen und weiter zu führen: Weder: Zeitverständnis 1983.

quantitativen, physikalisch-astronomischen und ‚historischen' Zeit, die unsere Uhren und Kalender anzeigen.²⁵

3.3 Die Feldrede (Lk 6,27-38)

Vergleiche im Anhang den Text der ‚Feldrede' als Gedankengang: Passage E.

Lukas hat das Denken Jesu in einer anderen Rede „*an einer ebenen Stelle ... vor einer gewaltigen Volksmenge von ganz Juda und Jerusalem und dem Küstenlande von Tyrus und Sidon*" zusammengefasst. Ich prüfe den entscheidenden Ausschnitt auf seine Fassung der zentralen Gedanken.

Im Zentrum 6,32-35 hat die Rede eine regelrechte Argumentation zugunsten der Feindesliebe, die allerdings hier mit dem Leihen und 6,38 mit Maß und messen verbunden wird; halbwegs deutliche Zeichen des Sprechens für ein auch ökonomisch interessiertes Publikum.

Mir fällt auf, dass dieses Zentrum eingangs gerahmt wird mit der (‚Goldenen') Regel Christi (6,31) und ausgangs mit dem Imperativ der Barmherzigkeit (6,36). Das ist keine Nebensächlichkeit, sondern neben ‚Recht und Gerechtigkeit' der andere tragende Gedanke der hebräischen Bibel: ‚Barmherzigkeit und Zuwendung (ḥesed), Zuwendung (ḥesed) und Treue'.

4. Kommunikative Aufwertung der Goldenen Regel – Thomas Hobbes' Modell der Aushandlung eines Gesellschaftsvertrages

Vergleiche im Anhang Passage F: Thomas Hobbes, Leviathan (1651) Kap xiv und xv: Von natürlichen Gesetzen.

Ich verlasse jetzt die strukturelle Lektüre Biblischer Schriften, um einen Ansatz der Neuzeit, der frühen Aufklärung zu erproben: einen Theoretiker des Gesellschaftsvertrages, Thomas Hobbes. Er bietet sich aus zwei Gründen an: der aktuellen Renaissance des Vertragsdenkens und der Ratlosigkeit gegenüber Hobbes' Bibelorientierung.

---

25 Picht: Diktat 1975, 377-382.

Zum Ersten: Mit Beginn des 20. Jahrhunderts, spätestens aber seit die universellen Menschenrechte in Vertragsform gebracht[26] (Weltpakt für bürgerliche und politische Rechte, Weltpakt für wirtschaftliche, soziale und kulturelle Rechte.), 1966 angenommen worden und 1976 in Kraft getreten sind, ist Vertragspraxis wieder von großer politischer und ethischer Relevanz.[27]

Zum Zweiten trifft man in Hobbes, seiner verbreiteten Verketzerung durch die von ihm angegriffenen kirchliche Autoritäten zum Trotz, auf einen wachen und mitdenkenden Leser der Biblischen Schriften.[28] (Vergleiche den Exkurs zu Hobbes S. 23f., nach Passage F.) Wir werden sehen, dass er einem Grundgedanken der Lehre Christi aus dem Matthäus- wie dem Lukasevangelium ein völlig neues Verständnis entgegenbringt.

Durch den Nachvollzug jenes Verständnisses lässt sich eine Ahnung dessen gewinnen, womit biblisches Denken unter den Bedingungen der Neuzeit es zu tun bekommt.

Ich stelle sein Verhandlungskonzept vor (Anhang F) und gebe dann einige Erläuterungen. Die Nummerierung ist die Hobbessche Zählung der ‚natürlichen Gesetze': Das Ganze, die Ziffern 2–10 interpretiere ich wieder als Gedankengang. Sie besteht aus drei eingerahmten Pflichtenpaaren (4/5, 6/7 und 8/9). Darum liegt ein Rahmen (2) und (10), die grundlegende Verzichtsbereitschaft zugunsten eines Friedens, einmal positiv (2), das andere Mal negativ formuliert (10). An (2) angeschlossen findet sich ein längerer Exkurs (3) über den Vertrag, auf den ich hier nicht eingehe.

Unter der Nr. 11 folgt der Gleichbehandlungsgrundsatz. Mit den Nummern 12–15 folgen einige ergänzende Regeln, die außerhalb der Symmetrie des Gedankengangs liegen. Ich berücksichtige sie hier nicht.

Die beiden rahmenden Verzichtserklärungen werden nun durch die Goldene Regel erläutert, ohne dass ihr Wortlaut im Geringsten verändert

---

26 Sieghart: Menschenrechte 1988.
27 Riley: Contract Theory 1999². Margalit: Kompromisse 2011.
28 „Und so steht es uns nun wieder so frei wie den Urchristen, Paulus, Kephas oder Apollos zu folgen, wie es jeder gerade möchte." Hobbes: Leviathan 1966, 530. Tönnies: Hobbes 1925³, 48. In der Leviathan-Übersetzung von Holger Hanowell (Stuttgart 2013: Reclam) fehlt das ganze Kap. XLVII, so auch dieses Zitat. Reventlow: Bibelautorität 1980. Höffe: Hobbes 1983. Kessler, Samuel 2007, 247f.

wird. So wird der Umgang mit dieser alten Regel überraschend und entscheidend neu verstanden. Das ist die *erste* Innovation. Zunächst in einem Gedankenexperiment, das Thomas Hobbes erdachte. Dass man sich mit ihrer Hilfe Gedanken darüber machte, was man wollen konnte, war generationenlang übliche Praxis. Luther machte ausgiebig Gebrauch davon.[29] Calvin konstruierte mit ihrer Hilfe seinen Ratschlag zur erlaubten Zinsnahme.[30] Leibniz imaginierte die Kriegsvorbereitungen eines gegnerischen Staates, um selber geeignete Abwehrmaßnahmen empfehlen zu können.[31]

Niemals aber wurde erwogen, politischen Gegnern, wohl auch Bürgerkriegsparteien, bei Friedensverhandlungen die ‚Regel' als gemeinsame Verhandlungsmaxime zu empfehlen. Das bedeutete, dass nicht nur ein Subjekt seine Handlungen im Spiegel eines Anderen prüfte, sondern ebenso dieser Andere im Spiegel des ‚Einen'. Eine Emanzipation des Anderen. Genau das spielte Hobbes durch.[32] Dabei fand er den Katalog ‚natürlicher Gesetze' (4–9)[33].

Er war sich klar darüber, dass auch ein solide ausgehandelter Friedensvertrag so gut wie unwirksam ist, wenn es keine Sanktionsinstanz gibt. Daher imaginierte er einen gemeinsamen Unterwerfungsakt der Friedensparteien unter eine absolutistische Gewalt. Dies, zusammen mit dem bildkräftigen Namen des biblischen Ungeheuers, prägte das Bild, das seine Gegner und die Nachwelt sich von ihm machten. Dass er ein ernstzunehmender Vertragstheoretiker ist, geriet darüber in Vergessenheit.[34]

Eine *zweite* regelrechte Innovation findet sich in der Mitte des Gedankenganges, in 6/7, wo es Hobbes um die zukunftsbestimmende Wirkung von Vergeben/Verzeihen (6) einerseits, und Strafen geschehener, vergangener Untaten (7) andererseits geht; also darum, ‚Jedem das Seine' im geschichtlichen Handlungszusammenhang zu bestimmen. Sie findet sich

---

29 Raunio: Goldene Regel 2001.
30 Hungar: Calvin 2015, 229–248.
31 G. W. Leibniz, La place d'Autruy, AA IV.3 (1986) N 137, S. 903f. – Englisch: Notes on Social Life, in: RILEY (1972) 1988², 81f.
32 Hobbes war ein Meister des inneren Dialoges. Unter seinen Gegnern wurde gespottet, dass er, wenn er Dialoge schrieb, diese Dialoge vornehmlich „zwischen *Thomas und Hobbes*" geführt wurden. Tuck: Hobbes 1999, 61.
33 Hobbes: Leviathan I, Kap XV und XVI.
34 Riley: Contract Theory 1999². Für die Sanktionsfunktion gibt es aber auch andere Lösungen. Mit Bezug auf Hobbes etwa Ostrom: Covenants 1992. Paktierende errichten eine Sanktionsinstanz, ohne sich ihr bedingungslos zu unterwerfen.

schon in seinen *Elementa* ... von 1640, und im *De cive* von 1649. Ich vermute, sie bildet auch die Vorlage für Hannah Arendts wegweisende §§ 34 und 35 (*Vita activa*) über Verzeihen und Vertragen, die sie aber, wie schon erwähnt, aus welchen Gründen auch immer verschweigt und stattdessen auf Jesus zurückgreift.

Schließlich: Wie geht Hobbes mit dem ‚Gesetz der heiligen Schrift' um? Er kennt beide Fassungen und arbeitet mit beiden. Es interessiert ihn offensichtlich die Reichweite. Das ‚Gesetz der heiligen Schrift' gilt für viele, aber nicht für alle. In der Situation der Konfessionskriege geht es ihm sichtlich auch um die negative Fassung, die für alle gilt. Ob auf Tun oder Unterlassen gerichtet, scheint zunächst einmal nebensächlich. Also balanciert er die vom Streit der Konfessionen verdunkelte Fassung aus mit der philosophischen, humanistischen.

Ich frage mich aber, ob er nicht ohne jede Deklaration das Initiativmoment der biblischen Fassung in die Prämissen seines Konzeptes eingetragen hat; und zwar ganz schlicht durch die Postulierung der Friedenspflicht als (2) „*als erstes und grundlegendes Gesetz der Natur, nämlich: Suche Frieden und halte ihn ein*".

Es sieht außerdem ganz danach aus, dass er sich von der Möglichkeit, eine Norm positiv und negativ zu formulieren, hat inspirieren lassen. Daher die durchgehende Paarigkeit seiner Gesetze.

Rückblick

Es hat sich zeigen lassen, dass die Biblischen Schriften einen Stil des Erzählens der Entwicklung von ethischen Sätzen (Geboten, Weisungen) üben, der einen erheblichen Spielraum bietet für Variation, Vertiefung, Umdenken; auch für Perspektivenwechsel; eine Art Erzählen des Denkens solcher Sätze.

Zwei Charakteristika fallen mir auf.

Zum ersten: So, wie das Tötungsverbot eine Welt voraussetzt, in der töten, bedroht sein und getötet werden gefürchtet und praktiziert wird, so wird in den Konfessionskriegen der frühen Neuzeit aus der Erfahrung des Bedrohtseins und dem Erleben uneingeschränkten Kampfes (Krieges) auf die Friedenspflicht geschlossen.

Der Gedanke einer solchen Pflicht stand geschichtlich nicht am Anfang. Erst musste als Komplement des Tötungsverbots die Nächstenliebe und die Fremdenliebe gefunden, dann als Feindesliebe konkretisiert und in die Goldene Regel aufgehoben werden. Schließlich musste das bis dahin monologische Gebieten in den Dialog der zum Frieden Verpflichteten gezogen werden: in das Aushandeln eines Vertrages.

Soweit nur die Grundzüge. Eine Welt von Komplikationen bleibt.

Zum zweiten: Der matthäische Jesus lehrt prononciert ‚biblisch': In unbeeinträchtigter Präsenz gibt er die Priorität dem Naheliegenden, mit dem man nach eigenen Kräften anfangen kann.[35] Um das zu verstehen, ist es wichtig, – ich wiederhole das – sich klar zu machen, dass er sich nicht nur in der alltäglichen Tag-und-Nacht-Zeit bewegt[36], einer quantitativen Zeit. Er orientiert sich auch in der qualitativen Zeit, die gewinnt oder verliert im Umgang mit der Unrevidierbarkeit des Getanen und Vergangenen und der Unvoraussagbarkeit des Zukünftigen.[37] Er verbindet also mit seiner Präsenz eine Lehre von zwei Zeitbezügen:

Gegenüber der unvoraussagbaren Zukunft die Gelassenheit dessen, der das Kommen der *basileia tou theou* sicher erwartet; und zwar in der ganzen Spanne zwischen dem ‚wie ein Dieb in der Nacht' (Mt 24,43 par, 1. Thess 5,2) und dem überwältigenden Wachstum des Senfkorns (Mk 4,32 par).

Gegenüber der unrevidierbaren Vergangenheit durch die Tatkraft dessen, der vergibt.

So gewinnt er die Freiheit in der nun offenen, unverstellten Gegenwart, Situationen eigenständig zu definieren (zu beurteilen) und das Naheliegende zu tun. Verantwortete Nachgiebigkeit?

---

35 Ich nenne das ‚biblisch' weil mindestens das Handlungsverständnis der Klagepsalmen das gleiche Profil aufweist, vgl. Westermann, Klage.
36 Daraus ist Ende des 18. Jahrhunderts die heute dominierende Uhren- und Kalenderzeit von Unendlich bis Unendlich geworden, in der es inzwischen auch um Millionen Lichtjahre und Bruchteile von Sekunden geht, die sich rechnen lassen; - und um Beschleunigung. Arendt: Zwischen 1994, 85f.
37 Arendt: Vita activa 1981, 300-317.

# Anhang: Passagen A bis F als Gedankengänge

Passage A – Der Dekalog als Gedankengang: Dtn 5,6-21 (BigS)

Um die Struktur hervorzuheben, führe ich nur die zentralen Soll-Sätze an. Durch die eingeführten Leerzeilen mache ich sichtbar, dass Einzelgebote und Doppelgebote einander abwechseln. Weglassungen sind durch [...] angedeutet.

[6] *Ich bin Adonaj, deine Gottheit, weil ich dich aus Ägypten, dem Haus der Sklavenarbeit, befreit habe.*

–

[7] *Für dich soll es keine anderen Gottheiten geben – mir ins Angesicht.*
8ff. Mache dir kein Kultbild, [...]

–

[11] *Trage den Namen Adonajs, deiner Gottheit, nicht zum Schaden auf deinen Lippen, [...]*

–

[12] *Bewahre den Sabbat, [...]* [13] *Sechs Tage sollst du arbeiten und all dein Werk verrichten,* [14f.] *Doch der siebte Tag gehört Adonaj, deiner Gottheit. [...]*
[16] *Dein Vater und deine Mutter sollen für dich Gewicht haben, [...]*

–

[17] *Töte nicht!*

–

[18] *Verletze keine Lebenspartnerschaft!*
[19] *Stiehl nicht!*

–

[20] *Verleumde deine Nächsten nicht!*

–

[21] *Sei nicht auf [...] die Partnerin anderer aus!*
Sie nicht auf das Haus anderer aus, weder auf ihr Feld, ihre Sklaven ... Noch ihre Rinder, Esel oder irgendetwas, was ihnen gehört!

Passage B – Die ‚Ich, Adonaj'- Strophen im Heiligkeitsgesetz als Gedankengang: Lev 19,11–18.30.32.37 (BigS): Nächstenliebe

Weglassungen sind durch [...] angedeutet.

¹¹ Stehlt nicht, leugnet nicht ab und betrügt euch nicht untereinander.
¹² Schwört nicht bei meinen Namen zum Trug, so entweihst du den Namen deines Gottes –
Ich, Adonaj.

¹³ Unterdrücke deinen Mitmenschen nicht, raube nicht, und den Lohn dessen, der für einen Tag beschäftigt worden ist, behalte nicht bis zum Morgen ein.
¹⁴ Rufe Gehörlosen nichts hinterher und lege vor Blinden kein Hindernis.
Vor deiner Gottheit sollst du Ehrfurcht haben –
Ich, Adonaj.

¹⁵ Übt im Gericht kein Unrecht, bevorzuge Geringe nicht und nimm auch nicht Partei für Große; gemäß dem Grundsatz der Gerechtigkeit spreche in deiner Gemeinschaft Recht.
¹⁶ Gehe nicht verleumderisch unter deinen Mitmenschen umher, trete nicht gegen das Leben deines Nächsten [...] auf –
Ich, Adonaj.

¹⁷ Trage keinen Hass gegenüber deinem Bruder ... in deinem Herzen. Weise deinen Mitmenschen zurecht, damit du nicht seinetwegen Schuld trägst.
¹⁸ Nimm nicht Rache und lass sich nichts gegenüber den Mitgliedern deiner Abstammungsgemeinschaft aufstauen,
Liebe vielmehr deinen Nächsten ... als dich selbst. –
Ich, Adonaj.

³⁰ Beachtet meine Sabbate und erweist meinem Heiligtum Ehrfurcht. –
Ich, Adonaj.

³² In Gegenwart einer grauhaarigen Person stehe auf und erweise dem Angesicht eines alten Menschen Ehre,
habe Ehrfurcht vor deiner Gottheit. –
Ich, Adonaj.

³⁷ Bewahrt alle meine Ordnungen und all meine Rechtsbestimmungen und handelt ihnen gemäß –
Ich, Adonaj.

Nächstenliebe, Fremdenliebe, Feindesliebe

Passage C – Die ‚Ich, Adonaj, Gott für euch' – Strophen im Heiligkeitsgesetz als Gedankengang: Lev 19,1-4.9.23.31.33–36 (BigS): Fremdenliebe

¹ Adonaj sprach zu Mose: ² Sprich zu der ganzen Versammlung der Nachkommen Israels und sage ihnen: Ihr seid heilig – ja seid es! – denn heilig bin ich, Adonaj, Gott-für euch.

³ Ein jeder und eine jede erweise Achtung gegenüber Mutter und Vater; beachtet meine Sabbate. Ich Adonaj, Gott-für-euch.

⁴ Wendet euch nicht an Idole, verfertigt euch keine gegossenen Gottesbilder. Ich Adonaj, Gott-für-euch.

⁹ Wenn ihr die Ernte eures Landes haltet, sollst du nicht vollständig bis zum Rand deines Feldes abernten, und halte keine Nachlese. ¹⁰ In deinem Weinberg halte keine Nachlese, die abgefallenen Beeren deines Weinbergs lese nicht auf. Für den Armen und die Fremde lasse sie zurück. Ich Adonaj, Gott-für-euch.

²³ Wenn ihr in das Land kommt und allerlei Bäume mit essbarer Frucht pflanzt, dann lasst ihre Vorhaut, nämlich die Früchte, stehen, drei Jahre sollen sie euch unbeschnitten gelten und nicht gegessen werden. ²⁴ Aber im vierten Jahr sind deren Früchte heilig, eine Festgabe für Adonaj. ²⁵ Im fünften Jahr dann könnt ihr deren Früchte essen, und so euren Ertrag mehren. Ich Adonaj, Gott-für-euch.

³¹ Ihr sollt euch nicht Totengeistern und Wahrsagegeistern zuwenden. Sucht sie nicht auf, denn dadurch würdet ihr euch verunreinigen. Ich Adonaj, Gott-für-euch.

³³ Wenn eine Fremde mit dir in eurem Land lebt, bedränge sie nicht. ³⁴ Wie eine Einheimische, eine von euch, sei euch die Person, die unter euch als Fremde lebt, **liebe sie als dich selbst, denn fremd wart ihr in Ägypten**. Ich Adonaj, Gott-für-euch.

³⁵ Verdreht nichts in der Gerichtsverhandlung, weder beim Längenmaß noch beim Gewicht oder beim Hohlmaß. ³⁶ Gerechte Waagschalen, gerechte Messbecher für Trockenes und Flüssiges sollt ihr haben. Ich Adonaj, Gott-für-euch, weil ich aus euch Ägypten herausgeführt habe.

Die ‚Ich, Adonaj – Gott für euch'-Strophen zeigen eine deutlich eigene Prägung. Sie entwickeln das Gebot der Fremdenliebe.

Passage D – Bergpredigt: Mt 5,21–6,15 (BigS, Ausschnitt) als Gedankengang: Tora und ihre ‚erfüllende' Auslegung (die ‚Antithesen')

Die kritisierte ‚These' deute ich in Stichworten an; den Wortlaut der ‚Antithesen' gekürzt nach **Ich heute [...] [...]**: (Abkürzung für ‚Ich lege euch das so aus').

^{5,21-26} [...] habt gehört: Du sollst nicht töten.
^{5,22} <u>Ich heute</u>: Die [...] im Zorn beschädigen [...] werden [...] als schuldig gelten;
^{5,22} <u>Ich heute</u>: **Wenn [...] eine/r [...] etwas gegen dich hat, so [...] vertrage dich zuerst [...].**

–

^{5,27-32} [...] habt gehört: [...] du sollst nicht ehebrechen
^{5,28} <u>Ich heute</u>: **Wenn jemand eine Frau durch seinen begehrlichen Blick erniedrigt [...], hat er in seinem Herzen mit ihr schon die Ehe gebrochen.**

–

^{5,33-37} [...] habt gehört: [...] keinen Meineid schwören, Gelübde einhalten. [...]
^{5,34} <u>Ich heute</u>: **Ihr sollt überhaupt keine Eide [...] ablegen. [...] [...] ³⁷ [...] ein eindeutiges Ja oder ein eindeutiges Nein**.

–

^{5,38-42} [...] habt gehört: [...] Auge um Auge und Zahn um Zahn.
^{5,39} <u>Ich heute</u>: **Leistet dem Bösen nicht mit gleichen Mitteln Widerstand. Vielmehr: Wenn dich jemand auf die rechte Backe schlägt, halte ihm auch die andere Backe hin.**

–

^{5,43-48} [...] habt gehört: [...] Liebe deinen Nächsten [...] und hasse die feindliche Macht.
^{5,44} <u>Ich heute</u>: ****Begegnet denen, die euch Feindschaft entgegenbringen, mit Liebe und betet für die, die euch verfolgen.****

–

^{6,1-5} – Achtet darauf, daß euer gerechtes Handeln nicht [...] öffentlich erfolgt, euch zur Schau zu stellen.
Vielmehr: [...] lass deine linke Hand nicht wissen, was deine rechte macht, [...]

–

^{6,6}: **Wenn du also betest, geh in dein Zimmer, verschließe die Tür und bete [...]**
<u>Und weiter</u>: So also betet (Text des Vaterunser, darin:) ^{6,12} **Erlass uns unsere Schulden, wie auch wir denen vergeben, die uns etwas schuldig sind. [...] ^{6,14} Denn wenn ihr den Menschen, die an euch schuldig geworden sind, vergebt, wird euch Gott, Vater [...] im Himmel, auch vergeben. ¹⁵ Wenn ihr aber den Menschen nicht vergebt, wird Gott euch auch nicht vergeben, wenn ihr schuldig geworden seid.

Passage E – Die Feldrede Lk 6,27-38 als Gedankengang (BigS, Ausschnitt)

²⁷ „**Liebet, die euch feindlich gegenüberstehen**; und tut Gutes denen, die euch hassen;
²⁸ Heißt die willkommen, die euch fluchen; und betet für die, welche euch schlecht behandeln.

²⁹ Wenn dich jemand auf die eine Wange schlägt, halte auch die andere Wange hin, und wenn jemand dein Obergewandt wegnimmt, kämpfe nicht für das Untergewand.
³⁰ Gib allen, die dich bitten, und fordere von denen, die von dir nehmen, nichts zurück.

³¹ **Und wie ihr wollt, daß euch die Leute tun, ebenso sollt auch ihr ihnen tun.**

³² Wenn ihr nur die liebt, die euch lieben, welchen Dank erhaltet ihr dann? Denn auch diejenigen, die Unrecht tun, lieben die, die sie lieben.
³³ Wenn ihr denen Gutes tut, die euch Gutes getan haben, welchen Dank erwerbt ihr euch? Diejenigen, die Unrecht tun, verhalten sich auch so.
³⁴ Und wenn ihr denen ausleiht, von denen ihr hofft zu erhalten, welchen Dank erhaltet ihr? Auch diejenigen, die in Unrecht verstrickt sind, leihen ihresgleichen, damit sie gleichermaßen auch erhalten.
³⁵ Jedoch: **liebt eure Feinde** [...] tut Gutes und leiht aus, ohne etwas zu erhoffen. Dann wird eure Vergütung groß sein und ihr werdet Kinder des Höchsten, denn auch Gott wendet sich gütig den Ungütigen und Bösen zu.

³⁶ **Seid barmherzig, wie euer Vater barmherzig ist.**³⁸

³⁷ Und richtet nicht, damit ihr nicht gerichtet werdet. Verurteilt nicht, damit ihr nicht verurteilt werdet. Sprecht frei, und ihr werdet freigesprochen!

³⁸ Gebt und euch wird gegeben werden; Was dann in euren Schoß fallen wird, ist wie ein gutes Maß Getreide, voll gedrückt, gerüttelt, überfließend. Denn mit dem Maß, mit dem ihr messt, wird euch im Gegenzug abgemessen werden."

---

38 BigS: *Habt Mitleid, wie auch Gott Mitleid übt.* Ich erhalte stattdessen den biblisch weittragenden Bezug auf ‚Barmherzigkeit'.

Passage F – Thomas Hobbes, Die ‚natürlichen Gesetze' als Gedankengang.

Aus Kap. xiv und xv von: Thomas Hobbes, Leviathan – oder: Stoff, Form und Gewalt eines bürgerlichen und kirchlichen Staates (1651).[39] (Übersetzung W. Euchner, 1966)

> 100 [...] entspricht dieses Gesetz der heiligen Schrift ‚*Was ihr wollt, das andere euch tun, das tut ihnen.*' Wie dieses für alle Menschen geltende Gesetz: ‚*Quod tibi fieri non vis, alteri ne feceris.*'
>
> 110 - 2. Jedermann soll freiwillig, wenn andere ebenfalls dazu bereit sind, auf sein Recht auf alles verzichten, soweit er dies um des Friedens und der Selbstverteidigung willen für notwendig hält, und er soll sich mit soviel Freiheit gegenüber anderen zufrieden geben, wie er anderen gegen sich selbst einräumen würde. [...]
>
> 116 - 4. Empfängt ego von alter einen Vorteil aus reiner Gunst, so soll ego alter keinen Grund bieten, seinen Willen zu bereuen. - 5. Jeder soll sich bemühen, sich den Anderen anzupassen.
>
> 117 - 6. Gegen eine Sicherheitsleistung für die Zukunft soll jedermann frühere Angriffe derer verzeihen, die dies reuevoll wünschen. - 7. Bei der Vergeltung eines Übels durch ein Übel (Rache) soll man nicht auf die Größe eines früheren Übels, sondern auf die des künftigen Nutzens achten.
>
> 117 - 8. Niemand soll durch Tat, Wort, Miene oder Gebärde gegen einen anderen Haß oder Verachtung zum Ausdruck bringen. - 9. Jedermann soll den anderen für Seinesgleichen von Natur aus ansehen.
>
> 118 - 10. Beim Eintritt in den Friedenszustand soll niemand verlangen, sich ein Recht vorzubehalten, wenn er nicht damit einverstanden ist, daß es auch allen übrigen Menschen vorbehalten werden sollte. [...]
> Hier fährt Hobbes nun fort: [...] zusammengefasst in der leicht einsehbaren Maxime:
> **Füge einem anderen nicht zu, was du nicht willst, daß man dir zufüge.**
> Und: [...] in der heiligen Schrift [...] **Was ihr wollt, daß euch die Leute tun sollen, das tut ihr ihnen auch.**"

---

[39] S. 102–109. Ich überspringe hier einen langen, wichtigen Exkurs (3.) über contract and covenant (Vertrag und Übereinkommen).

Exkurs: Thomas Hobbes – Schriftauslegung und Moralphilosophie

Biblisch orientierte Sozialethik muss sich im Feld der Schnittmenge von Schriftauslegung und Moralphilosophie bewegen. Das ist schwierig, aber in Bezug auf einen so umstrittenen Autor wie Thomas Hobbes sehr erleichtert, seit Reventlow[40] seinen interdisziplinär angelegten Überblick über die Hobbes-Debatte vorgelegt hat. Vor allem aber weil Reventlow auch Hobbes' Argumentationshaushalt aus dem Geist des englischen 17. Jahrhunderts und dessen Frontenkonstellation verständlich macht: Als Anglikaner liest Hobbes die Bibel im Stil der Schrifttypologie, als humanistischer Rationalist denkt er im Stile des Naturrechts[41], – was auch immer mit ‚Natur' gemeint ist; und warum auch immer von ‚Recht' die Rede ist, wenn es um Moral geht.

Hobbes war sich der Konfliktsituation, in der er publizierte, sehr bewusst. Und er suchte die Auseinandersetzung. Schon in seiner Widmung liest man[42]: „*Das, was vielleicht am meisten Anstoß erregen kann, sind gewisse Teile der Heiligen Schrift, die ich für einen anderen Zweck anführe, als es andere gewöhnlich tun. Aber ich habe dies mit der schuldigen Ehrerbietung getan und auch – im Hinblick auf mein Thema – notwendigerweise. Denn dahinter verschanzt sich der Feind, um von da aus die Staatsmacht (civill power) anzugreifen.*"

Diese Sätze beziehen sich natürlich vor allem auf die zweite Hälfte des Buches. Nachdem er in seinem ‚Leviathan' in den Teilen I und II ‚Vom Menschen' und ‚Vom Staat' gehandelt hatte, widmet er die gleich umfängliche zweite Hälfte des Buches der Kritik: ‚Vom christlichen Staat' (Teil III, der in der Hauptsache seine eigene Deutung der Schrift darlegt) und

---

40 Reventlow, Henning Graf: Bibelautorität 1980, 328–369. Reventlow, Bibelauslegung IV 2001, 39–57; Reventlow, Henning Graf: Bibelautorität und Geist der Moderne – Die Bedeutung des Bibelverständnisses für die geistesgeschichtliche und politische Entwicklung in England von der Reformation bis zur Aufklärung, Göttingen 1980; Reventlow, Henning Graf: Epochen der Bibelauslegung IV – Von der Aufklärung bis zum 20. Jahrhundert, München 2001.
41 Auf Hobbes Gedankenexperiment mit der ‚Regel der Heiligen Schrift' geht Reventlow allerdings in beiden Studien nicht ein.
42 Hobbes: Leviathan (tr Hanowell), 11.

‚Vom Reich der Finsternis' (Teil IV, eingeleitet mit Kapitel 44: ‚Von geistiger Finsternis aus Fehldeutung der Schrift.')

Die zitierten Sätze deuten aber auch jene geistige Unabhängigkeit an, die seinen Umgang mit der ‚Regel der Heiligen Schrift' in der ersten Hälfte prägt. Hier verbunden mit einer bemerkenswerten Erfindungsgabe.

Es hat ihm wohl gefallen, dass er die ‚Regel' in jeder der beiden Überlieferungen vorfand: negativ formuliert in der philosophischen, positiv in der konfessionell zerstrittenen christlichen. Nun konnte er ein Gedankenexperiment darüber anstellen, was zwei Verfeindete zu tun (oder zu lassen) haben, um ihrer Friedenspflicht zu genügen und miteinander einen Vertrag auszuhandeln und zu schließen. Ein Gedankenexperiment, das in beiden geistigen Horizonten gültig war.

Damit löste er noch nicht das Problem der Errichtung einer Staatsgewalt, welche die Garantie auch der Einhaltung solcher Verträge wirksam übernimmt. Aber er legt die Grundlagen für die Anerkennung, die Legitimität der – wie es oben heißt – "civill power".

Wenig später (1675) wird in Frankreich Pierre Nicole (1625-1695), einer der Köpfe von Port Royal, angeregt durch Hobbes ersten Entwurf seiner Konzeption, *De Cive* (1642), einen ähnlichen Gedankengang entwickeln.[43] Nicole lotet die Überlegenheit interaktiv praktizierter *amour propre* gegenüber traditioneller *charité* aus und empfiehlt sie den Fürsten zu deren Entlastung: sie bräuchten nicht alles zu regeln (nicht zu ‚überregulieren'), vieles regelten die Bürger untereinander selbst. Auch er einer der Moralphilosophen, die die moderne Politische Ökonomie, bzw. Sozialpsychologische Soziologie auf den Weg brachten.[44]

---

43 Nicole, Pierre: De l'amour propre, 417; Nicole, Pierre: De la charité et de l'amour propre (1675), in: Nicole, Pierre: Essais de morale – choix d'essais introduit et annotés par Laurent Thirouen, Paris 2006, Éditions Les belles Lettres, 413–450.

44 Fuchs, Hans-Jürgen: Entfremdung und Narzißmus – Semantische Untersuchungen zur Geschichte der ‚Selbstbezogenheit' als Vorgeschichte von französisch ‚amour-propre', Stuttgart 1977, 248ff.

Literatur

Arendt, Hannah: Gedanken zu Lessing - Von der Menschlichkeit in finsteren Zeiten (Rede, gehalten am 28. September 1959 bei Entgegennahme des Lessing-Preises der Freien und Hansestadt Hamburg), in: H. Arendt, Menschen in finsteren Zeiten, Ursula Ludz (Hrsg.), München 1989, 17–48.
- Karl Jaspers – Bürger der Welt (1957), in: ebd. 99–112.
- Vita activa oder Vom tätigen Leben (The Human Condition, 1958), München (1967) 1981.
- Zwischen Vergangenheit und Zukunft – Übungen im politischen Denken I (1968), München 1994, 85f.
- Vom Leben des Geistes I – Das Denken (1971), München 1979.

Bail, Ulrike u. a. (Hrsg.): Bibel in gerechter Sprache (BigS), Gütersloh 2011.

Baumann, Gerlinde: Liebe und Gewalt – Die Ehe als Metapher für das Verhältnis JHWH-Israel in den Prophetenbüchern, Stuttgart 2000.

Crüsemann, Frank: Bewahrung der Freiheit – Das Thema des Dekalogs in sozialgeschichtlicher Perspektive, München 1983.
- Die Tora – Theologie und Sozialgeschichte des alttestamentlichen Gesetzes, München 1992.
- Das Alte Testament als Wahrheitsraum des Neuen – Die neue Sicht der christlichen Bibel, Gütersloh 2011.

Crüsemann, Marlene: Gott ist Beziehung – Beiträge zur biblischen Rede von Gott, Gütersloh 2014.

Dyzenhaus, David and Poole, Thomas (eds.): Hobbes and the Law, Cambrige 2012.

Du Roy, Olivier: La règle d'or – Le retour d'une maxime oubliée, Paris 2009.

Ebeling, Gerhard: Luther – Einführung in sein Denken (1964), Tübingen 2017, 219ff.

Feld, Gerburgis: Levitikus, in: Luise Schottroff und Marie-Theres Wacker (Hrsg.), Kompendium Feministische Bibelauslegung, Gütersloh 1998, 40–53.

Geiger, Michaela; Kessler, Rainer; und Taschner, Johannes (Hrsg.), Lieblingsbilder ... und das Bilderverbot?, Stuttgart 2020.

Gerhardt, Volker: Zur historischen Bedeutung des Westfälischen Friedens – Zwölf Thesen, in: 1648 – Krieg und Frieden in Europa (Katalog, Band 1), Münster 1998, 485–489.

Hobbes, Thomas: Leviathan (1651), übersetzt von Walter Euchner, Frankfurt a. M. 1966.

Höffe, Otfried: Thomas Hobbes, in: Martin Greschat (Hrsg.), Gestalten der Kirchengeschichte 8 (Die Aufklärung), Stuttgart 1983.

Hungar, Kristian: Götzenkritik als Umkehrdispositiv. Werkstattberichte und hörendes Denken – Eine Vorverständnisvariation zu Mt 11,7-11 / Lk 7,24-28. In: Frank Crüsemann u. a., Dem Tod nicht glauben. Sozialgeschichte der Bibel (FS L. Schottroff), Gütersloh 2004, 163–173.

- Anlageberatung mit Johan Calvin – Sein *de usuris responsum* von 1545/46 zwischen Patristik und Ökonomik, in: Carsten Jochum-Bortfeld und Rainer Kessler (Hrsg.), Schriftgemäß – Die Bibel in Konflikten der Zeit, Gütersloh 2015. 229–248.
Kessler, Rainer: Samuel – Priester und Richter, Königsmacher und Prophet, BG 18, Leipzig 2007.
Leibniz, Gottfried Wilhelm: Der Platz des anderen, in: G. W. Leibniz, Politische Schriften II, Hans Heinz Holz (Hrsg.), Frankfurt a. M. 1967, 136f. Übersetzung von: La place d'Autruy, AA IV.3 (1986) N 137, S. 903f.
Margalit, Avishai: Über Kompromisse und faule Kompromisse (2010), Berlin 2011.
Merton, Robert K.: Einflußmuster – Lokale und kosmopolitische Einflußreiche, in: ders., Soziologische Theorie und soziale Struktur, Berlin/New York 1995, 367–398.
Miehe, Rainer: Jenseits und diesseits der Herrschaft – Thomas Hobbes' Politische Philosophie im Urteil Hannah Arendts, Nordhausen 2015.
Nordmann, Ingeborg: Arendts Hobbes – Rez. von Rainer Miehe, Herrschaft, in: HannahArendt.net 9.1 (2018).
Ostrom, Elinor; Walker, James; and Gardner, Roy: Covenants with and without a Sword: Self-Governance is Possible, in: American Political Science Review 86.2 (1992) 404–417.
Picht, Georg: Unter dem Diktat der physikalischen Zeit (1975), in: Georg Picht, Hier und Jetzt II, Stuttgart 1981, 377–382.
Raunio, Antti: Die Summe des Christlichen Lebens – Die ‚Goldene Regel' als Gesetz der Liebe in der Theologie Martin Luthers von 1510–1527, Mainz 2001.
Reventlow, Henning Graf: Bibelautorität und Geist der Moderne – Die Bedeutung des Bibelverständnisses für die geistesgeschichtliche und politische Entwicklung in England von der Reformation bis zur Aufklärung, Göttingen 1980.
Riley, Patrick: Will and Political Legitimacy – A Critical Exposition of Social Contract Theory in Hobbes, Locke, Rousseau, Kant, and Hegel. Harvard 1982, 1999².
Schniewind, Julius: Das Evangelium nach Markus – übersetzt und erläutert (1936), NTD 1 Göttingen 1958.
- Das Evangelium nach Matthäus – übersetzt und erläutert (1936), NTD 2, Göttingen 1958.
Seckendorff, Veit Ludwig von: Teutscher Fürsten-Stat, Frankfurt am Main 1656.
Sieghart, Paul: Die geltenden Menschenrechte, Kehl / Straßburg / Arlington 1988.
Smith-Christopher, Daniel L.: The Religion of the Landless – The Social Context of the Babylonian Exile (1989), Eugene, Oregon 2015.
Tönnies, Ferdinand: Thomas Hobbes – Leben und Lehre (1896, 1913²), 1925³. Nachdruck dieser 3. Auflage Stuttgart 1971. Eingeleitet (S. 1–90) und hrsg. von Karl-Heinz Ilting.
Tuck, Richard: Hobbes, Freiburg i. B. 1999.
Weber, Hans-Ruedi: Experiments with Bible Study, Geneva 1983².
- The book that reads me – A Handbook for Bible Study Enablers, Geneva 1995.
Weder, Hans: Gegenwart und Gottesherrschaft – Überlegungen zum Zeitverständnis bei Jesus und im frühen Christentum, Neukirchen 1983.
Westermann, Claus: Struktur und Geschichte der Klage im Alten Testament (1954), in: ders., Lob und Klage in den Psalmen, Göttingen 1977, 125–164.

Macht aneignen, Gewalt eindämmen, Frieden suchen –
Im Gespräch mit Hannah Arendt zu einem Schlüsselthema der evangelischen Ethik des Politischen

Sabine Plonz

1. Aktuelle Konstellation und der Rückgriff auf Hannah Arendt

Angesichts des Krieges Russlands gegen die Ukraine ist von evangelischen Ethik-Professoren erklärt worden, die Friedensethik der letzten Jahrzehnte, die auf De-Eskalation, Sicherheitspartnerschaft und das Leitbild des gerechten Friedens setzte, liege in Trümmern. In kürzester Zeit scheinen Jahrzehnte des aktiven Verlernens kriegerischer Gesinnung und Politik im (protestantischen) Christentum fragwürdig geworden und der Wiederannäherung an die antike politische Devise „*si vis pacem, para bellum*" gewichen. Gleichzeitig ringen von der Friedensbewegung geprägte Christen mit der Gewissensfrage, ob und wieweit sie die militärische Unterstützung der Ukraine bejahen oder für den Vorrang unbewaffneter Gegenwehr eintreten müssen. Wo man sich gegenseitig eine verantwortungsethische Haltung zugesteht, die sich dem Gebot der Nächsten- und Feindesliebe verpflichtet weiß und die politischen Folgen für Andere bedenkt, geht das meist mit der Feststellung einher, dass man sich jedenfalls „schuldig mache". Doch solche moralischen Exerzitien führen politisch in die Sackgasse. Gleich, ob das „wir alle sind schuld" antreiben soll, unbeirrt von der Kriegslage in der Ukraine die friedliche Gesinnung aufrecht zu halten oder dazu dient, jedes ‚Mittel' als gleich schlecht oder gut der politisch-ethischen Debatte zu entziehen, handelt es sich um ein Bekenntnis, durch das die Einzelnen vorläufig beruhigt und ihren brüchigen inneren Frieden finden mögen, aber kein gewaltsam ausgetragener Konflikt gelöst und kein Krieg beendet wird.

Über die täglich berichteten Zerstörungen und Gewalttaten hinaus ist die ständige Eskalation bei den eingesetzten Mitteln bedrückend, für die kein Ende in Sicht scheint. Mit der Reaktivierung der alten Ost-West-Blockkonfrontation und dem Kampf um die globale Vorherrschaft (China/BRICS – USA/NATO) stehen außer der angegriffenen Ukraine Atommächte gegeneinander, die alles Leben auf der Erde vernichten könnten, und diese Drohung hat der russische Machthaber zumindest als Mittel der psychologischen Kriegsführung gegen den „Westen" auch platziert.

Die über Hiroshima und Nagasaki abgeworfenen Atombomben und die folgende Vervielfältigung der Vernichtungspotenziale nach 1945 waren es, die seinerzeit den Physiker *Carl Friedrich von Weizsäcker* antrieben, in der Öffentlichkeit für die Einsicht zu werben, dass die „Überwindung des Krieges die Überlebensbedingung" unseres Zeitalters ist. Diese Formel wurde zu einem Leitwort für die evangelische Friedensforschung. In der von ungebremster Aufrüstung der Blockmächte geprägten Epoche dachte auch die politische Theoretikerin Hannah Arendt in ihrem 1969 erschienenen Essay „On Violence" (engl. Originaltitel, im Folgenden zitiert als: MuG) nach. Sie markierte dort, was aktuell vergessen scheint, dass mit den Kategorien und Begriffen der Tradition, der Vorstellungen über Souveränität und Staat nicht mehr argumentiert werden kann, um der Anwendung von Gewalt im politischen Raum Einhalt zu gebieten. „Die technische Entwicklung der Gewalt*mittel* hat ... einen Punkt erreicht, an dem sich kein politisches Ziel mehr vorstellen lässt, das ihrem Vernichtungspotenzial entspräche oder ihren Einsatz in einem bewaffneten Konflikt rechtfertigen könnte ... Damit ist ein *wirklicher Wendepunkt* eingetreten"[1] (MuG, 7–8, Hervorh. SP.).

Arendt suchte in dieser historisch neuen Weltlage ein Verständnis zu entwickeln, was Gewalt ist, was sie eskalieren lässt und wie sie eingedämmt werden kann. Eine organisierende Achse des reichhaltigen und stellenweise auch provozierenden Texts ist die Unterscheidung zwischen *Macht und Gewalt*, die zum Titel der deutschen Ausgabe wurde. Ihre Ab-

---

[1] Dessen ungeachtet zeigten die Kriege in Vietnam und in anderen (ehemaligen) Kolonien eine Verlagerung auf „kleine" respektive „arme" Völker an, die zwar nicht über diese Zerstörungsmittel verfügten, aber zu langen und ebenfalls extrem zerstörerischen Stellvertreterkriegen führten (Agent Orange, massivste Bombardements u. a.).

handlung endet mit einem Gedanken, der angesichts des russischen Angriffskrieges, in dem Viele auf das Ende des Regimes spekulieren, aktuell wirkt: „Aber wir wissen oder sollten wissen, daß jeder Machtverlust der Gewalt Tor und Tür öffnet, und sei es nur, weil Machthaber, die fühlen, daß die Macht ihren Händen entgleitet, der Versuchung, sie durch Gewalt zu ersetzen, nur sehr selten in der Geschichte haben widerstehen können." (86)

Die studierte Philosophin hat Politik dezidiert *nicht* auf Moral begründen wollen, wohl aber Aussagen getroffen, die für die Ethik des Politischen und der Suche nach Frieden relevant sind. Ihre Gedanken richten sich auf die Handlungsfähigkeit, auf die auch evangelische Ethik aus ist. Diese muss sich in einem dialogisch offenen Lernprozess entwickeln: in Auseinandersetzung mit politisch-ethischen Weichenstellungen im reformatorischen Protestantismus und zeitgenössischen Sichtweisen auf die Welt sowie in der kontextbewussten Aktualisierung der biblischen Zeugnisse einschließlich des vielstimmigen Echos, das sie gefunden haben und damit in einem im weiten Sinn des Wortes ‚ökumenischen' Gespräch (Plonz 2007, 2017). Deshalb wird im nächsten Schritt skizziert, wie erstere funktioniert hat und was ihre Schwächen sind, die auch auf die aktuellen Debatten durchschlagen. Dem wird Arendts Zugang zum Politischen gegenübergestellt, wie er im Essay *Macht und Gewalt* erkennbar ist und sodann ihre Bezugnahmen auf biblisch-theologische Motive hervorgehoben. Dies geschieht nicht im Sinn eines harmonisierenden Integrationsversuchs, sondern eher aus der Haltung einer „ethischen Erwägungskultur", die aus Gegensätzen und unvereinbar bleibenden Spannungen lernt, indem sie sich diese klarmacht.

2. Reformatorische Ethik und Gewalt

Im Zentrum der reformatorischen Veröffentlichungen zu politischen Fragen standen die Ausübung und Rechtfertigung von Gewalt sowie ihrer Begrenzung. Letzteres ist schon zu Lebzeiten der Reformatoren gründlich misslungen. Die kirchengründenden Akteure der Reformationsbewegungen des 16. Jahrhunderts waren Verfolgte und Verfolger, Verteidiger der Freiheit des Wortes und Anwälte der Selbstorganisation, aber auch Unterdrücker derer, die andere Freiheiten suchten als sie selbst. Luther und seine Verbündeten suchten gegenüber der römisch-katholischen

Vormacht die adeligen und bürgerlichen Stände zu stärken, indem sie ihnen den Alleinvertretungsanspruch auf das „weltliche Regiment", die Regierung des Gemeinwesens und Regulierung des Öffentlichen zuschrieben. Zugleich sprachen sie ihnen das Zugriffsrecht auf das „geistliche Regiment", die Herrschaft über die Gemeinschaft der Gläubigen und die Normierung der Gewissen ab, womit sie das moderne Verständnis des Privaten und des Individuums anbahnten. Sie taten das unter der schon seinerzeit nicht voll zutreffenden Voraussetzung einer durchgängig christlichen Bevölkerung und Gesellschaft und in der Annahme, dass ihre Adressaten, wenn auch in unterschiedlichem Maß, das durch ihren sozialen Status einschließlich des Geschlechts bestimmt war, generell in beiden Bereichen leben, dass sie beiden Regimenten oder Regierungsweisen des *einen* Gottes sowohl unterworfen als auch darin herrschend tätig sind. Den Mitgliedern der sich formierenden protestantischen Kirchen verlangten die Reformatoren ab, sich dieser Herrschaftsausübung nicht durch Rückzug aus der ‚Welt' zu versagen, sondern die Polis („polizey", Staat, Verwaltung, Gemeinwesen) zu ihrer Sache zu machen, indem sie betend und handelnd für sie eintreten, einschließlich der Übernahme konkreter Funktionen und Aufgaben in ihr. Die „Amtsperson" aber musste politische Erfordernisse und ihre christliche Identität differenzieren und zusammenhalten. So entstand das bis heute für die Gewaltdiskussion und Friedensethik prägende, gewissensorientierte protestantische Staatsverständnis (vgl. noch die 5. These der Barmer Theologischen Erklärung 1934).

Luther stellte seine Erörterungen in den Rahmen einer von Gott in schöpferischer Fürsorge gegebenen, hierarchischen und unveränderlichen Ordnung. Diese könne durch Amtsanmaßung (Richten in „eigener Sache"), Ungehorsam oder Aufruhr gegenüber höhergestellten Instanzen – von den deutschen Fürsten bis zu den bäuerlichen Massen – gefährdet werden. Die Sicherung dieser Ordnung durch Waffenträger, Richter und Henker der „weltlichen Obrigkeit" fasste er daher als „kurzzeitigen Unfrieden", der einem „ewigen unermeßlichen Unfrieden" wehrt (Luther: Kriegsleute, 1982, 154). Die theologisch und politisch begründete Außerkraftsetzung des biblischen Tötungsverbots zugunsten des „weltlichen" oder „zeitlichen" Friedens verschärfte er angesichts der Bauernbewegungen von 1525, die ihre Forderungen ihrerseits mit biblischen Belegen untermauert auf die kirchliche und die politische Gemeinde bezogen hatten. Er deutete ihren Aufruhr katastrophisch-apokalyptisch als drohenden

Untergang des deutschen Reiches und forderte die Fürsten und ihre Truppen auf, die Ordnung mit allen Mitteln aufrecht zu halten und jeden Aufständischen zu töten, weil es das Gewissen der „Amtsperson" im weltlichen Regiment erforderte (Stellungnahmen 1982). Vermutlich 100.000 Bauern fielen diesem ‚Töten mit guten Gewissen' zum Opfer.

Die Grundstruktur seiner Überlegungen behielt er auch nach diesen Massakern bei, als er Fürsten über die in der ganzen Geschichte des Christentums immer wieder aufbrechende Frage beriet, „ob Kriegsleute im seligen Stand sein können" (1526). Bei aller Relevanz für eine christliche Ethik, die sich für die Zustände in der Welt und das höchste Gut des ‚zeitlichen Friedens' einsetzt und der Gewaltfrage nicht ausweicht, ist die reformatorische Bejahung politischer Verantwortungsübernahme mittels der Zweiregimenter-Lehre diskreditiert durch den gewissensbedingt ungezügelten Vernichtungsaufruf gegen die Bauern. Nicht nur wegen der ausgeübten Gewalt, sondern auch, weil sich Luther als am politisch-sozialen Konflikt vermeintlich Unbeteiligter, nur am geistlich und individuell verstandenen Evangelium und dem guten Gewissen des Christen interessierter Berater stilisierte.

In der *Confessio Augustana* von 1530 wurden die Gehorsamspflicht der Christenheit im Politischen, der Dualismus zwischen Geist und Welt sowie die Ausgrenzung gewaltlos und politikfern orientierter Gruppen (Täufer-Gemeinden) festgeschrieben.[2] Auch der städtisch denkende Jurist *Jean Calvin*, der mit der gewaltsamen Verfolgung der französischen Reformierten und der davon ausgelösten massenhaften Flucht konfrontiert war, votierte in scharfer Ablehnung der Weltflucht der Täufer für die Unterwerfung unter die Regierung (Genfer Magistrat), wenngleich er deren *funktionale* Dimension als ‚Statthalter' Gottes betonte, die wechselseitige Korrektur ihrer Akteure schätzte und menschheitlich bewährte, naturrechtlich begründete Gesetze favorisierte.[3] Aus ihrem Verständnis der

---

2 Angesichts der Statik der Zwei-Regimenten- und Ämter-Lehre des Luthertums, die im 20. Jh. der Totalisierung von politischer Herrschaft und Kriegsführung extreme Formen annahm, ist nachvollziehbar, dass 500 Jahre später evangelische Friedensethik vor allem rechtsethisch argumentierend nach Auswegen aus dieser Sackgasse sucht (EKD: Frieden 2007).
3 Institutio 1559, IV, 20. Hier kann nicht über seine dort vorgetragene Haltung zum „Gesetz des Mose" und dem „jüdischen Wahn" und die damit verbundene Frage nach dem Verhältnis von biblischer und moderner Rechtsethik diskutiert werden.

Ausübung des weltlichen Regiments innerhalb des jeweiligen ‚staatlichen' Gewaltmonopols leiteten die Reformatoren sodann ihre Haltung zu Kriegen zwischen „Reichen" (Fürstentümer, Stadtstaaten, Bündnisse u. a.) ab. Hier argumentierten sie im Rückgriff auf die Kriterien der Lehren vom gerechten Krieg recht restriktiv, zumindest solange es nicht um Glaubensverteidigung (Türken vor Wien) oder Rache für die erschlagenen Frommen (Hugenottenkriege) ging.

Die Gewalt der europäischen Staatenbildungs- und Konfessionskriege, die religionsdistanzierten Ansätze des Völkerrechts im 17. Jh.[4] und dessen Legitimierung von Kriegen souveräner Staaten gehören zu dem Erbe, das mit dem totalen Krieg des ausgehenden 19. / 20. Jh. und nach Arendts zitierten Votum zu überwinden sind. Das kann hier nicht verfolgt werden, wohl aber ist eine doppelte Problematisierung des bis heute prägenden reformatorischen Erbes festzuhalten: die Beantwortung der Gewaltfrage in Übereinstimmung mit den gesellschaftlichen Herrschaftsverhältnissen und das protestantische Verständnis von Macht, das bis ins 20. Jahrhundert überwog.

In diesem Denkrahmen konnte sich *keine Auseinandersetzung mit struktureller Gewalt* entwickeln, die Herrschaftskritik an Ständeordnung, Kolonial- und Klassengesellschaft oder den Geschlechterverhältnissen einschließen würde. Gewaltkritik richtete sich vorrangig auf personale, direkte Gewaltausübung und wurde innergesellschaftlich als individuelle Verfehlung (Kriminalität, soziale Abweichung...) oder zwischengesellschaftlich als kollektive aufrührerische Barbarei (indigene Völker oder Proletariat) gedeutet, die entsprechend (hart, unnachgiebig, auslöschend) zu strafen seien.

Unter dem Vorrang der geistlichen Deutung des Evangeliums konnte auch *keine Würdigung gesellschaftlicher Opposition*, die sich kulturell, sozial oder politisch handelnd für das Aufbrechen und Überwinden dieser etablierten Gewalt einsetzt, stattfinden und *kein kritisch-konstruktives Verständnis der Macht des Volkes, der Vielen* entstehen. Widerstand, der überwiegend ohne Waffen praktiziert wird, war weitestgehend diskreditiert. Vielmehr wurde, gerade mit wachsender Distanz zur Gewalttätigkeit von Staat und Gesellschaft in der jüngeren Moderne, ein *Verständnis von Ohn-*

---

4   Zur Deutung von Thomas Hobbes als (Friedens-)Vertragstheoretiker, der mit der Goldenen Regel argumentiert, vgl. den Betrag von *Kristian Hungar* in diesem Band.

macht kultiviert, das die Fähigkeit zum politischen Handeln auf die Bejahung des weltlichen Regiments reduzierte, somit Herrschaftsverhältnisse unangetastet ließ und wirksames Eingreifen intellektuell und praktisch unterminierte.[5]

Im Protestantismus wurde ein *Ethos der Anpassung und Unterwerfung* wirksam – bis hinein in die heutigen demokratisch-zivilgesellschaftlich und an praktizierter Nächsten- und Fernsten-Liebe orientierten Gruppen und Gremien, die resignierend bekennen: *Wir sind alle schuld*. Dieses Ethos wurde anthropologisch begründet (Erb-Sünde), rechtfertigungstheologisch auf Dauer gestellt (personale Gnade) und im Patriarchalismus und Paternalismus fixiert (Sozialethik). Infolgedessen wurden politische Auseinandersetzungen wie die um atomare Rüstung (besonders im Luthertum) auf die individuelle moralische Ebene verengt und der theologischen Kritik entzogen (Debatten der 50er und 80er Jahre in Deutschland).

Eine sozial „im Unten" positionierte widerständige Sicht auf das politische System, wie sie in den biblischen Schriften überliefert ist und sich in der Geschichte der christlichen Kirchen und ihrer ‚Abweichler' sowie in der globalen Ökumene gezeigt hat, wird auch in der heutigen demokratie- und menschenrechtsbejahenden evangelischen Ethik nicht zum Ausgangspunkt der Reflexion auf politisch auszutragende Konflikte genommen.

Die solche Schwächen hinter sich lassende christliche Friedensbewegung in der DDR mit ihren phantasievollen Aktivitäten bis zur partizipatorisch-ökumenischen Versammlung (Dresden 1989) hatte wesentlich zur Wiederentdeckung des biblischen *Schalom* beigetragen. Doch diese Aufbrüche stagnierten mit dem deutschen Vereinigungsprozess und der Neuformierung des globalisierten „Westens" als hegemonialem (Welt)System. Protestbewegungen zerfielen und die Versuche auf globalökumenischer Ebene mit einem *konziliaren Prozess* und der Feststellung von Bekenntniskonflikten (*status confessionis*) voranzukommen, bewirkten keine Konversion der christlichen Mehrheiten und ihres Führungspersonals, während sich zivilgesellschaftliche Initiativen und friedensförderliche Lernerfahrungen (z. B. im Rahmen der *Ökumenischen Dekade zur Über-*

---

5   Im Calvinismus allerdings wurde in den Hugenottenkriegen / -Verfolgungen gewaltsamer Widerstand / Krieg als Behauptung der eigenen Glaubensgenossen durchaus auch legitimiert.

windung der Gewalt von 2001–2010) schwer öffentlichkeitswirksam kommunizieren lassen. Sie sind wohl überwiegend in *anderem Sinn politisch*, als hiesige theologische Ethik für gewöhnlich denkt, die sich professionell und politikberatend versteht. Lässt sich eine Ethik des Politischen entwickeln, die gewaltkritisches Erbe der biblischen Überlieferungen erinnert, aber auch gewaltfördernde Aspekte theologischer Denkmuster zur Kenntnis nimmt und zu überwinden sucht, die sich ihrerseits nur erschließen, wenn man ihre Wechselwirkungen mit dem gesellschaftlichen Prozess, die soziale Situierung christlicher Akteure und Diskurse in der Gemengelage zwischen Herrschenden und Subalternen und ihre Positionierung im Ringen um (ideologische) Vorherrschaft mitbedenkt? Lässt sich ein gewalteindämmendes Machtverständnis kultivieren, das sich der schieren Herrschaftsmacht entgegenstellt, mit den politischen Impulsen der biblischen *Schalom*-Überlieferungen konstruktiv korreliert und ein *kritisches, transformatives Ethos* stärkt? Diese Fragen zielen letztlich auf eine zeitgenössisch-evangelische Praxistheorie, die der von *Karl Barth* schon 1920 erkannten „qualifizierten Weltlichkeit" der Bibel als Ressource Raum gibt und erkundet, welcher Geist dort wirksam ist, wo und wie er/sie heute weht. In diesem Sinn ist es interessant, die Grenzen der christlichen Ethik zu überschreiten und sich Charakteristika der politischen, zeitbezogen argumentierenden Theorie Hannah Arendts und Spuren biblisch-theologischen Denkens darin zu vergegenwärtigen.

3. Arendts Sondierungen zu Macht und Gewalt

Arendt wollte politische Theorie treiben, und zwar aus „Liebe zur Welt" (so der Arbeitstitel ihres Buchs *Vita Activa. Vom tätigen Leben*). Für ihre intellektuelle Biographie ist die Verbindung von Autonomie im Denken und Verankerung in Beziehungen kennzeichnend. Ungeachtet der Breite des Freundeskreises, in dem ihr Denken sich sprechend entwickelte und ihrer Ausstrahlung als Lehrerin, hat sie aber eher keine Schule ausgebildet – und ist in der theologischen Ethik nur sehr am Rand, und zwar vor allem in der winzigen feministischen Szene präsent.

Das Politische ist für sie theoretisch und praktisch im Handeln der Menschen verankert. „Was den Menschen zu einem politischen Wesen macht, ist seine Fähigkeit zu handeln; sie befähigt ihn, sich mit seinesgleichen zusammenzutun ..." (MuG, 81). Handeln ist nach ihrem Verständnis des tätigen Lebens anders als das zirkulär bleibende Arbeiten im ‚Dunkel des Hauses' und des verfertigenden Herstellens der Dinge der ‚bewohnbaren Welt' nicht gegenstandsgebunden. Es zeichnet sich vielmehr durch die öffentliche Kommunikation aus. Arendt legt in dieses Verständnis des Politischen viel Emphase: „Freiheit gibt es nur in dem eigentümlichen Zwischenraum der Politik" (Denktagebuch 18, zit. nach Kumiko Yano, 2011, 310). Er eröffnet sich *zwischen* Menschen, die bleibend verschieden sind, sich aber als Gleiche anerkennen und betätigen. Diese Pluralität zu achten und zu pflegen ist Voraussetzung und Ziel des Handelns. In der Praxis erfordert das, sich mit Meinungen, Einwänden und Gegensätzen auseinanderzusetzen, eine gewaltfreie Streitkultur des Gemeinwesens (hier schlägt bei ihr das Erbe der griechischen Polis als Raum des Wettstreits durch) sowie Regeln, Verfahren und eine Verfassung, in der das möglich ist (hier bezieht sie sich mit den ‚Vätern' der Verfassung der USA auf die Römer).

Arendt hat die Elemente des Politischen in verschiedenen Werken durchdacht,[6] ausgelöst durch und bezogen auf das Umschlagen von Politik in die völlige Unfreiheit des massenmörderischen Totalitarismus des 20. Jahrhunderts (Elemente und Ursprünge totaler Herrschaft), dem sie Erfahrungen und Bedingungen der Freiheit entgegensetzte (Über die Revolution, Vita Activa, im Folgenden zit. als VA). Darum geht es auch in der Unterscheidung zwischen Macht und Gewalt, in dem sie Macht als wesentliches Moment des Handelns herausarbeiten und die Vorstellung von Gewalt als politischem Mittel kritisch ausschließen will.

Der Abwurf der Atombomben über Japan im August 1945 bedeutete eine ‚Zeitenwende'. Das Wissen um die Möglichkeit, menschliches Leben global auszulöschen, präge auch die Studentenbewegungen in den USA und Europa: „Dies ist die erste Generation, die im Schatten der Atombombe aufgewachsen ist" (MuG, 17), und ebendas erkläre wohl deren Handlungsfreudigkeit (19). Ihre politischen Vorstöße, mehr noch die anti-rassistische Bewegung der Schwarzen und deren Echo in den weißen USA sowie populäre existenzialistisch-marxistische Denker wie *Jean-Paul Sartre* und Pioniere antikolonialistischer Theorien wie *Frantz Fanon* kommentiert Arendt kritisch.

---

[6] Instruktiv sind hierzu die Schriften von Hauke Brunkhorst (Lit. verz.).

Nach ihrer Auffassung verwechselten sowohl letztere als auch lebensphilosophisch argumentierende Intellektuelle das Politische mit der Ausübung oder Anwendung von Gewalt. Dieser hält sie ihr Macht-Verständnis entgegen. Es soll der „Reduktion des Politischen auf den Herrschaftsbereich" (MuG, 45) wehren, in dem nach traditioneller Auffassung zwischenstaatliche kriegerische Interessendurchsetzung und innergesellschaftlich gewaltsame Mittel zum Zweck künftiger Größe, des Fortschritts und der Souveränität legitimiert und eingesetzt werden. Indem Arendt Macht selbstzwecklich, spontan und kommunikativ denkt, gibt sie ihr eine partizipatorische „basisdemokratische" Grundierung.[7]

In allen Fällen der Verwechslung von Gewalt / Herrschaft mit Macht / Politik ist nach ihr die Überwältigung der Zwecke durch die Mittel (MuG, 8) und damit eine Eskalation der Gewalt angelegt. Herausfordernd ist ihre These, dass diese Gewalteskalation Symptom des Macht- und Wirklichkeitsverlusts ist, während umgekehrt Machtgewinn und damit das Sich-Ereignen von Freiheit auf Wirklichkeitsbezug beruhe. Wenngleich sie also die Umrisse des Machtgedankens aus der Analyse und Negation der Gewalt entwickelt, kommt es ihr darauf an, beides scharf zu trennen und in verschiedenen Sphären des Tätigseins anzusiedeln. „Zwischen Macht und Gewalt gibt es keine quantitativen oder qualitativen Übergänge; man kann weder die Macht aus der Gewalt noch die Gewalt aus der Macht ableiten, weder die Macht als den sanften Modus der Gewalt noch die Gewalt als die eklatanteste Manifestation der Macht verstehen." (58)

Dabei kommen spannende Einschätzungen heraus, wie die, dass Revolutionen nicht von Parteien o.ä. Akteuren vorbereitet und siegreich durchgeführt werden können. Sie passierten vielmehr, wenn das herrschende Regime seine Macht verloren hat. Wenn diese „auf der Straße liegt", können andere zugreifen, so wie 1917 die Bolschewiki in Russland (MuG, 48–51). Doch eine Garantie dafür gibt es nicht. Auch die größte (Gegen-) Macht kann durch (staatliche) Gewalt vernichtet werden. „Nackte Gewalt tritt auf, wo Macht verloren ist" (55), „administrativer Massenmord" und Unterwerfung (54) können die Folge sein. Die Gewaltmittel des Regimes könnten ihrerseits seine Herrschaft nur sichern, solange es ihm gelingt, sich in den staatlichen Strukturen machtförmig zu

---

[7] Für die reformatorisch geprägte Ethik müsste sie daher attraktiv sein und könnte ihre Emanzipation aus der traditionellen Gewaltfixierung unterstützten.

organisieren und genügend Unterstützer zu halten (vgl. 48–52), die im Extremfall ein totalitäres Terrorregime ausüben (wie NS und Stalinismus).

In solchen Passagen des Werkes möchte man historische Untersuchungen der von ihr erwähnten Regimes zurate ziehen und aktuelle Vorgänge wie im Iran oder Russland und der Ukraine beleuchten sowie Arendts Ansatz mit anderen Theorien ihrer Zeit zu den Konstellationen von Macht, Gewalt und revolutionären Prozessen konfrontieren. So hat der italienische Praxisphilosoph *Antonio Gramsci* angesichts der Niederlage der Arbeiterbewegung und des siegreichen Faschismus in Italien über die Interaktion zwischen staatlichem Zwangsapparat und Führung durch Sicherung des zivilgesellschaftlichen Konsenses nachgedacht. Daher hat er die Eroberung, respektive den Verlust der „kulturellen Hegemonie" im Handeln verschiedener Akteure erkundet.[8] Gramsci erweitert dementsprechend die marxistische Revolutionstheorie. Zudem führt er den Begriff der *passiven Revolution* für politisch-ökonomische Modernisierungsprozesse oder Transformationen ohne Systembruch ein, die „von oben" organisiert werden und offene Konflikte zwischen herrschenden Eliten und sozialen Klassen vermeiden. Auch die von Arendt studierte *Rosa Luxemburg* hat im Zuge ihrer Tagesarbeit die marxistische Revolutionstheorie weitergedacht („revolutionäre Realpolitik"). Denker wie *Ernst Bloch* und die frühe *Frankfurter Schule* – haben sich der Bedeutung des ‚subjektiven Faktors' für politische Umwälzungen in der Ära des Kapitalismus zugunsten der Rechten / des Faschismus gewidmet. Bei diesen Zeitgenossen kommt die Akkumulation von Reichtum und Herrschaft und die entsprechende Enteignung der Mehrheiten, das Zusammenwirken zwischen sozialen Antagonismen, Manipulation der Öffentlichkeit, Sozialpsychologie und hegemonialer Kultur, das für die Verwirklichungschancen von Freiheit erheblich ist, stärker als bei ihr in den Blick.[9]

---

[8] Gramscis Thesen wurden schon in den 1980er Jahren durch Theoretiker der *Neuen Rechten* aufgenommen. In ihrer politischen Praxis streben rechtsradikale Akteure mit vielfältigen Vorstößen diese Hegemonie an und suchen staatliche Strukturen und Ressourcen zu erobern. Jüngste Erhebungen unterstreichen ihre Geländegewinne im Denken der sogenannten „Mitte" der Bevölkerung.

[9] Die überaus ungleiche Verteilung der Ressourcen und Chancen von Menschen, ihrerseits Herrschaft auszuüben, aufgrund von historisch gewachsenen gesellschaftlichen Strukturen der Herrschaftsakkumulation und -enteignung, ist in Arendts Vorstellung des Politischen zwar präsent, doch (soweit ich sehe) sucht sie diese argumentativ zurückzudrängen. Doch ist es wirklich egal, wie arm ich

In ihrem Essay, der stattdessen die politische Linke (von Marx bis in ihre Gegenwart) kritisiert, vollzieht Arendt eine doppelte Bewegung, die charakteristisch für ihre politische Theorie ist. Sie zeigt die nach 1945 nicht mehr tragfähigen Denkweisen der Moderne auf und sucht neuen Grund für das Leben in dieser Welt zu gewinnen. Nach Auschwitz seien wir auf das „*Denken ohne Geländer*" (*Ich will verstehen* 2005 = Gaus Interview 1965, zit. in Heuer: Handbuch 2001, 110), verwiesen. Sich „ohne Geländer" zu betätigen heißt, sich angesichts der Erfahrung des radikalen und banalen Bösen, das in der NS-Vernichtungsmaschinerie die Auslöschung ganzer Bevölkerungen unternahm, auf etwas *Anderes* zu verlassen. Dieses Andere liegt paradoxerweise in den Menschen selbst.[10]

Die Philosophin *Christina Schües* schreibt dazu: sie „verknüpft eine politische Ethik mit anthropologischen Strukturüberlegungen" (Conditio 2012, 54). In Arendts Worten: „Philosophisch gesprochen ist Handeln die Antwort des Menschen auf das Geborenwerden als eine der Grundbedingungen seiner Existenz" (MuG, 81).[11] Mit ihrem Verweis auf die Verantwortungsübernahme für die Gebürtigkeit („Natalität") vollzieht sie eine Kehrtwende von der philosophischen Orientierung an der (Sorge um) „Mortalität" und der individualistischen Existenzphilosophie ihrer Lehrer Heidegger (und Bultmann).[12] Die Einbettung der Menschen in Beziehungen und ihre Begabung, mit ihrem ersten Schrei auf der Welt einen

---

bin, wenn ich nur in Freiheit lebe, wie sie in MuG Richtung UdSSR sagt? Umgekehrt: Haben nicht Proteste der Armen gegen Hunger, Entwürdigung und Zwangsherrschaft die arabischen Rebellionen ausgelöst? Trug nicht zum Ende des südafrikanischen rassistischen Regimes erheblich bei, dass die Apartheid auch ökonomisch dysfunktional geworden war ...?

10 Hier wäre es spannend, in den Vergleich mit der Ontologie-kritischen Wende zum ‚ganz Anderen der ethischen Beziehung' einzutreten, die ihr Zeit- und vermutlicher Studiengenosse *Emmanuel Lévinas* vollzog.

11 „Sprechend und handelnd schalten wir uns in die Welt der Menschen ein, die existierte, bevor wir in sie geboren wurden, und diese Einschaltung ist wie eine zweite Geburt, in der wir die nackte Tatsache des Geborenseins bestätigen, gleichsam die Verantwortung dafür auf uns nehmen." (VA 165).

12 Hingegen knüpfte sie dauerhaft an *Karl Jaspers'* Betonung der Kommunikation an: vgl. ihre Beiträge zu Jaspers in: *Menschen in finsteren Zeiten* (zuerst 1968) sowie: Gantschow: Selbstsorge 2012.

neuen Anfang machen zu können, prägen den Blick auf die Welt.[13] Politisch gewendet: *Pluralität und Verbundenheit sind Ausgangsbedingung der Freiheit*, nicht Individualität und Autonomie (wie die bürgerliche Moderne betont). Sie ist kein fixierbares Resultat, sondern lebt aus sprachlich vermittelter Kommunikation.[14] „Es kommt darauf an, ganz gegenwärtig zu sein"[15]: „Solange man handelt, ist man frei, nicht vorher und nicht nachher, weil Handeln und Frei*sein* ein und dasselbe sind" (VZ, 1994, 206).

Arendt umreißt mit ihren Grundbegriffen Natalität und Pluralität keine moralischen Ideale [für das politische Handeln], sondern sie profiliert auch diese aus der Kritik heraus. Sie stellt sich gegen die prognostisch-empirische, verhaltensbiologische oder herstellend-technologische Sicht auf das Politische und richtet sich gegen lebensphilosophisch grundierte Thesen zum Fortschritt der Gattung durch „schöpferische" Gewalt (MuG, 59–86 hier: 70). Sie proklamiert die Fähigkeit zum Handeln durch Sprache als einzig „schöpferische" Fähigkeit. Mit ihr unterscheiden sich Menschen vom Tierreich und der Maschinerie (Computerisierung). Zugleich besteht sie darauf, Gewalt als rationales, zum Menschsein gehörendes Phänomen aufzufassen und somit der politischen Kritik zugänglich zu machen. Die rhetorische Verurteilung von Gewalttätern (in staatlichen Ämtern und ihren Verbündeten), die massivste Gewalt wie Angriffs- und Vernichtungskriege und durch Besatzungsregimes forcieren, die sie als Unmenschen, Bestien, Verrückte oder Vernunftlose brandmarkt, greift also zu kurz. Auch hier muss es um Aufklärung gehen. Für die Ethik des Politischen heißt das: Gewalt ist nicht wegwünschbar, auch nicht durch ihre moralische Ächtung. Eine pazifistische Moral / Haltung kann sie nicht aus der Welt schaffen. Ihre Ursachen und Kraftquellen müssen erkannt und der politische Umgang damit gelernt werden.

---

13 Dieser ist zum Leuchtturm der feministischen Care-Ethik-Bewegung geworden, die jedoch teils in geradezu paradoxer Umkehr auf Stichworte aus Arendts Werk rekurriert.
14 Fragen nach existenziellen Entfaltungsmöglichkeiten nicht sprachlich u. vernünftig begabter Menschen oder anderer kommunikativer Praxen können hier nicht erörtert werden.
15 Die 2023 verstorbene Arendt-Leserin, evangelische Theologin und Politikerin *Antje Vollmer* greift dieses Jaspers-Zitat im Motto der EU auf in ihrem Statement für *du. Die Zeitschrift der Kultur*, Okt, 2000 / H. 710, 49 (*Hannah Arendt. Mut zum Politischen!*).

Arendt arbeitet heraus, inwiefern Machtausübung, Machtverlust und Ohnmacht gewaltfördernd wirken.[16] In der voll entwickelten Bürokratie unter der „Herrschaft des ‚Niemand'" (*Wolf-Dieter Narr*) gehe der ‚Zwischenraum' verloren, in dem Menschen handeln können. Insofern ist vom Anti-Politischen und von anti-humaner ‚Macht' zu sprechen (vgl. Brunkhorst: Arendt 1999, 129f), eine Entwicklung, die sie auch für die westlich-demokratische USA konstatiert.[17] Infolgedessen regieren Verantwortungslosigkeit, Weltverlust, Verlassenheit und Ohnmacht – die in Verbindung mit dem wissenschaftlich-technischen Fortschritt erheblich gesteigert werden können (78–86).[18] Hier schließt sich der Kreis der Verknüpfungen zwischen anthropologischen und politisch-ethischen Annahmen: Da Menschen nur Menschsein können *in* der Welt, ist die Sorge *für* die Welt erstes Gebot einer solchen Theorie. *Weltverlust oder -flucht* ist hingegen das, was allererst zu vermeiden ist. „Liebe zur Welt" meint Einsatz gegen Gewalt.

4. Spuren biblisch-theologischen Denkens in Arendts politischer Theorie

Den Vorwurf der Weltflucht hat Arendt auch gegenüber dem Christentum erhoben. Diese Kritik lässt sich einerseits aus ihrer Beschäftigung mit dem römischen ‚Kirchenvater' und Autor der ersten theologisch-politischen Theorie *Augustin von Hippo* (354–430) erklären, andererseits mit dem Studium beim protestantischen Theologen der Ent-Weltlichung, dem Neutestamentler und Heidegger-Anhänger *Rudolf Bultmann*. Arendt hat sich in diesem Punkt diametral von ihnen abgesetzt. Sie bleiben den-

---

16 Während sie in MuG auf das „Wesen der Gewalt" (59ff) reflektiert, hatte sie in ihrem Buch zum Jerusalemer Eichmann-Prozess den Versuch ihrer juridischen Aufarbeitung und die anthropologische Seite der „Banalität des Bösen" kommentiert.
17 Sie nennt Zentralisierungstendenzen, Abbau von Gewaltenteilung, fehlende Einwirkungsmöglichkeiten der Bürgerinnen.
18 ‚Wutbürgertum' und Aggression gegen „das politische System", die sich oft gewalttätig gegen Menschen wendet, wären insofern auch als Reaktion auf fehlende Partizipation zu verstehen.

noch prägend für ihren vom Philosophisch-Theologischen weg ins Politische zielenden Gegenentwurf.[19] Das erschwert ihre Rezeption in der theologischen Ethik des Politischen, die am biblischen Erbe des *Schalom* als widerstehender, gewalteindämmender Praxis des Volkes [*oxlos, pueblo*] im Kontext imperialer Herrschaft interessiert ist und die aufgezeigten Defizite der reformatorischen Tradition hinter sich lassen will. Doch lassen sich genau an der Wegkreuzung von Weltverlust und Weltgewandtheit Pfade in Arendts Denken erkennen, auf denen eine kritische Theologie weitergehen könnte.

Der Politologe *Hauke Brunkhorst* deutet Arendts kommunikatives Machtverständnis als ihre „*politische Utopie*" (1999, 130, Hervorh. SP). Das wirkt angesichts ihrer ablehnenden Haltung gegenüber den Utopien der „Linken" auf den ersten Blick erstaunlich, doch angesichts der auch an ‚linke' Theoretiker anknüpfenden Idee des herrschaftsfreien Dialogs als Grundlage liberaler Gesellschaften in der Diskursethik wiederum nicht. Arendts Macht-Utopie lässt sich als Fähigkeit zur Transzendenz der gewaltgeprägten Verhältnisse durch die sich *jetzt verbündenden, handelnden* Menschen des Volkes oder der „Vielen"[20] verstehen. Utopie-Fähigkeit als Element politischen Denkens auszubilden dürfte ein wirklicher Gewinn für die protestantische Ethik sein, die sich nicht mehr im Ethos der Anpassung oder der Unterwerfung verlieren will, das bis zur Forderung nach gewalttätiger Repression der aufbegehrenden „Vielen" oder „Klassen" reichen konnte.[21] Sie wäre um die Bausteine zu ergänzen, die Arendt in anderen Werken thematisiert: Revolution, Verfassung, Völkerrecht.

Weiter stellt Brunkhorst fest: „Menschliche Freiheit ist eine *innerzeitliche* Schöpfung aus dem Nichts."[22] (118) Indem Arendt Augustins Behauptung, das Anfangen-Können sei der *Grund* der Schöpfung[23] in ihre politi-

---

19 Aus dieser Widersprüchlichkeit erklärt sich auch Micha Brumliks Einschätzung, Arendt hätte zwar als Jüdin gelebt, aber weit entfernt vom jüdischen Denken (Schrift 1994, 13).
20 Vgl. Brunkhorst: Macht / Gewalt / Herrschaft 2001, 297f.
21 Das Utopische war schon in mittelalterlichen „Ketzerbewegungen", dem „linken Flügel der Reformation" oder den Befreiungstheologien des 20. Jh. präsent – und wurde als solches unterdrückt.
22 Sie verstehe „freies Handeln als *creatio ex nihilo*", a. a. O., 119, beide Hervorh. im Orig.
23 Sie zitiert ihn: „damit ein Anfang sei, wurde der Mensch geschaffen, vor dem es niemand gab (De Civ. Dei, XII, 20; hier: VA, 166).

sche Anthropologie aufgenommen hat, transferierte sie den Schöpfungsgedanken in die *Gegenwart* der kommunikativen Grunderfahrung. Ihr zufolge wiederholen und bestätigen Menschen im Handeln / Sprechen gleichsam den Schöpfungsakt (VA, 167).[24] Anders gesagt: Sie lässt in ihrem Theorem der tätigen Annahme der zweiten Geburt (der Natalität) Schöpfung und Neu-Schöpfung miteinander verschmelzen. So hat sie ein zentrales biblisch-theologisches Motiv frei verarbeitet: Schöpfung ist gegenwärtige, lebendige Erfahrung und nicht als (naturgeschichtliches) Urereignis oder aus dem Jenseits vorgegebene Seins- und Wertordnung zu verstehen (was freilich in der Christentums-Geschichte oft missachtet worden ist).

Arendt rekurriert in diesem Zusammenhang der ‚*Anfänglichkeit*' unbefangen auf die biblische Ansage: „Uns ist ein Kind geboren" (VA, 243) und verknüpft sie – ganz im Duktus der protestantisch geprägten Kultur – *ohne* Hinweis auf die alttestamentliche Quelle (Jes 9,5) mit dem Weihnachtsoratorium. Damit entfällt in ihrer Reflexion, ebenfalls im Duktus der hermeneutischen Exegese ihrer Zeit (Bultmann!), die *messianisch grundierte Erwartung der Hoffnung auf das Neue, das alle Welt verändert* und den jetzt herrschenden Äon ablöst. Biblisch ist diese Hoffnung im prophetischen Widerstehen gegen Resignation (Babylon, Exil) und Unterdrückung (Diaspora, Rom) verankert. Wo diese Erfahrungen in Katastrophen- und Krisenzeiten verarbeitet werden, wird *Schöpfung* zum heilsgeschichtlichen Thema. Die Hoffnungstexte zur Erneuerung der leidenden Schöpfung (z. B. Röm 8, Apk 12 / 21) imaginieren den neuen Äon, eine verwandelte *Welt*. Teils sind sie verknüpft mit der Vision, dass Gottes Geist in Allen, gerade in den gesellschaftlich zum Schweigen Verdammten wirkt (Joel 3, Apg 2). Befreiungstheologisch gefasst: Neuschöpfung geschieht in der Ermächtigung der unterdrückten Gemeinschaften zu Veränderungen im Diesseits. Bei der evangelisch-ethischen Urteilsbildung zum Umgang mit (struktureller) Gewalt heute sind diese Aspekte weiter zu bedenken. Damit würde ein anderer Weg beschritten, als der von Arendt begangene, deren politische Utopie das „ganz gegenwärtig-Sein" über alles zu stellen scheint und dem Verlangen nach der Ankunft (Advent) des Erträumten keinen besonderen Raum gibt. Dennoch lassen sich

---

24 Hier lässt sich vorerst notieren, dass in der hebräischen Bibel, doch auch im griechischen NT (Joh 1!) das *Wort* Gottes schon immer *Handeln* meint.

in ihrem Verständnis von *conditio humana* und tätigem Leben weitere theologisch bemerkenswerte Punkte ausmachen. Arendt verknüpft den Gedanken der *Einzigartigkeit* der konkreten Person („Jemand"), die sich jeder *Definition entzieht* mit der bleibenden Angewiesenheit, sich in der *Vielfalt* mit anderen zu *zeigen* und zu erfahren (offenbar zu werden).[25] Unverfügbarkeit und Öffnung gehören zusammen, sind *conditio sine qua non* ihrer Vorstellung von der *conditio humana*. Aus theologischer Sicht ist hier eine wichtige Verbindung zum biblischen Zeugnis gegeben. Auch dort findet sich ja nicht ein („jüdisch-christliches") normatives Menschenbild, sondern in langem geschichtlichem Bogen vielfältige Erfahrungen und Vorstellungen, die *coram deo* formuliert werden. Mit den Überlieferungen der *Gottesebenbildlichkeit der Vielen* und dem *Bilderverbot des Einen* sprudelt in der hebräischen Bibel zudem eine systematisch und ethisch bedeutsame Quelle. Indem die *Beziehung* zwischen beiden Motiven anerkannt wird, kommt ihre humanisierende Kraft zum Tragen: Das Bilderverbot schützt als Gegengewicht oder Widerlager die Gottesebenbildlichkeit der Menschen, die sie wiederum vor der Versklavung durch die Götter bewahrt – eine kraftvolle Ressource, die Gott und Menschen unverfügbar oder zum geschützten Andern macht.[26]

Entsprechend wundert es nicht, dass Arendt auch den Gedanken der *Pluralität* und des mit ihr gegebenen Bezogen-Seins aus dem priesterlichen Schöpfungsbericht herausliest (Gen1, 28f; hier: VA, 15). Das *relationale Denken* gehört zum Kernbestand der christlichen Theologie – von der orthodoxen Trinitätslehre über westliche Schöpfungsethik bis zur feministischen Exegese. Während letztere den öffnenden, befreienden Aspekt der Urgeschichte (als Kritik des Androzentrismus) schätzt, ist immer wieder umstritten gewesen, ob ausgehend von der (in der Genesis bezeugten, doch auch übersetzend verflüssigten) Zweigeschlechtlichkeit die Gleichheit oder die Differenz der Geschlechter oder deren Dekonstruktion als Zuschreibungen vorrangig für die Emanzipation („nicht-männlicher") Menschen seien. Arendt, die keine feministische Intentionen hegte, unterlief sozusagen diese Alternativen, indem sie die Betätigung *als Gleiche* auf der *Vielfalt* (der Ansichten) der Beteiligten beruhen sah, wenn auch um den Preis weitgehenden Desinteresses an ökonomischen, sozialen

---

[25] Daher spricht Schües von einer ihrem ‚Menschenbild' eingeschriebenen, nicht aufhebbaren Spannung (59, vgl. VA, 167).
[26] Vgl. Ex 33 und seine Deutung durch Levinas, in: Spur 1992, 235.

und kulturellen Ungleichheiten – eine Tendenz, die wiederum in der westlich-weißen feministischen Theologie stark war und sie schwach gehalten hat.[27] Ferner ist ihre *Deutung Jesu* zu erinnern, der für sie die Fähigkeit zum vergangenheitsbezogenen Verzeihen und Zukunft eröffnenden Versprechen personifizierte (VA, § 33f). Einerseits hat sie damit die kommunikative Dimension der Jesus-Darstellung in den Evangelien aufgenommen. Arendt findet dort die menschliche Begabung zum handelnden Eingreifen ins Weltgeschehen oder biblisch gesprochen: „Wunder zu tun", heilvolle Veränderungen herbeizuführen.[28] Sie erklärt sie zum einzig sinnvollen moralischen Moment in der Politik, da sie dem Handeln *immanent* sei, also keine von außen auferlegte Regel (VA, 231ff). Auch dieser Punkt ist theologisch-ethisch interessant, erlaubt er doch, sich am Menschen Jesus, dem Wundertäter, zu orientieren, ohne aus den Evangelien selbst aktuelle (friedens-)politische Maßnahmen abzuleiten. Andererseits ist mit der Notwendigkeit von Neuanfängen und Übereinkünften oder Verträgen ein politiktheoretischer Gedanke formuliert,[29] der für die Eindämmung innergesellschaftlicher und zwischenstaatlicher Gewalt unverzichtbar ist. Zukunftseröffnende Vereinbarungen zwischen Kriegsgegnern wurden sukzessive völkerrechtlich etabliert, wenn auch unter großen Schwierigkeiten und Rückschlägen, wie die Aushöhlung international anerkannter Strukturen der Gewaltbegrenzung der letzten Jahre und in der aktuellen Kriegslage zeigt.

Mit der Sicht auf *Jesus als Inbegriff eines politikfähigen Menschen* lässt Arendt Bultmanns bildungsbürgerlich-existenzialistische Deutung des Evangeliums hinter sich, der die Hinrichtung Jesu durch die Römer als „Missverständnis" seines Wirkens als eines politischen bezeichnet hatte. Doch geht sie auch weiterhin auf den existenzphilosophisch geprägten Pfaden und – aus befreiungstheologischer Sicht – gleichsam belastet durch dieses Erbe. Denn die biblische Praxis-Theologie des *Schalom, der Frucht der Gerechtigkeit ist (Jes 32,17)*, bleiben dort verschüttet. Sie wurde in

---

27 Bei ihr wie bei differenzethisch denkenden Feministinnen hat das damit zu tun, dass sie sich auf die griechisch-antike haushaltspatriarchalische Politik (Aristoteles) beziehen.
28 Kristian Hungar hat das herausgearbeitet: Wundertäter 2001, 46, mit VZ, 222, vgl. a. ders.: Arbeitsgesellschaft 2000, 125–135. Vgl. seinen Beitrag in diesem Band.
29 In diesem Zusammenhang erwähnt Arendt auch die Verträge Abrahams, in VA, a. a. O.

der römischen Antike mit Augustins Gottesstaat und später auch von den siegreichen Reformatoren verdrängt, ins Jenseits oder in die christliche Gemeinde verschoben und außerdem mit patriarchalisch-autoritärer Brille gelesen.[30] Im Interesse einer politisch engagierten Theologie ist an dieser Kreuzung heute anders weiterzugehen: auf dem Weg einer historisch-kritischen Bibellektüre nicht bürgerlich-elitärer, männlich und weiß dominierter Gemeinschaften, die mithin auch andere Perspektiven auf Politik und Gewalt bieten. So erst tritt die (kirchengeschichtlich weitgehend ausgeblendete) anti-imperiale Dimension in den Evangelien, den Paulusbriefen und der Johannes-Apokalypse hervor, deren Theologien in der Kritik der religiösen Verehrung des römischen Kaisers, der Person und der Struktur des Reiches entstanden.[31]

Da die Sozialkritik von Thora und Propheten bei Arendt keine Rolle spielt, kommt sie auch nicht dort an, wo ein *Heidelberger AK für sozialgeschichtliche Exegese* oder „faith-based" soziale Bewegungen, einschließlich jüdischer Initiativen (wie z. B. ‚Tikkun olam' in den USA) die Bibel in *Konflikten der Zeit* einbringen. Ihre Art, biblische Motive ins politische Nachdenken einzubeziehen, ist angesichts des verbreiteten Glaubens an Fortschrittlichkeit und Überlegenheit säkularer, religionsignorant bis antireligiös auftretende Diskurse in Wissenschaft, Politik und Publizistik dennoch ein Gewinn. Denn die vermeintlich aufgeklärte Abwertung biblischer und religiöser Zugänge zur Welt ist ökumenisch und evangelisch-ethisch gesehen defizitär, aber auch sozialanalytisch, interkulturell und politisch problematisch, da die Menschheitsgesellschaft nun einmal überwiegend religiös geprägt ist.

Eine Ethik des Politischen, die sich einmischen will und dabei mit Barth die „qualifizierte Weltlichkeit" der Bibel für voll nimmt, kann jedenfalls von ihr (und anderen) lernen. Vermutlich muss man dafür bereit sein, Arendts „nicht-religiöse Interpretation biblischer Begriffe" (*Dietrich Bonhoeffer*) doppelt zu hören: als je eigenes Angebot an religiöse *und* an nicht-religiöse Gesprächspartner. Bedenkt man, dass für sie Sprache und Dichtung hochbedeutsam waren, so kann ihre Würdigung des neutesta-

---

30 Elisabeth Schüssler-Fiorenza hat das für die biblische Zeit mit dem Terminus ‚Kyriarchat' gefasst, das hermeneutisch und kirchlich bis in die Gegenwart nachwirke. Auch die Reformation blieb entgegen ihrer Parole vom „Priestertum aller Gläubigen" patriarchalisch-exklusiv.
31 Wengst: Pax 1986.

mentlichen Jesus als Hören auf die Erzählung, eben auf *verdichtete Erfahrung* in der schriftlichen Überlieferung einleuchten – und ist nicht als Berufung auf ein religiöses Vorbild zu deuten, das deshalb abzuweisen wäre. Ist man aber daran interessiert, wer „Jesus Christus für uns heute" ist (so Bonhoeffer und mit ihm *Dorothee Sölle*) und am Weitergeben der biblischen Botschaften, könnte man ihre Auslegung als Echo einer chassidischen Weisheit lesen: *Beten heißt denken und sprechen.* So mag sie es gesehen haben: Jesus konnte das und entsprach damit dem, was beispielsweise in den Psalmen, dem „Gebetbuch der Bibel", üblich war: nicht nur klagen, erzählen, loben und danken, auch streiten und ums Recht kämpfen. Dass damit eine Ermächtigung erinnert und neu erfahren wird, dürfte ein besonders wichtiger Aspekt sein, der wiederum religiösen *und* nicht religiösen Menschen zum Handeln verhilft.

Fazit

In einer Welt, in der imperiale Interessen massenmörderisch durchgesetzt werden und die Drohung mit der alle denkbaren Zwecke auslöschenden Atombombe zu den eingesetzten Mitteln von ‚Politikern' gehören, braucht es Handlungsfähigkeit, die der Geschichte eine andere Richtung geben kann (frei nach MuG). Arendts Vertrauen auf die schöpferischen Fähigkeiten von Menschen, die handeln, ausharren und sich gegen Gewaltherrschaft verbünden, kann „biblisches Denken" (Hungar: Wundertäter 2001, 47) im eingangs avisierten weiten ökumenischen Sinn genannt werden. Die evangelische Ethik des Politischen braucht solche Impulse.

Für deren / unsere Grundlagenarbeit ist Arendts Ansicht, dass Weltflucht das Anti-Politische und daher das Anti-Humane ist, eins der stärksten Motive. Es ist ein Schlüssel mit transzendentalkritischer Bedeutung, ein Türöffner zur *tätigen Liebe zur Welt*, zu der sich die Christenheit in antwortender Entsprechung zum Handeln Gottes gerufen sieht. Gleichermaßen ist im Licht ihrer Erwägungen zur *conditio humana* zu erinnern, dass Weltflucht dem Bekenntnis zur *Menschwerdung Christi* fundamental entgegensteht, da Mensch-Sein a priori als plural-gemeinschaftlicher, nicht als exklusiver, individualistischer Zugang zur Welt zu verstehen ist.

Macht aneignen, Gewalt eindämmen, Frieden suchen

Ethik, die mit der Kriegslage ringt, wird festhalten: Fluchtbewegungen in selbst verschuldete Unmündigkeit und Ohnmacht durch verallgemeinernde „Schuld"-Erklärungen, welche konkrete Verantwortlichkeiten ausblenden oder in Gestalt eines Anpassungsethos, das auf Strukturkritik verzichtet, das Aufrüstung und die Grundhaltung des *si vis pacem para bellum* mit real-politischem Handeln verwechselt und den *Blick von unten* (Bonhoeffer) meidet, sind kein Weg zum Frieden, sondern Quellen der Unfreiheit und damit von mehr Gewalt.

Aus Arendts Essay ist zwar kein politisches Instrumentarium für unsere Zeit (oder eine ‚methodisch-kontrollierte' Urteilsbildung für Ethik-Handbücher) ableitbar. Doch kann daraus gelernt werden, dass der Friede (wie die Macht) nicht mit Gewalt *hergestellt*, wohl aber (wie die Macht zum Handeln) durch sie vernichtet werden kann. Ferner, dass neben Mitteln und Wegen der Kriegsbeendigung durch staatliche und internationale Akteure (UN) handlungsfähige *zivile Bewegungen* gefragt sind, die sich gegenseitig (grenz- und freundeskreis-überschreitend) ermächtigen und so einen Unterschied machen können. Ist ‚Frieden' zu verstehen als weltgestaltende politische Macht, so ist er *Unterbrechung des Kriegsautomatismus und Einschlagen einer neuen Richtung*. Hier liegen wohl die besonderen, wenngleich bescheidenen Möglichkeiten von ökumenisch ganz weit aufgeschlossen denkenden „faith based organizations and movements".

Im Licht des hier versuchten Lernprozesses ist die Entwicklung von Politikfähigkeit das erste Gebot christlicher Theologie und Voraussetzung einer Positionierung gegen die kriegerische Gewalt.

Literatur

Arendt, Hannah: Laudatio auf Karl Jaspers, in: Hannah Arendt: Menschen in finsteren Zeiten, hrsg. v. Ursula Ludz, München 1989, 89–98.
- Vita activa oder Vom tätigen Leben, München 1996.
- Macht und Gewalt. Mit einem Interview von Adelbert Reif, München 2021.
- Zwischen Vergangenheit und Zukunft. Übungen im politischen Denken, hrsg. v. Ursula Ludz, München 1994.
- Was ist Politik? Fragmente aus dem Nachlaß, hrsg. v. Ursula Ludz, München 1993.

Breier, Karl-Heinz; Gantschow, Alexander (Hrsg.): Politische Existenz und republikanische Ordnung. Zum Staatsverständnis von Hannah Arendt, Baden-Baden 2012.

Brumlik, Micha: Schrift, Wort und Ikone. Wege aus dem Verbot der Bilder, Frankfurt am Main 1994.

Brunkhorst, Hauke: Hannah Arendt, München 1999.

- Macht und Wahrheit in struktureller Kopplung, in: Vorgänge. Zeitschrift für Bürgerrechte und Gesellschaftspolitik 43 (3) (2004), 19–27.
- Macht/Gewalt/Herrschaft. In: Wolfgang Heuer u. a. (Hrsg.), Arendt-Handbuch. Leben – Werk – Wirkung, Stuttgart, Weimar 2011, Sp. 294–298.

Calvin, Jean: Unterricht in der christlichen Religion. = Institutio Christianae religionis, Neukirchen-Vluyn 1997.

Conradi, Elisabeth; Plonz, Sabine (Hrsg.): Tätiges Leben. Pluralität und Arbeit im politischen Denken Hannah Arendts, Bochum 2000.

EKD-Kirchenamt: Aus Gottes Frieden leben – für gerechten Frieden sorgen. Eine Denkschrift des Rates der Evangelischen Kirche in Deutschland, Gütersloh 2007.

Gantschow, Alexander: Von der Selbstsorge zur Sorge um die Welt. Hannah Arendts Umwendung existenzphilosophischen Denkens. In: Karl-Heinz Breier (Hrsg.): Politische Existenz und republikanische Ordnung, 2012, 92–118.

Gaus, Günter: Was bleibt? Es bleibt die Muttersprache. Günter Gaus im Gespräch mit Hannah Arendt (Zur Person), ZDF, 28.10.1964.

Heuer, Wolfgang; Heiter, Bernd; Rosenmüller, Stefanie (Hrsg.): Arendt-Handbuch. Leben – Werk – Wirkung, Stuttgart, Weimar 2011.

Hungar, Kristian: Die Kritik an der Arbeitsgesellschaft und ihre aktuelle Bedeutung, in: Elisabeth Conradi, Sabine Plonz (Hrsg.): Tätiges Leben, 2000, 125–136.

Hungar, Kristian: „Es gibt einen Wundertäter, den wir kennen: den Menschen", in: Junge Kirche 62 (6) (2001), 42–48.

Jochum-Bortfeld, Carsten; Kessler, Rainer (Hrsg.): Schriftgemäß. Die Bibel in Konflikten der Zeit, Gütersloh 2015.

Levinas, Emmanuel: Die Spur des Anderen. Untersuchungen zur Phänomenologie und Sozialphilosophie, Freiburg (Breisgau) u. a., 3.unveränd. Aufl. 1992.

Luther, Martin: Stellungnahmen im Bauernkrieg, in: Martin Luther: Christ und Gesellschaft. Hrsg. v. Horst Beintker. Martin Luther Taschenbuchausgabe 5, Berlin 1982, 48–106.

- Zur Frage, ob man auch als Soldat in einem Gott wohlgefälligen Stand lebt (1526), in: Martin Luther: Christ und Gesellschaft, Hrsg. v. Horst Beintker. Martin Luther Taschenbuchausgabe 5, Berlin 1982, 150–197.

Plonz, Sabine: Jenseits von Wahrheitsanspruch und Toleranzgebot. Religionskritische Annäherungen an eine weltgewandte Theologie, in: dies.: Himmlisches Bürgerrecht – Liebe zur Welt. Anläufe zu einer dialogisch-politischen Theologie im ökumenischen Kontext, Frankfurt am Main 2007, 118–144.

- Ethik des Politischen als Lernprozess. Eine protestantische Erkundung der Liberalismuskritik von Joan Tronto und Armatya Sen, 2017. Online verfügbar unter https://bibel-kontextuell.de/downloads-und-publikationen/aufsaetze/.

Schües, Christina: Conditio humana – eine politische Kategorie, in: Karl-Heinz Breier (Hrsg.): Politische Existenz und republikanische Ordnung, 2012, 49–72.

Wengst, Klaus: Pax Romana, Anspruch und Wirklichkeit. Erfahrungen und Wahrnehmungen des Friedens bei Jesus und im Urchristentum, München 1986.

Yano, Kumiko: Politischer Raum/»Zwischen«, in: Wolfgang Heuer u. a. (Hrsg.): Arendt-Handbuch. Leben – Werk – Wirkung. Stuttgart, Weimar 2011, Sp. 307–311.

Gedenkgottesdienst für Rosa Luxemburg, Heiliggeistkirche Heidelberg am 10. März 2019

Renate Wind †

Vorbemerkung der Herausgeber: *Prof. Dr. Renate Wind, zuletzt Professorin für Neues Testament und Kirchengeschichte an der Evangelischen Hochschule Nürnberg, starb am 9. Januar 2023 im Alter von 72 Jahren. Sie war fester Bestandteil des Heidelberger Arbeitskreises, an dessen Treffen sie regelmäßig teilnahm. Im Januar 2020, als sich der Arbeitskreis zum ersten Mal mit dem Gewaltthema befasste, hielt sie einen Vortrag über Rosa Luxemburg. Es war ihre letzte Teilnahme an einem Treffen des Kreises.*

Dem vorgetragenen Text lag ein Gottesdienst in Heidelberg zugrunde. In ihm wurde der Text von Lesungen und Musik, die ihr Nürnberger Kollege Prof. Dr. Michael Kuch vortrug, unterbrochen. Dankenswerterweise hat uns Pfarrer Dr. Vincenzo Petracca von der Heidelberger Altstadtgemeinde Heiliggeist-Providenz den Text zur Verfügung gestellt. Wir drucken ihn unverändert – ohne die Lesungen – ab.

Der Form des ursprünglich für einen Gottesdienst geschriebenen Textes ist es geschuldet, dass er keinen wissenschaftlichen Apparat aufweist, dass also die Zitate von Rosa Luxemburg ohne den Nachweis ihrer Veröffentlichung wiedergegeben werden.

Alles hat seine Zeit

„Ich möchte in einer Gesellschaftsordnung leben, in der es mir vergönnt sein wird, alle zu lieben", schreibt die jugendliche Rosa Luxemburg an einen Freund. Später wird sie hinzufügen, dass sie hassen lernen muss, um eine solche Gesellschaft zu verwirklichen.

Rosa Luxemburg – in ihrem Leben und Denken vereinigen sich Zorn und Zärtlichkeit, Kämpfen und Lieben zu einer revolutionären und prophetischen Existenz, die bis heute nichts von ihrer Aktualität verloren hat. Sie war eine große Liebende, die auch die gesamte Schöpfung in diese Liebe einschloss. Und sie war eine radikale Kämpferin gegen alles, das bedrohte, was sie liebte: Sie hasste die Arroganz der Macht, die Rücksichtslosigkeit der Reichen, die Enge des Denkens, die Ausbeutung von Menschen und Natur, und vor allem den Krieg, das große Morden. Zeit ihres Lebens hat sie mit diesem Zwiespalt gelebt und sich ihm ausgesetzt. Sie bestand darauf, dass die notwendigen gesellschaftlichen Veränderungen nicht ohne die Auseinandersetzung mit den realen Machtverhältnissen möglich sein werden: „Lieben hat seine Zeit, hassen hat seine Zeit ..." (Koh 3,8).

In der Menschheitsfamilie zu Hause

Rosa Luxemburg, 1870 im ostpolnischen Städtchen Zamos geboren, ist tief geprägt von jüdischer Kultur und Tradition, auch wenn sie das lange Zeit hinter sich zu lassen versucht. Die Familie zieht später nach Warschau, sie gehört zu einem Judentum, das sich weltlicher Kultur und Bildung öffnet und den Kindern Zugang zu weiterem Wissen und Bildung eröffnen will. Rosa, das jüngste und besonders geliebte Kind, erlebt eine Vielzahl unterschiedlicher jüdischen Lebenserfahrungen. Die Wärme des von religiöser Tradition bestimmten Familienlebens, den Schrecken eines Pogroms, die Ausgrenzung in der Schule, aber auch die Erfahrung, sich mit Leistung und Selbstbewusstsein Respekt verschaffen zu können. Wirklich akzeptiert fühlt sie sich jedoch in einem geheimen Kreis junger Leute, die von Gerechtigkeit und Gleichheit träumen: von der Revolution.

Polen ist zu dieser Zeit kein souveräner Staat, Rosa wächst im russisch besetzten Teil Polens auf und erlebt die Despotie der Zarenherrschaft. Der junge Geheimbund bewundert die russischen Aufständischen, unter ihnen mutige Frauen, die ihr Leben riskieren im Kampf gegen die Zarenherrschaft. Die junge polnische Jugend strebt nach nationaler Unabhängigkeit, die radikaleren unter ihnen wollen jedoch mehr: gemeinsam mit den russischen Genossinnen und Genossen die Klassenherrschaft überwinden. Beeinflusst werden sie von den Ideen des polnischen

Schriftstellers Adam Mikiewicz, der seinen Landsleuten empfiehlt, ähnlich den Juden ihre Staatenlosigkeit zu akzeptieren und dafür die Welt mit polnischer Kultur und Seele zu durchdringen. Er stellte der Demütigung und Unterwerfung universale Werte entgegen, die von dem messianischen Glauben der Urchristenheit inspiriert waren: Gerechtigkeit auf Erden, Widerstand und Auflehnung, nicht Demut und Gehorsam. Für den kleinen Untergrundzirkel namens „Proletariat" heißt das: Sozialismus und Revolution. In dieser Gruppe, in der Gleichheit des gesellschaftlichen Bewusstseins, fühlt sich Rosa zu Hause – sie gibt ihr das Gefühl, zu einer Gemeinschaft zu gehören, die sich selbst erwählt und die sie als Gleiche aufnimmt.

Der Untergrundzirkel eröffnet Rosa ein neues Universum, in der die Begrenztheit ihrer traditionellen Herkunft und die mehrfache Behinderung ihrer leiblichen Existenz aufgehoben ist. Es spielt keine Rolle, jüdisch zu sein, russisch oder polnisch, männlich oder weiblich, und es macht auch nichts aus, dass Rosa durch einen Geburtsfehler gehbehindert ist. Rosa wird selbstbewusst, macht ein glänzendes Abitur, wird eine elegante junge Frau, die ihre Körperlichkeit nicht verleugnet, und zieht, sobald sich eine Möglichkeit eröffnet, in die Welt hinaus: nach Zürich, an die damals einzige Universität, die Frauen zum Studium zulässt. Sie lässt beengende Traditionen und Rollen hinter sich, nimmt aber, bewusst und unbewusst, vieles mit, was ihre Kindheit und Jugend geprägt hat: polnische Kultur und jüdische Frömmigkeit, das Interesse an Literatur und Politik, aber auch die Erfahrung, um Wissen und Rechte kämpfen zu müssen, wenn man nicht zu den Privilegierten gehört. Das verbindet sie mit den Benachteiligten und Entrechteten jenseits aller Grenzen. Sie fühlt sich in der „ganzen Welt zu Hause, überall, wo, es Menschentränen gibt", die es zu trocknen gilt, seien es jüdische oder russische oder polnische – diese Internationale der Menschlichkeit wird die Grundlage ihrer weiteren politischen Existenz, diese Perspektive von unten, die großen Ereignisse der Weltgeschichte aus der Sicht der Opfer zu betrachten, wird ihr gesellschaftliches Credo.

In Zürich angekommen, hat Rosa eine politische Haltung, aber noch keine politischen Ambitionen. Sie studiert Naturwissenschaften und Zoologie, aus ihrer Liebe zur Natur, aber auch aus dem aufklärerischen Geist der Naturwissenschaft heraus. Doch in der linken Züricher Emigrantenszene trifft sie einen Gesinnungsgenossen, mit dem sich ihr Leben von da an verbindet und der ihrer Suche nach politischem Handeln eine Richtung gibt: Der fünf Jahre ältere Leo Jogiches aus Litauen, aus jüdischer Gelehrtenfamilie, ist schon eine Berühmtheit in der Szene. Als mutiger Organisator revolutionärer Aktionen und entkommener Gefangener des russischen Geheimdienstes versucht er alles, um aus dem Exil heraus neue Informations- und Organisationsstrukturen zu schaffen – das Studium läuft nur nebenbei, es wird aus dem großväterlichen Erbe finanziert. Rosa und Leo teilen ihre Überzeugung, dann auch Tisch und Bett. Alles Weitere ergibt sich aus ihrer internationalistischen Überzeugung heraus.

Gegen die nationalistisch orientierten polnischen Sozialdemokraten gründen sie eine Bewegung, die sich jenseits nationaler Grenzen als „Sache der Arbeiter" aller Länder versteht. Für sie hat Rosa ihren ersten öffentlichen Auftritt bei dem Kongress der 2. Internationale in Zürich. In einer leidenschaftlichen Rede plädiert sie für die Aufnahme ihrer Partei. Zeitzeugen erinnern sich: „Rosa, damals dreiundzwanzig Jahre alt, war damals ... unbekannt. Ich sehe sie noch, wie sie aus der Menge der Delegierten aufsprang und sich auf einen Stuhl schwang, um besser verstanden zu werden. Klein, schmächtig, zierlich in ihrem Sommerkleid, das geschickt ihren körperlichen Fehler verbarg, verfocht sie ihre Sache mit solchem Magnetismus im Blick und mit so flammenden Worten, dass die Masse des Kongresses, erobert und bezaubert, die Hand für ihre Zulassung erhob."

Von nun an sind die Rollen klar verteilt: „Die Sache der Arbeiter" und ihre Rolle in der internationalen Arbeiterbewegung wird das gemeinsame Lebensprojekt von Leo und Rosa. Er organisiert und finanziert, sie redet und schreibt, miteinander diskutieren sie Inhalte und Strategien. Er bleibt ihr Mentor und Organisator im Hintergrund, sie wird zu einer der bekanntesten Persönlichkeiten in der international vernetzten Sozialdemokratie. Längst studiert sie Politik und Ökonomie und schließt mit einer Doktorarbeit über die industrielle Entwicklung in Polen summa cum laude ab.

Zu dieser Zeit ist die Sozialdemokratische Partei in Deutschland die größte und erfolgreichste Partei der 2. Internationale. Dort soll Rosa ihre Fähigkeiten einbringen, als Rednerin vor allem in den östlichen Grenzgebieten des deutschen Reiches, als Redakteurin und Publizistin der Sächsischen Arbeiterzeitung und anderer sozialdemokratischer Presseorgane. Sie wird beides mit Leib und Seele, und sie hat Erfolg. Die Gründe dafür beschreibt sie selber: „Ich bin unzufrieden, wie man in der Partei zumeist die Artikel schreibt ... Es ist alles konventionell, so hölzern, so schablonenhaft, ein farbloses und klangloses Gesurr, wie der Ton eines Maschinenrades. Ich glaube, die Ursache liegt darin, dass die Leute beim Schreiben meistenteils vergessen, in sich tiefer zu greifen und die ganze Wichtigkeit und Wahrheit des Geschriebenen zu empfinden. Ich glaube, dass man jedes Mal, jeden Tag, bei jedem Artikel, die Sache wieder durchleben, durchfühlen muss, dann würden sich auch frische, vom Herzen zum Herzen gehende Worte für die alte bekannte Sache finden. Ich nehme mir vor, beim Schreiben nie zu vergessen, mich für das Geschriebene zu begeistern und in mich zu gehen."

Diese Begeisterung und Innerlichkeit spüren ihre Adressaten, sei es in ihren Artikeln, ihren Reden und ihrem Unterricht als Dozentin an der Parteischule. „Sei voller Leidenschaft, Lehrerin! Wenn du ein Licht anzünden willst, musst du selber Feuer in deinem Herzen haben," schreibt wenig später ihre chilenische Zeitgenossin Gabriela Mistral. Und weiter: „Lehre, aber mit ständigem Blick auf die Schönheit, denn sie ist die Mutter von allem ... Denke immer daran, dass dich Gott dazu berufen hat, die Welt von Morgen zu schaffen." Nein, von Gott fühlt sich Rosa nicht berufen, aber die Welt von morgen schaffen, voller Erkenntnis, Liebe und Schönheit, das will sie mit ganzer Leidenschaft.

Lieben und Arbeiten

„Ein durchdringender, dialektisch gerichteter Geist war Leo Jogiches," erinnert sich Rosas Freundin und Genossin Clara Zetkin. Sie schreibt ihm eine Bescheidenheit zu, die ein Zeichen „echten Wertes und vollen Aufgehens der Persönlichkeit im Dienste eines Ideals ist. Er war einer jener heute noch seltenen Mannspersönlichkeiten, die neben sich in treuer, beglückender Kameradschaft eine große Weibspersönlichkeit ertragen können, ohne deren Wachsen und Werden als eine Fessel des eigenen Ichs zu empfinden."

Tatsächlich hat Rosa viel erreicht, ihr öffentliches Ansehen in der europäischen Sozialdemokratie und ihr Status in der SPD erlauben ihr endlich, auf eigenen Füßen zu stehen und eine eigene kleine Wohnung in Berlin zu mieten. Diese Wohnung wird bald zur Anlaufstation für Genossinnen und Genossen von nah und fern. Rosa berichtet ihrem Leo alles, was sich ereignet, das Paar schreibt sich beinahe täglich. Doch offenbaren diese Briefe auch die Fremdheit bei aller Verbundenheit. Rosa schreibt über ihr Alltagsleben, ihre Träume, ihre Gefühle, Leo interessiert sich nur für ihre politischen Berichte und Analysen. Leo schreibt politische Berichte und Analysen, gibt Anweisungen und erteilt Ratschläge, aber nichts über sein Inneres, wie Rosa klagt: Immer geht es nur um die Sache, die ihr ja auch wichtig ist. Aber die Sache wird nicht gut, wenn wir nicht auch auf unsere Seelen achten. Mit seinem „hohlwangigen Nazarenertum" kann sie nichts anfangen, sie „verstand es, sich des Lebens zu freuen wie wenige, seine Schönheiten zu genießen und ihm immer wieder neues Glück abzugewinnen ... Bei der Arbeit wie beim Genießen, im Lieben wie im Hassen war sie stets von der gleichen Glut beseelt," schrieb Luise Kautsky in ihren Erinnerungen.

Zu allem Glück fehlt Rosa nur einer, Leo, den sie zärtlich Dziodziu nennt: „Am meisten freute mich dieser Absatz in deinem Brief, in dem du schreibst, dass wir es noch schaffen werden, unser privates Leben aufzubauen, Ach Dziodziu, goldener, wenn du dieses Versprechen halten würdest! Eine eigene kleine Wohnung, ein paar eigene Möbel, eine eigene Bibliothek, ruhige und regelmäßige Arbeit ... Und vielleicht auch noch ein kleines, ganz kleines Baby? Wird es niemals erlaubt sein? Ach, Dziodziu, werde ich niemals ein Baby haben?" Nein, einen Rückzug in die bürgerliche Idylle wünscht sich Rosa nicht, wohl aber eine Ehe als Vorwegnahme des gesellschaftlichen Ideals einer Assoziation freier Individuen, die sich gegenseitig eine allseitige Entwicklung zugestehen: „Wie wir einander brauchen! Wahrhaftig, kein anderes Paar hat eine solche Aufgabe im Leben, gegenseitig einer aus dem anderen einen wahren Menschen zu machen wie wir."

Doch auch das bleibt Utopie; dennoch bleiben Rosa Luxemburg und Leo Jogiches einander verbunden, bis zum bitteren Ende – Leo Jogiches wird kurz nach Rosas Tod, den er aufklären hilft, ermordet – durch alle Höhen und Tiefen werden sie einander zum Schicksal. Bis dahin bleibt ihr Briefwechsel eine wunderbare Quelle der Nachrichten aus dem Leben europäischer Sozialdemokraten und Revolutionäre zum Beginn des 20. Jahrhunderts. Da sitzen sie, die berühmten Namen, bei Rosa zusammen und bekommen aufgetischt: ein polnisch-jüdisches Festessen mit vielen Gängen, am Ende Käse und Radieschen – man reicht keine Radieschen zum

Käse, knurrt der asketische, aber welterfahrene Leo. In Deutschland wohl, faucht Rosa zurück. Auch Lenin kommt zu Besuch, flirtet mit Mimi, der Katze, die ihn erst umgarnt, dann aber die Tatzen ausfährt. Das interessiert Leo wenig, er kann Lenin sowieso nicht leiden.

Was Rosa von Leo nicht kriegen kann, holt sie sich woanders. Mimi wird zum Kindersatz, zur immer wieder rührend beschriebenen Gefährtin in Rosas Einsamkeit, über die alle Betriebsamkeit nicht hinwegtäuschen kann. Doch es gibt auch Freundinnen und Freunde in Berlin, zwischendurch einen jungen, eifersüchtig beäugten Geliebten, mit dem Rosa teilt, was Leo vermissen lässt: die Liebe zur Musik und zur Poesie, zur Natur und zur Körperlichkeit. Auch hier gehen Briefe hin und her, aus Rosas Briefen erfahren wir vieles, was die öffentliche Rosa Luxemburg, die rote Rosa, in einem anderen Licht erscheinen lässt. Wir hören von ihrer Liebe zu Goethe und Schiller, von ihrer Verehrung für die deutsche Sprache und Kultur, für Mozarts himmlische Musik und für Bachs Matthäuspassion. Sie liebte die Lieder ohne Worte von Mendelssohn und sang die Lieder von Hugo Wolf im Kreis von Freunden selbst. Später, in ihren Gefängnisbriefen, wird sie sich daran erinnern und den Text zitieren:

> Gepriesen sei, durch wen die Welt entstand,
> wie trefflich schuf er sie nach allen Seiten.
> Er schuf das Meer mit endlos tiefem Grund,
> er schuf das Paradies mit ewigem Licht,
> er schuf die Erde – und dein Angesicht!

Kirche und Sozialismus

Immer häufiger tauchen in Rosas Briefen biblische Motive auf, aber auf die Religion, vermittelt durch die Kirchen, reagierte sie mit radikaler Kritik. 1905 erschien in polnischer Sprache der Aufsatz „Kirche und Sozialismus", kurz darauf im „Vorwärts" ein Artikel in der Weihnachtsausgabe mit dem Titel: „Des Erlösers Geburt." Der Text verrät eine große Sympathie für die Lehre Jesu und die ersten Generationen der Christenheit: „In einer furchtbaren Zeit, da Millionen im ausweglosen Elend, in Sklaverei und Erniedrigung versanken, in dieser düsteren sozialen Nacht, ging die Morgenröte der christlichen Erlösung auf, von den Elenden und Enterbten mit frommem Glauben und jauchzender Hoffnung begrüßt … Es ist eine pfäffische Lüge, wenn dem Volke eingeredet wird, das Reich Jesu sei nicht von dieser Welt. Nicht als ein unbestimmter Wunsch auf die Glückseligkeit des Jenseits, sondern als ein Evangelium der Erlösung von dem materiellen Elend der sozialen Ungleichheit und Ungerechtigkeit hienieden auf Erden ward die christliche Lehre gepredigt und aufgenommen ... So irdisch, so realistisch, so sinnlich war diese Erlösung gemeint, dass die ersten Christen sofort an die Wurzel des sozialen Übels, die Eigentumsverhältnisse, die Axt mit wuchtigem Hiebe anlegten. Ihr Elenden, rief der heilige Basilius den Reichen zu, was nennt ihr euer Eigentum? Von wem habt ihr es erhalten? Wodurch werden die Reichen reich als durch Besitznahme von Dingen, die allen gehören?

Elende Heuchelei ist das offizielle Weihnachtsfest, wo zur Feier der Geburt des Erlösers der Armen, der Geburt in der Krippe, von der reichen Bourgeoise am Tannenbaum ein Luxus getrieben wird, der den notleidenden, frierenden, darbenden Massen Hohn spricht ... Wir feiern heute ein anderes, unser Weihnachtsfest, durch einen Abgrund getrennt von der heuchlerischen bürgerlichen Christenwelt mit ihren Feiern, Gebeten und Glocken. Um unseren grünen Lebensbaum geschart (nein, auf den will auch die rote Rosa nicht verzichten), fest im Glauben und froh in der Hoffnung auf der Menschheit nahende Erlösung (durch die Revolution), wir Millionen Elender und Enterbter rufen der verlogenen herrschenden Christenwelt zu, wie Prometheus: ‚Hier sitz' ich, forme Menschen nach meinem Bilde, ein Geschlecht, das mir gleich sei, zu leiden, zu kämpfen, zu genießen, zu freuen sich und dein nicht zu achten, wie ich!'"

Wie schon bei Marx ist auch bei Luxemburg Religionskritik eigentlich Kirchen- und Gesellschaftskritik, und sie kommt dabei dem biblischen Gerechtigkeitsgedanken und der geschichtlichen Jesusgestalt so nahe, dass es auch damals schon Verbindungen zum religiösen Sozialismus und zur frühen ökumenischen Friedensbewegung gegeben hätte. Doch diese Gruppen sind zu Rosas Zeit von der offiziellen Kirche ebenso ausgegrenzt wie alle, die die herrschenden Macht- und Besitzverhältnisse kritisierten. Die Erlösung durch die revolutionäre Masse des Proletariats erweist sich freilich ebenfalls als Wunschdenken. Nach und nach beginnt sich die SPD mehrheitlich von dem Gedanken an eine grundlegende Umgestaltung der Eigentumsverhältnisse zu verabschieden. Vor allem aber verrät sie in Rosas Augen den Internationalismus, der für sie der Kern der Neugestaltung der Welt ist. Immer radikaler verweist sie darauf, dass nach den Gesetzen der Akkumulation des Kapitals immer jemand für den Reichtum der Privilegierten den Preis zahlt – seien es die Menschen der untersten Schichten, die Ausgebeuteten in den Kolonien, die immer weiter zerstörte außermenschliche Natur ... Das hatte übrigens zur gleichen Zeit schon Albert Schweitzer in seinem „Wort an die Menschen" angemahnt und Gerechtigkeit, Frieden und Bewahrung der Schöpfung gefordert. Leider haben die beiden sich nie kennengelernt ...

Zur tiefen Krise und zum Bruch mit der SPD kommt es 1914, als die SPD den Kriegskrediten und dem Burgfrieden mit dem kriegsführenden Establishment zustimmt. Bis zuletzt hat Rosa Luxemburg gehofft und gekämpft – für den Massenstreik zur Verhinderung des großen Mordens. In einer ihrer letzten großen Reden rief sie beschwörend: Wenn wir unsere Waffen gegen unsere französischen Brüder und die Menschen anderer Völker richten sollen, dann werden wir sagen: Nein, das tun wir nicht! Doch dann jubeln bei Kriegsausbruch auch die proletarischen Massen, schreiben an die Wagen, mit denen sie zur Front fahren: Jeder Stoss, ein Franzos, jeder Schuss ein Russ, und winken, als ginge es zum Schützenfest. Doch das Fest ist schnell vorbei, das große Morden wird zur „Urkatastrophe des 20. Jahrhunderts." „Das patriotische Kanonenfutter verwest in Totenäckern. Geschändet, entehrt, im Blute watend, so steht die bürgerliche Gesellschaft da, so ist sie ... als reißende Bestie, als Pesthauch für Kultur und Menschheit, so zeigt sie sich in ihrer wahren Gestalt. Mitten in diesem Hexensabbat vollzog sich eine weltgeschichtliche Katastrophe, die Kapitulation der internationalen Sozialdemokratie."

Zusammen mit Karl Liebknecht, der gegen die Kriegskredite gestimmt hatte, und anderen Kriegsgegnern gründet Rosa Luxemburg die Gruppe „Internationale", aus der die Spartakusgruppe hervorgeht, und Anfang 1919 die KPD. Rosa wird das alles mit initiieren und Inspirieren, doch die meiste Zeit wird sie im Gefängnis verbringen, wegen fortgesetzter Aktivitäten gegen Krieg und Militarismus. Ihren letzten großen Auftritt hat sie vor dem Gericht, das für sie „Schutzhaft" verfügt, weil man Fluchtgefahr befürchtet: „Herr Staatsanwalt, ich glaube Ihnen, Sie würden fliehen. Ein Sozialdemokrat flieht nicht. Er steht zu seinen Taten und lacht ihrer Strafen. Und nun verurteilen sie mich!"

Briefe aus dem Gefängnis

Die Gefangene hat Privilegien, sie hat eine Einzelzelle, darf für sich allein arbeiten und wird mit Büchern und besserem Essen versorgt. Aber sie wird ohne Gerichtsurteil bis zum Ende des Krieges festgehalten. Sie wird weiter schreiben, und ihre Gefängnisbriefe werden für spätere Generationen zum Kultbuch. Sie schimpft und weint und tröstet, vor allem aber legt sie die Quellen ihres Lebens und Denkens offen: „Mensch sein ist vor allem die Hauptsache. Und das heißt fest und klar und heiter sein, ja heiter trotz alledem und alledem ... Mensch sein heißt sein ganzes Leben auf des Schicksals große Waage freudig hinwerfen, wenn's sein muss, sich zugleich aber an jedem hellen Tag, an jeder schönen Wolke freuen ...", schreibt sie an eine Freundin.

Brief an Hans Diefenbach vom 30.März 1917 aus der Festung Wronke

Lieber Hans,

Mitten in meinem mühsam aufgebauten schönen Gleichgewicht packte mich gestern wieder eine Verzweiflung, die viel schwärzer war als die Nacht, und heute ist auch noch ein grauer Tag, statt Sonne kalter Ostwind ... ich fühle mich wie eine erfrorene Hummel. Haben Sie schon einmal im Garten an den ersten frostigen Herbstmorgen eine solche Hummel gefunden, wie sie ganz klamm, wie tot, auf dem Rücken liegt, die Beinchen eingezogen und das Pelzlein mit Reif bedeckt? Es war immer mein Geschäft, an solchen erfrorenen Hummeln niederzuknien und sie mit dem warmen Atem meines Mundes zum Leben zu wecken. Wenn mich Arme doch die Sonne auch aus meiner Todeskälte erwecken wollte! Einstweilen fechte ich gegen die Teufel in meinem Inneren wie Luther – mit dem Tintenfass. Und deswegen müssen Sie einem Sperrfeuer von Briefen standhalten.

Brief an Sonja Liebknecht vom 2.Mai 1917 aus der Festung Wronke

Gestern las ich über die Ursache des Verschwindens der Singvögel in Deutschland. Es ist die zunehmende rationelle Forstkultur, Gartenkultur und der Ackerbau, die ihnen alle notwendigen Nist- und Nahrungsbedingungen ... vernichten. Mir war es so sehr weh, als ich das las. Nicht um den Gesang für die Menschen ging es mir, sondern das Bild des stillen, unaufhaltsamen Untergangs dieser wehrlosen kleinen Geschöpfe schmerzte mich so, dass ich weinen musste ... Ich habe manchmal das Gefühl, ich bin auch irgendein Vogel, innerlich fühle ich mich in einem Garten oder im Feld unter Hummeln und Gras viel mehr in meiner Heimat als – auf einem Parteitag. Ihnen kann ich ja wohl das alles sagen, Sie werden nicht gleich Verrat am Sozialismus wittern. Sie wissen, ich werde hoffentlich auf dem Posten sterben, in einer Straßenschlacht oder im Zuchthaus ... Sonjuscha, ich schreibe Ihnen bald wieder. Seien sie ruhig und heiter. Ich umarme Sie. Ihre Rosa

Der Golgathaweg

Am Ende steht noch einmal die Hoffnung auf, die Oktoberrevolution, das bedeutsamste historische Ereignis, schreibt Rosa noch im Gefängnis. Aber auch: „Ohne allgemeine Wahlen, Presse- und Versammlungsfreiheit, freien Meinungskampf erstirbt das Leben in jeder öffentlichen Institution, wird zum Scheinleben, in dem die Bürokratie das allein tätige Element bleibt. Einige Parteiführer regieren und dirigieren ... eine Diktatur allerdings, aber nicht des Proletariats, sondern einer Handvoll Politiker ... Freiheit nur für die Anhänger einer Regierung, nur für Mitglieder einer Partei, ist keine Freiheit, Freiheit ist immer die Freiheit des anders Denkenden." Und ihre letzte programmatische Erklärung: „Was will der Spartakusbund?" schließt mit den Worten: „Der Spartakusbund wird nie die Regierungsgewalt übernehmen als durch den klaren, unzweideutigen Willen der proletarischen Masse ... Die proletarische Revolution verabscheut den Menschenmord. Die proletarische Revolution kann sich nur stufenweise Schritt für Schritt auf dem Golgathaweg eigener bitterer Erfahrungen durch Niederlagen und Siege zur vollen Klarheit und Reife durchringen."

Es wird ihr eigener Golgathaweg. In den wenigen Wochen nach ihrer Freilassung taucht sie ein in die Auseinandersetzung zwischen den Arbeiter- und Soldatenräten, die die Straßen und einige öffentliche Gebäude besetzt halten, und den rechtskonservativen Reichswehrverbänden, auf die sich die neue Regierung stützt, um den radikalen Umsturz zu verhindern, zu dem Karl Liebknecht aufruft. Rosa und Karl werden bald zu Gejagten, sie wird zum Feindbild schlechthin stilisiert: Aus der roten Rosa wird die „blutige Rosa", die jüdische Bolschewistin aus dem Osten. In ihrem letzten Versteck schreibt sie ihren letzten Artikel für die neue Zeitung der KPD, die „Rote Fahne": „Die Revolution wird immer wieder ihr Haupt erheben und verkünden: Ich war, ich bin, ich werde sein!"

Mit diesen Worten taucht Rosa Luxemburg noch einmal ein in ihre jüdische Welt, die sie neu entdeckte, als sie im Gefängnis das Werk Wladimir Korolenkos und seine „Erinnerungen eines Zeitgenossen" übersetzte. Ähnlich wie Minkiewic fühlte dieser sich dem Judentum verbunden und schrieb über den jüdischen Aufstand gegen die Römer. „Ich war, ich bin, ich werde sein" ist nach rabbinischer Tradition der Gottesname Jahwe und damit Ausdruck einer messianischen Hoffnung, die sie zitiert und der sie sich verpflichtet fühlt. „O Adonai, lass uns nie solange wir leben, den heiligen Geboten untreu werden, dem Kampf wider das Unrecht." In der Nacht bittet sie Karl um Musik, die Mondscheinsonate des verehrten Beethoven.

Doch noch in der gleichen Nacht wird das Versteck verraten, eine rechtsgerichtete Soldateska bringt Rosa und Karl in das Hauptquartier des paramilitärischen Reichscorps im Hotel Eden und lässt ihre Wut an ihren Opfern aus. „Da kommt Röschen, die alte Hure!" Zusammengeschlagen wird sie durch die Drehtür geschleift, die Soldaten behalten einen Schuh als Trophäe. Auf den Rücksitz eines Wagens gestoßen, murmelt sie noch: Nicht schießen ... Aber mit geheimem Einverständnis der neuen Regierung ist es beschlossene Sache, dass sie die Nacht nicht überleben soll. Ihre Leiche wird in den Landwehrkanal geworfen.

Am Ende ist ihr gewaltsamer Tod und ihre Bereitschaft zum Martyrium am deutlichsten mit dem jüdischen Bekenntnis beschrieben, das sie drei Jahre zuvor zitiert hat: „O Adonai, Adonai, lass uns niemals, solange wir leben, sprechen: Retten wir uns selbst und überlassen die Schwachen ihrem Schicksal ... auch ich glaube, o Adonai, dass dein Reich auf Erden kommen wird – verschwinden wird Gewalt und Unterdrückung, die Völker werden zum Fest der Verbrüderung zusammenströmen, und nie wird Menschenblut von Menschenhand vergossen werden." Diese Hoffnung ist unerbittlich, aber ihre Erfüllung steht weiter aus. Hunderttausend Menschen nahmen an der Trauerfeier für Karl und Rosa teil, einige Wochen später noch einmal Zehntausende bei dem Begräbnis des Leichnams, den Schleusenarbeiter aus dem Landwehrkanal geborgen hatten. Rosa Luxemburg wurde zur Ikone, zum Symbol für eine Hoffnung, die niemals begraben werden kann, die Hoffnung auf das Ende der Gewaltgeschichte, zur Verkörperung der Sehnsucht nach Gerechtigkeit, Frieden und der Ehrfurcht vor allem Leben, und, über alle Grenzen hinweg, nach dem wahren Menschsein.

Sachregister

Stichworte, die in einem Artikel thematisch verhandelt werden, erscheinen kursiv mit den Seitenzahlen des Artikels.

Abendmahl 198–199, 202
abgeschnitten, Abgeschnittensein 29, 94, 102, 109–110, 114, 118, 267
Allmacht, allmächtig 13, 21, 23, 27, 60, 82, 85, 88
Ambivalenz, ambivalent 78, 81–82, 147, 198–199, 204
Antismemitismus, Antijudaismus 31, 196–197, 200–201
Arme, Armut 25, 41–42, 45, 48, 74, 92, 128, 132–134, 136–138, 151, 205–206, *209–228*, 236, 276, 288, 301, 320, 340
Atombombe 310, 315, 317, 328
Auferstehung, Auferweckung 29, 91, 102, 111, 121–122, 160, 168, 172, 277

Barmherzigkeit, barmherzig 80, 83, 87–88, 141, 178, 201, 219, 225, 289, 293–294, 303
basileia (tou theou) 290–291, 293
Befreiung, befreiend, befreit 15, 19–23, 27, 64, 67–68, 93, 96, 111, 132–134, 140, 178–179, 181, 183, 192, 238, 291, 293, 299
Bergpredigt 206, 285, 289–293, 302
Bewaffnung, bewaffnet *siehe* Waffen
Bilderverbot 21, 288, 325
Bindung, Bindungsstörung 78–81, 83, 85–86, 88, 255

conditio humana 325, 329

Dekalog 23–24, 46, 206, 284, 286–289, 299

Ebenbild Gottes 247–248, 269, 271, 278, 280, 325
Ekklesiozentrik 261–262
Entschädigung(szahlung) 25, 136, 205, 230, 234–235, 258–259
Exil(skatastrophe) 26, 29, 61, 72–73, 92, 100, 105–107, 110, 112–114, 121, 123, 274, 287–288, 324, 336
Exodus 19, 21–23, 26–27, 29, 121, 171, 173–175, 178, 273

Feindesliebe *siehe* Liebe
Feldrede 128, 206, 285, 289, 294, 303
Flucht(ursachen) 11, 72–75, 77, 83–85, 313
Folter 13, 31, 55–56, 58–59, 146–147, 267
Freiheit 23–24, 26, 29, 133, 139, 168, 175, 179, 181–182, 223, 231–232, 238–239, 241, 244, 247, 298, 304, 311, 317–318, 320–321, 324, 343
Fremdenliebe *siehe* Liebe
Frieden 19, 106, 112, 121, 148, 150, 157, 187, 195, 202–203, 206, 271, 274, 295, 297–298, 304, *309–331*, 341, 345

Gebot, Gebote 22, 24, 31, 206, 252, 269, 271, 284, 288–290, 301, 309, 322, 329
Gerechtigkeit 17–18, 25, 28, 54, 94, 96, 104, 110, 171, 175, 178–179,

187, 223, 225, 237, 275–278, 288, 290, 294, 300, 327, 334–335, 345
Gericht, Gericht Gottes 14, 17, 137, 158, 160–161, 181–182, 244, 260, 300, 341
Gewaltlosigkeit, gewaltlos 141, 160, 169, 177, 182–183, 192, 313
Gnade, gnädig 43, *71-89*, 105–106, 132, 171, 177, 179, 197, 199, 315
Gräuel, Gräueltaten 17, 30, 94, 117
Grundgesetz 11, 36, 205, 229–230, 233–237, 242–244

Habgier 153, 157–158, 251
Handlungsfähigkeit 67, 176, 184–185, 311, 328
Hartz IV 211, 214–216, 244
Herausführung *siehe* Exodus
Herrschaft 20, 22–23, 102, 113, 128–130, 142, 145, 152, 159, 180, 231, 277, 312–313, 317–320, 322–323
Hoffnung 13–14, *17-33*, 77, 87–88, 106, 114, 118, 141–142, 160, 172–173, 192, 273–274, 324, 339, 343–345
Hunger, hungern 41, 64, 72, 74, 128, 209–210, 213, 320

Jesus 15, 29, 31, 60–61, 63, 79, 122, 126, 131–134, 136, 138, 140, 151–152, 161, 195–196, 198–200, 202–203, 247, 251, 263, 277, 284–285, 290–293, 297–298, 326, 328, 340
Jona 14, *71-89*
Judas(kuss) 196–202, 204

Kapitalismus 232, 234–235, 319
Körper, körperlich 9, 37, 39, 56–64, 122, 128, 133, 140, 150, 171, 178, 206, 255, 269, 275, 277, 279, 336
Kreuz, Kreuzigung 9, 15, 60, 146–147, 152, 168, 171, 198, 200, 277
Krieg 10–11, 13, 17, 26, 36, 40, 53, 55–58, 66, 72, 74, 92, 101, 112, 116–117, 121, 133, 157, 203, 206, 277, 297, 309–310, 314-315, 334, 341–342

Leid, leiden 59, 62, 65, 111, 125, 156, 179, 183, 187, 239, 324
Liebe, lieben 22, *125-143*, 170, 175, 177, 180, 263, 268, *283-308*, 309, 315–316, 322, 329, 333–335, 337–339

Macht 14–15, 20–23, 25–29, 36, 54, 58–59, 85, 91, 101–102, 128, 145, 147–149, 153, 157, 159–160, 168, 179, 181, 206, 212, 218–219, 231, 257, 292, 302, *309-331*, 334, 340
Marktwirtschaft 186, 232, 235, 239
Marx, Karl; marxistisch 55, 238–239, 245–247, 317, 319–320, 340
Menschenmögliches 17, 19, 31
Menschenrechte 11, 24, 205, 210, 215, 217, 220–225, 238, 245, 295
Menschenwürde *siehe* Würde (von Menschen)
Missbrauch 149–150, 205, *251-265*
Monotheismus 21–22, 37, 121

Nächstenliebe *siehe* Liebe
Natalität 320–321, 324

Ohnmacht, ohnmächtig 53, 168, 172, 179, 182, 203, 322, 329

personae miserae 42, 44, 218
Pluralität, plural 317, 321, 325, 329

Recht 22, 24–26, 139, 148, 150, 158, 160, 205, *209-228*, 231, 238, 241–242, *267-281*, 285, 295, 300, 304–305, 328
Reformation, reformatorisch 199, 285, 305, 311–312, 314, 323, 327
Regiment (weltliches und geistliches) 312–315
Reich Gottes 27, 138, 187, 189, 251–252, 263, 290, 344

Sachregister

Resilienz 14, 30, 71, 87, 180
Römisches Reich (Imperium) 14, 126–127, 129, 136–138, 146, 153, 174, 177, 181, 278

Scheol *siehe* Totenreich, Totenwelt
Schlag, schlagen 9, 57, 59, 196
Schmerz, Schmerzen 13, *53-69*, 147, 180, 255, 260
Schöpfung, Schöpfer 10, 28, 37, 59, 82, 110, 125, 154–155, 324, 334, 341
Schwert 15, 19, 41, 59, 146, 195–196, 202–204
Sexualdelikte/Sexueller Missbrauch 44, 149–150, 205, 252–254, 256–259, 261–263
Sintflut(erzählung) 37, 40, 46–47, 49, 269
Sklaverei 15, 25, 35, 41–43, 128, 130–132, 134–135, 138–141, 146–147, 149–150, 169–174, 177, 180–181, 185, 187, 196, 202–203, 222, 246, 299, 339
Solidarität, solidarisch 134–135, 160, 177, 179–180, 192, 223, 231, 233, 243, 261, 277
Sozialgesetze 26, 205, 217–222
Sozialkritik 42, 47, 327
Sozialstaat 216, 224–225, 236–237
Sprache 7, 11, 13, *35-51*, 55–57, 59, 61–62, 64, 66–67, 81, 83–84, 96, 101, 109, 152, 184–185, 211, 284, 321, 328, 339
strukturelle Gewalt 9, 35, 40, 42, 148, 151, 159, 168, 205, 209–210, 216, 218, 225, 325

Tod 9, 13–14, 25, 28–29, 32, 80, *91-124*, 125, 139, 146–147, 153, 157, 160–161, 172, 180, 182, 229, 267, 269–270, 272–273, 276–280, 338, 344

Tora 19, 22–25, 31, 36, 42, 48, 64–65, 68, 113, 133, 137, 141, 158, 210, 217, 220–222, 224, 240, 270–271, 273, 275, 277, 283–285, 288, 290–293, 302
Totenreich, Totenwelt 81, 84, 92–93, 95–97, 100–105, 117
Trauma, traumatisch 14, 66, 71–73, 75, 77–78, 83, 86–88, 100, 105, 110–113, 119, 121, 141, 149, 255–257

Verantwortung, verantwortlich 42, 48, 53, 101, 110, 113, 117, 121, 136, 158, 160, 181, 211–212, 214, 223, 225, 232, 243, 254, 256, 259, 261–262, 270, 275, 279, 284, 292, 298, 309, 313, 320, 329
Vergebung, vergeben 14, 74–75, 141, 197, 201, 291, 293, 296, 302
Verrat, Verräter 196–201, 204, 340, 343
Versklavte *siehe* Sklaverei

Waffe(n) 15, 17, 57, 59–62, 66, 202–204, 312, 314, 341
Welt Gottes 126–127, 180
Weltlichkeit, weltlich 113, 312–313, 315–316, 323, 328, 334
Wirksamkeit, wirksam 21, 30–31, 53, 103, 109, 183, 186, 190, 192, 220, 224–225, 315–316
Wohnungsnot 205, 233, 235
Würde (Gottes) 115, 268–269
Würde (von Menschen) 115, 172–173, 175, 187, 215, 222–223, *229-249*, 269, 272, 279–280

Zorn Gottes 48, 50, 74, 94, 96, 101, 106, 108–110, 113, 115, 117, 119–122, 154, 157–158

Autorinnen und Autoren

Bauer, Lutz, Dr. theol., OStR Pfarrer i.R., Auslandspfarrer in Belgrad; Lehrbeauftragter an der Hochschule Furtwangen.

Crüsemann, Frank, Dr. theol., emeritierter Professor für Altes Testament an der Kirchlichen Hochschule Bethel in Bielefeld.

Hungar, Kristian, Dr. rer.pol., emeritierter Prof. für Soziologie und Ethik an der Theologischen Fakultät der Universität Heidelberg.

Janssen, Claudia, Dr. phil., Professorin für Neues Testament und Theologische Geschlechterforschung an der Kirchlichen Hochschule Wuppertal.

Jochum-Bortfeld, Carsten, Dr. theol., Professor für Neues Testament am Institut für Evangelische Theologie der Stiftung Universität Hildesheim.

Kegler, Jürgen, Dr. theol., Kirchenrat i. R. im Evangelischen Oberkirchenrat Karlsruhe; Honorarprofessor der Universität Heidelberg.

Kessler, Rainer, Dr. theol., emeritierter Professor für Altes Testament an der Philipps-Universität Marburg; Research Fellow in the Department of Old Testament at the Faculty of Theology at the University of the Free State in Bloemfontein, South Africa.

Metzler, Luise, Dr. theol., Arbeitsschwerpunkt Altes Testament. Mitarbeit an der Bibel in gerechter Sprache.

Niemeyer, Axel, Jurist.

Niemeyer, Silke, Pfarrerin, Theologische Referentin der Kirchenleitung der Evangelischen Kirche von Westfalen.

Plonz, Sabine, Dr. theol., Autorin und Dozentin mit dem Schwerpunkt Ethik, apl. Professorin an der Evangelisch-Theologischen Falultät der Universität Münster.

Poser, Ruth, Dr. theol., Arbeitsschwerpunkt Altes Testament.

Röhr, Carsten, Pfarrer der Ev. Kirche von Kurhessen-Waldeck, Evangelische Auferstehungsgemeinde Bad Hersfeld.

Sager, Dirk, Dr. theol., Professor für Altes Testament an der Theologischen Hochschule Elstal.

Segbers, Franz, Dr. theol., emeritierter Professor für Sozialethik an der Philipps-Universität Marburg.

Wind, Renate (†), Dr. theol., bis 2015 Professorin für Neues Testament und Kirchengeschichte an der Evangelischen Hochschule Nürnberg.